公共管理硕士（MPA）系列教材

U1020230

电子政务理论与方法

（第四版）

金江军 / 编著

E-GOVERNMENT

THEORY AND METHODS

中国人民大学出版社

·北京·

出版说明

公共管理硕士（Master of Public Administration，MPA）专业学位研究生教育是以公共管理学科及其他相关学科为基础的研究生教育项目，其目的是为政府部门及非政府公共机构培养高层次的应用型专门人才。

我国的 MPA 教育始于 1999 年。1999 年 5 月，国务院学位委员会第 17 次会议审议通过了《公共管理硕士（MPA）专业学位设置方案》；2001 年 10 月，我国进行首次 MPA 招生考试；2002 年 3 月，首批 MPA 研究生正式入学。经过十多年的发展，我国的 MPA 培养院校从最初的 24 所发展到 2014 年的 200 余所；截至 2015 年 7 月，全国 MPA 培养院校累计招收 MPA 研究生 15 万余人，授予 MPA 学位 8 万余人，MPA 教育成为我国公共部门人才培养的重要渠道。

为了满足国内 MPA 教育对教材和教学参考资料的需要，不断探索和回应公共管理实践中的各种问题，同时反映国内外公共管理研究的最新成果，自 2001 年起，中国人民大学出版社组织有关专家编写"公共管理硕士（MPA）系列教材"。本套教材涵盖国务院学位办确定的《公共管理硕士专业学位培养方案（试行稿）》（2000 年发布）和《公共管理硕士专业学位研究生指导性培养方案》（2012 年发布）中规定的各门 MPA 核心课程教材，也包括公共管理各领域的专业方向必修课程教材及部分选修课程教材。本套教材不仅适合 MPA 学生使用，同时也可供公共管理学科的研究生及各级行政管理人员作为参考和培训资料使用。

"公共管理硕士（MPA）系列教材"力求体现如下特色：第一，系统完整，基本涵盖公共管理专业教育的主要知识领域；第二，反映国内外公共管理研究领域的最新成果，为公共管理领域的教育者、学生、实际工作者提供该领域的最新信息、资料及多视角思考空间；第三，反映 MPA 专业教育的特点，重视应用性，注重能力的培养，教材中除讲授一般理论知识外，还提供丰富的案例分析素材；第四，将中国传统的行政管理思想、国外先进的公共管理理论与中国政府的管理实践紧密地结合起来，理论联系实际。

在“公共管理硕士（MPA）系列教材”策划出版之初，中国人民大学出版社邀请国内公共管理领域有关专家成立了阵容强大的教材编审委员会。同时，本着将国内公共管理领域有影响的学校和有影响的学者都吸收进来以博采众家之长的原则，我们广邀全国各地公共管理知名学者，使得本套教材的作者突破了一个学校和一个区域的界限。参与本套教材编写工作的有中国人民大学、北京大学、清华大学、复旦大学、中山大学、厦门大学、南开大学、上海交通大学、北京师范大学、华中科技大学、国防科学技术大学、国家行政学院、中国社会科学院等国内知名高校及科研院所的学者，他们都是公共管理教育领域的专家，具有丰富的教学经验，同时又注重公共管理实践，能够较好地将理论和实践结合起来。

自2001年首本教材出版以来，“公共管理硕士（MPA）系列教材”受到了国内公共管理学界的广泛好评，被誉为“与中国MPA共同成长”的一套高质量的MPA教材。国内众多高校将本套教材选为MPA相关课程教材，“十二五”初期，本套教材的累计销量突破百万册，成为广受读者欢迎的MPA教材品牌。

随着公共管理教育和实践的不断发展，公共管理学科的研究和教育也在不断发展与完善，这就要求MPA教材也要不断修订和更新。在国内公共管理学界的热情支持下，我们编写的这套教材取得了一定的成绩。今后，还请广大读者，特别是在教学一线的MPA任课教师继续给我们反馈意见，对这套教材提出批评和建议，以帮助我们不断对相关教材进行修订和完善，实现这套教材“服务中国MPA教育事业，与中国MPA共同成长”的目标。

中国人民大学出版社

第四版前言

自 2005 年《电子政务理论与方法》第一版面世以来，已经过去 12 个年头。12 年来，《电子政务理论与方法》得到了许多具有公共管理硕士（MPA）学位授予权的高校相关专业师生的厚爱，也得到了许多电子政务研究领域专家学者的帮助。12 年来，越来越多的政府官员已经逐渐意识到推行电子政务的重要性，全国各地电子政务建设如火如荼。12 年来，电子政务已经从传统电子政务发展到智慧政府、“互联网＋政务”，推动公共管理走向公共治理。

自 2013 年出版《电子政务理论与方法》第三版以来，物联网、云计算、移动互联网和大数据等新一代信息技术逐渐在政府部门得到应用，“互联网＋政务”逐渐兴起。四年多来，作者主持或参与了一些政府部门委托的信息化规划和政策研究课题，曾赴浙江、广东、内蒙古、宁夏、新疆、青海、贵州、上海、黑龙江等多个省份进行实地调研，曾为许多政府部门讲授电子政务方面的培训课程。这使得本次的修订工作有充分的理论酝酿和实践依据。

本次修订基本保持《电子政务理论与方法》第三版的体系框架，同时力求反映电子政务领域的新理论、新方法、新技术、新政策、新案例、新趋势以及作者的最新研究成果。本次修订进一步丰富了政府信息学，反映了国内外电子政务最新进展，增加了“整体政府”、“互联网＋政务”、大数据等方面的内容。同时，删除了一些比较陈旧的内容，更新了一些数据，补充了一些案例，修订了“电子政务”课程教学大纲。

本次修订得到了中共中央党校省部班、厅局班和县委书记班许多学员的帮助和支持，许多政府部门对我们组织开展的电子政务调研工作给予了大力支持，一些电子政务领域的专家学者、高校电子政务相关专业师生和 MPA 学员对本次修订提出了宝贵建议，在此一并表示感谢。

电子政务是一个不断发展的事物，涉及政府工作的方方面面。作者才疏学浅，纰漏和错误在所难免，恳请广大读者批评指正，以便再版时修改和完善。

金江军

2017 年 2 月 24 日

第三版前言

实践证明，推行电子政务，对于提高行政效能、提升公共服务水平、加强和创新社会管理、推进行政体制改革、建设服务型政府，都具有十分重要的意义。

2007年9月，国务院学位委员会办公室同意全国公共管理硕士（MPA）专业学位指导委员会将公共管理硕士原核心课程“信息技术及应用”调整为“电子政务”。具有公共管理硕士学位授予权的高校，应成为培养电子政务高层次人才的“摇篮”。本书是在2005年出版的《电子政务高级教程》、2009年出版的《电子政务理论与方法》基础上的再次修订。本书之前的两个版本已被国内多所大学、地方党校和行政学院作为“电子政务”课程的教材。

近年来，物联网、云计算、移动互联网等技术快速发展，“微博”成为政民互动的新方式，中央政府更加注重保障和改善民生，这都将对电子政务产生深刻的影响。2009年以来，本书作者主持或参与了一些电子政务工程项目和软课题，有一些新的研究心得。本次修订力求反映三年多来电子政务领域的新理论、新方法、新技术。

本书首先阐述了电子政务的内涵、意义以及对行政管理的影响，分析了主要发达国家及我国的电子政务发展情况。然后从信息基础设施、重大工程项目、政府门户网站与网站群三大方面论述了电子政务的建设内容，探讨了电子政务顶层设计与战略规划，阐述了电子政务信息共享和业务协同。接着分析了电子政务建设模式与运维方法，从区域、部门、项目、系统、领域等层次提出了电子政务发展水平和绩效评估方法，从组织机构、立法与管理制度、资金投入、人才队伍、标准规范等方面提出了电子政务保障措施。最后论述了如何利用信息化手段提高城市管理水平、建设服务型政府，如何将企业管理理论方法应用到电子政务领域，如何推进“智慧城市”“智慧政府”建设。

本次修订得到了国家信息化专家咨询委员会政策规划与电子政务专业委员会副主任高新民、国家信息化专家咨询委员会委员曲成义、国家行政学院李习彬教授等专家学者的指导，也得到了一些政府信息化主管部门领导的支持，而且一些“电子政务”任课老师和

MPA 学员也对本次修订提出了宝贵的建议，中国人民大学出版社政治与公共管理出版分社的编辑们为本书的出版做了大量工作，在此一并表示衷心感谢。

由于本次修订时间紧，作者学识有限，纰漏和错误在所难免，恳请读者批评指正，以便再版时进一步修改、完善。

金江军

2013 年 1 月于北大燕园

第二版前言

国家信息化领导小组在2002年决定，把电子政务建设作为今后一个时期我国信息化工作的重点，政府先行，带动国民经济和社会发展信息化。党的十七大提出“推行电子政务，强化社会管理和公共服务”。开展电子政务，对于加快政府职能转变、提高行政质量和效率、增强政府监管和服务能力，具有十分重要的意义。

目前我国电子政务建设面临人才短缺问题。广大高校，特别是有公共管理硕士（MPA）学位授予权的高校，应该承担起为我国电子政务建设输送高水平人才的责任。2007年9月22日，国务院学位委员会办公室同意全国公共管理硕士（MPA）专业学位指导委员会将公共管理硕士原核心课程“信息技术及应用”调整为“电子政务”。

应中国人民大学出版社公共管理出版分社朱海燕女士之约，本书作者对原中国人民大学出版社MPA系列教材之一《电子政务高级教程》进行修订，并更名为《电子政务理论与方法》，以作为全国高校MPA核心课程“电子政务”的教材或参考书。

本次修订吸纳了来自北京大学、清华大学、浙江大学、南京大学、复旦大学、上海交通大学、中国人民大学、武汉大学、中山大学、厦门大学、吉林大学等高校的一些师生对《电子政务高级教程》提出的改进意见。考虑到许多MPA学员是政府部门的在职人员，为了更好地指导各级政府的电子政务实践，本次修订进一步增强了内容的实用性。具体修订如下：

（1）将原第1章关于政府首席信息官（CIO）的内容调整到第8章的第3节和第10章的第4节，后面章节的顺序随之调整。“电子政务的基本模式”一节在文字上进行了修改，增加了第5节阐述电子政务的学科建设问题。

（2）“电子政务与政府创新”由第3章调整为第2章，删除了关于电子政府采购以及一个典型敏捷政府系统内容，增加了政府信息公开目录、敏捷型政府概述和城市应急系统建设方法，各节在文字上做了一定的修改。

（3）“信息时代的政府管理”由第4章调整为第3章，信息时代的经济管理、信息时代的公共安全管理、信息时代的社会保障管理增加了一些最新内容，对信息时代的城市环境管理进行了重写。

（4）“信息时代的公共服务”由第 5 章调整为第 4 章，增加了电子政务服务架构，阐述了用信息化手段沟通民意的方法。

（5）“协同政务与政务智能”由第 6 章调整为第 5 章，增加了政务信息资源整合方法，删除了协同政务的技术基础、政务智能的技术基础等内容。

（6）原“第 7 章　电子政务安全体系”调整为“第 6 章　电子政务信息安全体系”，精简了信息安全技术、信息安全基础设施两节的文字，增加了“政府信息安全风险评估”一节。

（7）原“第 8 章　电子政务标准体系”调整为“第 7 章　电子政务标准规范体系”，在“电子政务标准化现状”一节增加了一些最新进展情况，删除了技术标准和工程标准两小节。

（8）将原“第 10 章　电子政务规划与建设”调整为“第 9 章　电子政务规划与设计”，删除了“电子政务规划与实施方案”“各级电子政务规划实例”两节，第 4 节“电子政务建设模式”挪到“第 11 章　电子政务建设与评估”，增加了电子政务规划问题及建议、电子政务规划编制方法、电子政务顶层设计方法等内容。

（9）将原“第 11 章　电子政务组织管理”调整为“第 10 章　电子政务组织与管理”，修改了电子政务是“一把手”工程、电子政务的组织机构、电子政务的管理制度三节，删除了非政府组织在电子政务建设中的作用一节，增加了政府信息中心的转型问题。

（10）将原“第 12 章　电子政务项目实施”调整为“第 11 章　电子政务建设与评估”，将电子政务项目管理、电子政务项目监理挪到了“第 10 章　电子政务组织与管理”，文字上进行了修改，增加了电子政务建设 BOT 模式和 BOO 模式以及“电子政务产品采购方法”“电子政务评估方法”两节。

（11）“政府信息资源开发利用”由第 13 章调整为第 12 章，第 4 节合并到第 1 节，政府数据基础设施部分单独成节，增加了“政府信息采集与更新体系”“政府信息资源目录与交换体系”两节。

（12）将原“第 14 章　电子政务技术及其应用”调整为“第 13 章　信息技术及其在电子政务中的应用”，删除了虚拟存储技术及其在电子政务中的应用，增加了云计算、RFID 技术、SOA 技术及其在电子政务中的应用。

（13）“中国电子政务现状与对策”由第 15 章调整为第 14 章，删除了地方政府电子政务模式一节内容，增加了中国电子政务存在的问题、中国电子政务对策分析、中国电子政务发展趋势三节内容，修改了中国电子政务现状分析相关内容。

（14）增加了“第 15 章　国外电子政务经验与启示”，介绍了美国、英国、澳大利亚、日本、新加坡的电子政务建设经验与启示。

（15）“第 16 章　电子政务典型案例分析”删除了北京市企业信用信息系统、贵州省国土资源厅电子政务、杭州市政府门户网站、乐山市财政核算中心网 4 个案例，增加了杭州市企业基础信息交换、广州市白云区出租屋管理信息化、商务部门户网站 3 个案例。

此外，对于第一版中的一些概念、用语、句子和段落进行了修改，删除和增加了一些图表，补充了一些电子政务相关领域的最新进展。

本次修订得到工业和信息化部、人力资源和社会保障部、国家发改委、中共中央党校、国家行政学院、国务院发展研究中心、国务院参事室、中国社会科学院、中国科学院、国际欧亚科学院、中国行政管理学会等单位的一些领导、专家的帮助和支持，在此表示感谢。

由于修订时间紧，作者学识有限，纰漏在所难免，恳请读者们批评指正。

作者

2008 年 9 月 10 日于北大燕园

第一版前言

电子政务建设是国民经济和社会信息化的重要内容。中共中央政治局常委、全国人大常委会委员长吴邦国同志指出，推进信息化是提高政府监管能力、工作效率和公共服务水平的迫切要求。加强电子政务建设有利于促进政府职能转变，有利于增强管理手段的科学性和有效性，有利于提高办事效率，有利于加强勤政廉政建设。

目前，电子政务已经成为我国信息化的主导领域，各个地方、各级政府部门都在开展声势浩大的电子政务建设。随着电子政务的深入发展，同时具备电子政务理论、技术、管理与工程知识和技能的政府 CIO 等电子政务复合型人才的培养日益显得迫切，本书为此提供了政府 CIO 等电子政务高级人才应该掌握的知识体系。

本书首先分析了政府 CIO 的由来、职责、地位、素质要求和培养方式，论述了电子政务的发展阶段、重要意义、基本模式和理论模型，从西方政府再造运动和新公共管理理论引出了电子政务与政府体制改革、政府管理创新的关系，并着重阐述了政府资源规划和政务流程再造，提出建立以政务公开为主要内容的阳光型政府和以政府危机管理为主要内容的敏捷政府。

然后，本书从宏观经济、财政、税务、工商等四个经济管理领域，人口计划生育、社会治安、社会保障等三个社会管理领域，规划、土地、环境等三个城市管理领域深入阐述了信息时代政府管理问题，从执政为民引出了电子政务在建设服务型政府方面的作用，指出了客户关系管理思想在电子政务中的应用，从协同商务和商务智能引出了协同政务与政务智能这两种电子政务高级形式，并分析了它们的技术基础。

接着，本书从安全技术、安全管理和安全基础设施等三个方面论述了电子政务安全体系；分析了电子政务标准问题并提出了一些对策，并从技术、业务、工程等三个方面建立了电子政务标准体系；指出了电子政务面临人才短缺问题，设计了电子政务人才培养体系；阐述了政府信息化战略以及电子政务规划与实施方案编写方法，并给出了具体实例，讨论了三种电子政务建设模式；论述了电子政务组织机构和管理制度，指出了非政府组织在电子政务建设中的重要作用；分析了电子政务项目实施的若干问题，包括项目咨询、项目管理、项目监理、项目审计等。

最后，本书阐述了政府信息资源开发利用的意义和方法，以及如何建设政府数据基础设施，如何开展政府信息资源管理；介绍了空间信息技术、虚拟存储技术、Web服务技术、网格技术及其在电子政务中的应用，分析电子政务现状并提出了对策，提出了欠发达地区开展电子政务建设的方法，还对若干电子政务典型案例进行了分析。

本书吸收了许多专家学者的观点，并得到不少电子政务专家的热心帮助和指导，特别是国家信息化专家咨询委员会、中国信息协会电子政务专业委员会、中国信息化推进联盟等社会团体的知名专家。北京市政府信息中心主任王元京、北京大学数字中国研究院的承继成教授、国务院信息化工作办公室的董宝青处长、北京大学电子政务研究院的商维庆主任等对本书进行了审阅并提出了修改建议；北京大学的屈红刚、吴焕萍、丛威青、吴自兴、吕广宪、王占刚、戴婉薇等研究生参与了本书部分资料的收集、整理工作；清华大学的袁茜对本书进行了细致的校对，在此一并对他们表示衷心感谢。对于书中的不足之处，恳请广大读者批评指正。欢迎广大读者对本书提出宝贵意见，以便再版时进行修正。

金江军

北京大学静思斋

2005年1月

目　录

第1章

绪 论

电子政务是现代信息通信技术（ICT）与政府管理和公共服务相结合的产物，是信息时代政府履行职能的一种新模式。随着物联网、云计算、移动互联网和大数据等新一代信息技术的飞速发展，电子政务正经历从电子政府到“智慧政府”的转变。实践表明，推行电子政务可以提高行政效能，提高公共服务水平。为了更好地指导电子政务实践，必须加强对政府信息学的研究。

重点问题

- 什么叫电子政务？电子政务的相关概念有哪些？
- 为什么说推行电子政务很重要？
- 信息化对行政管理有哪些影响？
- 政府信息学的研究内容有哪些？

1.1 电子政务及其相关概念

1.1.1 电子政务的定义

电子政务（electronic government，E-Government）的概念来自1993年美国总统办公室发布的报告《运用信息通信技术再造政府》。该报告强调，政府应运用信息通信技术再造政府，以提高行政效率。2001年12月，国家信息化领导小组第一次会议在北京召开。考虑到我国的政治体制，会上确定把E-Government翻译成“电子政务”而不是“电子政府”。

2002 年，联合国经济及社会理事会对电子政务定义如下：政府通过信息通信技术手段的密集性和战略性应用于公共管理的方式，旨在提高效率，增强政府的透明度，改善财政约束，改进公共政策的质量和决策的科学性，建立良好的政府之间，政府与社会、社区之间以及政府与公民之间的关系，提高公共服务的质量，赢得广泛的社会参与度。

要给电子政务下一个确切的定义，必须要先理解行政管理、公共管理等的含义。行政管理是指政府依法对国家事务、自身事务和社会公共事务进行的管理活动。公共管理是政府与非政府公共组织，在运用所拥有的公共权力，处理社会公共事务的过程中，在维护、增进与分配公共利益，以及向民众提供所需的公共产品（服务）方面进行的管理活动。

可见，行政管理与公共管理是两个不同的模式。行政管理是公共管理的主角，但社会公共事务管理还需若干配角，如非政府公共组织。公共管理是包括行政管理在内的全社会开放式管理体系。就中国而言，从计划经济走向市场经济，也必然要求行政管理走向公共管理。

由于行政管理与公共管理的不同，“电子政务”概念也有狭义和广义之分。狭义的“电子政务”是指政府部门广泛采用计算机、互联网、移动通信等现代信息技术开展行政管理，利用信息化手段向企业、事业单位、社会团体和社会公众提供所需的公共产品或服务，是现代信息技术与行政管理（或政府管理）结合的产物。

广义的“电子政务”是指政府部门和非政府公共组织广泛采用计算机、互联网、移动通信等现代信息技术开展公共管理，利用信息化手段向企业、事业单位、社会团体和社会公众提供所需的公共产品或服务，是现代信息技术与公共管理结合的产物，也可以称为“电子公务”。

目前，中国非政府公共组织的发展还处于起步阶段，但随着经济社会的转型，非政府公共组织的作用将日益重要。中国行政事业单位的改革、改制、重组正在进行，新兴的行业协会不断出现，它们必然要利用现代信息技术手段向企业和社会公众提供所需的公共产品或服务。

从更广泛的意义上说，政务是指与国家政权有关的所有公共事务。在中国，党委、人大、政协、法院、检察院系统的信息化可以纳入电子政务的范畴。

1.1.2 相关概念辨析

与电子政务有关的概念有政府信息化、数字政府、虚拟政府、政府上网、移动电子政务、泛在政府、“智慧政府”、“互联网＋政务”等。这些概念与电子政务既有联系又有区别。

1. 政府信息化

政府信息化（government informationization）是指政府部门进行信息化建设的过程，即政府部门应用现代信息通信技术的过程。政府信息化的结果是使政府部门能够开展电子政务。有时候，也把开展电子政务建设称为政府信息化。

“信息化”这个词是在 20 世纪 60 年代由一位日本学者提出来的，而后传到中国。

1997年召开的首次全国信息化工作会议，对信息化和国家信息化下了如下定义：信息化是指培育、发展以智能化工具为代表的新的生产力并使之造福于社会的历史过程。国家信息化就是在国家统一规划和组织下，在农业、工业、科学技术、国防及社会生活各个方面应用现代信息技术，深入开发、广泛利用信息资源，加速实现国家现代化进程。信息化六要素包括开发利用信息资源、建设国家信息网络、推进信息技术应用、发展信息技术和产业、培育信息化人才、制定和完善信息化政策。

2. 数字政府

数字政府（digital government）是随“数字地球”（digital earth）、“数字城市”（digital city）等概念出现之后电子政务领域的一个新概念，是指具有数字化、网络化、智能化、可视化特征的政府。狭义的数字政府是指遥感、全球定位系统、地理信息系统等空间信息技术在政府部门的应用，特别是规划、建设、国土、农业、水利、交通、公安等部门。广义的数字政府就是电子政务。

1998年1月31日，美国副总统戈尔在美国加利福尼亚州科学中心发表了题为《数字地球：在21世纪认识我们的行星》的讲演，指出“数字地球”是一种可以嵌入海量地理数据的、多分辨率的地球三维计算机表示。之后不久，国内一些学者提出了“数字城市”“数字农业”“数字油田”等“数字××”之类的概念。

“广义数字城市”是指城市信息化，“狭义数字城市”是指空间信息技术在城市各个领域中的应用。“电子政务”与“广义数字城市”的交集是城市政府各部门的电子政务。城市电子政务只是城市信息化的一部分，此外还包括经济信息化、社会信息化。“电子政务”与“狭义数字城市”的交集是空间信息技术在城市政府各部门的应用，如城市应急联动系统。从中国行政制度来看，国务院各部委以及省、自治区政府的“电子政务”显然不属于“数字城市”的范畴。

3. 虚拟政府

虚拟政府（virtual government）是一个与实体政府或物理政府相对应的概念，由“虚拟企业”概念衍生而来。虚拟政府是指通过信息化手段，由多个政府机构构成的动态联盟，以应对跨部门事务，如地震救灾、疫情防控等。

20世纪90年代以来，随着科技进步和社会发展，世界经济发生了重大变化。人们对产品的品种规格、花色式样等提出了多样化和个性化的要求，企业面对不断变化的市场，为求得生存与发展必须具有高度的柔性和快速的反应能力。为此，现代企业向组织结构简单化、扁平化方向发展，于是就产生了能将知识、技术、资金、原材料、市场和管理等资源联合起来的虚拟企业。

1991年，美国艾科卡（Iacocca）研究所为美国国会提交了一份题为《21世纪制造企业战略》的研究报告，报告中富有创造性地提出了“虚拟企业”的构想，即在企业之间以市场为导向建立动态联盟，以便能够充分利用整个社会的制造资源，在激烈的市场竞争中取胜。1993年，《商业周刊》把“虚拟企业”定义为一种新的组织形式，它运用技术手段把人员、资产、创意动态地联系在一起。通俗地讲，虚拟组织指两个以上的独立的实体，为迅速向市场提供产品和服务而在一定时间内结成的动态联盟。与虚拟企业一样，虚拟政府也是虚拟组织的一种。

4. 政府上网

1999 年 1 月，由中国电信和国家经贸委经济信息中心联合 40 多家部委（办、局）信息主管部门共同倡议发起的“政府上网工程”启动大会在京举行。这项工程计划在 2000 年实现 80％的政府部门上网的目标。通过“政府上网工程”，将汇集在各级政府部门的大量经济技术、政策法规等信息资源提供给社会，促进政府部门同社会各界的沟通，优化社会资源的配置，提高国民经济运行的质量和效益。为推动“政府上网工程”的实施，中国电信决定在规定期限内减免中央及省市级政府部门网络通信费。1999 年也被电子政务界称为“政府上网年”。

5. 移动电子政务

移动电子政务是指用户可以通过移动终端和无线通信网络获取政府部门提供的信息和服务。与传统电子政务相比，移动电子政务有很多优势，如可以随时随地处理公文，可以随时随地查阅信息。领导干部即使出差在外也可以处理公文，避免等待，提高办事效率。办公人员可以摆脱网线的束缚，进行移动办公。执法人员可以开展移动执法，利用无线网络调阅后台数据，进行现场处理，而不必跑回办公室调阅信息。

2009 年 1 月，工业和信息化部向中国移动颁发了 TD-SCDMA 制式的第三代移动通信（3G）牌照，向中国电信颁发了 CDMA2000 制式的 3G 牌照，向中国联通颁发了 WCDMA 制式的 3G 牌照。2013 年 12 月，工业和信息化部向中国移动、中国电信和中国联通颁发了 TD-LTE 制式的 4G 牌照。2015 年 2 月，工业和信息化部向中国电信和中国联通颁发了 LTE-FDD 制式的 4G 牌照。随着 3G、4G 移动互联网的发展和智能手机、平板电脑等智能终端的普及，移动办公、移动执法等移动电子政务将快速发展。

2002 年，美国费城首先提出建设“无线城市”，之后全球有 1 000 多个城市掀起“无线城市”建设高潮。在国内，2008 年以来，北京、天津、青岛、上海、南京、厦门、深圳、广州等城市都实施了“无线城市”建设计划。“无线城市”建设为移动电子政务发展奠定了很好的基础。

在我国，由于手机携带方便、价格比电脑低、操作简单等原因，其普及率远远高于电脑普及率，手机网民规模快速增长。根据中国互联网络信息中心发布的《第 39 次中国互联网络发展状况统计报告》，截至 2016 年 12 月，我国手机网民规模达 6.95 亿，使用手机上网的网民占 95.1％。随着移动互联网的快速发展和手机网民规模的不断扩大，可以预见，未来基于 App、微信等的移动电子政务将快速发展。

6. 泛在政府

2004 年 3 月，韩国政府制定了 u-Korea 发展战略。“u”是英文 ubiquitous 的缩写，意为“无所不在”。u-Korea 发展战略是一种以无线传感器网络为基础，把韩国的所有资源数字化、网络化、可视化、智能化，以促进韩国经济发展和社会变革的国家战略。

建设泛在城市（u-City）是 u-Korea 发展战略在韩国城市的具体实施。将泛在城市概念引入电子政务领域，就是泛在政府（ubiquitous government，U-Government）。泛在政府是指用户通过无线通信网络、无线传感器网络等泛在网络，随时随地获取政府提供的信息和服务。

7. “智慧政府”

2009 年 1 月，IBM 公司首席执行官彭明盛（Sam Palmisano）提出了“智慧地球”

(smarter planet) 概念，得到了美国总统奥巴马的积极回应。之后，IBM公司在中国频繁举办活动，建议中国城市的政府部门建设“智慧城市”。

智慧政府 (smarter government) 是从“智慧地球”“智慧城市”衍生出来的概念，指政府部门通过应用物联网、云计算、移动互联网和大数据等新一代信息技术，提高政府管理和公共服务的自动化、智能化水平。

8. 互联网＋政务

在2015年3月召开的全国“两会”上，全国人大代表、腾讯总裁马化腾提交了题为《关于以“互联网＋”为驱动，推进中国经济社会创新发展的建议》的议案。李克强总理在《政府工作报告》中提出制订“互联网＋”行动计划。同年7月，国务院出台了《关于积极推进“互联网＋”行动的指导意见》。2015年10月召开的党的十八届五中全会提出实施“互联网＋”行动计划。

“互联网＋政务”是指运用互联网思维对政府工作重新进行思考，创新市场监管、社会管理和公共服务等工作模式，提高行政效能，增强履职能力。与传统电子政务相比，“互联网＋政务”把互联网的开放、共享、参与、创新等特性引入政府工作。“互联网＋政务”把政府部门和企事业单位、社会公众联结在一起，共同应对市场和社会问题，是推进国家治理体系和治理能力现代化的重要举措。

1.2 电子政务的发展背景

1.2.1 信息技术革命

信息技术是指应用信息科学的原理和方法研究信息产生、传递、处理的技术，具体包括有关信息的产生、收集、交换、存储、传输、显示、识别、提取、控制、加工和利用等方面的技术。信息技术的发展完全改变了人类社会的面貌，信息技术的水平、规模和应用程度已经成为衡量一个国家现代化程度的重要标志，人们把这种因信息技术发展而导致的社会变革称为信息技术革命。目前，人类已经历了以电子计算机为核心的第一次信息技术革命和以互联网为核心的第二次信息技术革命，正在经历以物联网、云计算、移动互联网和大数据为代表的第三次信息技术革命。

1. 计算机的发展历程

1946年2月14日，世界上第一台计算机埃尼阿克 (ENIAC) 在美国宾夕法尼亚大学诞生。它重达30吨，使用了18 000个电子管，每秒能进行5 000次加法运算。之后的20多年间，由于使用电子管、晶体管和中小规模集成电路作为主要的电子元器件，计算机的体积都比较大，属于大型机，主要用于科学和工程计算以及文字处理和自动控制等。

20世纪70年代，随着大规模集成电路的出现，计算机的体积大大缩小，微机逐渐占领市场，个人电脑 (PC) 迅速普及。1976年，第一代苹果电脑Apple I问世。1981年，

IBM 公司推出 PC。1981 年 4 月，第一款便携计算机 Osborne 1 诞生。1983 年，惠普公司发布第一款触摸屏电脑 HP-150。1985 年，日本东芝公司推出第一台笔记本电脑。1997 年，IBM 公司的“深蓝”超级计算机击败国际象棋世界冠军卡斯帕罗夫（Garry Kasparov）。2000 年，平板电脑开始出现。2007 年，苹果公司推出 iPhone 手机，这是一款可以与计算机相媲美的智能手机。

纵观计算机发展史，计算机的体积越来越小、性能越来越高、处理能力越来越强、应用越来越广泛。计算机的发展历程见表 1－1。

表 1－1　计算机的发展历程

代次	年份	采用技术	代表机型	应用领域
第一代	1946—1957	电子管	大型机	科学计算
第二代	1958—1963	晶体管	大型机	科学与工程计算
第三代	1964—1971	中小规模集成电路	大型机	文字、自动控制等
第四代	1972—1984	大规模集成电路	微机/个人电脑	各个领域
第五代	1985—2009	超大规模集成电路	笔记本电脑	各个领域
第六代	2000 年至今	纳米级集成电路	平板电脑	各个领域

2. 互联网的发展历程

互联网始于 1969 年的阿帕网（Arpanet），是在美国国防部研究计划署制定的协议下将美国西南部的加州大学洛杉矶分校、斯坦福大学研究院、加州大学圣塔芭芭拉分校和犹他大学的四台计算机连接起来。1972 年，汤姆林森（Ray Tomlinson）发明了电子邮件。1974 年，瑟夫（Vinton Cerf）和卡恩（Bob Kahn）开发了 TCP 通信协议。1983 年提出了域名系统。1984 年设立了“. com”“. gov”和“. edu”等后缀域名。1990 年，蒂姆・伯纳斯-李（Tim Berners-Lee）发明了万维网。1994 年，安德森（Andreessen）同 Mosaic 团队的其他人组建一家公司，开发了第一个商用浏览器。之后，互联网用户数量快速增加。

根据中国互联网络信息中心发布的《第 39 次中国互联网络发展状况统计报告》。截至 2016 年 12 月，中国 IPv4 地址数量为 3.38 亿，拥有 IPv6 地址 21 188 块/32。中国域名总数为 4 228 万，其中“. cn”域名总数为 2 061 万，在中国域名总数中占比达 48.7%。中国网站总数为 482 万，其中“. cn”下网站数为 259 万。国际出口带宽为 6 485Gbps。中国网民规模达 7.31 亿，互联网普及率为 53.2%（见图 1－1）。中国手机网民规模达 6.95 亿，网民中使用手机上网的人群占比达 95.1%。

纵观互联网发展史，互联网逐渐从单向传输发展到双向互动，从文字传输发展到多媒体传输，从固定网络发展到无线网络。互联网带宽越来越大，传输速度越来越快，应用领域越来越广。互联网已经从 Web1.0 发展到 Web3.0，从数字时代进入语义时代。随着物联网的发展，互联网由原来的通信工具发展成自动控制工具。

图1-1　2006—2016年中国网民规模与互联网普及率

资料来源：中国互联网络信息中心，2017。

在Web1.0时代，用户主要通过浏览器获取互联网上的信息。在Web2.0时代，用户不仅可以浏览信息，还可以发布信息。如果说Web2.0是使用互联网把人与人联系起来，那么Web 3.0则是使用互联网把信息与信息联系起来。互联网的具体发展阶段见表1-2。

表1-2　互联网的三个发展阶段

发展阶段	年份	主要特征
Web1.0	1994—2000	窄带接入，以电子邮件、BBS、单向信息发布网站等应用为主
Web2.0	2001—2006	宽带接入，以搜索引擎、多媒体、电子商务、双向交互网站等应用为主
Web3.0	2007年至今	高速宽带接入、无线网络接入，以App、社交网络、物联网、云计算、大数据等应用为主

1.2.2　政府再造运动

20世纪30年代之后，凯恩斯主义盛行，政府对经济与社会管制加大，导致政府职能不断大规模扩张。然而，这不仅导致政府机构膨胀、僵化和行动迟缓，大量的官僚主义和公共资源浪费，还严重限制、削弱了市场活力，加重了社会公众的纳税负担，降低了社会资源配置的整体效率。怎样做才能既不降低公共服务质量，又能有效利用政府资源、削减政府开支，成为推动各国政府改革的直接动因。

作为20世纪各国政府机构的主要组织形式，官僚科层制在政府运行中发挥了重要作用。然而这种适应工业时代需要、注重规则与分工理性的传统组织模式，在信息时代遇到了来自内部组织管理和外部政策管理的适应性危机。打破官僚制，重塑政府，成为20世纪后期政府改革的最响亮口号。

在信息化与全球化时代，社会结构急剧转型，社会一致性解体，各种公共问题日益复杂、恶化。面对如此多的问题，政府变得越来越无能为力，公众对政府效能非常失望。减少官员腐败、提高政府公共政策质量、转变政府行为方式、改进公共服务的品质，以恢复社会对政府的信任、增加政府行为的合法性，成为各国政府改革的迫切任务。

从20世纪80年代开始，美国、英国等西方发达国家普遍经历了一场“政府再造”运动。“再造”（reengineering）一词是由美国管理大师汉默和钱皮提出来的，最早用于工业管理。政府再造是指对公共体制和公共组织进行根本性的转型，以大幅提高组织效能、效率、适应性以及创新的能力，并通过变革组织目标、组织激励、责任机制、权力结构以及组织文化来完成转型过程。“政府再造”或“重塑政府”是由美国公共管理学者戴维·奥斯本和特德·盖布勒借用企业管理术语提出的。他们提出对政府进行改革，构建“具有企业家精神的政府”。政府再造就是用企业化体制来取代官僚体制，即创造具有创新惯性和质量持续改进的公共组织和公共体制，而不必依靠外力驱使。政府再造就是创造具有内在改进动力的公共部门，有人称其为政府“自我更新”的机制。创新与改革是政府再造的核心理念。政府再造不是简单的组织再造和重组，而是对政府治理的理念、原则、结构、行为等进行大规模的改革，以提高政府的绩效和服务的品质。换言之，政府再造是对公共行政的系统革命，是将企业经营理念引入政府部门中来，扬弃传统政府包办一切的心态与政府管理理念，建立以服务为导向、以公众为顾客的新的政府治理理念，期望能够真正达到提高效率、简政便民的目标。

尽管西方各国政府改革的起因、议程、战略、策略以及改革的范围、规模、力度有所不同，但共同的做法是采用企业管理的理论、方法及信息技术，引入市场竞争机制，提高公共管理和公共服务水平。

美国早在1993年就提出了利用新科技改造政府的目标。1995年，加拿大在改造政府的蓝图中，将信息技术看作在提高政府公共服务水平的同时大规模削减相关费用的良方。在综合考虑了政府服务变化和政府费用等因素后，英国政府也下定决心利用信息技术改革政府的公共服务部门，目的在于“除了为公众提供更好的服务外，还应通过降低政府行政费用使所有纳税人受益”。

1.3 电子政务的意义与影响

1.3.1 推行电子政务的意义

电子政务是一种新事物，它不仅代表着先进的技术，也代表着一种新思想、新思维。电子政务将促进创新，不仅是技术创新，也是社会的全面创新，包括管理创新、制度创新。毫无疑问，它将提高政府的办事效率，提高政府的服务水平，推动社会全面进步。

实践表明，推行电子政务可以提高行政效率、促进财税增收、强化市场监管、创新社会管理、改进公共服务、降低行政成本。

1. 提高行政效率

传统的政府工作模式以政府的机构和职能为中心，企业或公众围着政府部门转。企业或公众要办一件事，常常必须了解各个政府部门的职能权限、处室分工，然后一个个部门地去办，来来回回地报批。如在某市办一个中外合资企业，涉及10个部门的19个审批登记环节，须提交几十份材料，得来回几十趟，盖几十个章。这样的政府办事效率是难以面对入世后的全球市场竞争挑战的。开展电子政务以后，政府要围着企业或公众转，把企业和公众真正当作客户，对其进行管理和服务。公众不必知道政府部门如何设置，职能如何进行分工，业务需要由哪些部门批，由谁负责批。只要上网就随时可以查询了解到审批的状态和反馈的意见，不必到政府各部门去来回跑了，审批的时间也相应缩短。

国家质检总局CIQ2000系统上线运行以来，在检验检疫人员只增加20%的情况下，完成了增长近20倍的工作任务。

2. 促进财税增收

“金税工程”通过防伪税控、交叉稽核等方式，有效防范和打击了犯罪分子伪造、虚开增值税发票，偷骗国家税款的违法犯罪行为。在以前，企业在工商部门领取营业执照后不到税务部门办理税务登记，是偷逃税款的重要方式。采用信息化手段，通过工商部门和税务部门之间的数据比对，可以及时发现这类问题，追回偷逃税款。例如，2002年，杭州市通过企业基础信息的交换与比对，发现办理工商登记的税务登记漏管户历年累计数达11 718户。济南市实施财税增收信息化工程之后，在2003年10月到2006年8月的三年中，通过对工商、国税、地税、质监四个部门的数据进行集中比对，共发现近30%的数据差异。其中税务部门经过调查，共查出漏税企业15 534户，补税罚款3 470万元。

3. 强化市场监管

信息不对称是造成市场监管漏洞的主要原因之一。推行电子政务，加强跨部门信息共享和业务联动，可以有效增强政府部门的市场监管能力。

走私、逃套汇、骗税的重要手法就是在单证上弄虚作假，钻有关管理部门之间甚至部门内部管理脱节的空子。海关总署实施的“金关工程”采用“电子底账＋联网核查”的管理模式，使有关管理部门之间可以通过计算机网络直接核查对方的执法电子数据，从根本上堵住市场监管的漏洞。

4. 创新社会管理

电子政务在创新社会管理方面可以发挥巨大的作用。政府部门之间的信息不对称是造成重婚、冒领养老金等问题的根源。

目前，民政部建立了中央级婚姻登记数据中心，全国31个省（自治区、直辖市）均已建立省级婚姻登记工作网络平台和数据中心，实现了在线婚姻登记和婚姻登记信息全国联网审查，有效地防止了重婚、骗婚等违法现象的发生。

近些年来，死亡人员家属继续冒领养老金、利用虚假资料非法套取养老金等现象时有发生。黑龙江省自2011年下半年开始采取信息化手段在齐齐哈尔市进行了“堵漏”试点。截至2012年底，全市共有8 104人未通过认证，养老金账户被自动冻结，平均每月节约金额达1 200余万元。

5. 改进公共服务

电子政务在一定程度上改变了以往社会公众到政府部门办事“门难进、脸难看”的局面，消除了故意拖延等各种人为因素，有利于构建服务型政府。

电子政务为创新公共服务模式提供了技术手段。由于信息通信技术的应用，政府部门提供公共服务的方法和方式也发生了改变，公共服务比以前更快捷、更公平、更直接。

电子政务提高了公共服务的质量和效益。通过对传统政务流程进行改造、重组、优化，建立一站式服务机制，极大地提高了公共服务的质量和效益。

2010—2012年，广州市政府服务网上办理工程累计办理4 065万余笔，减少市民和企业上门办事次数4 126万次，节省时间1.2亿多小时（以每次上门办理业务平均花费3小时计算）。

6. 降低行政成本

电子政务不仅可以降低政府部门的行政办公成本、差旅成本、执法成本等，而且可以降低拆迁费用等财政支出。

四川省纪委监察厅机关基本实现无纸化办公。2013年文印用纸同比减少68.5%，仅机关发文一项就节约用纸23.8万张。2012年共召开视频会议43次，与使用电信部门的电视电话会议系统相比，节约经费约500万元；全省纪检监察机关2 000余部电话接入语音专线，省纪委监察厅机关电话费同比下降20%。

济南市房管系统与建委之间联网，实现了房地产从建设、登记、交易到注销的全生命周期信息化管理，为旧投、城投提供城市建设拆迁范围内32 850户拆迁户的房产情况核实，查出有房产不符合补偿标准的3 000余户，降低拆迁成本2亿多元。

目前，开展电子政务已经成为时代潮流，世界各国政府对此都很重视。可以说，离开了电子政务，就不可能有一个现代化的政府。因此，电子政务既是政府能力建设中一项具有根本意义的任务，也是政府能力建设中最为重要的一个时代特征。

1.3.2 信息化对行政管理的影响

电子政务是传统行政管理方式的一场深刻变革，其实质是利用信息技术手段来构造更适合信息时代要求的政府治理结构和行政运行方式。电子政务对行政管理的各个方面都产生了重大而深远的影响，如图1-2所示。

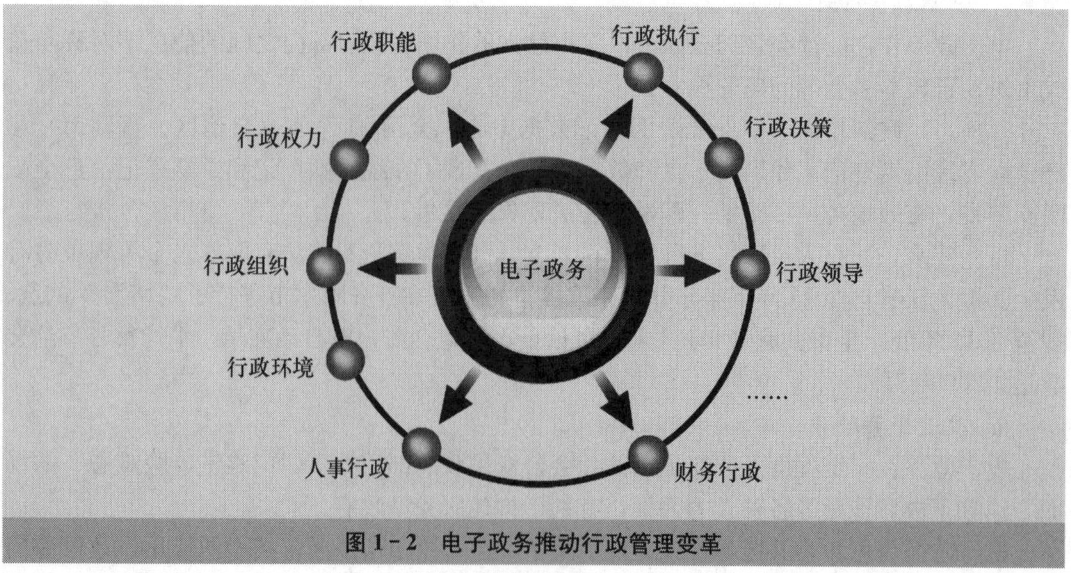

图1-2 电子政务推动行政管理变革

1. 信息化对行政职能的影响

进入信息时代，信息化规划、建设、管理和运维成为政府部门的一项日常工作，这就需要在传统的行政职能基础上增加信息化规划、建设、管理和运维等方面的职能。随着信息化手段在国民经济和社会中的广泛应用，信息产业蓬勃发展并逐渐成为重要的支柱产业，这就需要在传统的行政职能基础上增加信息产业政策制定、市场监管等方面的职能。数据、信息成为政府部门的重要资产，需要增加信息管理方面的职能。政府部门之间需要共享信息，需要增加信息共享方面的职能。企业和社会公众对公共数据资源的需求日益迫切，需要增加公共数据资源开放方面的职能。

2. 信息化对行政权力的影响

信息是一种权力。在信息社会，谁掌握信息，谁就更能掌握权力。信息化将影响并改变行政权力格局。例如，随着计算机网络成为政府事务处理的重要途径，行政权力结构将从传统的金字塔形转变为扁平化，一些中间管理层将被撤销，其行政权力将被取消。一方面，电子政务将使行政权力向政府部门的信息枢纽集中，随着政府数据大集中，下级部门的一些行政权力将被上级部门收回；另一方面，随着简政放权的推进，通过计算机系统的权限设置，可以采取分级授权方式，将上级部门的一些行政权力下放给下级部门，由此地方自治也可以得到加强。

3. 信息化对行政组织的影响

信息化建设催生了新的行政组织。例如，2008 年国务院机构改革组建了工业和信息化部，负责信息化推进工作。各省也相继进行了政府机构改革，成立了经济和信息化委员会（有的称“工业和信息化委员会”“工业和信息化厅”“工业和信息化局”）。与此同时，信息化也推动了政府机构改革。信息化手段的应用使跨部门的协作更加容易，为政府机构合并和重组提供了强有力的技术支撑。

电子政务的广泛开展带来了行政组织的虚拟化，一些行政组织逐渐退居幕后，不与行政相对人面对面打交道。行政相对人在网上进行申报后，后台行政组织负责处理申报，处理完毕后将结果在网上反馈给行政相对人。

4. 信息化对行政环境的影响

在信息社会，计算机、网络成为行政管理的基础设施，信息技术成为行政环境的要素之一。在企业和公民广泛采用信息技术的条件下，企业、公民到政府部门办理业务，如果后者还是采用传统行政手段，将会显得落伍。私人部门的信息系统希望与公共部门对接，企业信息化、电子商务、个人信息化将带动行政组织的信息化。

5. 信息化对人事行政的影响

在人事行政方面，信息技术可以发挥很大的作用。例如，建立公务员基础数据库和公务员管理信息系统，可以提高公务员管理效率，降低公务员管理成本。组织部门想选拔领导干部，输入选拔条件后，计算机系统就可以显示符合条件的人员名单及相关信息，比传统人工翻阅人事档案选择合适人选的效率要高很多。在公务员培训方面，推动“互联网+干部培训”发展，采用电子学习方式（如多媒体课件、教学视频、BBS 系统等），可以降低培训成本，有利于建设学习型政府。

6. 信息化对财务行政的影响

目前，信息化已经成为公共财政管理的主要手段。“金财工程”利用先进的信息技术，支撑以预算编制、国库集中收付和宏观经济预测为核心应用的政府财政管理综合信息系统，覆盖各级政府财政管理部门和财政资金使用部门，全面支持部门预算管理、国库单一账户集中收付、政府采购、宏观经济预测和办公自动化等方面的应用需求，是国家电子政务重大工程之一。

国库集中收付改革后，预算执行信息直接来源于基层预算单位的每一笔支付交易记录，形成了有效的信息采集机制，提高了信息的完整性、及时性、准确性和公开性，增加了预算执行的透明度。中央和各地方政府相继建立了财政资金管理信息监控系统，并与代理银行支付系统联网，初步建立了内部监督制约机制和对预算单位支出的实时监测制度，基本实现了对财政资金运行的动态监控，及时发现并纠正了一定数量的违规用款，保证了财政资金按规定用途使用。

7. 信息化对行政领导的影响

进入信息社会、互联网时代，政府部门的领导干部要提高信息化意识，树立互联网思维，把电子政务纳入政府部门的发展战略。自觉学习、掌握电子政务基础知识，把电子政务与政府实际工作结合起来，提高自身履职能力。

8. 信息化对行政决策的影响

掌握全面、准确、及时的信息，是行政领导进行科学决策的前提。信息化为决策所需信息的采集、更新和管理提供了有效的技术手段，有利于促进决策科学化、民主化。例如，许多业务应用系统都提供查询和统计分析功能，可以自动生成统计报表、统计图。领导查阅信息非常方便。通过阅读统计报表，领导可以快速掌握本部门的工作情况。通过柱状图、折线图、饼图、雷达图等生动形象的统计图，领导可以迅速发现问题所在。

9. 信息化对行政执行的影响

目前，信息化已经成为行政部门履行经济调节、市场监管、社会管理和公共服务等职能的重要手段。例如，天津市婚姻登记管理系统把全市各级婚姻登记机关连接起来，以数据库记录市民的婚史，有效地杜绝了重婚现象。

10. 信息化对行政协调的影响

计算机网络为政府部门之间的沟通提供了便利条件。例如，通过电子公文流转系统，政府部门之间的公文传递效率得到了极大的提高。通过视频会议系统，来自不同地区的公务员可以在一起开会，而不需要出差，方便了偏远地区的领导干部。通过开展政务信息共享和部门联动，既可以减少重复填写、重复报送，减轻企业和社会公众的负担；又可以提高办事效率，缩短企业和社会公众的等待时间。

11. 信息化对行政文化的影响

在传统行政方式下，政府部门的官僚作风很重，普遍存在“门难进、脸难看、事难办”的现象。公务员人浮于事，办事效率低下，人民群众怨声载道。建立网上办事大厅，推行网上办事，避免了行政相对人与政府办事人员的直接接触。电子政务系统是计算机系统，有一套严格的办事流程。利用电子政务系统的催办、督办等功能，如果某个公务员在规定的时间内没有完成办理，系统就会自动提醒。现在许多政府部门把按时办事率与公务员绩效考核挂钩，促进了公务员依法行政。信息化使消极、被动、低效的传统行政文化向积极、主动、高效的行政文化转变。

12. 信息化对行政立法的影响

在信息化条件下，出现了许多新事物，一些旧的法律法规条文已经不合时宜，必须进行修改和补充。而新事物的不断出现，又需要制定新的行政法规。例如，党的十八届五中全会提出“实施国家大数据战略”。实施国家大数据战略，实现政府信息共享是前提，开放公共数据资源是动力，保护政府、商业和个人数据是保障。因此，要加快政府信息共享、公共数据资源开放和数据保护方面的立法工作，制定国家层面的“政府信息共享条例”及其实施细则、“公共数据资源开放条例”及其实施细则和“数据保护法”。

13. 信息化对机关管理的影响

目前，许多政府的办公部门、机关事务管理部门开展了电子政务建设，信息技术在行政办公、机关文书管理与档案管理、会议管理、公务车管理、政府资产管理、政府后勤管理、信访工作等方面得到了应用。随着无纸化办公的普及，许多机关文书、档案都可以存储在计算机中，方便查询和管理。会议管理系统可以根据会议日程、要求等自动安排会议室，自动提示会议冲突情况。利用计算机可以对公务车驾驶员和车辆信息、车辆预约信息、车辆使用信息等进行管理。政府资产管理系统可以对办公设备、房产、专门设施等固定资产进行有效管理。目前许多政府部门的食堂都实行刷卡制，提高了资金结算效率。

14. 信息化对行政监督的影响

许多政府门户网站都有在线投诉、举报等功能，有利于加强社会监督。一些政府部门已经建立了行政电子监察系统，加大了行政监督力度。例如，深圳市行政审批电子监察系统从 2004 年底投入试运行以来，实现了对全市 31 个部门 239 项行政许可项目、28 个部门 197 项非行政许可的其他审批事项以及涉及 16 个部门的重大投资项目审批工作的全程实时监控、预警、绩效评估和信息服务，并取得了显著效果。2005 年，全市办结的 56 万多件许可业务中只有 2 件超时，行政许可业务提前办结率从系统运行前的不到 3%提高到 77.5%。建立电子监察系统，实现行政管理全程留痕，有利于把权力关进“数据铁笼”。

15. 信息化对行政效率的影响

国内外实践证明，信息化可以显著提高行政效率。例如，2006 年，国资委外事局网上办公系统之中央企业领导人因公出国（境）审批系统正式上线运行。在系统建立之前，企业经办人需要整理相关材料和请示件，用公文传递或派专人送国资委外事局审批。经过 20 多个审批环节后，由外事局出具复函返回企业，平均办理周期在 20 天左右。现在，企业经办人可以在网上填报，由系统自动生成标准格式的请示件，利用电子公章系统生成电子公文，通过网络直接将信息上报到国资委。国资委的审批环节缩减到 15 个，并全在网上进行。审批通过后，企业经办人可以在线下载、打印复函，平均办理周期在 7 天左右。类似的例子还有很多。

16. 信息化对行政改革的影响

信息化与行政管理体制改革存在互动关系：电子政务建设有利于推动行政管理体制改革，行政管理体制改革可以为电子政务建设扫除很多障碍。从 20 世纪 80 年代开始，英、美等西方发达国家为迎接新技术革命和经济全球化的挑战，经历了一场被称为“政府再造”运动的公共管理革命。1993 年，克林顿政府成立国家绩效评估委员会，把构建“电子政府”作为其施政改革的一项重要内容。1995 年，加拿大在改造政府的蓝图中，将信息技术看作在提高政府公共服务水平的同时大规模削减相关费用的良方。党的十七大报告提出“推行电子政务，强化社会管理和公共服务”。同时，行政管理体制改革可以为电子政务建设营造良好的环境。由于电子政务管理体制没有理顺，电子政务建设过程中条块分割、各自为政、低水平重复建设、“信息孤岛”等问题比较突出，信息化效益无法得到很好的发挥，电子政务推行起来困难重重。因此，要把电子政务建设和转变政府职能与创新政府管理紧密结合起来，形成电子政务发展与深化行政管理体制改革相互促进、共同发展的机制。

实践表明，电子政务可以促进政府职能转变，推动政府机构改革，推进行政流程再造，提高行政管理效率，降低行政成本，增强行政执行能力，改变行政决策机制、行政管理方式和行政管理观念。

值得指出的是，虽然电子政务已经被列为公共管理硕士的核心课程，但国内政治学、公共管理学界对电子政务的重视程度还有待进一步提高。许多政治学、公共管理专业的老师仍然把电子政务视为计算机专业老师的事情。由于文理分科等原因，绝大多数政治学、公共管理专业的老师缺乏计算机、互联网方面的知识和技能。由于缺乏技术背景，文科老师对电子政务的研究很难深入。

1.4 发展政府信息学

国内外的电子政务建设实践和理论研究已有 20 多年的历史。如何建立和完善电子政务学科体系，深入研究电子政务重大问题，培养高层次的电子政务专业人才，是学术界、教育界同人的历史使命，也是难得的历史机遇。

政府信息学（governmental informatics）是一门研究在信息时代政府部门如何利用信息化手段进行行政管理、提供公共服务、履行政府职责的科学。政府信息学是公共管理学与信息技术科学交叉的一门新兴学科，是信息时代公共管理学研究的重要内容。建立政府信息学，标志着电子政务开始从“概念”走向“学科”。特别在中国，电子政务理论研究严重滞后于实践。开展政府信息学研究，可以指导中国电子政务实践活动，促进中国电子政务健康发展。

1. 政府信息学的研究内容

政府信息学的研究内容主要包括电子政务基础理论、电子政务规划建设方法论、电子政务相关问题三大方面。

（1）电子政务基础理论。电子政务基础理论包括电子政务的内涵和外延，电子政务发展的一般规律、阶段划分等，信息化对行政职能、行政权力、行政组织、行政环境、人事行政、财务行政、行政领导、行政决策、行政执行、行政协调、行政文化、行政立法、机关管理、行政监督、行政效率、行政改革等行政管理各个方面的影响和作用机理，如何建立和完善适应信息社会的行政管理体制。

(2) 电子政务规划建设方法论。研究如何编制电子政务发展规划，如何开展电子政务顶层设计，如何进行政府信息工程项目可行性研究和初步设计。研究电子政务项目管理方法，电子政务的建设和运营模式。研究电子政务发展水平和绩效评估方法。研究如何完善电子政务保障措施。研究政府部门的信息技术应用问题，研究信息化如何为政府履行经济调节、市场监管、社会管理和公共服务四大职能提供支撑。

(3) 电子政务相关问题。研究如何将企业管理理念、技术引入电子政务中，如政府资源规划、政务流程再造、政府客户关系管理、政府供应链管理、协同政务、政务智能、公共产品生命周期管理等。研究与电子政务有关的公共政策，如政府信息公开政策、政府信息资源开发利用政策、政府信息安全政策等。

2. 政府信息学与相关学科的联系

政府信息学与政治学、经济学、社会学、法学、管理学、图书馆学、情报学、档案学、自然科学和工程技术科学等相关学科都有着广泛的联系。

(1) 与政治学的联系。一些政治学理论、公共管理理论是在工业社会提出来的，在信息社会已经显得过时，需要摒弃或革新。要积极研究适应信息时代的政治学理论、公共管理理论。在信息社会，如何进行国家治理，建立合适的政治制度和政治体制，是政治学界应该关注的问题。在信息社会，如何进行行政管理，提供公共服务，是公共管理学界应该关注的问题。信息传播技术和方式的变革会影响政治发展，可以从信息传播的角度研究政治史。信息是一种权力，也是一种权利，可以从信息的角度研究民主政治。

(2) 与经济学的联系。政府信息学与经济学相关的领域包括电子政务绩效评估、利用市场化力量建设政府信息系统等。推行电子政务的好处之一就是可以降低行政成本。还有如何对电子政务建设进行投资回报分析是各级政府普遍关心的问题。此外，还有如何进行公私合作，通过 BOT、BOO 等投融资方式开展电子政务建设等问题。

(3) 与社会学的联系。推行电子政务涉及公共服务均等化、数字鸿沟（digital divide）问题。欧盟电子政务建设就非常注重电子包容（E-Inclusion），使不同阶层的社会群体都能方便地获取电子化服务（E-Service）。

(4) 与法学的联系。一方面，推行电子政务本身需要立法。例如，美国制定了《电子政府法案》，国内一批专家学者也一直在呼吁制定“电子政务法”。另一方面，在电子政务条件下，一些以前制定的法律法规的某些条款已经不合时宜，需要进行修订。法制化建设滞后，是影响电子政务发展的重要原因之一。

(5) 与管理学的联系。作为不同类型的组织，政府与企业在管理方面有明显区别，但也有相通之处。新公共管理理论和新公共服务理论就是借鉴了管理学的一些研究成果。企业资源规划、客户关系管理、供应链管理、商业智能、知识管理等企业管理理论方法，也可以引入电子政务领域。在这方面已有先例，如美国电子政务架构（FEA）。

(6) 与图书馆学、情报学、档案学的联系。在中国，许多大学在图书馆学、情报学、档案学专业基础上组建了信息管理系、信息资源管理学院。目前，信息管理和信息工程已经成为本科专业。推行电子政务涉及政府信息的采集、检索、分析、处理、保密、公开、共享等。政府部门拥有大量信息，如何进行开发利用，使之成为社会财富，是一个值得研究的问题。此外，还有如何对政府电子文件进行自动归档、政府信息的安全保密等问题。

（7）与自然科学、工程技术科学的联系。政府信息学是一门公共管理学和信息技术科学交叉的学科。电子政务是信息技术革命的产物。每一次信息技术革命，对电子政务发展都起着极大的推动作用。近年来，随着物联网、云计算、移动互联网等新一代信息技术的兴起，电子政务将面临新一轮发展，如云政府（G-Government）、移动政府（M-Government）。同时，规划、建设、国土、环保、公安、交通、农业、工信、科技、卫生、气象、地震等许多政府部门的事务涉及自然科学、工程技术科学。政府信息学与自然科学、工程技术科学的联系就体现为上述政府部门的信息化规划、建设和管理问题。

政府信息学研究人员要有开放的心态、开阔的视野，广泛地吸收政治学、经济学、社会学、法学、管理学、信息技术科学等相关学科的已有研究成果，扎实推进电子政务理论、方法研究。

3. 政府信息学研究进展

政府信息学的研究已逐步得到国际学术界的重视。不少政治学、公共管理学、信息管理和信息系统类的社会科学引文索引（SSCI）刊物都刊登政府信息学方面的文章。政府信息学类的国际刊物有 *Government Information Quarterly*、*The International Journal of Government & Democracy in the Information Age*、*International Journal of Electronic Governance*、*International Journal of E-Politics*。张楠等人对 1999 年到 2009 年十年间发表在 SSCI 期刊上的电子政务文章进行统计分析的结果表明，国外政府信息学的研究领域主要集中在电子政务接受度、电子政务评估、电子民主、业务协同和互操作等。

美国、欧盟国家、澳大利亚、新西兰等发达国家的政府信息学研究走在世界前列。在美国国家科学基金会的资助下，麻省理工学院阿莫斯特分校成立了国家数字政府研究中心（National Center for Digital Government）、纽约州立大学阿尔巴尼分校成立了政府技术研究中心（Center for Technology in Government）、南加州大学成立了数字政府研究中心（Digital Government Research Center）。

近十年来，中国一批学者也开始积极研究政府信息学，他们主要来自信息技术科学、行政管理学、图书馆情报学等学科领域。2007 年 9 月，国务院学位办同意全国公共管理硕士专业学位指导委员会将 MPA 原核心课程“信息技术及应用”调整为“电子政务”。北京大学、清华大学、复旦大学、浙江大学、上海交通大学、中国人民大学、华中科技大学等全国知名大学的一批学者在电子政务研究领域取得了显著成绩，但仍然满足不了实践的需要。从研究文献来看，国内政府信息学研究主要集中在政府信息系统、政府信息技术应用、政府信息公开、电子政务评估、信息化与政府管理创新等领域。从学者的学科背景来看，主要来自信息技术科学、公共管理、信息管理等专业。

4. 对开展政府信息学研究的思考

（1）建立合理的知识结构。

政府信息学是一门交叉学科，与政治学、经济学、社会学、法学、图书馆学、情报学、档案学、自然科学、工程技术科学等许多学科都有交叉。目前，国内政府信息学研究人员的专业背景主要是信息技术、公共管理、情报档案。只具有单一学科知识的人员很难把政府信息学深入下去。要想深入研究政府信息学，不能故步自封，必须要有开放、合作的心态，摒弃学科、门户之见，广泛地从其他相关学科吸收与研究领域相关的已有成果，建立科学、合理的知识结构，使中国政府信息学研究走在世界前列。

（2）面向国家的重大需求。

党中央、国务院非常重视电子政务工作。2002年，中共中央办公厅、国务院办公厅联合印发了《国家信息化领导小组关于我国电子政务建设指导意见》（中办发〔2002〕17号）。《国民经济和社会发展第十二个五年规划纲要》提出大力推进国家电子政务建设，推动重要政务信息系统互联互通、信息共享和业务协同，建设和完善网络行政审批、信息公开、网上信访、电子监察和审计体系。加强市场监管、社会保障、医疗卫生等重要信息系统建设，完善地理、人口、法人、金融、税收、统计等基础信息资源体系，强化信息资源的整合，规范采集和发布，加强社会化综合开发利用。与应用经济学、管理学类似，政府信息学是一门操作性、实践性较强的学科。中国电子政务实践超前于理论研究，开展政府信息学研究不能脱离实际，而是要不断从实践中提炼理论并指导实践，即“从实践中来，到实践中去”。研究人员要面向保障和改善民生、创新社会管理、提高政府办事效率、提升公共服务水平等国家重大需求，深入开展相关问题研究。

（3）采用先进的研究方法。

政府信息学的研究方法可以分为定性分析法、定量分析法以及定性—定量分析法三大类。其中定性分析法包括SWOT（优势—劣势—机会—威胁）分析法、PEST（政治—经济—社会—技术）分析法、利益者相关分析法、标杆分析法、比较分析法、系统分析法等。定量分析法包括硬件测试法、软件评测法、统计分析法、层次分析法等。定性—定量分析法包括专家打分法、平衡计分卡法等。此外，研究人员还要积极采用互联网检索、数据库检索、统计分析软件等先进的信息化手段。

信息技术革命已经深刻影响政治、经济、社会、军事等各个领域。中国已经进入信息社会、互联网时代，信息化是覆盖现代化建设全局的战略举措。信息社会、互联网时代的公共管理模式，必然不同于工业时代的公共管理模式。积极开展政府信息学研究，对于中国政府建立适应信息社会、互联网时代要求的公共管理体系具有十分重要的意义。

纵观政治学、公共管理学以及其他社会科学、自然科学，几乎所有学科都是国外学者率先提出并创建的，新公共管理、整体政府等许多新概念都是由国外学者提出的。作为世界第二大经济体，中国学者要有开创新学科的勇气。

值得指出的是，从某种意义上来说，公共管理是一个信息过程，信息是公共管理的基本要素。在政府运作中，政府官员和工作人员通过采集信息、传递信息、处理信息等来履行职责，开展行政管理，提供公共服务。

本章小结

本章首先阐述了什么是电子政务，介绍了政府信息化、数字政府、政府上网、虚拟政府、移动电子政务、泛在政府、智慧政府、“互联网＋政务”等与电子政务相关的概念。

然后介绍了电子政务是如何在西方“政府再造”运动和信息技术革命的双重作用下出现并快速发展的。接着阐述了推行电子政务的重要意义，如提高行政效率、促进财税增收、强化市场监管、创新社会管理、改进公共服务、降低行政成本等。最后提出了建立政府信息学这一新学科，提出了政府信息学的研究对象、研究内容以及与有关学科的联系，综述了国内外政府信息学研究进展，对如何开展政府信息学研究提出了一些建议。

关键术语

电子政务　电子公务　电子政府　政府信息化　数字政府　政府上网　虚拟政府　移动电子政务　泛在政府　智慧政府　“互联网＋政务”　信息技术革命　“政府再造”运动　政府信息学

复习思考题

1. 什么是电子政务？电子政务的相关概念有哪些？它们与电子政务有什么联系和区别？
2. 电子政务是在什么样的背景下出现并发展起来的？
3. 推行电子政务有哪些重要意义？
4. 信息化对行政管理有哪些影响？
5. 政府信息学的主要研究内容有哪些？

第2章 国外电子政务进展与启示

目前，电子政务已经成为发达国家公共行政的主要模式。发达国家在电子政务方面的理念和许多做法值得中国学习，如以客户为中心、全生命周期服务、场景式服务、利用Web2.0技术等。密切关注发达国家电子政务动向，建立和完善电子政务国际交流与合作机制，借鉴国际先进经验，发展第二代电子政务（E-Government 2.0），有利于加快中国电子政务进程。

重点问题

- 目前，美国、加拿大、英国、法国、德国、丹麦、瑞典、澳大利亚、日本、韩国、新加坡的电子政务进展如何？
- 国外电子政务进展对中国电子政务发展有什么启示？

2.1 美国

美国是现代信息技术的发源地，也是世界上电子政务起步最早的国家。早在1993年，克林顿政府就把构建“电子政府”作为其施政改革的一项重要内容，并成立了国家绩效评估委员会，使美国民众有更多的机会、以更有效的方式获取公共服务。1996年，克林顿政府启动了“重塑政府”计划，提出到2003年让美国联邦政府部门全部上网，使美国民众能够充分获取联邦政府的各类信息。1997年，克林顿政府制订了“走近美国”计划，要求从1997年到2000年，在电子政府方面完成120余项任务；到21世纪初，公共服务全部实现电子化，政府工作效率有极大的提高。

2002年，小布什政府签署了《电子政府法案》（Electronic Government Act），并发布了《电子政府法案实施指南》。该法案的内容包括：批准投入资金来改善联邦政府网站，根据公民需要提供政府信息和服务内容；要求政府管理机构做出的行政管理裁决在网上公布，联邦法院要在其网站上公布法院信息和司法判决；允许机构、科技人员、政策决策者和公众，通过访问网站获得关于联邦科学研究基金支出的非敏感信息；改善联邦 IT 专业人员的招聘和培训工作；为政府持有的私人信息建立新的、重要的隐私保护。

根据 2002 年《电子政府法案》，美国建立了一个电子政府基金，设立了电子政府办公室（Office of Electronic Government）。2003 年，美国电子政府基金投入 4 500 万美元，到 2006 年增长到 1.5 亿美元，由管理和预算办公室（OMB）拨付。电子政府办公室负责电子政府基金的管理，优先资助政府部门间并且有着政府广泛应用的项目。电子政府办公室负责人由总统任命。

为了向美国民众提供更好的电子化公共服务，小布什政府在 2003 年制定了电子政务发展战略，具体包括三个战略目标：

（1）方便公民与联邦政府实现互动。

围绕以客户为中心的业务流程，继续完善和更新 IT 管理机制，信息化管理部门要不断评估，监控跨部门业务流程的认定、部署，适当归并、减少重复投资。尤其是财务核算管理、数据统计、人力资源、社会福利、犯罪调查、公共卫生等方面，要制订合理的投资计划。通过简化政府业务流程，提高公共服务效率。各个孤立的政府信息系统，必须实现和其他系统、数据及流程的整合，实现“一次收集，多次使用”。

（2）提高联邦政府工作绩效。

根据管理和预算办公室的规定来支持电子政务系统的实现和整合。按照 2002 年《电子政府法案》，管理和预算办公室获得了在预算上的决策授权，在提高电子政务项目绩效、避免重复建设中发挥作用。联邦总务管理局（GSA）负责制订一个“巧妙采购”（smart buy）计划，以降低软件的购买和维护费用，提高软件资产的管理水平，提倡使用标准化的软件。

（3）提高政府对公民的反馈能力。

管理和预算办公室利用国会授权，发挥已有的电子政府组织管理作用，适当建立新的电子政府工程领导小组。管理和预算办公室领导层与联邦 CIO 委员会要充分利用各个机构领导人的经验和能力，推动政府建设。

在竞选美国总统期间，奥巴马积极采用网络手段赢得选民的支持，并最终在大选中获胜。为此，奥巴马赢得了“网络总统”的美誉。奥巴马总统一上台，就表示本届政府将致力于创建一个前所未有的开放政府，即坚持以实现透明、参与、协同、创新、效率和效能为目标，通过电子政务手段，提高美国政府的透明度和公众参与度。例如，美国奥巴马政府专门开通了一个关于医疗保障制度改革的网站，以解答美国公民的困惑，对流言进行辟谣（见图 2－1）。

2009 年 3 月，奥巴马政府设立了联邦政府首席信息官（CIO）一职，并任命昆德拉为联邦政府首席信息官。联邦政府首席信息官隶属于美国管理和预算办公室，职责范围包括主管与电子政务有关的政策和战略规划，负责联邦政府所有的信息化建设经费，协调政府机构之间的信息化建设，为信息系统制定标准规范。

图 2-1 美国医疗保障制度改革核实真相网站

2009 年 3 月，美国联邦总务管理局签署了一份允许政府各部门在 YouTube 等四个社交类网站上发布可共享内容的协议，联邦政府部门开始广泛地利用社会媒体，以提高政府部门间的协调性、增强政策透明度，并鼓励市民参与部门决策。

2009 年 5 月，奥巴马签署了《开放政府指令》(Open Government Directive)。这是美国政府提倡的在互联网上发布更多信息的计划。该计划的目的是鼓励联邦部门公布更多现有的、符合《信息自由法案》(Freedom of Information Act) 的信息，并使公众更容易获取此类信息。

《开放政府指令》要求各政府部门在自己的网站上发布一个专用的或开放式的网页。这个开放式网页公布该部门对这项活动做出的相关努力，提供该部门完成开放式政府计划的渠道并邀请访客提交反馈意见。这项活动还要求各部门至少提交三个富含高价值信息的数据库并制定一个发布更多有价值信息的时间表。美国民众通过这些数据库了解什么是可用信息。《开放政府指令》鼓励政府各部门使用 Twitter，将其作为交流信息和与美国市民沟通的一种网络渠道。

2012 年 5 月，奥巴马政府发布了新的电子政务战略——《数字政府：构建一个 21 世纪平台以更好地服务美国人民》(Digital Government：Building A 21st Century Platform to Better Serve the American People)。

美国数字政府战略包括三大目标：一是使美国人民和流动性加强的劳动力随时、随地、通过任何设备都可以访问高质量的数字政府信息和服务。二是确保美国政府适应新的数字世界，抓住机遇，以智慧、安全和实惠的方式采购与管理设备、应用和数据。三是开发政府数据以刺激全国的创新，改进为美国人民服务的质量。

美国数字政府战略坚持如下四个原则：

第一，以信息为中心。改变传统管理文件的形式，转向管理开放数据和内容的碎片，这些碎片可以被标记、共享以及很安全，并且可以以对客户最有用的方式组合和表达。

第二，共享平台。帮助美国政府各部门内部以及部门之间的雇员一起工作，以降低成本、精简部门、应用一致的标准，并且以一致的方式创建和分发信息。

第三，以客户为中心。围绕客户需求，创建、管理数据，通过网站、移动应用、原数据集以及其他分发模式提供数据，允许客户在任何时候以任何他们希望的方式构建、分享和消费信息。

第四，安全和隐私平台。确保安全地分发和使用服务，保护信息和隐私。

根据上述四个原则，美国政府在以信息为中心、共享平台、以客户为中心、安全和隐私四个方面提出了相应的任务。

在以信息为中心方面，美国政府将使开放数据、内容和网络应用程序接口（Web API）作为新的默认（new default）方式，可以通过 Web API 获取现有的高价值的数据和内容。OMB 将与来自各政府部门的代表一起，为联邦政府制定开放数据、内容和 Web API 政策，为改进的互操作开发指南、标准，进行最佳实践。

在共享平台方面，美国政府将建立一个数字化服务创新中心和顾问团队，建立一个跨部门治理机制以改进数字化服务的提供，统一政府部门的资产管理和采购工作。数字化服务创新中心负责识别共享的、开放的内容管理系统（CMS）解决方案，帮助政府机构开发 Web API，启动一个共享移动应用开发项目。顾问团队负责帮助数字化服务创新中心优化共享服务需求，促进现有政策和最佳实践的共享，识别并推荐变化以帮助消除政策和标准方面的鸿沟。

在以客户为中心方面，美国政府将使用现代化的工具和技术来提供更好的数字化服务，为移动用户改进面向客户服务的优先权，测量绩效和客户满意度以改善服务提供。

在安全和隐私方面，提升新技术应用的安全性，评估和精简安全与隐私流程。美国国土安全部、美国国防部、国家标准和技术研究所（NIST）将开发一个针对政府部门的移动和无线安全基准，包括安全参考框架。

2014 年 5 月，美国政府发布了《美国开放数据行动计划》，阐述了美国政府作为开放数据的主导者应承担的义务，介绍了美国政府在推动开放数据方面所做的大量工作。提出应主动承诺开放，并逐步开放数据资源的原则。发布的数据应做到方便社会公众使用和查找，根据社会公众反馈不断完善开放的数据，使其更容易被使用和理解。对还没有发布的数据应开放数据列表，供社会公众申请开放，由专业机构及相关领域代表确定发布的优先级别。

2.2 加拿大

1994 年，加拿大政府发布了《运用信息科技改造政府服务之蓝图》，这是全球第一份由政府发布的准备从技术角度全面改造自身的纲领性文件。1997 年 9 月，加拿大工业部推出了全国网络发展战略。该战略由六大计划组成，即国家在线计划、智能社区计划、政府在线计划、与世界连接计划、数据在线计划、电子商务计划。其中政府在线计划分三个阶段：第一阶段的任务是到 2000 年底在互联网上建立起强有力的联邦政府形象。第二阶段的任务是到 2005 年能够在网上提供安全、交互式的电子化服务。第三阶段的任务是要提供一个前沿性的先导计划，以有效利用新技术或者支持跨管辖权的服务的提供。

1998 年，加拿大国库管理委员会秘书处被委以重任，负责具体组织实施电子政务的相关动议。该小组的工作受到五项原则的指导，并根据这些原则执行任务。这五项原则是：保证满足公民的需求并且不断改进服务；通过一站式服务整合全部政府服务；提供获得服务的其他方式以供选择；支持向通过网络提供服务的过渡；确保联邦政府的服务能延伸到国家的每一个角落。

在1999年加拿大国会会议的开幕式上，联邦政府勾勒出政府在线计划的立法程序和政策优先权，并表达出这样的意图："政府要成为信息技术和互联网的模范应用者"，而且要成为"世界闻名的、最容易让公民与政府打交道的政府，加拿大公众可以在自己选择的时间和地点在线获得政府提供的所有信息和服务"。

2000年2月，加拿大国库管理委员会发布了一个战略性文件——《政府在线框架》(A Framework for Government On-Line)。该框架为加拿大政府在2004年实现政府服务电子化传递的目标建立起了一个高水平的目标和路径。在《政府在线框架》中，加拿大政府承诺："公民可以继续选择亲自上门、信函、电话或者电子模式获得政府服务，并从整体上提升服务水准。"

2000年3月，加拿大国库管理委员会首席信息官办公室下设了在线政府项目管理办公室，其职能是负责协调贯穿政府机构的在线活动。加拿大政府公共工程和政府服务部下属的政府电信和信息服务机构负责确定"在线政府"项目的技术框架体系，并主管"安全通道"项目。各政府部门和机构负责开发与实施各自的"在线政府"项目。

2000年11月，加拿大政府的27个部门与机构正式确定693项服务通过在线方式提供；到2001年4月，加拿大国库管理委员会秘书处把相关的服务调整到205项，并通过诸如对客户的影响以及服务的规模等指标来进行评估。

为了推动政府服务的整合与深化，为用户提供一站式电子政务服务，2005年9月，加拿大开通了加拿大政府公共服务平台（Service Canada）。该平台通过整合联邦政府部门以及各级地方政府的服务，让公众可以通过互联网、电话、面对面或者信函等方式在网上或者各实体服务点获得各自所需的服务（见图2-2）。

图2-2 加拿大政府公共服务平台网站首页

阅读材料

加拿大政府公共服务平台

“Service Canada”的战略目标包括：

（1）通过提供基于公民需求的、集成的一站式服务传递无缝的、以公民为中心的服务，传递更好的政策成果。

（2）通过建立信任和信心以及项目开支的明显下降，加强项目的集成度。

（3）通过构建“全能政府”的方法实现政府之间的协同和网络化作业，促进基于加拿大人利益的信息共享和集成服务的传递。

（4）通过使政府取得成效、为纳税人节省开支以及提高报告的透明度，显现政府的可靠性和责任性。

（5）通过支持民众、鼓励创新及建立提供以公民为中心的服务的能力，构建服务卓越的文化。

“Service Canada”的服务对象包括两大部分：一是总数超过3 200万的来自加拿大各行各业的民众；二是全国范围内的社区，包括农村、偏远地区以及加拿大北部在内。“Service Canada”的服务通过分布在全国各地的600余个实体服务点（95%的加拿大人生活在各服务点50公里范围之内）、呼叫中心和互联网提供，供职的员工总数超过2万。当前，通过“Service Canada”提供的服务达77项，如就业保险或护照的申请、寻找工作以及获得社会保险号等。

“Service Canada”运行成效如下：

“Service Canada”自正式提供服务以来，取得了十分显著的成效，以下是2007—2008年度的一组数据：

（1）向民众发放的失业保险、养老金等公共服务资金达740亿加元；

（2）处理社会保险号的请求140万次；

（3）接收和更新护照申请267 112次；

（4）在服务点接访920万人次；

（5）发布求职和招聘广告超100万次；

（6）处理呼叫加拿大政府的电话5 100万次；

（7）“Service Canada”网站访问量达2 660万次；

（8）接待住在边远地区的加拿大人25万人次；

（9）向37个官方语言为少数族群语言的社群提供服务；

（10）与5.5万个社区组织进行了互动；

（11）引入了14项新的服务；

（12）调查了772 357起可能的欺诈行为。

资料来源：FINLEY D. Service Canada annual report 2007—2008.（2010-01-25）. http://www.servicecanada.gc.ca/eng/about/reports/ar_0708/pdf/ar_0708.pdf.

此外，加拿大政府还积极采用Web2.0、社交媒体和语义网技术来改善政府与政府、政府与公众的沟通，提高政府效率，引导公众参与。2009年5月，科琳被任命为加拿大联邦政府首席信息官。她非常关注利用Web2.0和其他工具提高政府工作效率、加强政府部门间合作、与利益相关者更好地沟通；采用糅合（mash-up）技术提高电子化服务水平；推行电子政务项目责任分担制。

2007年12月，Visa国际组织公布了一份针对政府实施电子支付的研究报告（Government e-Payments Adoption Ranking，GEAR），对全球43个主要市场经济国家的政府在线支付能力进行排名。结果显示，加拿大政府在实施电子支付方面居世界领先地位（获得92.4分，满分为100分）。2012年，加拿大政府电子支付所占比重约为77%。为进一步扩大支付电子化管理的覆盖范围，2012年10月，加拿大政府启动了“直接存款项目”（Direct Deposit Program），计划到2016年4月取消支票，全部采取电子化支付方式。

2.3 欧盟

2.3.1 英国

英国电子政务最早可以追溯到1994年的“政府信息服务”计划。1996年底，英国推出了“直通政府”（government direct）计划，提出进一步利用现代信息技术提高办公效率，改善行政管理，加快信息获取。1997年3月，英国制订了政府指导计划，责成内阁办公室信息技术中心组负责，组织相关部门具体实施。之后根据该计划推出了一系列试点项目，展示基本技术，调查公众和企业的反应，促进信息技术在公共服务中的新应用。

1998年，英国政府率先提出了“信息时代政府”的建设目标：开发信息与通信技术，改善公共服务，使英国政府成为使用信息与通信技术的世界典范。

1999年3月，英国发布了《政府现代化白皮书》，将信息化作为政府发展的长期目标，并制定相关方针政策；提出公共服务要以客户为中心，而不是以提供服务的政府机构为中心；政府要利用信息技术满足企业和公众的需要；公共服务应该是高效的、优质的；与私人部门相比，政府部门应该提供更有价值的、更讲信誉的服务。该报告指出，英国电子政务建设的着力点包括以下五个方面：提供跨部门、跨机构的协同服务；改变政府内部运作效率；将政府纳入战略计划的核心；在电子服务传递中开发新的合作伙伴关系，利用信息技术加强电子民主建设；开发以客户为中心的服务。

2000年4月，英国政府发布了《电子政务行动方案》，提出了在信息时代英国政府的目标是充分利用信息技术实现对企业和公众的电子服务，加强中央政府和地方各级政府的协同工作，充分发展公共部门和私人部门的合作关系。该方案还提出了如下建设任务：建立数字身份认证；建立互操作结构；建立元数据结构；保持电子商务、电子政府发展中的安全性与可靠性；积极推广智能卡技术应用；建立隐私规约；大力推进政府各部门上网；建立面向公众服务的呼叫中心；大力发展数字电视，实现基于数字电视手段的服务传递；发展电子数据管理；面向公务员与大众提供信息技术培训；为地方政府电子化建设提供指导方针。

之后，英国政府相继实施了首相在线战略（Prime Minister's UK Online Strategy）、政府部门电子事务战略（Departmental E-Business Strategy）和英国在线运动（the UK Online Campaign）等一系列行动计划。

2002年11月，英国政府公布了《地方电子政务发展国家战略》，对英国地方电子政务的发展进行了规划，并出台相关政策指导地方电子政务发展。英国政府确立了医疗、教育、福利和个人税收四个优先发展领域，实施了22个地方电子政务国家项目，提出了经中央、地方政府共同协商确认的面向公众和企业的700项服务。到2006年12月，22个地方电子政务国家项目全部完成，地方政府全部实现了服务电子化，几乎所有的服务项目都实现了在线服务。

2005年11月，英国政府公布了《以技术推动政府变革》。2006年4月，英国政府颁布了《〈以技术推动政府变革〉实施计划》。新战略及其实施计划继续以公众需求为核心，提供高效服务，重点建设"变革型政府"。所谓"变革型政府"，是指不仅要通过技术改造政府，更要建立并保持政府对新技术的接受和利用能力，随着技术的发展及时、高效地从中受益。"变革型政府"包含按需设计、共享文化和专业化三层含义。"按需设计"是指深化对用户需求的理解和认识，并寻找现代化的服务渠道，积极促进渠道间的融合与切换。"共享文化"是指通过资源再利用和投资共享的方式推行服务共享，在政府中形成服务共享文化。"专业化"是指加强政府的专业化水平，包括领导和治理、项目管理等方面。

与此同时，英国政府还围绕电子政务建设，先后发布了《渠道框架：新经济中的政务服务提供》《电子政务互操作框架》《电子政务元数据标准》《安全框架》《电子采购规定》等政策文件，几乎涵盖电子政务建设的所有领域。

2006年，英国政府成立了高级别的服务改革委员会，秘书处设在内阁办公室，作为领导新一轮电子政务公共服务变革的核心部门之一。服务改革委员会的主要职责是依照以用户为中心的原则设计、改革政府公共服务，包括制定全局性的服务设计原则、推广优秀案例、挖掘技术发展潜能、关注服务改革的实践推进机制等。同时任命了两位"用户群主管"。"用户群主管"由相关部门负责人兼任，在相关大臣的领导下行使其职责，主要职责涉及以下方面：负责发起有关用户群需求的调查；领导服务项目的设计，包括渠道规划、整合发布、推广交流和服务改善等；实施服务效果的交流与跟踪；在跨部门的治理结构中作为本用户群利益的代表等。

2011年3月，英国内阁办公室制定了《政府ICT战略》。该战略分为四个部分：第一部分是减少垃圾和项目失败，刺激经济增长；第二部分是创建一个共同的ICT基础设施；第三部分是用ICT来促进变化；第四部分是加强治理。2011年5月，英国首相卡梅伦宣布在政府新设数字执行主管（executive director of digital），负责领导团队成员监督和改进政府所有在线服务，并增加在线公共服务。

2.3.2 法国

1999年1月，法国政府发布了"信息社会政府行动"计划，提出要让所有的政府机关都联网，要让法国人通过网络更便捷地办理各种事务。2003年，法国总理府专门向政府各部门发布通告，要求各部门积极推行电子政务，利用信息技术提高行政效率。

2004年2月，法国政府发布了《电子行政方案》。该方案分为战略规划和行动计划两部分，详细描述了面向公民、企业、公务员的电子化服务的路线图。战略规划部分定义了电子政务需要实现的电子化服务的数量以及质量要求，并介绍了实现这些目标的机制和方法，包括140项具体活动。

《电子行政方案》包括以下三个战略目标：通过面向用户的、全天候的、面向所有人的电子化服务，让公民、企业以及地方政府的生活和工作变得更方便；通过用户身份管理系统确保数据安全，以获得公众的信任；推进行政服务的现代化。

为方便民众和企业通过互联网办理行政手续，法国政府建立了名为“我的公共服务”的核心网站。该网站整合了此前多个部门的电子政务功能，实现了从以政府部门为中心向以客户为中心的转变。2010年的一项调查显示，89%的法国网民曾使用互联网进行税务申报、查询社会保险账户等。

为避免过多政府网站在功能上重叠造成混淆和浪费，法国政府于2011年整合200个政府网站，并于2012年底将法国各类政府网站从此前的约600个整合为60个。

2011年，法国开始建设名为“Andromeda”的政府云，由本土两大运营商提供服务。埃森哲公司还为法国法律与行政信息管理署（DILA）建设了私有云，以便为法国公民提供更加便捷和高效的在线公共服务。

2011年2月，法国政府成立了开放数据办公室（Etalab），负责建立跨部门公共数据门户网站。2012年10月，法国设立了公共行动现代化总秘书处，把Etalab作为开放数据主管部门并入其中。Etalab公布了法国政府开放数据路线图，成立部际协调小组和专家网，组织各政府部门及公共机构开展公共数据开放，并负责相关工作的法律法规监管；创建了开放数据门户网站(data. gouv. fr)，监督各机构及时发布开放数据。此外，Etalab还开展社会开放数据创新竞赛，加强媒体宣传，并积极开展与欧盟、开放政府合作伙伴等的国际合作。

2012年9月，法国发布了关于政府部门使用开源软件的通知，引导各行政机构将现有软件逐渐向开源软件过渡。2013年，法国共有3.7万台计算机更换为Linux系统。

在2014年联合国电子政务在线服务指数排名中，法国位居全球第一。

阅读材料

法国政务服务网站

2009年，法国政府更新了政务服务网站（www. service-public. fr），并对网站进行了持续优化。法国政务服务网站针对个人用户设置了新闻、权利和手续、政府机构联系表、实用信息、提问、在线服务和表格6个专栏。对于企业用户，在新闻栏中主要发布最新的政策法规、政府新服务信息等；权利和手续栏分为创建企业、管理、财务、人力资源、贸易和行业领域6个专题；政府机构联系表栏中增加了企业所在地附近机构的联系信息，并分主题提供企业对口的政府机构信息；实用信息栏提供了研究报告、关键商业数据、主要商务活动日期、企业服务信息等。

2.3.3 德国

2000 年 9 月，德国政府发布了“联邦在线 2005”计划，要求德国联邦政府到 2005 年将所有可在网上提供的服务在线提供，以便公民、企业、院校及其他管理机构能更方便、快捷、有效地获取联邦政府的各种服务。根据这项计划，2001 年 11 月，德国联邦政府为德国所有地方政府制订了一个详细的在线公共服务实施计划。该计划涉及 107 个政府部门与机构、376 项服务。2002 年 6 月，联邦政府试运行政府网上采购平台，并提出了“全体上网”的十点赶超计划。

至 2005 年底，“联邦在线 2005”计划圆满结束，并取得了显著成效。联邦政府在线提供 440 项服务，州政府在线提供 300 项服务，各地区也在此计划框架下开展了多种公共服务，全国超过 30%的公众通过互联网享受在线服务，绝大多数企业都能利用电子政务与政府打交道。而通过“全体上网”的十点赶超计划，联邦、州、县市三级政府网站联网已能为居民提供各项服务。柏林（州）、海德堡市和多特蒙德市政厅都设立了市民局，并建立了电子化的市民服务系统，用于管理涉及老百姓日常生活方方面面的事务，缩短管理人员与服务对象之间的距离，以信息化的手段提高政府的服务质量。

2006 年，德国内政部 CIO 办公室制订了“E-Government 2.0”计划。该计划旨在让更多的德国企业和社会公众参与到电子政务中，为其提供更好的服务和个性化的信息。

为促进公共事务管理的现代化进程并作为 2010 年电子政务的目标，德国联邦政府确定了四大重点领域：在质与量上扩大联邦政府以需求为导向的电子政务服务范围，通过共同的流程链加强企业与政府间的电子合作，引入电子身份证（E-ID），构建公民、企业与政府间的安全通信基础。

阅读材料

德国公民的电子身份证

2010 年 11 月，德国启用了新的电子身份证。电子身份证同旧的身份证一样，印有本人的数码照片及生日、住址等，不同的是新的电子身份证内含 RFID 芯片，可以存储本人的数码照片、两个指纹及一个可选的 PIN 码，含有用于个人身份识别的 17 个要素，包括姓名、学位、地址、艺名、序列号、签发日期和地点等。根据持卡人的要求，新证件的芯片中还可以存储持卡人的签字，该签字可用于电子证书、协议的签署。新证件使网上交易变得更加便捷，人们不必填写信用卡号、密码和各种号码，而是申请在身份证中存储一个数字签名，通过与电脑相连的读卡器，使用者可以用身份证直接确认网上交易，在电子证书、协议上签字，省去了注册身份、输入密码的程序。

资料来源：王山琪．德国电子政务建设及特点．通信管理与技术，2010（3）．

德国杜伊斯堡市政厅与埃森大学合作建立了 D115 热线服务中心。市民或企业通过拨打热线电话，可以获得办理某项事务更详细的信息提示，或直接由热线服务人员代为填写各种表格，处理申报事务。

2010 年 12 月，德国联邦政府经济和技术部制定了新的信息化战略——“数字德国 2015”（Digital Germany 2015）。“数字德国 2015”战略设置了从 2011 年到 2015 年德国信息化建设和信息产业发展的优先次序、任务和工程。

2012 年 3 月，德国联邦政府推出了新的电子政务计划，希望通过开发广泛的基于网络的知识平台和支持有关项目中设施的具体实现，来满足德国联邦政府、州和地方当局对 De-Mail 邮件和新身份识别卡的信息需求。

2.3.4 丹麦

1994 年，丹麦政府发布了《信息社会 2000 战略》，随之根据该战略成立了科技创新部以及国家信息和通信局。1998 年，丹麦政府成立了数字丹麦委员会，为丹麦政府未来的信息技术政策及策略起草方案。

2002 年，丹麦政府发布了电子政务战略——《走向电子政务：丹麦公共部门的设想和战略》，提出系统地运用信息技术，引入新的思考方式和组织文化，重组工作流程，实现职能转变，提升行政服务效率和质量。

2004 年，丹麦政府公布了一个电子政务计划，主要目标是到 2006 年建成一个高效、以客户为中心、能为公民和企业提供高质量服务的政府。

为更好地推进电子政务建设，丹麦政府成立了电子政务联合委员会。丹麦的电子政务项目由该委员会领导。电子政务联合委员会委员主要来自五大政府部门、市政当局和郡议会。联合委员会每月定期召开一次委员会会议。

2009 年，丹麦企业和民众可用的公共服务上线率分别达到 100%和 75%。

2009 年 3 月，丹麦政府成立了一个国家委员会，旨在为 ICT 领域提出未来发展的建议。2010 年 1 月，该委员会在《高速社会——丹麦》中向政府提出 40 项建议。丹麦政府还进一步规划在 2009—2015 年间，加大对 ICT 技术的投资，以此推广新的工作方式和组织构架。

根据《2012 年联合国电子政务调查报告》，2012 年丹麦电子政务发展指数（EGDI）排名世界第一。丹麦政务信息网（www. borger. dk）是整个丹麦公共部门提供信息和服务的门户。用户可以从该网站办理助学贷款和助学金申请业务、查看修改的税法条款、申请国家养老金等业务。

2.3.5 瑞典

瑞典政府明确由瑞典财政部牵头开展电子政务建设。2009 年 3 月，瑞典政府成立了电子政务委员会，以便在电子政务建设领域更好地协调各个政府部门和公共机构之间的关系。法律金融和行政服务局负责管理并协调 ICT 领域的政府采购，在公共部门推广电子采购。

瑞典政府明确了若干电子政务建设支持部门，包括公共管理局（Agency for Public Management）、国家邮政电信局（National Post and Telecom Agency）和国家审计办公室（National Audit Office）。其中瑞典公共管理局的职责是为 IT 领域中的政府和政府部门提供支持，以帮助其利用信息通信技术实现公共管理的现代化，此外还负责根据政府的要求在相关领域开展研究和评估工作。

电子政务委员会由瑞典主要公务机构负责人组成，任务包括：为公务机构的电子政务工作制定发展战略；协调电子政务项目，对电子政务项目的成本效率进行监督，并监测电子政务对市民、企业家和劳动者的影响；协调公共管理 IT 标准化的实现，同时促使瑞典政府在 IT 标准化领域中达到国际化水平；促进政府、公共部门、各地方和企业之间的互动；协助瑞典政府与欧盟其他国家在电子政务领域开展合作。

2008 年，瑞典地方政府和金融市场部制定了《电子政务行动计划》，以确保在 2010 年以前瑞典重新获得在电子政务领域的领导地位。该计划强调了瑞典在 2010 年以前应该重点发展电子政务的领域，明确了负责的政府部门，指出了地方议会与当地政府之间合作的必要性。通过加强电子政务领域中的协调以达到提高效率的目的，同时使得整个公共管理、市民和商业企业都能够从电子政务的发展中受益。

《电子政务行动计划》的主要内容包括：实现安全有效的电子通信和安全高效的信息交换，使信息易于获取，IT 标准化以及满足公共需求的说明，行政事务的自动处理，通用的管理界面，可访问性和有用性。

阅读材料

瑞典 2009—2014 年电子政务行动计划

2009 年 10 月，瑞典电子政务委员会发布了《电子政务领域中有关公务机构工作的战略安排》报告，列出了一些应该在 2014 年之前采取的电子政务行动：

（1）电子身份识别方面，首先在政府服务领域创造一个单一而且标准化的电子识别解决方案，最终将该解决方案推广到私人部门；

（2）在电子身份识别芯片和公共部门电子数据交换方面进行立法；

（3）启动网络论坛，使公民和企业有机会参与电子政务的形成过程；

（4）要求公务机关迅速有效地开展电子政务服务；

（5）完善相关立法以推动电子签名和电子服务的应用；

（6）建立更加清晰的电子政务管理和资金使用制度等。

资料来源：穆梓. 2011 电子政务新元年：世界各国电子政务行动计划盘点. 信息系统工程，2011（2）：9-10.

“24 小时公共管理战略”是瑞典发展电子政务的重要战略之一。瑞典政府认为，公共信息与服务应尽可能以每天 24 小时、每周 7 天的电子化方式提供，要求政府部门提高政务的透明度，采取措施切实提高社会公众参与政府决策的积极性。必须考虑不同地区、不同阶层的用户需求，尽可能缩小“数字鸿沟”。为此，瑞典提供多渠道的公共服务，以使公民可以在不同服务渠道之间选择，如互联网、面对面和电话方式。瑞典企业注册办公室、瑞典税务部、瑞典经济与区域发展部联合搭建了瑞典商业注册门户网站，使企业在一个网站登录就可以获取所有服务。

瑞典电子政务发展的一条很重要的经验就是充分发挥第三方机构的作用。这些机构有很多是从政府部门逐渐分离出来的，或者是长期与政府部门打交道的，它们了解政府的内部构成，熟悉政府的工作流程，一方面本身可以很快进入电子政务运营和维护的工作角色，另一方面又成为联系政府和企业之间的一座桥梁。这些机构都有自己的工作方向和目标，都是独立管理、独立核算，从而保证其应有的公正性。

2.4 澳大利亚

1997 年，澳大利亚总理霍华德在《投资以促进增长》政策声明中提出“到 2001 年底联邦政府要将所有适于上网的服务全部搬上网”的目标。2000 年 4 月，澳大利亚政府制定了“政府在线”战略，指导联邦政府部门实现这一目标。到 2001 年底，联邦政府已经可以通过互联网为公众提供一切适当的服务，在网上可获取的政府服务和信息资源超过1 600项。

2002 年 11 月，澳大利亚联邦政府提出“更优的服务，更好的政府”电子政务战略，目标是建立无缝的、满足需求的、以客户为中心的、为全体澳大利亚人民谋利益的政府，工作重点转变为将信息技术更广泛地运用到政府管理和服务中去。该战略提出达到更高的功效并将盈余用于投资、确保政府服务和信息的便捷获取、提供满足公众需要的服务、整合相关服务、建立信任与自信、实现对公众的承诺六个重要目标。

2006 年 3 月，财政部下属的澳大利亚政府信息管理办公室发布了《2006—2010 年澳大利亚电子政务发展战略：建设一个反应灵敏的政府》，旨在进一步提高澳大利亚的电子化服务提供水平，并建成积极响应的政府。

针对设定的目标，该战略确定了对于推动电子政务持续发展非常重要的四个关键优先领域，即公众需求、互联服务的提供、经济效益和公共部门的能力。对于这四个优先领域，该战略提出了四个方面的实施措施：应用创新的技术，包括推广新型的移动通信技术、确立智能卡框架、开发现有的创新基础设施、对其他新兴的创新技术进行评估；加强政府与产业界之间的合作；对目标进行管理；开发一套服务传送方法，对电子政务绩效进行评估。

对于电子政务建设，该战略更加强调协调和以公众需求为导向。随着政府部门间更多地以合作、互联的方式而不是以独立的方式开展工作，新战略将减少烦琐的官方文件和流程，从而使政府更容易接近，业务流程更加优化，同时为公众节省更多的时间和精力。

《2006—2010 年澳大利亚电子政务发展战略：建设一个反应灵敏的政府》指出，无论是使用电话还是借助互联网或者其他渠道，展现在公民面前的政府应该保持一个统一的形象。澳大利亚政府要向企业界学习其利用先进的信息技术为客户提供更完善服务的经验。其中重要的一点，就是要在电子政务项目中采用面向服务架构（SOA）。为了引导这种电子政务建设模式，澳大利亚政府计划开发一套服务能力模型，以示范如何实现跨部门的SOA。澳大利亚政府认为，SOA能够更好地支持流程标准化、系统复用、互联互通，从而显著提高电子政务项目的投资回报率。

为了让公众享受更加便利的公共服务，澳大利亚政府认为要以客户需求为导向设计公共服务流程。按照这一思路，公民不需要了解政府各个机构的设置情况，也不需要知道特定业务由哪些政府部门负责，他们能够在提供单一登录功能的系统中方便地获得服务。

澳大利亚政府计划到2010年取消50%的表格以方便公众。为了实现这一目标，不同政府部门所需的各种表格之间要实现信息共享，从而尽可能地减少公民输入信息的需求。实现这一目标后可以显著减少重复输入，降低更正错误的成本。例如，在填写表格时，公民如果发现自己输入了错误信息，则只需要在一个地方修改即可。

2013年8月，澳大利亚政府信息管理办公室发布了《澳大利亚公共服务大数据战略》(The Australian Public Service Big Data Strategy)，包括六个方面的内容：(1) 序言。(2) 引言：什么是大数据；作为一种资产的数据；隐私；安全；数据管理。(3) 机会和效益：服务提供；政策制定；统计资料；商业和经济机会；技能；生产效益。(4) 愿景：展望未来。(5) 大数据原则。(6) 行动。

2014年10月，澳大利亚财政部公布了《澳大利亚政府云计算政策》(第三版)，要求政府机构在今后建设信息系统时采用云计算服务，把关键业务系统迁移到政府云。

2.5 亚洲国家

2.5.1 日本

早在1993年10月，日本临时行政改革推进审议会就将政府信息化作为行政改革的重要内容之一，制订了政府信息化的推动计划——《行政资讯推进共同事项行动计划》。1994年12月，日本内阁会议通过了《1995—2000年政府信息化推进基本计划的决议》。2000年3月，日本政府正式启动了“电子政务工程”。按照该项工程的计划，日本政府将在2005年前使政府各部门的主要业务全部通过互联网进行，全面进入网上办公阶段。

2001年1月，日本政府制定了e-Japan战略。该战略的目标是在5年内把日本建设成为世界最先进的信息化国家。这主要通过四个方面的工作来实现：一是建设超高速的网络，并尽快普及高速网络接入；二是制定有关电子商务的法律法规；三是实现电子政务；四是为日本下一个十年的经济振兴提供高素质的人才。e-Japan战略明确提出，要“建设电子政府，提高政府办公效率，使任何企业和个人能在任何时候连通政府网络”。2003年7月，日本IT战略委员会召开第19次会议，决定启动e-Japan 2计划，在与人民生活息息相关的七大领域采取政策措施，通过信息技术的广泛应用，构建一个充满活力、安全、美好和便捷的社会。

2004年5月，日本总务省向日本经济财政咨询会议正式提出了u-Japan构想，希望到

2010年把日本建设成一个任何时间（anytime）、任何地点（anywhere）、任何事物（anything）、任何人（anyone）均可连接的、无处不在的网络社会。2004年6月，日本内阁正式通过了这一构想，并在总务省提出的《平成17年度ICT政策大纲》中把u-Japan列为重点发展项目。2004年12月，日本总务省列出了u-Japan战略的核心内容和推进时间表。

u-Japan战略中涉及电子政务的内容包括：到2010年实现所有特别区、直管市和县政府所在地的无缝连接；通过ICT带动制度改革，推进中央和地方电子政务建设；对政府机关、公共事业单位持有的个人信息加以保护，确保个人信息的正当使用；通过推进一站式服务、业务系统的最优化、行政手续的电子化、数据的标准化，促进共同外包业务、统一业务系统框架，以及支持地方进行公共ICT基础设施建设，强化地区信息化体制和促进官方个人认证服务等，进一步提高用户对电子政务的满意度。

2006年1月，日本政府发布了《IT新改革战略》。为了实现“建成世界上最便利、最高效的电子政府”的总体目标，该战略提出了多项具体政策措施。例如，实施在线申报促进计划，设计普及电子化手段缴税或手续费的方案；以用户为导向，对相关业务流程进行梳理或改进；以国民年金、厚生年金受领权人进行现状确认时或在不动产登记申请手续中的应用为先导，促进居民基本账户网络系统的应用；2008年所有都道府县完成公共机构个人认证申请系统的配置，2010年所有地方政府完成该系统的配置；中央、地方公共团体努力推进信息系统数据的标准化，促进各系统之间的连接和协作；在医疗、看护、年金等公共领域推进采用IC系统，提供安全、迅速且可靠的服务；各府省设立新的综合管理机构——项目管理办公室（PMO），负责府省内信息系统规划、采购、开发、应用、评价等；在IT战略本部下设立电子政务评价委员会，负责对各府省业务、系统最优化工作进行严格的审查和评价，并为PMO提供必要的协助和建议；制定信息系统采购相关指南，增加有相应技术能力的企业参与竞争的机会，通过政府与民间协作推进必要的技术开发。

2009年7月，日本政府IT战略本部制定了《i-Japan 2015战略》，旨在到2015年实现以人为本，“安心且充满活力的数字化社会”，让数字信息技术如同空气和水一般渗透每一个角落，并由此改革整个经济社会，催生新的活力，实现积极自主的创新。该战略包括电子政务、医疗和教育三大核心领域。

在电子政务领域，《i-Japan 2015战略》提出整顿体制和相关法律制度以促进电子政府和电子自治体建设。关键是设置副首相级的CIO，赋予其必要的权限并为其配备相关的辅佐专家，增强中央与地方的合作以大力推进电子政务和行政改革。此外，延续过去的计划并确立PDCA（计划—执行—检查—行动）体制，通过数字技术推进“新行政改革”，简化行政事务，实现信息交换的无纸化和行政透明化。其中特别提出要广泛普及并落实“国民电子个人信箱”（暂称），为国民提供专用账号，让其能够放心获取并管理年金记录等与己相关的各类行政信息。

2012年7月，日本总务省ICT基本战略委员会发布了《面向2020年的ICT综合战略》，提出了“活跃在ICT领域的日本”的战略目标。

《面向2020年的ICT综合战略》包括活力生活（active life）战略、活力数据（active data）战略、丰富内容（rich contents）战略、活力通信（active communication）战略、安全和高可信ICT战略。

《面向 2020 年的 ICT 综合战略》确定了日本 ICT 发展的五个重点领域：舒适、有活力的生活，通过大数据应用促进社会发展和经济增长，享受丰富的数字内容，构建强大、灵活的 ICT 基础设施，实现世界最高水平的安全保障。

2013 年 6 月，日本安倍政府发布了新的信息化战略——“创建最尖端 IT 国家”，阐述了 2013—2020 年间以开放公共数据和大数据为核心，在日本建成“世界最高水准、信息技术广泛应用的社会”的目标。

2.5.2 韩国

早在 1995 年，韩国政府就制定了《促进信息化基本法》和《促进信息化基本计划》，其目标是实现全社会最普遍需要的信息服务。1999 年，韩国信息通信部出台了《2000 年国家社会信息化推进计划》，围绕建设“十大知识信息强国”的目标，提出了“21 世纪网络韩国”的核心课题和近期实施计划。2001 年 1 月，韩国成立了由著名专家和政府高级首脑（政府重要部门的副部长级官员）组成的电子政务特别委员会，指导和规划韩国的电子政务建设。

2003 年，韩国启动开发政府总体架构（GEA），旨在把各个政府部门的公共服务整合到一个平台上。截至 2012 年 10 月，1 400 个部门的 15 000 个电子政务系统被整合到 GEA。2009—2011 年，GEA 为韩国政府节约 ICT 投资 2.4 亿美元。

2004 年 11 月，韩国信息通信部发布了《数字社会的人文主义：IT839 战略》（Humanism in the Digital World：IT839 Strategy），主要内容包括八大服务、三大信息基础设施和九个新增长点 IT 产品。通过实施 u-Korea 发展战略，可以构建一个无处不在的网络环境，为韩国人民提供无处不在的公共服务。从 2007 年开始，韩国政府把构建泛在政府作为电子政务建设的重点内容。

2007 年，韩国开始实施《推进电子政务战略》，实现全面的数字化公共管理和高级的 G2C、G2B 服务以及多渠道的沟通和交易。

2008 年 12 月，韩国国务总理管辖的信息化推进委员会和行政安全部发布了国家信息化基本计划。韩国政府将“充满创意和信赖的发达知识信息社会”指定为国家信息化的目标，并决定 2012 年底前要实现这一目标。政府将按基本计划推进五大目标和 72 项课题。

韩国政府计划在 2012 年底前建立 10 处人才、文化等国家非物质资产，以及有关知识产业的产、学、研汇集的“软力量集群工业园区”，并将网速提高到之前网速（有线 1Gbps、无线 10Mbps）的 10 倍，进而实现信息通信基础设施的智能化和高速化。

韩国政府还将推广在网络上以 I-Pin（在网上确认身份的号码）等代替居民身份证号的身份确认制度，并将在 24 小时提供主要食品危害事件调查进展的同时，加强各种应对机制，使国家灾难安全度排名从 2006 年的全球第 131 位提升至 2012 年的全球第 30 位。

2013 年 6 月，韩国总统朴槿惠领导的新一届政府发布了“政府 3.0”计划，要求政府将自己拥有的信息在国民提出要求之前进行公开。韩国政府计划将每年公开的信息数量从 2012 年的 31 万件增加到 1 亿件。除了安保和私生活保护等法律规定禁止公开的领域以外，剩下的信息都将以整体原文的形式进行公开。

2014 年，韩国电子政务发展指数达到 0.946 2，位居全球榜首，而世界电子政务发展指数平均值只有 0.471 2。

阅读材料

韩国数字预算与会计系统

韩国战略与金融部建立的数字预算与会计系统（DBAS）整合了所有的金融系统，增强了公共资金使用的透明度。该系统管理着整个财政流程，从预算制定到会计核算，连接所有公共部门的财政信息并对其进行整合。该系统也被称为“数字大脑”（dBrain），因为其功能类似于一个财政管理的数字大脑。该系统连接了 51 个中央政府机构、55 个外部系统和当地政府、公共部门和下属机构，达到了 2001 年国际货币基金组织（IMF）对政府财政统计手册的要求。该系统进一步加强了风险管理，实现了公共财政领域的实时信息（包括财政收入、政府开支、国家资产和公共债务等信息）分享。

2.5.3 新加坡

2000 年 6 月，新加坡政府制订了“ICT-21 计划”，“电子政府行动计划”是其中的一个重要组成部分。该计划的目的是促使新加坡政府部门能够在新的知识经济时代，更好地为国家和人民服务。在“电子政府行动计划”中，新加坡政府制定了五项策略方针：通过互联网提供更全面的政府服务，投资于基础设施以及公务员信息通信技能训练，尝试新的信息通信科技和进行创新，使政府部门更积极地了解新科技、以互联网速度（更快的速度）推出新系统和服务，让公务员更了解信息通信科技对经济社会环境的影响，以便做出更好的政策决定。

2006 年，新加坡政府公布了新的电子政务计划——“iGov2010”。这个为期 5 年的行动计划是新加坡“智慧国 2015”（iN2015）计划的重要组成部分。该计划的目标是转变后台工作流程，提高前台效率和效能，建设一个“整合政府”（integrated government），以用户为中心，利用信息技术为用户提供便利。该计划的实施将使新加坡实现一个能够智能化地解决用户需求和提供高质量服务的政府，并实现以下几个具体目标：80%的用户对电子政务服务整体质量非常满意；90%的用户会推荐其他人通过电子政务服务办理相关事务；80%的用户对在线公布的政府政策、项目和计划等信息的透明度和可用性非常满意。

新加坡从电子政府到整合政府的转变，已经超出了技术层面，更强调以客户为中心，增进民众在电子政府中的参与度，强化政府的能力和协同性。

2008 年，新加坡推出了 SOEasy 项目，这一工程历时 8 年，总投资达 13 亿新元，目的是建立一个横跨政府部门的集成式语音、图像、视频和数据办公环境，通过即时通信、桌面视频会议和留言板等工具，在机构内部和各机构之间实现安全无缝的协作。

新加坡形成了由“一部、一局、四委”组成的电子政府体系。“一部”是指财政部，“一局”是指资讯通信发展管理局（IDA），“四委”是指公共服务 21 系统委员会、ICT 委员会、公共领域 ICT 指导委员会和公共领域 ICT 审查委员会。财政部作为电子政府资产的拥有者，为电子政务计划和项目提供资金，负责解决机构之间妨碍服务和程序整合的跨界问题。四个委员会则保证了电子政府推进工作按照“分层管理、分类处理、分权执行”的模式进行。自实施“iGov2010”计划以来，新加坡还成立了整合政府理事会，由财政部常任秘书长担任主席。

2014年8月，新加坡政府公布了“iN2025”战略。该战略是“iN2015”计划的升级版，其重点在于信息的整合以及在此基础上的执行，使新加坡政府的政策更具备前瞻性，除了通过技术来收集信息，更关键的在于利用这些信息来更好地服务新加坡人民。“iN2025”战略的核心理念可以用“3C”来概括：连接（connect）、收集（collect）和理解（comprehend）。

“iN2025”战略的第一个阶段以连接和收集为核心，连接的目标是提供一个安全、高速、经济且具有扩展性的全国通信基础设施，收集则是指通过遍布全国的传感器网络获取更理想的实时数据，并对重要的传感器数据进行匿名化保护、管理以及适当进行分享。理解的含义是通过收集来的数据（尤其是实时数据）建立面向公众的有效共享机制，通过对数据户进行分析，以更好地预测民众的需求、提供更好的服务。

阅读材料

2014年电子政务发展指数排名前25位的国家

电子政务发展指数是联合国经济和社会事务部衡量联合国各成员国电子政务发展水平的综合指数，从在线服务的可用性、通信基础设施和人力资本三个方面进行评估。2014年电子政务发展指数排名前25位的国家如图2-3所示。

国家	地区	2014EGDI	2014年排名	2012年排名
韩国	亚洲	0.9462	1	1
澳大利亚	大洋洲	0.9103	2	12
新加坡	亚洲	0.9076	3	10
法国	欧洲	0.8938	4	6
荷兰	欧洲	0.8897	5	2
日本	亚洲	0.9974	6	18
美国	美洲	0.8748	7	5
英国	欧洲	0.8695	8	3
新西兰	大洋洲	0.8644	9	13
芬兰	欧洲	0.8449	10	9
加拿大	美洲	0.8418	11	11
西班牙	欧洲	0.8410	12	23
挪威	欧洲	0.8357	13	8
瑞典	欧洲	0.8225	14	7
爱沙尼亚	欧洲	0.8180	15	20
丹麦	欧洲	0.8162	16	4
以色列	亚洲	0.8162	17	16
巴林	亚洲	0.8089	18	36
冰岛	欧洲	0.7970	19	22
奥地利	欧洲	0.7912	20	21
德国	欧洲	0.7864	21	17
爱尔兰	欧洲	0.7810	22	34
意大利	欧洲	0.7593	23	32
卢森堡	欧洲	0.7591	24	19
比利时	欧洲	0.7564	25	14
非常高EGDI平均值		0.8368		
世界平均值		0.4712		

图2-3　2014年电子政务发展指数排名前25位的国家

本章小结

本章介绍了美国、加拿大、英国、法国、德国、丹麦、瑞典、澳大利亚、日本、韩国、新加坡等国的电子政务建设情况，包括电子政务领域的发展战略、行动计划、政策措施等。

关键术语

“重塑政府”计划　《电子政府法案》　《开放政府指令》　《政府在线框架》
Service Canada　变革型政府　《电子行政方案》　E-Government 2.0
《电子政务行动计划》　《i-Japan 2015 战略》　u-Korea　iGov2010

复习思考题

1. 在电子政务方面，美国、加拿大有哪些成功经验可以借鉴?
2. 在电子政务方面，英国、法国、德国、丹麦、瑞典有哪些成功经验可以借鉴?
3. 在电子政务方面，澳大利亚有哪些成功经验可以借鉴?
4. 在电子政务方面，日本、韩国、新加坡有哪些成功经验可以借鉴?
5. 发达国家电子政务建设对中国的电子政务建设有哪些启示?

第3章 中国电子政务发展现状与对策

目前，电子政务建设已经成为深化行政管理体制改革和转变政府职能的重要载体。各地区、各部门积极推动信息化与政务活动的融合，主要业务信息化覆盖率明显提高，一批电子政务工程达到了国际先进水平，在改善公共服务、加强社会管理、强化市场监管、完善宏观调控等方面发挥了关键作用。但也存在一些不容忽视的问题，地区之间、部门之间发展不平衡，中西部地区、一些政府部门的电子政务建设任重道远。为了使中国电子政务健康、持续、快速地发展，必须及时总结中国电子政务建设的经验和教训，提出科学、合理的对策措施。

重点问题

- 中国电子政务发展经历了哪几个阶段？
- 中国电子政务发展现状如何？
- 中国电子政务发展积累了哪些经验？
- 中国电子政务发展主要存在哪些问题？
- 中国电子政务发展的趋势有哪些？
- 未来中国电子政务应如何发展？

3.1 中国电子政务发展历程

1975年10月，国务院批准组建国家计委电子计算中心。其后该中心完成了第三次全国人口普查数据处理任务，并承担了全国工业普查数据处理任务。1984年，国家计委成立经济信息管理办公室，负责国家经济信息管理系统建设工作。1985年，中南海计算机、办公自动化（OA）应用"海内工程"启动。

1992年，国务院办公厅下发《关于建设全国政府行政首脑机关办公决策服务系统的通知》。1993 年底，我国启动“三金工程”（金桥、金关和金卡）建设，揭开了我国电子政务重大工程建设的序幕。1996 年 1 月，国务院信息化工作领导小组及其办公室成立，国务院副总理邹家华任领导小组组长。1999 年，国务院 40 多个部委发起“政府上网工程”。

2000 年 5 月，国务院办公厅下发《关于进一步推进全国政府系统办公自动化建设和应用工作的通知》。

2001 年，国务院办公厅制定了《全国政府系统政务信息化建设 2001—2005 年规划纲要》。2001 年 6 月，海关总署等 12 个部委共同实施“中国电子口岸”。2001 年 8 月，国家信息化领导小组成立，朱镕基总理任组长。12 月，国家信息化领导小组召开第一次会议。

2002 年 1 月，国务院信息化工作办公室和国家标准化管理委员会成立电子政务标准化总体组。2002 年 8 月，中共中央办公厅、国务院办公厅转发《国家信息化领导小组关于我国电子政务建设指导意见》，提出建设“两网、四库、十二金工程”。

2004 年 12 月，中共中央办公厅、国务院办公厅印发了《关于加强信息资源开发利用工作的若干意见》，提出建立健全政府信息公开制度，加强政务信息共享，规范政务信息资源社会化增值开发利用工作，提高宏观调控和市场监管能力，合理规划政务信息的采集工作，加强政务信息资源管理。

2005 年 11 月，温家宝总理主持召开国家信息化领导小组第五次会议，审议并原则通过了《2006—2020 年国家信息化发展战略》，把“推行电子政务”作为国家信息化发展战略重点之一，把“电子政务行动计划”作为国家信息化发展战略行动之一。

2006 年 3 月，国家信息化领导小组印发了《国家电子政务总体框架》。该框架包括服务与应用系统、信息资源、基础设施、法律法规与标准化体系、管理体制五个部分。5 月，印发《关于推进国家电子政务网络建设的意见》。

2007 年 8 月，国家发展改革委出台了《国家电子政务工程建设项目管理暂行办法》。9 月，国家电子政务网络中央级传输骨干网网络正式开通。

2008 年 5 月 1 日，《中华人民共和国政府信息公开条例》开始施行。9 月，国家发展改革委发出了《关于进一步加强国家电子政务工程建设项目管理工作的通知》。

2011 年 4 月，国务院办公厅下发《关于进一步加强政府网站管理工作的通知》，提出：高度重视，进一步加强对政府网站管理工作的领导；全面检查，切实解决政府网站管理中的突出问题；健全机制，充分发挥政府网站的信息公开、互动交流作用；规范管理，不断提升政府网站工作水平。9 月，国务院办公厅转发全国政务公开领导小组《关于开展依托电子政务平台加强县级政府政务公开和政务服务试点工作的意见》。

2012 年 4 月，国务院批复了《“十二五”国家政务信息化工程建设规划》。5 月，国家发展改革委印发了《“十二五”国家政务信息化工程建设规划》。7 月，国家发展改革委、公安部、财政部、国家保密局、国家电子政务内网建设管理协调小组办公室联合下发了《关于进一步加强国家电子政务网络建设和应用工作的通知》。

2013 年 2 月，国务院印发《关于推进物联网有序健康发展的指导意见》，提出“改善社会管理，提升公共服务”；国家发展改革委出台了《关于加强和完善国家电子政务工程建设管理的意见》。4 月，国家发展改革委、中编办、工信部、财政部、审计署、国家质检总局、国家政务内网办印发《关于进一步加强政务部门信息共享建设管理的指导意见》。8月，国务院出台《关于促进信息消费扩大内需的若干意见》，提出“提升公共服务信息化水平”。10月，国务院办公厅出台《关于进一步加强政府信息公开回应社会关切提升政府公信力的意见》。

2014年初，中央成立网络安全和信息化领导小组及其办公室，统筹协调全国网络安全和信息化建设工作。习近平总书记担任中央网络安全和信息化领导小组组长，李克强总理和刘云山常委担任副组长。11月，国务院办公厅出台了《关于促进电子政务协调发展的指导意见》（国办发〔2014〕66号），提出：加强顶层设计，统筹电子政务协调发展；深化应用，提升支撑保障政府决策和管理的水平。

2015年3月，国务院办公厅启动第一次全国政府网站普查工作。7月，国务院发布了《关于积极推进“互联网＋”行动的指导意见》，把益民服务作为“互联网＋”11个重点领域之一。国务院办公厅出台《关于运用大数据加强对市场主体服务和监管的若干意见》（国办发〔2015〕51号），提出运用大数据提高为市场主体服务的水平，运用大数据加强和改进市场监管，推进政府和社会信息资源开放共享，提高政府运用大数据的能力，积极培育和发展社会化征信服务，加强政府工作人员培训，增强运用大数据能力。

从我国电子政务发展历程来看，电子政务建设内容逐步从办公自动化、网站拓展到业务应用系统，范围逐渐从中央政府拓展到地方政府，最高领导从副总理升级到总书记。

3.2　中国电子政务发展现状

经过30多年的发展，电子政务已经深入我国经济社会发展的各个领域。推行电子政务，已经成为各级政府提高行政效能、推进国家治理体系和治理能力现代化的重要举措。电子政务已经不仅仅是技术手段和工具，而是已经成为各级政府部门的工作方式。

目前，我国电子政务已经从办公自动化、网站、业务系统建设发展到运用物联网、云计算、移动互联网和大数据等新一代信息技术构建“智慧政府”、发展“互联网＋政务”的新阶段。我国各级政府部门正从数字化、网络化向可视化、智能化迈进。

1. 信息基础设施粗具规模

国家电子政务外网已经建成并投入运行，国家电子政务网络框架基本形成。网络已经覆盖国家、省、市、区（县）、乡镇（街道）5级政府部门，绝大多数政府部门已经接入互联网，一些政府办公区域实现了无线网络覆盖。许多政府部门建立了机房，一些地方政府建立了云计算中心。许多政府部门实现了公务员每人配备一台电脑。许多执法部门为执法人员配备了移动执法设备。

2. 信息共享和业务协同稳步推进

近年来，各地信息共享和业务协同取得了明显成效，初步建成了地方区域性支持跨部门信息共享和业务协同的基本框架。部门间信息共享的方式不断改进，共享的频率不断加快，共享的成本不断降低，共享的效率不断提高；信息共享部门不断增多，部门间共享信息的内容日益丰富；部门间信息共享有效支撑了各部门核心业务的开展，提高了主要政府职能部门的履职能力，同时，有效地避免了重复建设，电子政务综合效益逐步显现。

许多地方政府通过工商、税务企业登记信息的实时交换，发现了大量在工商机关登记但未做税务登记或已注销工商登记仍然营业的行为，堵塞了监管漏洞，促进了财税增收；同时，较好地解决了有关部门交叉稽核的问题，提高了监管工作效率和公共服务水平。

阅读材料

扬州在全国率先试点人口基础信息共建共享制

扬州市公安、社保、国税、地税四部门首批参加试点。江苏省及扬州市财政投入450万元，建设了人口基础信息共享平台。每人名下有19项信息，由四部门分工采集维护。姓名、出生及死亡年月、身份证号等由公安部门负责；工作单位由劳动部门采集；欠税记录由税务部门提供。全市370多万16岁以上人口中，经核查，2万多人主要信息有误差。父母死去多年，子女一声不吭，冒领养老金，这样的事以前屡屡发生。2005年，江苏省查出冒领养老金177.6万元。扬州市有60多万在职及退休职工，以前社保部门要弄清“谁刚死去”很困难。现在，社保部门不用自己上门查，不用一趟趟跑公安局，也不用离退休人员每年去派出所开证明，只要登录人口信息库，花半小时，看看公安提供的最新死亡信息，情况就一清二楚。

资料来源：孙巡．扬州在全国率先试点人口基础信息共建共享制．新华日报，2006-04-25.

目前，各地在电子政务信息共享和业务协同方面涌现出很多成功的实例，在政府服务、城市管理、应急指挥等方面起到了十分重要的作用，解决了一些长期以来解决不好的食品安全、住房、流动人口管理、医疗健康等方面的问题。

3. 核心业务信息化进展明显

“十一五”期间，中国政府部署了“金关工程”“金税工程”“金财工程”“金盾工程”“金审工程”“金保工程”“金宏工程”“金农工程”“金质工程”“金水工程”“金土工程”“金安工程”等一系列电子政务重大工程，政府一系列核心业务的数字化、信息化发展速度加快，水平明显提升。海关、税务、工商、公安、农业、国土、环保、统计、水利、铁路、交通、社保、民政、财政、商务等政府机构的核心业务的数字化、网络化进程加快。

上述电子政务重大工程在各有关部委履行职责中发挥了重要作用，经济效益和社会效益非常显著。例如，“金税工程”实施后，加强了对各税种的管理，强化了税源控管，保证了税收收入较快增长。近年来，中国在税收干部基本没有增长的前提下，实现了纳税人数量和业务量的大幅增长。2003年，全国税收收入只有2万亿元，而到2010年，全国税收收入约7.74万亿元。“金税工程”一期建设投入25亿元，当年带来的税收收入增加达250亿元。

电子政务带来的不仅仅是政府工作方式、工作效率、运行成本的变化，更多的是政府业务流程再造和政府机构重组等问题。电子政务以新方式重塑政府的运行机制，推动了政府职能由“管理型”向“服务型”转变。

4. 电子政务保障措施有所改进

在组织机构方面，2008 年国务院机构改革组建了工业和信息化部，负责指导协调电子政务发展。一些省市的工业和信息化主管部门专门设立了电子政务处室，负责当地电子政务推进工作。

在政策法规方面，《关于推进国家电子政务网络建设的意见》《国家电子政务总体框架》《中华人民共和国政府信息公开条例》《国家电子政务工程建设项目管理暂行办法》《国务院关于加快推进“互联网+政务服务”工作的指导意见》《“十三五”国家政务信息化工程建设规划》等政策文件相继出台。

在标准规范方面，《电子政务主题词表编制规则》《电子政务业务流程设计方法通用规范》《电子政务数据元》《基于 XML 的电子公文格式规范》《政务信息资源目录体系国家标准》《政务信息资源交换体系国家标准》《国家电子政务网络技术和运行管理规范》以及一些信息安全方面的标准规范相继颁布。

在人才培养方面，2007 年 9 月，国务院学位委员会办公室同意全国公共管理硕士专业学位教育指导委员会将原核心课程“信息技术及应用”调整为“电子政务”。北京大学、清华大学、中国人民大学、中山大学、西安交通大学、南京邮电大学等一些高校成立了电子政务研究机构，电子政务类的专著、教材不断推出。

5. 电子政务对信息产业带动明显

在市场培育方面，近年来电子政务市场规模持续扩大。2010 年，电子政务市场规模超过 1 000 亿元。在电子政务建设中，采用国产软硬件的信息系统比例不断提高。电子政务建设对我国电子信息产品制造业、软件及信息化服务业的带动作用明显。

《联合国电子政务调查报告》由联合国经济和社会事务部每两年出版一次，是世界上唯一一份评价 193 个联合国成员电子政务发展状况的报告。从历次排名情况看，中国电子政务发展指数排名最高的是 2005 年，位于全球第 57 名。2005 年到 2012 年，我国电子政务发展指数在全球排名一直在下滑，到 2012 年，我国电子政务发展指数的排名是第 78 名，比 2005 年滑落了 21 名。2012 年以后，我国电子政务发展指数在全球的排名略有上升，但与我国 GDP 总量全球排名第二相比，仍然很不相称（见图 3－1）。

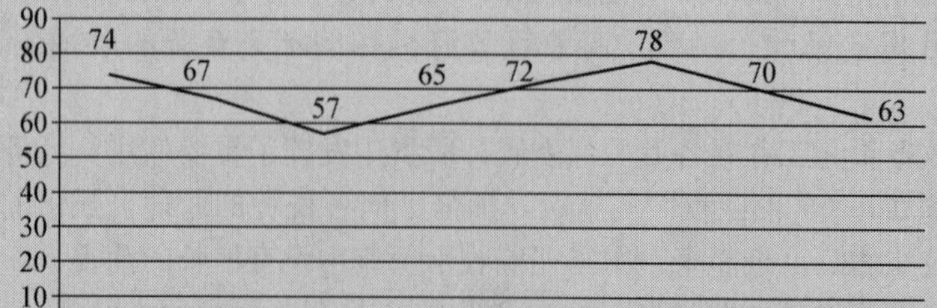

图 3－1 2003—2016 年中国在全球的电子政务排名变化情况

根据《2014年联合国电子政务调查报告》，2014年世界电子政务发展指数的平均值为0.471 2。中国电子政务发展指数为0.545，其中在线服务指数为0.606 3，通信基础设施指数为0.355 4，人力资本指数为0.673 4。在全球193个联合国成员中，中国电子政务发展指数名列第70位。在亚洲20个联合国成员中，中国电子政务发展指数名列第18位，即倒数第三位。

3.3 中国电子政务发展经验

近年来，各地各部门认真贯彻落实《国家信息化领导小组关于我国电子政务建设指导意见》，按照《2006—2020年国家信息化发展战略》的统一部署，积极探索，努力实践，使我国电子政务取得了显著进展和成绩。各地各部门在电子政务建设实践中，取得了不少成功的做法和经验。

1. 坚持效益导向

电子政务作为政府现代化和公共行政改革的主要方向，其重要意义是毋庸置疑的，这是信息时代世界各国的一个共识。忽视这一点，一定会造成国家和政府现代化发展战略的严重失误，带来巨大的损失。但是，无论电子政务多么重要，“效益”都是在任何情况下必须坚持的一个原则。政府的现代化和信息化以及公共行政的改革，是电子政务在一个历史时期内长期坚持的目标，但不能因为电子政务长期的重要性，就忽视电子政务短期的效益。

过去我国电子政务建设的经验足以说明电子政务取得成功的必要条件是：在任何时候，电子政务的建设项目都必须聚焦于政府业务活动中最紧迫的需求、最困难的问题，而不是一些听起来很美好却难以看到实际效益的、口号式的项目或系统。

2. 致力于提高政府信息能力

政府是最大的公共信息的采集者、处理者和拥有者。政府的信息能力如何，对于一个政府是否能够有效地履行其职能有决定性的影响。政府信息能力也因此成为一个“有能”而不是“无能”的政府所必须具备的一种基本能力。推进电子政务，就要加强政府信息能力建设。

3. 坚持以政府核心业务流信息化为主线

实践证明，电子政务能否取得成功和实效，关键仍然在于是否坚持以政府核心业务流信息化为主线。因为，电子政务的本质内涵是运用现代信息技术支持政府以最有效率的方式完成其业务活动，履行其职责，实现其法定功能。因此，电子政务建设最重要的活动是开发、实现各种支持政府核心业务流的信息系统。

4. 以业务流程的改造和优化为重点

电子政务不是政府现有的业务活动的计算机化。必须充分利用信息技术，使政府得以更好地履行其职能，包括对政府的业务流程进行必要和可能的改造。简单地将政府业务活动计算机化，表面上看起来省事，回避了政府业务流重构的许多矛盾，实质上却背离了电子政务的基本目标，是“少、慢、差、费”的不智之举。因此，任何电子政务工程项目都应以审视、研究、评估现有的政府业务流程为起点，以改造和优化现有的业务流程为重点。

3.4 中国电子政务发展问题

近年来，中国各级政府在信息化建设方面取得了很大成绩，但电子政务建设中存在的一些问题不容忽视。

电子政务促进行政管理体制改革、转变政府职能、建设服务型政府和社会主义民主政治的理论和实践还不成熟。统筹规划和顶层设计没有得到应有的重视，把握和驾驭电子政务发展的能力还要不断提升。管理体制和运行机制整体上还没有理顺。成功典型较少，最佳实践还很不普遍，盲目、低效、重复浪费现象严重。发展很不均衡。“信息烟囱”林立，纵横协调机制还没有形成。

在电子政务信息共享和业务协同方面，观念和认识还有待进一步提高，在方法、制度、规范上还没有跟上经济社会发展的步伐，有关工作难以推进，远远不能满足实际需求。

在体制机制方面，电子政务管理体制机制没有理顺。目前，国务院各部委的电子政务机构设置不尽相同。地方政府的电子政务机构五花八门，有的在办公厅（室），有的在工业和信息化部门，有的在地方发展改革部门下属的信息中心，有的还是临时机构或事业单位，协调管理能力弱。

在资金投入方面，“重复建设，盲目建设”“重硬件，轻软件、服务和数据”“重建设，轻运维”等现象依然存在。部门各自为政，重复建设，造成了资金严重浪费。一些地方和部门电子政务建设思路不清，盲目跟风。巨额投入的硬件设备难以充分发挥作用，电子政务应用难以深入。由于后续运行维护工作没有跟进，业务系统的缺陷不能及时得到修改，影响了基层单位或一线工作人员使用信息化手段的积极性。

在人才队伍方面，许多政府机关缺乏专业的信息化人才，尤其缺乏既懂电子又懂政务的复合型人才。公务员的信息化培训工作缺少紧扣行政职责的专题培训，有待进一步加强。不少政府部门缺乏合格的政府 CIO，更缺乏优秀的 CIO。

在产业发展方面，电子政务建设对信息产业带动作用不明显，电子政务服务市场有待规范。国内从事电子政务建设的 IT 厂商良莠不齐。有些 IT 厂商不重视需求调研工作，导致开发出来的信息系统不能满足实际需求，或最终用户感觉不好用。有的信息系统的版本升级周期过长，滞后于政府部门的实际需求。有的信息系统可扩展性、开放性较差，没有采用常见的数据格式，没有留出必要的接口。软件缺陷较多，成熟度有待提高。一些信息系统存在设计缺陷，需要重复录入，增加了一线工作人员的负担。一些 IT 厂商之间打价格战，恶性竞争，使项目质量无法保证。一些 IT 厂商采取商业贿赂等非法手段承揽电子政务工程项目。一些 IT 厂商规模小，寿命短，售后服务差。一些 IT 厂商做“一锤子买卖”，对项目质量缺乏责任心。这些导致政府部门对 IT 厂商缺乏信任，不利于电子政务市场的发展。

3.5 中国电子政务发展趋势

1. 通过信息共享和业务协同构建整体政府

官僚制和新公共管理虽然提高了行政效率，但也导致了行政“碎片化”。如今，一方面，公共事务日趋复杂，食品安全、应急管理、通关、流动人口管理等许多公共事务涉及多个政府部门，传统信息不共享、各自为政的行政方式造成效率低下和监管漏洞。另一方面，人民群众对政府部门办事效率和服务水平的要求越来越高。实现政务信息共享和业务协同，是破解行政“碎片化”问题、建立整体政府的有效举措。

2. 通过应用新一代信息技术构建智慧政府

随着物联网、云计算、移动互联网和大数据等新一代信息技术快速发展，传统电子政务逐渐向智慧政府方向发展。新一代信息技术的运用提高了行政管理和公共服务的自动化、智能化水平。例如，可以利用物联网对监管对象进行实时的自动监控，根据监测结果对监管对象自动采取相应措施，如安监部门对危险品存放情况的自动监控、环保部门对工业企业排污情况的自动监控、质监部门对电梯等特种设备运行情况的自动监控；利用大数据分析监管对象的特征、公共事件发生发展的规律，有针对性地采取监管措施，如海事部门的自动选船。

3. 通过开放公共数据资源构建开放政府

提高政府部门运行的透明度，不但要深化政府信息公开，还要依法依规开放公共数据资源。目前，全球有40多个国家和地区建立了政府数据网站，向社会开放公共数据资源。在我国，香港、北京、上海、浙江等地方政府已经向社会开放公共数据资源。今后，将有越来越多的政府部门向社会开放公共数据资源。

4. 通过发展“互联网＋政务”构建互联政府

在2015年的“两会”上，李克强总理在《政府工作报告》中提出制订“互联网＋”行动计划。“互联网＋”不仅是中国经济的新动能，也是中国政府管理创新的新动能。互联网是一个连接器，可以连接政府部门、企业、专业机构、社会组织和人民群众等。发展“互联网＋政务”，是从“统治”“管理”走向“治理”的重要举措，有利于实现多元主体的社会共治，促进从“全能政府”到“有限政府”的转变，推进简政放权，改变传统政府“大包大揽”和“手伸过长”的局面。各级政府官员要自觉树立互联网思维，推动“互联网＋政务”发展，促进国家治理体系和治理能力现代化。

3.6 中国电子政务发展对策

1. 出台国家层面的电子政务指导意见

自《国家信息化领导小组关于我国电子政务建设指导意见》出台以来，信息技术飞速发展，新技术不断涌现，如物联网、云计算。在此期间，经历了两轮政府机构改革，经济、社会等方面都发生了显著变化。在新情况新形势下，建议国务院出台“关于进一步促进电子政务发展的指导意见”，以指导各部委、各级地方政府的电子政务建设工作。

2. 分层次推进电子政务建设

建议从区域、领域、单位三个层次推进电子政务建设。在区域层次，组织开展国家级电子政务示范区建设工作，按一定程序评议后选取一批省市作为国家级电子政务示范区。对国家级电子政务示范区给予政策、资金、指导、授牌等方面的支持。在领域层次，着力推进电子政务信息共享和业务协同，鼓励地方政府面向应急管理、财政增收、市场监管、社会管理等领域开展电子政务信息共享和业务协同工作。在单位层次，着力开展电子政务评估工作，总结成绩，发现问题，为下一步发展指明方向。

3. 加强对电子政务的分类指导

电子政务发展较快的部门，在深化应用上要注意进一步加强内部的均衡发展，加大外部协同力度，不失时机地加快统一规划、统一标准的步伐，提高整体应用水平。目前，在核心业务上还没有做到电子政务全流程覆盖的部门，要进一步梳理业务流程和业务需求，重点加快推进全业务、全流程的电子政务应用。电子政务应用起步早、成效好的地方，要重点推进互联互通，加强政务系统间互操作，做好纵向系统与横向系统之间的统筹协调，进一步巩固和扩大应用成果，形成电子政务的良性发展之势。电子政务应用已取得初步成效的地方，要重点加快制度建设，在建立管理体制和统筹协调机制上下功夫，为进一步扩大应用提供制度保障。电子政务应用起步较晚的地方，要尽快抓住若干重大电子政务应用，争取早日取得成效，带动电子政务逐步走上正轨。

4. 进一步深化和拓展电子政务应用

各地各部门要充分利用现有电子政务基础设施，加快推进核心职能业务信息化应用进程。围绕政府及其部门政务业务目标的实现，根据政府部门核心职能业务的需求，充分利用已建电子政务网络、业务信息等资源，重点推进社会保障、医疗、教育、食品药品安全、信用、应急管理等关系重大民生问题的业务应用系统建设，扩展完善已建业务系统、抓紧完成在建业务系统、合理规划新建业务系统，不断推进全业务、全流程、全覆盖的电子政务应用，不断扩大覆盖面。

5. 提高政务信息资源开发利用水平

信息资源开发利用是推进电子政务的主线，是深化电子政务应用取得实效的关键，是最基础、难度最大、最关键的工作，也是当前电子政务工作中最为突出的薄弱环节。

第一，要规划和建设好集中统一的信息资源库。高质量的信息资源库需要具备以下条件：信息是完整的，而不是残缺的；信息是准确的，是经过甄别的，而不是有什么信息就存入信息库；信息是及时的，是符合业务需要的；信息是可用的，不需要再做很多的转换就能直接使用。

第二，要处理好信息资源与业务系统的关系。信息资源要符合当前和未来的业务系统的要求。因此，它虽源自业务系统，但高于业务系统。要努力完善信息资源的体系框架，为更多的业务系统服务。

第三，要在技术和制度上，为使用者提供条件，使人们能够方便地使用这些信息资源，要继续做好国家人口、法人、地理空间、宏观经济四大基础信息库建设和应用的协调推进工作，鼓励地方探索符合实际的基础信息库应用模式。

6. 加大电子政务投资力度

电子政务建设需要资金投入，后续运行维护也需要资金投入。资金投入不足，已经阻碍了一些地区的电子政务建设，特别是经济欠发达地区。建议财政部门在行政管理经费预算中增加电子政务建设和运维资金预算，将电子政务资金纳入常规财政预算。

在电子政务建设中，尤其是公共服务项目，要建立市场化投资、运营机制。将合同外包、特许经营、用者付费、内部市场等方法引入电子政务建设领域，积极采用BOT、BOO、PPP等电子政务项目融资模式。

7. 加快电子政务人才培养

电子政务工作人员的能力和水平，在很大程度上影响一个地区、一个部门电子政务发展的水平。拥有一支高水平的电子政务人才队伍，是保证电子政务持续、健康发展的关键。建议各级组织、人事部门以及党校和行政学院有计划地对各级政府部门的“一把手”开展电子政务轮训，将电子政务有关内容纳入各级组织人事部门的公务员培训内容之中。

政府CIO是电子政务建设的组织者和领导者，政府CIO能力的高低在很大程度上决定了电子政务发展水平的高低。建议开展政校合作，进行案例教学，联合培养政府CIO和其他电子政务人才。

要加强对电子政务工作人员的培训，使各级电子政务工作人员深刻理解国家电子政务的有关政策、规划和标准的内涵，提升电子政务管理和服务水平。

支持有条件的大学设立电子政务专业或研究方向，加强电子政务方面的师资力量，完善电子政务课程体系。

8. 正确把握安全与发展的关系

信息安全是电子政务发展中的重点和难点问题之一。电子政务信息安全是国家信息安全的重中之重，是保障国家安全的重要组成部分。必须采取有效措施，建立健全电子政务信息安全保障体系，保障信息安全，使电子政务信息实现保密性、完整性、可用性、真实性和可核查性，从而健康快速发展。要坚持积极防御、综合防范的方针，全面提高信息安全防护能力，重点保障基础信息网络和重要信息系统安全，创建安全健康的网络环境，保障和促进电子政务应用发展，保护公众利益，维护国家安全。

本章小结

本章首先介绍了中国电子政务发展历程，分析了中国电子政务发展现状。然后总结了中国电子政务发展经验，指出了中国电子政务发展过程中存在的一些问题。最后分析了中国电子政务发展趋势，提出了一些电子政务发展对策。

关键术语

海内工程　三金工程　两网　四库　十二金　国家电子政务外网　电子政

务发展指数　信息共享和业务协同　新一代信息技术　公共数据资源　“互联网＋政务”

复习思考题

1. 我国电子政务发展经历了哪几个阶段？
2. 我国电子政务发展现状如何？
3. 我国电子政务发展积累了哪些经验？
4. 目前我国电子政务发展主要存在哪些问题？
5. 中国电子政务发展的趋势有哪些？
6. 未来中国电子政务应如何发展？

第4章

电子政务信息基础设施

政府信息基础设施是开展电子政务应用的基础，包括各级、各类政府部门的网络基础设施、数据基础设施、存储基础设施、安全基础设施等。政府信息基础设施建设是电子政务建设的基础性工作。由于电子政务发展迅速，政府信息基础设施建设要适度超前。

重点问题

- 政务内网和政务外网有何区别？
- 电子政务四大基础信息库包括哪些？
- 什么是政务信息资源目录与交换体系？
- 如何建好政府数据中心？
- 电子政务网络信任体系由哪些部分组成？
- 灾难备份系统一般包括哪些组成部分？
- 如何开展电子政务信息系统的安全等级保护？
- 如何发展政府云？

4.1 电子政务网络基础设施

根据国家信息化领导小组《关于推进国家电子政务网络建设的意见》，国家电子政务网络由基于国家电子政务传输网的政务内网和政务外网组成。政务内网和政务外网之间物理隔离，政务外网与互联网之间逻辑隔离。

4.1.1 政务内网

根据国家信息化领导小组《关于推进国家电子政务网络建设的意见》，政务内网由党委、人大、政府、政协、法院、检察院的业务网络互联互通形成，主要满足各级政务部门内部办公、管理、协调、监督和决策的需要，同时满足副省级以上政务部门的特殊办公需要。副省级以上政务部门的政务内网与副省级以下政务部门的政务内网物理隔离。

在国家信息化领导小组领导下，中共中央办公厅、全国人大常委会办公厅、国务院办公厅、全国政协办公厅、最高人民法院、最高人民检察院分别负责政务内网中各自业务网络的建设和管理。中共中央办公厅会同国务院办公厅负责统筹协调政务内网中党委、人大、政府、政协、法院、检察院业务网络间顶层互联互通平台的建设和管理，指导管理政务内网的交换体系建设，研究起草政务内网相关管理办法。

政务内网是涉密的网络。政务内网上运行的业务和传输的信息要能够区分不同密级，采用相应的安全措施，保证按照密级和权限规定运行和利用。

2012 年 7 月，国家发展改革委、公安部、财政部、国家保密局和国家电子政务内网建设管理协调小组办公室联合下发了《关于进一步加强国家电子政务网络建设和应用工作的通知》，提出加快建设国家电子政务内网。重点建设中央级政务内网平台，建成中央办公厅网络节点和国务院办公厅网络节点，尽快实现中共中央办公厅、全国人大常委会办公厅、国务院办公厅、全国政协办公厅、最高人民法院、最高人民检察院的安全互联互通，实现与省级电子政务内网平台安全连接。加强国家电子政务内网业务应用支撑能力建设，并严格按照涉密信息系统分级保护要求建设和管理国家电子政务内网，基本满足各部门开展跨地区、跨部门业务应用的需要。

4.1.2 政务外网

根据国家信息化领导小组《关于推进国家电子政务网络建设的意见》，政务外网是党政机关对外服务网络，通过防火墙与国际互联网逻辑隔离，主要满足各级政务部门进行社会管理、公共服务等面向社会服务的需要。政务外网主要运行各个政务部门为企业和公众服务的业务与不涉密的跨部门业务，满足不同部门、不同类型业务的需要，可以发布政府公开信息，受理、反馈公众请求和运行安全级别不需要在政务内网运营的业务。

政务外网由广域骨干网和城域网组成，纵向分为中央、省、市、县四级。各级政务部门根据业务需要分别接入相应层级的政务外网。中央政务外网广域骨干网为双星结构，采用双路由、双链路；中央城域网为 2.5G 光纤环网，中央政务部门接入采用裸光纤或 MSTP 专线，网络带宽可以根据业务需求的变化进行调整。全网统一规划 IP 地址和域名，支持网络统一调度和分级管理，支持 MPLS VPN 技术，支持与多种 VPN 对接，支持中央政务部门移动用户通过数字证书、IP SecVPN 等方式接入政务外网。

值得指出的是，政府门户网站与政务外网是有区别的。政府门户网站是建立在国际互联网平台上的、各级政务机关面向社会开展公共服务的电子化窗口。它以政务外网信息资源为支撑，整合各级政务部门的公众信息资源，推进政务公开，扩大服务范围和对外宣传，开展政务部门与社会公众的沟通和交流，是政务信息服务的枢纽和接受社会监督的窗口，其主要作用是对外发布政务信息。政务外网不仅具有政府门户网站的功能，而且为各级政府门户网站和电子政务应用系统提供网络支撑，承载政务部门面向社会的专业性服务。因此，政务外网是介于政务内网和政府门户网站之间的一个政务部门对外实现网上办公和信息服务的政府对外业务专网。

2005 年 8 月，国家发展改革委批复国家电子政务外网项目的初步设计，国家电子政务外网（一期工程）中央投资部分建设工作正式启动。2009 年 4 月，国家发展改革委、财政部下发了《关于加快推进国家电子政务外网建设工作的通知》。国家政务外网由中央政务外网和地方政务外网组成，按照统一规划、分级负责的原则进行建设。12 月，国家电子政务外网（一期工程）中央投资部分通过国家发展改革委组织的竣工验收。

截至 2016 年 6 月底，政务外网已连接 31 个省（区、市）和新疆生产建设兵团、314 个市（地、州、盟）和 2 538 个县（市、区、旗），地市级和区县级覆盖率分别达到 94.3%和 88.9%，县级覆盖率与去年同期相比增长 2.9 个百分点，计入新疆兵团，则地市级和区县级政务外网整体覆盖率分别达到 94.6%和 89.5%。北京、上海、湖北、四川、陕西、新疆和安徽等 25 个省区市及新疆兵团实现县级全覆盖。截至 2016 年 6 月底，政务外网已接入政务部门约 14.7 万个，接入终端超过 184.4 万台。

截至 2016 年 6 月底，政务外网已接入中央政务部门和各省及计划单列市相关单位 130 家。政务外网在支撑跨部门、跨地区的国家级应用平台方面取得重要进展。依托国家电子政务外网建设的公共数据交换平台承载了全国信用信息共享平台、投资项目在线审批监管平台、公共资源交易平台等重点业务，该平台已覆盖国家发展改革委、中国人民银行、国家工商总局、财政部等 37 个中央部门节点和 69 个省级平台节点，交换数据量达到 17 亿条，有效促进了各部门、各地区业务数据资源的共享和业务系统的互联互通。

国家电子政务外网建设为解决重大社会问题和突发事件，实现跨部门、跨地区的网络互联互通、信息共享和业务协同创造了条件。

4.2　电子政务数据基础设施

数据是信息系统的“血液”。如果没有数据或数据不准确，信息系统是没有实际应用价值的，即所谓“垃圾进、垃圾出”（garbage in，garbage out）。长期以来，在电子政务建设过程中，许多政府部门对硬件设备、网络比较重视，对应用软件重视不够，对数据重视更加不够，结果大量资金投入的电子政务工程项目效益很差，建成的信息系统无法发挥应有的作用。

2004 年 12 月，中共中央办公厅、国务院办公厅联合出台了《关于加强信息资源开发利用工作的若干意见》，可见党中央、国务院对信息资源开发利用的重视程度。信息资源开发利用的前提就是要有完善的数据基础设施。

4.2.1 四大基础信息库

《国家信息化领导小组关于我国电子政务建设指导意见》提出启动人口基础信息库、法人单位基础信息库、自然资源和地理空间基础信息库、宏观经济数据库（简称“四大基础信息库”）的建设。

1. 人口基础信息库

人口基础信息库由公安部牵头，国家人口和计划生育委员会、国家税务总局、人力资源和社会保障部、民政部等部委参加建设，包括 19 项基本信息。目前，覆盖 13 亿人口的国家人口数据库初步建成，为各级公安机关提供查询服务 1.3 亿次，协助破案 227 万起，挽回经济损失 40 多亿元。

2014 年 7 月，国务院印发了《关于进一步推进户籍制度改革的意见》，提出健全人口信息管理制度。建立健全实际居住人口登记制度，加强和完善人口统计调查，全面、准确掌握人口规模、人员结构、地区分布等情况。建设和完善覆盖全国人口、以公民身份号码为唯一标识、以人口基础信息为基准的国家人口基础信息库，分类完善劳动就业、教育、收入、社保、房产、信用、卫生计生、税务、婚姻、民族等信息系统，逐步实现跨部门、跨地区信息整合和共享，为制定人口发展战略和政策提供信息支持，为人口服务和管理提供支撑。

2. 法人单位基础信息库

法人单位基础信息库项目由国家质检总局牵头，国家工商总局、国家税务总局、民政部、中编办、国家统计局等部委参加建设，目的是实现全国法人基础信息的共享与公开，促进政府部门间的协作，对税务、金融、社保、海关等领域的法人进行监管，为国家决策提供信息支撑，按照国家有关法律、法规和规定为社会提供广泛、准确、动态的法人信息服务。

法人单位基础信息库项目的目标是围绕各政府部门对法人监管业务的实际需求，制定法人库标准规范体系，依托国家电子政务内外网，整合编办、民政、税务、工商、质检、统计的法人信息资源，建设一个逻辑集中、全国统一、信息全面、准确一致、动态更新、真实反映法人现状的法人单位基础信息库，为各部门加强对法人的监管及社会公众对法人的社会监督、构建社会主义和谐社会提供支撑。

法人单位基础信息库项目建设内容包括法人单位基础信息标准规范体系建设、网络系统建设、数据处理与存储系统建设、法人单位基础信息数据库建设、应用支撑平台建设、数据交换平台建设、法人库应用系统建设及信息安全体系建设。

法人单位基础信息分为基本元素信息和扩展元素信息两大类。基本元素信息是指法人库基础信息（目录索引信息），包括组织机构代码、法人名称、法人状态、法人类型、法人住所、法定代表人姓名、成立日期、批准机关、注册或登记号等 9 项。扩展元素信息是指除法人基本信息外部门间共享需求较为普遍的法人信息，包括组织机构代码信息、注册或登记信息、税务登记信息、统计信息等四大类 34 项。

2015 年 6 月，国务院办公厅出台了《关于加快推进“三证合一”登记制度改革的意见》，提出通过“一窗受理、互联互通、信息共享”，将由工商行政管理、质量技术监督、税务三个部门分别核发不同证照（工商行政管理部门核发的工商营业执照、质量技术监督部门核发的组织机构代码证、税务部门核发的税务登记证），改为由工商行政管理部门核发一个加载法人和其他组织统一社会信用代码的营业执照，即“三证合一、一照一码”登记模式。充分利用统一的信用信息共享交换平台，推动企业基础信息和相关信用信息在政府部门间广泛共享和有效应用。积极推进“三证合一”申请、受理、审查、核准、公示、发照等全程电子化登记管理，最终实现“三证合一”网上办理。

3. 自然资源和地理空间基础信息库

国家自然资源和地理空间基础信息库是目前我国规格最高、规模最大、军民结合、应用服务面最广的第一个跨部门的大型国家级基础信息库，是国家电子政务的重要项目，其建设和运行服务对于促进我国信息化建设、进一步提高宏观管理和决策水平、提升我国可持续发展的能力具有重要意义。

2006 年 7 月，国家发展改革委正式批复了自然资源和地理空间基础信息库项目可行性研究报告。该项目由国家发展改革委牵头并规划组织，国土资源部、水利部、国家林业局、国家气象局、国家海洋局、国家测绘局、中科院、中国航天科技集团、总参测绘局、总装电子信息基础部等 11 个有关部门和单位参加建设。

自然资源和地理空间基础信息库项目计划依托已有的信息化基础设施，按照统一标准规范、整合、改造项目参加单位现有的信息资源，通过建设基础性自然资源信息库、基础性地理空间信息库、自然资源和地理空间综合信息库及自然资源和地理空间信息交换系统，形成自然资源和地理空间信息库数据主中心与 11 个数据分中心，以进一步增强国家对区域发展和资源环境进行宏观监管和动态监测、预测的能力，促进各部门自然资源和地理空间信息的共享，并为社会公众提供有关自然资源和地理空间的信息服务。

自然资源和地理空间基础信息库项目建设的主要任务是：通过整合我国分散在各个部门和地区的自然资源和地理空间信息资源，建立逻辑上统一、物理上分散的自然资源和地理空间基础信息库，开发支持电子政务主要应用的综合信息库，建立统一的自然资源和地理空间信息资源共享分类目录体系和交换系统，支持自然资源和地理空间信息资源多层次网络共享。项目建设的内容主要包括：

（1）基础性自然资源信息库建设。

对我国主要国家级自然资源数据库进行标准化空间集成改造，建设逻辑和空间定位框架统一的自然资源信息库和元数据系统，形成支持电子政务的标准化、规模化、可共享的自然资源信息及其可交换的标准化信息资源产品。主要包括土地资源基础信息、矿产资源基础信息、水利资源基础信息、林业资源基础信息、海洋资源基础信息、全国气象气候资源信息、资源环境时空动态信息，以及上述信息的元数据、标准化系列产品和基础性自然资源信息库建设运行的标准规范和管理办法。基础性自然资源信息库根据统一的标准、规范和管理办法，依托电子政务网络平台，采用分布式建设和运行服务的模式。

（2）基础性地理空间信息库建设。

对覆盖全国和全球的基础地理数据库、遥感信息资源进行标准化改造和统一的地理空间元数据系统建设，形成标准、统一的电子政务基础地理数据框架和遥感信息资源及其标准化产品系列。内容主要包括全国和全球基础性地理空间信息库及其元数据库和标准化系列产品、遥感信息库及其元数据库和标准化系列产品、基础地理空间元数据系统、地理空间基础信息库建设和运行的标准规范（含产品规范标准）与管理办法。各基础性地理空间信息库根据统一的标准、规范和管理办法，依托电子政务网络平台，采用分布式建设和运行服务的模式。

（3）自然资源和地理空间综合信息库建设。

在各个部门数据库标准化空间集成改造的基础上，针对副省级以上电子政务的主流需求，对跨部门、跨行业的自然资源与基础性地理空间信息资源进行整合，形成支持电子政务综合应用的统一的基础性地理空间信息平台和可共享的自然资源综合信息库及其标准化信息产品。内容包括：基础地理和区划综合信息库、遥感影像综合信息库、全国自然资源综合信息库、全国资源环境遥感动态监测综合信息库、自然灾害监测预警和突发事件应急反应综合信息库、资源安全动态评估预警综合信息库、全国生态环境评估综合信息库、可持续发展和地区经济综合信息库、重大基础设施和生态工程监测综合信息库，以及上述信息库的元数据库、标准化系列产品、综合信息库建设运行的标准规范和管理办法。综合信息库由各相应信息库提供综合信息，该库采用分布式建设，维护与更新，集中式管理和服务的模式，通过本项目建设的自然资源与基础性地理空间信息交换系统进入电子政务网络平台，统一为信息库各参加单位和其他电子政务业务系统提供信息服务。

截至 2011 年 1 月底，各数据分中心和数据主中心节点 66 个综合信息子库的数据汇交工作结束。各数据分中心综合信息子库数据汇交成果基本符合数据库详细设计、数据整合改造技术方案和相关标准规范的要求，但也存在一些问题。下一阶段，各数据分中心将依据《信息库数据质量控制与监测规范》要求，对综合信息子库的矢量数据、统计型数据、遥感影像等各类数据进行严格质量检查和控制，配合项目办公室推进综合信息子库数据后续的汇交和验收工作，以保证项目按计划有序地实施。

（4）自然资源和地理空间信息交换系统建设。

依托统一的电子政务网络平台，建设支持上述信息库建设、运行、信息安全、信息规范化网络交换和服务的网络应用集成系统。主要建设内容包括：自然资源和地理空间信息元数据管理与发布系统建设、数据管理与发布系统、数据资源管理与发布系统、数据中心运行服务系统、数据中心应用服务系统、自然资源和地理空间信息交换系统管理办法制定等。2011 年 1 月，国家自然资源和地理空间基础信息库项目交换系统通过初步验收。交换系统建设对于实现跨部门数据整合和共享、提供高效应用服务具有重要的保障作用。

（5）基础性工作。

主要内容包括项目信息库信息安全保障管理制度、项目信息共享管理办法和法规制定，项目信息库建设和运行的标准化，项目其他基础性工作和关键技术应用试点与培训。

自然资源和地理空间基础信息库采用分布式与集中式相结合的建设及运行服务模式，包括 1 个数据主中心和 11 个数据分中心。数据主中心建设内容包括综合信息库、数据主中心网络系统及运行环境、交换系统、安全系统和基础性工作等。分中心建设内容包括专题信息库、数据分中心网络系统及运行环境、交换系统、安全系统和基础性工作等。

数据主中心整合现有数据，通过交换系统汇集各数据分中心综合信息子库，建设综合信息汇集库；在综合信息汇集库的基础上整合来源于两个以上数据分中心的综合信息子库，建设综合信息库、综合信息产品库，根据电子政务的主流需求建设综合信息定制产品库；同时建设相应的元数据库和数据目录体系，并根据各数据库的不同特点建设相应的数据库管理系统。11 个数据分中心根据自身业务特点和现有数据资源，按照本项目统一的时空框架数据基础、地理空间信息标准、分类编码体系、数据交换网络系统和信息管理的要求，建立各自的、互不重复的专题信息库和专题信息产品库，在此基础上建设各数据分中心的综合信息子库，同时建设相应的元数据库和数据目录体系，并根据数据库不同特点建设相应的数据库管理系统。

主中心数据库和各数据分中心的数据库通过网络系统将各数据库物理上连接为统一的整体，通过交换系统、安全系统实现各数据中心的数据库之间的信息共享与交换、数据访问与发布。通过标准规范体系和管理办法与制度来规范各数据中心的数据库建设。

2014 年 8 月，国家自然资源和地理空间基础信息库项目通过竣工验收。该项目遵循跨部门应用共享模式，采取集中式与分布式相结合推进工程建设，数据主中心和数据分中心互促发展；项目采取“边建设边运行边出成果”的原则，通过对跨部门信息资源整合，为政府决策部门和社会公众提供应用产品服务。

4. 宏观经济数据库

宏观经济数据库由国家统计局牵头，组建了包括国家发展和改革委员会、财政部、中国人民银行、商务部、国家税务总局、海关总署、国家工商行政管理总局、国家质量监督检验检疫总局等单位组成的项目建设小组，2004 年又扩充了民政部、劳动和社会保障部、国土资源部、建设部、水利部、国家环境保护总局、国家旅游局、中国证券监督管理委员会、中国保险监督管理委员会和国家外汇局等十个单位。宏观经济数据库建设项目工程包括宏观经济数据库核心系统和支撑子系统两大部分，目标是建立具有科学性、真实性、可比性的宏观经济数据库指标体系，使宏观经济数据库的内容既边界清晰，又尽可能涵盖国民经济、社会发展、科技教育、环境资源等方面的宏观情况。

国家发展改革委在实施“金宏工程”的过程中，建立了一批宏观经济数据库。工业和信息化部、商务部、中国人民银行等部委也都建立了一些与宏观经济有关的数据库。国务院发展研究中心、人民日报社、国家信息中心等单位建立了宏观经济信息库。

目前，人口、法人单位、自然资源和地理空间、宏观经济四大基础信息库建设取得新进展，成为提升电子政务应用水平的坚实基础。

4.2.2　政务信息资源目录与交换体系

政务信息资源目录与交换体系是实现信息共享和业务协同的重要基础。国家信息化领导小组高度重视政务信息资源目录与交换体系建设。在 2002 年出台的《国家信息化领导小组关于我国电子政务建设指导意见》中，首次提出研究和设计电子政务信息资源目录与交换体系。在 2004 年 12 月出台的《关于加强信息资源开发利用工作的若干意见》中，明确提出依托统一的电子政务网络平台和信息安全基础设施，建设政务信息资源目录和交换体系，支持信息共享和业务协同。在2006年发布的《国家电子政务总体框架》中，把政务信息资源目录与交换体系进一步定位为国家电子政务总体框架的基础设施，提出政务信息资源开发利用是电子政务建设的核心，今后我国电子政务建设的一项重要工作就是依托政务信息资源目录与交换体系，实现信息资源横向共享和纵向汇集，逐步实现政务信息按需共享。

当前，政务信息资源分置于各地方各部门，表现为“物理上分散”，使信息共享和业务协同非常困难。推进政务信息资源目录与交换体系建设，是为了形成“逻辑上集中”的政务信息资源体系，支撑信息共享和业务协同。

政务信息资源目录与交换体系作为一个有机整体，要满足两大需求：一是满足跨部门、跨地区普遍信息共享的需求，支持各级政务部门决策、管理与服务。实现方式是：围绕需求明确普遍信息共享内容，建设统一的政务信息资源目录体系及其技术支撑环境，形成跨部门、跨地区的政务信息资源目录，实现多种形态政务信息的共享。二是满足部门间特定信息横向交换与共享的需求，支持各级政务部门的业务协同。实现方式是：围绕跨部门业务协同的需求，确定部门间指标和信息的交换流程，建设跨部门政务信息资源交换体系及其技术支撑环境，实现不同部门应用系统间信息交换与共享。

阅读材料

美国政府信息定位服务

美国政府信息定位服务（government information locator service，GILS）由技术标准、信息组织标准和控制词表标准三种标准构成，其中大部分规定在GILS应用规格书中，包括元数据核心集、信息检索标准（Z39.50）等。根据GILS应用规格书第二版，GILS核心栏目共有28个，依栏位的性质可分为：必选/可选、重复/不可重复及受控/未受控三种类型。按其描述对象，可将GILS核心栏位分为信息的拥有者和建设者、信息的内容、信息的表示方式以及管理信息四类，具体内容如下：

（1）信息的拥有者和建设者：创作者（originator）、作者、访问（access）约束、使用约束、联系点（point of contact）。

（2）信息的内容：题名、资源的语种、摘要、受控的主题词目录、未控制的主题词、空间域、数据源、方法论、补充信息、目的、机构计划（agency program）、交叉参考（cross reference）、记录的语种。

（3）信息的表示方式：出版日期、出版地、时期、可用性（availability）。

（4）管理信息：进度号（schedule number）、控制识别器、最初控制识别器、记录源、最后修改日期、记录审核（review）日期。

除了核心栏位，GILS应用规格书也赋予具体政府机构自行定义栏位的功能，使机构可以在标准化的原则下兼顾其特殊的需要，然而在信息交换时只能就核心栏位进行处理。

资料来源：BURKE G B. 政府信息定位服务与美国政府信息管理. 中国图书馆学报，2008（4）.

在《政务信息资源目录体系国家标准（征求意见稿）》和《政务信息资源交换体系国家标准（征求意见稿）》完成后，为验证这两个标准，2005 年 12 月，国务院信息化工作办公室在天津、上海分别开展了政务信息资源目录与交换体系原型试点。天津试点有 8 家市级部门、150 余家区级部门参与，对市、区两级政务信息资源目录体系的建设进行了初步探索。上海试点有黄浦区、松江区的 13 个部门参与，围绕医疗救助、低保、廉租房、妇女儿童帮困等协同服务事项和证照监管、联合年检等协同管理事项，探索了政务信息资源交换体系的建设模式。这两个原型试点的实践证明，相关标准草案可行。依托电子政务网络，通过目录体系与交换体系及其技术支撑环境，部门间信息共享和业务协同是能够实现的。

2006 年 4 月，国务院信息化工作办公室又选择北京、内蒙古等地进一步开展了政务信息资源目录与交换体系建设试点工作。

2007 年，《政务信息资源目录体系国家标准》（GB/T21063.1—2007）和《政务信息资源交换体系国家标准》（GB/T21062.2—2007）正式颁布。《政务信息资源目录体系国家标准》包括总体框架、技术要求、核心元数据、政务信息资源分类、政务信息资源标识符编码规则、技术管理要求六个部分。《政务信息资源交换体系国家标准》包括总体框架、技术要求、数据接口规范、技术管理要求四个部分。

4.2.3　政府数据中心建设

政府数据中心是政府部门信息系统的软硬件支持平台和数据交换平台，以及提供统一扩展应用服务的支持中心，主要面向政府提供信息化系统的运行环境和相关服务，并提供重大公益性信息化系统的运行环境和相关服务。服务内容包括：提供标准的 IDC 机房环境，提供高速稳定的 Internet 出口，提供域名服务，提供服务器、服务器空间和服务器托管服务，提供电子邮局、统一短信平台服务，提供政府数据交换平台服务，提供容灾备份服务，提供证书认证中心（certificate authority，CA）认证和其他安全服务。

阅读材料

美国推广云计算来削减政府数据中心

从 1998 年到 2010 年，美国政府数据中心由 432 个增长到 2 094 个。很多政府数据中心的预算都已超支，而且未被充分利用。早在 2009 年 2 月，奥巴马政府就开始计划削减政府数据中心。2010 年，美国启动了联邦数据中心合并计划（FDCCI）。2014 年，美国颁布了《联邦信息技术采购改革法案》（FITARA）。2010 年到 2016 年，美国联邦政府先后关闭了 3 300 多个数据中心，由此节约了约 28 亿美元的财政开支。2016 年 3 月，美国启动了数据中心优化计划（DCOI），对某些种类的新数据中心实施冻结令，并督促迁移到云计算平台。

资料来源：https://tutorials.hostucan.cn/the-us-government-has-closed-3300-data-centers.

一般来说，政府数据中心由机房配套设施、网络系统、服务器存储设备、系统软件、共享应用系统、安全保障体系、管理运维体系等组成。

（1）机房配套设施。包括机房场地、供配电、空调、消防和 KVM 等，提供安全可靠的环境保障。

（2）网络系统。包括布线和路由器、交换机、负载均衡等设备，为服务器存储设备、系统软件、共享应用系统等提供高速、稳定的网络服务。政府数据中心应接入电子政务外网。

（3）服务器存储设备。这些物理设备利用服务器虚拟化、存储虚拟化等技术实现资源的集中和共享，形成一个共享资源池，为用户提供统一的服务器空间、虚拟服务器、存储空间、集中备份等服务。

（4）系统软件。包括各种操作系统、数据库管理系统、中间件等软件。

（5）共享应用系统。基于应用虚拟化和软件即服务模式为政府各部门提供通用的应用支撑服务，包括数据交换平台、地理信息平台、短信平台、电子邮局、电子公文传输等。由数据中心统一管理，部门分级管理，共享使用，用户只要通过网络即可获得所需的软件和服务。共享应用系统与部门应用系统的松耦合设计，能支持这些功能方便地嵌入应用系统。

（6）安全保障体系。包括安全设施和安全制度。安全设施包括防网络攻击、防病毒入侵、防信息篡改等软硬件设施。安全制度包括信息网络安全制度、应急预案以及灾难恢复演练规范等。

（7）管理运维体系。由高素质的运维团队、提供运维管理技术支持的运维管理系统和一系列管理运维制度规范组成，对政府数据中心进行流程化、规范化、制度化的管理，保障数据中心的正常运行。

4.3 电子政务信息安全基础设施

《国家电子政务总体框架》提出，围绕深化应用的需要，加强和规范电子政务网络信任体系建设，建立有效的身份认证、授权管理和责任认定机制。建立健全信息安全监测系统，提高对网络攻击、病毒入侵的防范能力和网络失泄密的检查发现能力。统筹规划电子政务应急响应与灾难备份建设。完善密钥管理基础设施，充分利用密码、访问控制等技术保护电子政务安全，促进应用系统的互联互通和信息共享。要把信息安全基础设施建设与完善信息安全保障体系结合起来，按照“谁主管谁负责，谁运行谁负责”的要求，明确信息安全责任。根据网络的重要性和应用系统的涉密程度、安全风险等因素，划分安全域，确定安全保护等级，搞好风险评估，推动不同信息安全域的安全互联。

4.3.1 电子政务网络信任体系

电子政务网络信任体系包括公钥基础设施（public key infrastructure，PKI）、授权管理基础设施（privilege management infrastructure，PMI）和密钥管理基础设施（key management infrastructure，KMI）。

1. PKI

PKI 采用证书管理公钥，通过证书认证中心把用户的公钥和用户的其他标识信息（如姓名、E-mail、身份证号等）捆绑在一起，在互联网上验证用户的身份。

在 PKI 中，加密密钥与解密密钥各不相同，发送信息的人利用接收者的公钥发送加密信息，接收者再利用自己专有的私钥进行解密。这种方式既能保证信息的机密性，又能保证信息具有不可抵赖性。目前，PKI 已广泛用于证书认证、电子签名和密钥交换等领域。

PKI 由公钥密码技术、数字证书、证书认证中心和公钥安全策略等组成。数字证书是一个经证书授权中心数字签名的、包含公钥拥有者信息和公钥的文件。最简单的证书包含一个公钥、名称以及证书授权中心的数字签名。一般情况下，证书中还包括密钥的有效时间、发证机关（证书授权中心）的名称、该证书的序列号等信息，证书的格式遵循 ITUTX. 509 国际标准。

证书认证中心是 PKI 的核心机构，负责验证并标识证书申请者的身份，对证书申请者的信用度、申请证书的目的、身份的真实性等问题进行审查，确保证书与身份绑定的正确性，确保 CA 用于签名证书的非对称密钥的质量和安全性，确保证书主体标识的唯一性，确保不使用过期或已作废的证书，监视已签发证书的使用过程，以便在发生争端时提供依据。概括地说，证书认证中心的职责包括证书发放、证书更新、证书撤销和证书验证。

在电子政务领域，信息安全保证包括身份标识和认证、保密或隐私、数据完整性和不可否认性。采用建立在 PKI 基础之上的数字证书，通过把要传输的数字信息进行加密和签名，就可以保证信息传输的机密性、真实性、完整性和不可否认性，从而保证信息的安全传输。

2. PMI

PMI 负责权限和证书的产生、管理、存储、分发和撤销等。PKI 与 PMI 的主要区别在于：PKI 证明用户是谁，而 PMI 证明这个用户有什么权限，能干什么。PMI 需要 PKI 为其提供身份认证。

PMI 技术通过数字证书机制来管理用户的授权信息，并将授权管理功能从传统的应用系统中分离出来，以独立的方式面向应用系统提供授权管理服务。与传统应用捆绑的授权管理模式相比，基于 PMI 的授权管理模式具有管理灵活性、授权操作与业务操作分离、对多授权模型的灵活支持等三个方面的优势。

3. KMI

KMI 提供统一的密钥管理服务，包括密钥生成服务器、密钥数据库服务器和密钥服务管理器等。

我国要加快建设跨地区、跨行业、跨部门的电子认证体系，为开展电子政务信息共享和业务协同奠定信息安全方面的基础。

4.3.2　电子政务灾难备份系统

银行、电力、民航、铁路、证券、海关、税务、保险等信息系统以及基础信息网络中的网管、计费和互联网域名注册信息系统等重要信息系统的安全直接影响到国民经济的正常运行和群众生活，直接关系到社会稳定和国家安全。做好灾难备份工作，是保障重要信息系统安全稳定运行的关键环节。

灾难备份是指利用技术、管理手段以及相关资源，确保已有的关键数据和关键业务在灾难发生后，在确定的时间内可以恢复和继续运营的过程。灾难备份防范的灾难包括地震、水灾等自然灾难以及火灾、战争、恐怖袭击、网络攻击、设备系统故障、人为破坏等无法预料的突发事件。

灾难备份的目的是提高抵御灾难和重大事故的能力，减少灾难打击和重大事故造成的损失，确保重要信息系统的数据安全和作业持续性，避免引起社会重要服务功能的严重中断，保障社会经济的稳定。

灾难备份系统一般由数据备份系统、备份数据处理系统、备份通信网络系统和完善的灾难恢复计划组成。

（1）数据备份系统。

数据备份是指通过一定的数据备份技术，在灾难备份中心保存一份完整的可供灾难恢复的数据。数据备份系统是灾难备份系统的基础，包括备份设备、备份软件、备份网络等。备份设备主要为不同技术的磁带机和磁带库，这些技术包括数码音频磁带技术（digital audio tape，DAT）、数码线性磁带技术（digital linear tape，DLT）和线性磁带开放式技术（linear tape open，LTO）。DAT 给用户提供从 4GB 到 240GB 的容量，满足用户的不同需求。DLT 存储容量大，传输速度快，数据可靠性高，是备份要求严格条件下的优选磁带技术。LTO 综合了现有磁带机技术的所有优点，对其进行强化后创造出了一种独特的开放式格式，使之成为检验数据完整性和可靠性的新基准。基于 LTO 技术的 ultrium 格式的磁带可提供高达 200GB 的单盘容量以及高达 30GB/S 的数据传输率。备份软件的重要性在于任何备份工作都要通过相应的备份软件来完成。一个好的备份方案需要一个性能稳定、功能强大的备份软件来执行。通常，一套完整的备份软件包括服务器端的备份平台、各种客户端的选件、各种应用程序的代理、带库选件等。备份网络的必要性在于，随着网络的发展，越来越多的设备需要集中管理，同时，采用网络共用备份设备也可以大幅降低成本，因此网络备份变得十分流行。

（2）备份数据处理系统。

备份数据处理系统是指在灾难备份中心配置的供灾难恢复使用的主机系统、存储系统、网络系统、应用软件。备份数据处理系统所需要达到的处理能力和范围应综合恢复目标及成本效益等因素，选择合适的产品来实现。在建立备份数据处理系统时可采用跨平台、系统集成及虚拟主机等技术来实现资源共享，达到低成本、高效益。

（3）备份通信网络系统。

根据灾难恢复目标的要求，选择合适的通信技术与产品建立备份通信网络系统，提供安全快速的网络切换方案，保证灾难恢复和业务渠道对外服务的需要。

（4）灾难恢复计划。

灾难恢复计划是为了规范灾难恢复流程，使组织机构在灾难发生后能够快速地恢复业务处理系统运行和业务动作；同时可以根据灾难恢复计划对其灾难备份中心的灾难恢复能力进行测试。灾难恢复计划应包含灾难恢复目标、灾难恢复流程、灾难恢复队伍及联络清单、灾难恢复所需各类文档和手册等内容。

按照国际通行的灾难备份等级划分原则，灾难备份系统从低到高可划分为如下七个等级：

等级零：无异地备份。没有在异地保存备份数据，未制订灾难恢复计划，不具备灾难恢复能力。

等级一：备份介质异地存放。对关键数据进行备份并存放至异地，没有可用的备份中心及备份数据处理系统、备份网络通信系统，未制订灾难恢复计划。

等级二：备份介质异地存放及备用场地。对关键数据进行备份并存放至异地，同时制订相应的灾难恢复计划。具备备用的办公及计算机场地。一旦灾难发生，需要重新调配数据处理系统及网络通信系统资源，利用异地备份数据恢复关键业务系统运行。

等级三：备份介质异地存放及备份中心。对关键数据进行备份并存放至异地，同时制订相应的灾难恢复计划。具备可用的备份中心并配备部分数据处理系统及网络通信系统。一旦灾难发生，利用备份中心已有资源及异地备份数据恢复关键业务系统运行。

等级四：定时数据备份及备份中心。在备份介质异地存放的基础上，利用通信网络将部分关键数据定时批量传送至异地，并制订相应的灾难恢复计划。具备可用的备份中心并配备部分数据处理系统及网络通信系统。一旦灾难发生，利用备份中心已有资源及备份数据恢复关键业务系统运行。

等级五：实时数据备份及备份中心。利用通信网络将关键数据实时备份至备份中心，并制订相应的灾难恢复计划。具备连续运行的备份中心和就绪的备份数据处理系统及网络通信系统。一旦灾难发生，可在备份中心利用实时备份数据恢复关键业务系统运行。

等级六：零数据丢失。利用通信网络将关键数据同步镜像至备份中心，实现零数据丢失，并制订相应的灾难恢复计划。具备连续运行的备份中心和就绪的备份数据处理系统及网络通信系统，且具备完全的网络切换能力。一旦灾难发生，可在零数据丢失的基础上恢复关键业务系统运行。

阅读材料

杭州市灾难备份中心建设情况

杭州市通过采用整体外包、公开招标的方式，建立了统一的灾难备份中心，为政府部门提供集中的数据容灾备份业务。杭州市采取“社会建设、政府租用”的信息服务外包新模式，有效解决了财政资金不足与政府信息服务需求之间的矛盾，为政府信息服务外包提供了成功案例。

资料来源：信息安全协调司到杭州市调研灾难备份中心建设情况.（2009-02-24）. http://www.miit.gov.cn/n11293472/n11295344/n11296887/11994425.html.

重要信息系统灾难备份建设工作要坚持“统筹规划、资源共享、平战结合”的原则，充分调动和发挥各方面的积极性，提高抵御灾难破坏能力和灾难恢复能力。灾难备份系统建设要统筹规划，合理布局，突出重点，避免重复建设。要从实际需求出发，组织有关机构和专家针对信息系统的安全威胁、脆弱性、防护措施有效性等进行分析评估，根据信息系统的重要性、面临的风险大小、业务中断所带来的损失等因素，综合平衡安全成本和风险，确定灾难备份建设等级，选择合适的灾难备份方案，严防不顾实际需求，一哄而上。

灾难备份建设要充分利用现有资源，讲求实效，保证重点，提倡资源共享，互为备份。可以采用自建、联合共建和利用社会化服务等模式。鼓励社会力量参与灾难备份设施建设，提倡使用社会化灾难备份服务，走专业化服务道路。采用第三方服务时，务必做好相关“敏感数据”的保密工作。

由于灾难备份资源是为小概率事件准备的，平时处于闲置状态，因此要在确保灾难备份与恢复功能的前提下，按照“平战结合”的原则，充分利用灾难备份设施的各类资源，将日常运营与应急灾难备份需求结合起来统筹安排，发挥更大效益。

重要信息系统灾难备份建设的规划与管理按照“谁主管谁负责，谁运营谁负责”的原则，由各重要信息系统的主管部门及其运行管理机构负责。重要信息系统的各主管部门要根据国家信息安全保障工作的要求及本行业特点和实际情况，制定行业的灾难备份建设政策和规划，对本行业各单位的灾难备份建设进行指导和管理，确保国家和行业灾难备份政策法规的贯彻落实。各重要信息系统管理运行机构要明确灾难备份管理和执行部门，负责落实国家和行业主管部门的灾难备份建设政策和要求，确定本单位的灾难备份建设目标和建设模式，制订完善的灾难恢复计划，确保在发生灾难和出现重大事故后能够快速地恢复业务系统的运行。要对本系统的灾难备份系统和灾难恢复计划进行定期演练测试，确保灾难备份系统的及时性和有效性。

重要信息系统的主管部门要抓紧制定本行业的灾难备份管理和建设指南，对灾难备份涉及的各项工作（如灾难备份中心建设，灾难备份等级标准、实施方法、方案，以及灾难恢复计划的制订，灾难恢复机制的建立，灾难备份中心的信息安全保障和运营管理等）提出规范性要求。

各重要信息系统要加强对有关人员的信息系统灾难备份知识培训。要加强对该项工作的宣传，增强全体人员的灾难应急意识、有备无患意识。

4.3.3 电子政务信息安全等级保护

2007年6月，公安部、国家保密局、国家密码管理局、国务院信息化工作办公室颁布了《信息安全等级保护管理办法》。

信息系统主管部门应当依照《信息安全等级保护管理办法》及相关标准规范，督促、检查、指导本行业、本部门或者本地区信息系统运营、使用单位的信息安全等级保护工作。信息系统运营、使用单位要按照《信息安全技术　信息系统安全等级保护实施指南》具体实施等级保护工作。

《信息安全等级保护管理办法》规定，信息系统的安全保护等级分为以下五级：

第一级，信息系统受到破坏后，会对公民、法人和其他组织的合法权益造成损害，但不损害国家安全、社会秩序和公共利益。

第二级，信息系统受到破坏后，会对公民、法人和其他组织的合法权益产生严重损害，或者对社会秩序和公共利益造成损害，但不损害国家安全。

第三级，信息系统受到破坏后，会对社会秩序和公共利益造成严重损害，或者对国家安全造成损害。

第四级，信息系统受到破坏后，会对社会秩序和公共利益造成特别严重损害，或者对国家安全造成严重损害。

第五级，信息系统受到破坏后，会对国家安全造成特别严重损害。

信息系统的安全保护等级应当根据信息系统在国家安全、经济建设、社会生活中的重要程度，信息系统遭到破坏后对国家安全、社会秩序、公共利益以及公民、法人和其他组织的合法权益的危害程度等因素确定。

每一级信息系统运营、使用单位都应当依据国家有关管理规范和技术标准进行保护。对于第二级，国家信息安全监管部门对该级信息系统信息安全等级保护工作进行指导。对于第三级，国家信息安全监管部门对该级信息系统信息安全等级保护工作进行监督、检查。对于第四级，国家信息安全监管部门对该级信息系统信息安全等级保护工作进行强制监督、检查。对于第五级，国家指定专门部门对该级信息系统信息安全等级保护工作进行专门监督、检查。

信息系统的安全保护等级确定后，运营、使用单位应当按照国家信息安全等级保护管理规范和技术标准，使用符合国家有关规定、满足信息系统安全保护等级需求的信息技术产品，开展信息系统安全建设或者改建工作。

在信息系统建设过程中，运营、使用单位应当按照《计算机信息系统 安全保护等级划分准则》(GB17859—1999)、《信息安全技术 信息系统安全等级保护基本要求》(GB/T22239—2008) 等技术标准，参照《信息安全技术 信息系统通用安全技术要求》(GB/T20271—2006)、《信息安全技术 网络基础安全技术要求》(GB/T20270—2006)、《信息安全技术 操作系统安全技术要求》(GB/T20272—2006)、《信息安全技术 数据库管理系统安全技术要求》(GB/T20273—2006)、《信息安全技术 服务器安全技术要求》(GB/T21028—2007)、《信息安全技术 终端计算机系统安全等级技术要求》(GA/T671—2006) 等技术标准同步建设符合该等级要求的信息安全设施。运营、使用单位应当参照《信息安全技术 信息系统安全管理要求》(GB/T20269—2006)、《信息安全技术 信息系统安全工程管理要求》(GB/T20282—2006)、《信息安全技术 信息系统安全等级保护基本要求》(GB/T22239—2008) 等管理规范，制定并落实符合本系统安全保护等级要求的安全管理制度。

信息系统建设完成后，运营、使用单位或者其主管部门应当选择符合本办法规定条件的测评机构，依据《信息系统安全等级保护测评要求》等技术标准，定期对信息系统安全等级状况开展等级测评。第三级信息系统应当每年至少进行一次等级测评，第四级信息系统应当每半年至少进行一次等级测评，第五级信息系统应当依据特殊安全需求进行等级测评。信息系统运营、使用单位及其主管部门应当定期对信息系统安全状况、安全保护制度及措施的落实情况进行自查。第三级信息系统应当每年至少进行一次自查，第四级信息系统应当每半年至少进行一次自查，第五级信息系统应当依据特殊安全需求进行自查。经测评或者自查，信息系统安全状况未达到安全保护等级要求的，运营、使用单位应当制订方案进行整改。

已运营（运行）的第二级以上信息系统，应当在安全保护等级确定后30日内，由其运营、使用单位到所在地设区的市级以上公安机关办理备案手续。新建第二级以上信息系统，应当在投入运行后30日内，由其运营、使用单位到所在地设区的市级以上公安机关办理备案手续。办理备案手续时，应当填写《信息系统安全等级保护备案表》，第三级以上信息系统应当同时提供以下材料：（1）系统拓扑结构及说明；（2）系统安全组织机构和管理制度；（3）系统安全保护设施设计实施方案或者改建实施方案；（4）系统使用的信息安全产品清单及其认证、销售许可证明；（5）测评后符合系统安全保护等级的技术检测评估报告；（6）信息系统安全保护等级专家评审意见；（7）主管部门审核批准信息系统安全保护等级的意见。

涉密信息系统应当依据国家信息安全等级保护的基本要求，按照国家保密工作部门有关涉密信息系统分级保护的管理规定和技术标准，结合系统实际情况进行保护。涉密信息系统按照所处理信息的最高密级，由低到高分为秘密、机密、绝密三个等级。涉密信息系统建设使用单位应当在信息规范定密的基础上，依据涉密信息系统分级保护管理办法和国家保密标准《涉及国家秘密的计算机信息系统分级保护技术要求》（BMB17—2006）确定系统等级。对于包含多个安全域的涉密信息系统，各安全域可以分别确定保护等级。

涉密信息系统建设使用单位应当将涉密信息系统定级和建设使用情况，及时上报业务主管部门的保密工作机构和负责系统审批的保密工作部门备案，并接受保密部门的监督、检查、指导。涉密信息系统建设使用单位应当选择具有涉密集成资质的单位承担或者参与涉密信息系统的设计与实施。

涉密信息系统建设使用单位在系统工程实施结束后，应当向保密工作部门提出申请，由国家保密局授权的系统测评机构依据国家保密标准《涉及国家秘密的计算机信息系统分级保护测评指南》（BMB22—2007），对涉密信息系统进行安全保密测评。涉密信息系统建设使用单位在系统投入使用前，应当按照《涉及国家秘密的信息系统审批管理规定》，向设区的市级以上保密工作部门申请进行系统审批，涉密信息系统通过审批后方可投入使用。

国家密码管理部门对信息安全等级保护的密码实行分类分级管理。根据保护对象在国家安全、社会稳定、经济建设中的作用和重要程度，保护对象的安全防护要求和涉密程度，保护对象被破坏后的危害程度以及密码使用部门的性质等，确定密码的等级保护准则。信息系统运营、使用单位采用密码进行等级保护的，应当遵照《信息安全等级保护密码管理办法》《信息安全等级保护商用密码技术要求》等密码管理规定和相关标准。

信息系统运营、使用单位应当充分运用密码技术对信息系统进行保护。采用密码对涉及国家秘密的信息和信息系统进行保护的，应报经国家密码管理局审批，密码的设计、实施、使用、运行维护和日常管理等，应当按照国家密码管理有关规定和相关标准执行；采用密码对不涉及国家秘密的信息和信息系统进行保护的，须遵守《商用密码管理条例》和密码分类分级保护有关规定与相关标准，其密码的配备使用情况应当向国家密码管理机构备案。

4.3.4 电子政务信息安全检查、测评和风险评估

1. 政府信息系统安全检查

2009 年，国务院办公厅印发了《政府信息系统安全检查办法》，要求各级政府每年开展政府信息系统安全检查。检查内容包括：

(1) 安全制度落实情况。重点检查信息安全主管领导、管理机构和管理人员的落实情况，信息安全责任制和保密管理、密码管理、等级保护、服务外包、重要部门（部位）人员管理等制度的建立与落实情况，信息安全经费保障情况。

(2) 信息安全等级保护工作落实情况。重点检查政府信息系统定级备案、安全整改和等级测评情况。

(3) 电子公文的管理、审批、发布、传输情况。检查市政府各相关部门和单位电子公文的传输途径、信息发布流程、相关审批制度以及应用系统的管理情况，重点是涉密电子公文的管理、传输和使用情况。

(4) 政府信息系统中的密码使用情况。检查政府信息系统中使用密码是否符合密码管理部门的要求，重点是使用商用密码是否符合国家密码管理局《关于印发〈信息安全等级保护商用密码技术要求〉等规范的通知》（国密局字〔2008〕149 号）等文件要求，按照《商用密码产品目录》选用产品，并报市密码管理局备案，以及产品使用的情况等。

(5) 安全防范措施落实情况。重点检查身份认证、访问控制、数据加密、安全审计、责任认定以及防篡改、防病毒、防攻击、防瘫痪、防泄密等技术措施的有效性，以及计算机、移动存储设备、电子文档安全防护措施的落实情况。

(6) 应急响应机制建设情况。重点检查应急预案制定、演练、落实情况，应急技术支援队伍建设情况，重大信息安全事故报告及处置情况，以及重要数据和业务系统的备份情况。

(7) 信息技术产品和服务国产化情况。重点检查终端计算机、公文处理软件等使用国产产品的情况，信息化项目服务外包情况，对因特殊原因选用国外信息技术产品和信息化服务的安全审查情况，以及信息安全产品的政府采购和数字证书应用情况。

(8) 安全教育培训情况。重点检查工作人员参加信息安全教育培训、掌握信息安全常识和技能、重点岗位持证上岗情况。

(9) 责任追究情况。重点检查对违反信息安全规定行为和造成泄密事故、信息安全事故的查处情况，对责任人和有关负责人的责任追究以及惩处措施的落实情况。

(10) 安全隐患排查及整改情况。重点检查政府信息系统风险评估及安全测评情况，对安全制度、防范措施、设备设施等方面存在的漏洞和薄弱环节的排查情况，以及分析产生问题和隐患的原因，研究制定和落实整改措施等情况。

(11) 安全形势、安全风险状况等。系统、深入分析外部安全形势和内部防范措施的有效性，全面评估政府信息系统的安全风险状况，提出改进意见。

政府信息系统安全检查按照“谁主管谁负责，谁运行谁负责，谁使用谁负责”的原则，采取自查与抽查相结合的方式进行。

2. 信息安全测评

中国信息安全测评中心成立于1997年，是我国专门从事信息技术安全测试和风险评估的权威职能机构，主要职能包括：负责信息技术产品和系统的安全漏洞分析与信息通报；负责党政机关信息网络、重要信息系统的安全风险评估；开展信息技术产品、系统和工程建设的安全性测试与评估；开展信息安全服务和专业人员的能力评估与资质审核；从事信息安全测试评估的理论研究、技术研发、标准研制等。

中国信息安全测评中心拥有国内一流的信息安全漏洞分析资源和测试评估技术装备；建有漏洞基础研究、应用软件安全和产品安全检测、系统隐患分析和测评装备研发等多个专业性技术实验室；具有专门面向党政机关、基础信息网络和重要信息系统开展风险评估的国家专控队伍。

中国信息安全测评中心授权的信息安全测评机构包括中国信息安全测评中心华中测评中心、上海市信息安全测评认证中心、上海市防伪技术产品测评中心、云南省信息安全测评中心、河南省信息安全测评中心、吉林省信息安全测评中心、深圳市信息安全测评中心、华北计算所计算机测评中心等。

3. 信息安全风险评估

信息安全风险评估是信息安全保障工作的基础和重要环节，《国家信息化领导小组关于加强信息安全保障工作的意见》（中办发〔2003〕27号）、《国家网络与信息安全协调小组关于开展信息安全风险评估工作的意见》（国信办〔2006〕5号）等都明确要求开展信息安全风险评估工作。

通过信息安全风险评估，被评估单位可以清晰理解当前所面临的信息安全风险，采取更加经济有效的安全保障措施来消除安全建设中的盲目乐观或盲目恐惧，提出有针对性的、从实际出发的解决方法，提高系统安全的科学管理水平，进而全面提升网络与信息系统的安全保障能力。

在电子政务建设中，政府部门建设、运营的网络与信息系统可能存在的系统设计缺陷、隐含于软硬件设备的缺陷、系统集成时带来的缺陷，以及可能存在的某些管理薄弱环节，尤其当网络与信息系统中拥有极为重要的信息资产时，都将使得面临复杂环境的网络与信息系统潜藏着若干不同程度的安全风险。

信息安全风险评估是从风险管理角度，运用科学的方法和手段，系统地分析网络与信息系统所面临的威胁及其存在的脆弱性，评估安全事件一旦发生可能造成的危害程度，提出有针对性的抵御威胁的防护对策和整改措施，并为防范和化解信息安全风险，或者将风险控制在可接受的水平，从而最大限度地保障网络和信息安全提供科学依据。信息安全风险评估应贯穿网络与信息系统建设运行的全过程。在网络与信息系统的设计、验收及运行维护阶段均应当进行信息安全风险评估。信息安全风险评估流程如图4-1所示。

资产是政府部门赋予了价值而需要保护的东西，一般包括数据、软件、硬件、文档、设备、人员等。资产识别是指进行资产保密性、完整性和可用性影响分析，估计信息资产的安全价值，而不是账面价格。

威胁识别是指找出对政府部门及其信息资产构成潜在破坏的可能性因素或者事件，一般包括软硬件故障、物理环境威胁、无作为或操作失误、管理不到位、恶意代码和病毒、越权或滥用、黑客攻击、物理攻击、泄密、篡改、抵赖等。在威胁识别过程中，应根据信息资产所处的环境条件和信息资产以前遭受威胁损害的情况来判断。

脆弱性识别主要从技术和管理两个方面进行，涉及物理层、网络层、系统层、应用层、管理层等各个层面的安全问题。要针对每一项需要保护的信息资产，找出每一种威胁所能利用的脆弱性，并对脆弱性的严重程度进行评估。脆弱性评估的常用方法包括访谈、问卷调查、工具扫描、手动检查、文档审查、渗透测试等。

信息安全风险计算过程如下：对信息资产进行识别，并对资产赋值；对威胁进行分析，并对威胁发生的可能性赋值；识别信息资产的脆弱性，并对弱点的严重程度赋值；根据威胁和脆弱性计算安全事件发生的可能性；结合信息资产的重要性和在此资产上发生安全事件的可能性计算信息资产的风险值。

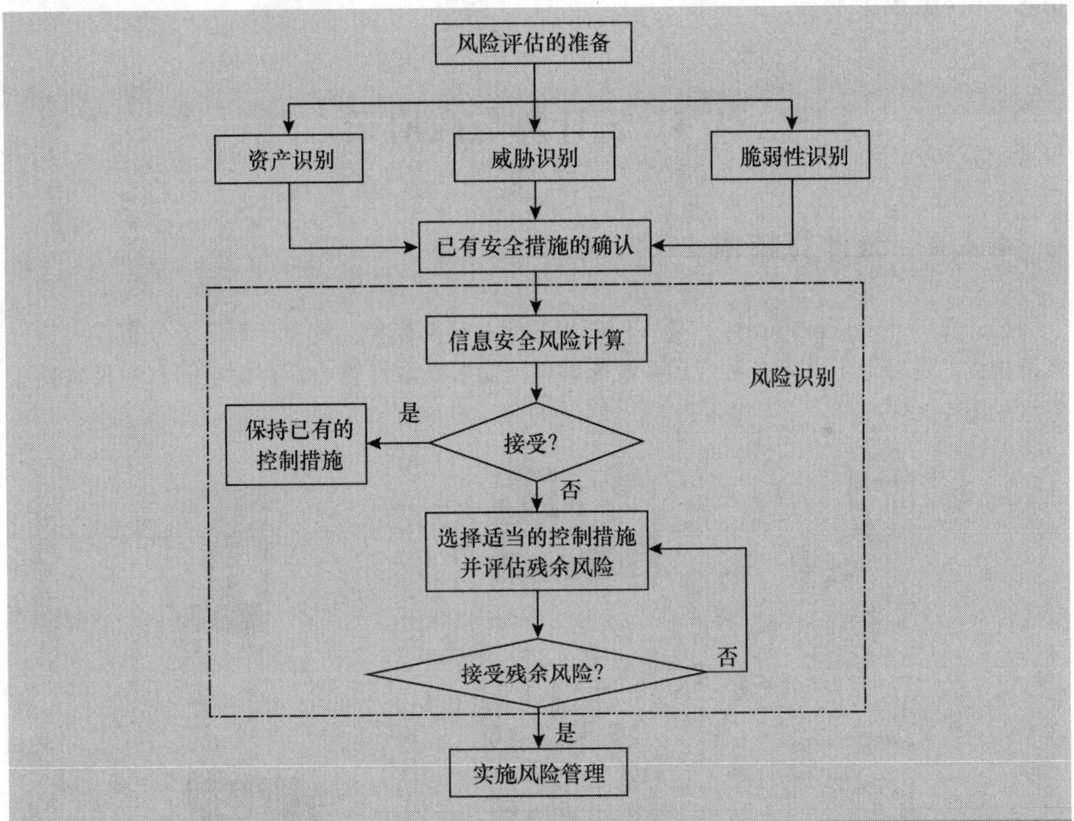

图 4－1　信息安全风险评估流程

政府部门应对已采取的信息安全控制措施进行识别并对控制措施的有效性进行确认，继续保持有效的安全控制措施，以防止安全控制措施的重复实施。对于无效的安全控制措施，应取消或用更合适的安全控制措施代替。某些风险可能在选择了适当的控制措施后仍处于不可接受的风险范围内，应由主管领导依据风险接受的原则，考虑是否接受此类风险或增加安全控制措施。

信息安全风险可以自行评估或者委托专业机构进行评估。委托专业机构进行评估的优点是专业机构往往拥有风险评估专业人才，风险评估经验比较丰富，对风险评估相关的法律法规和标准规范有着比较深刻的理解，评估过程比较规范、评估结果比较客观，但往往对被评估系统的了解有限，而且容易接触到被评估单位的敏感信息。因此，政府部门应当慎重选择评估方式。

专业机构的信息安全风险评估实施过程一般分为计划准备、现场评估、分析报告、项目验收四个阶段，具体过程如下：首先，确定被评估单位所拥有的关键信息资产，通过文档审阅、脆弱性扫描、本地审计、人员访谈、现场观测等方式，获得评估范围内主机、网络、应用、管理等方面与信息安全相关的信息；其次，对所获得的信息进行综合分析，鉴别被评估单位关键信息资产存在的安全问题，以及相应的风险；再次，根据不同风险的优先级，分析、确定管理相应风险的控制措施；最后，基于上述分析结果形成信息安全风险评估报告。

4.4 云计算与政府云

4.4.1 云计算技术

云计算（cloud computing）是一种新兴的商业计算模型。它将计算任务分布在大量计算机构成的资源池上，使各种应用系统能够根据需要获取计算力、存储空间和各种软件服务（见图 4-2）。

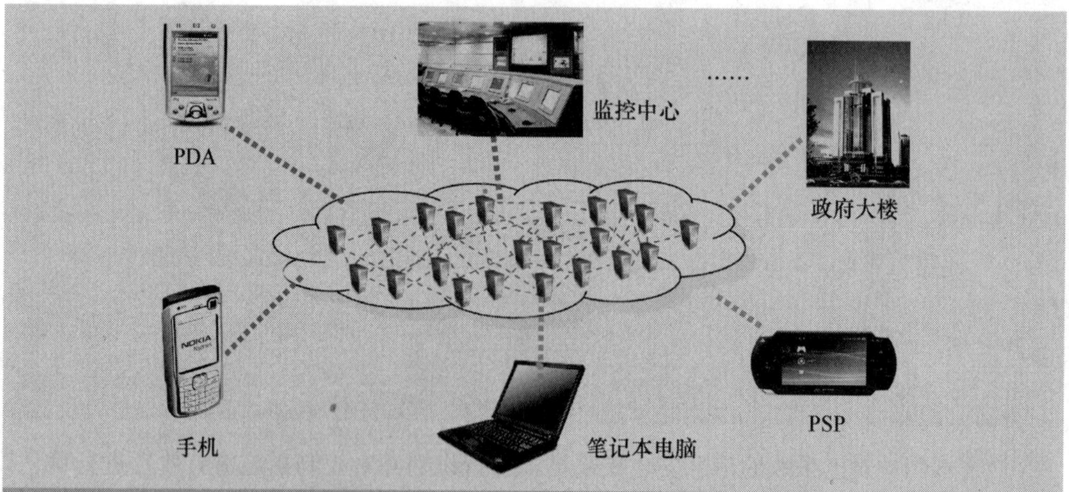

图 4-2 云计算示意图

在云计算概念诞生之前，许多公司就已经通过互联网提供服务，如订票、地图、搜索以及硬件租赁业务等。随着服务内容和用户规模的不断增加，人们对于服务的可靠性、可用性的需求急剧增加，这种需求变化通过服务器集群等方式很难满足，需要建设数据中心。对于像谷歌（Google）和亚马逊（Amazon）这样有实力的大公司来说，有能力建设分散于全球各地的数据中心来满足各自业务发展的需求，并且有富余，于是 Google、Amazon 等就将自己的信息基础设施作为服务提供给相关的用户。

云计算是一种基于互联网的计算新方式，通过互联网上异构、自治的服务为个人和企业用户提供按需即取的计算。云计算的资源是动态易扩展而且虚拟化的，通过互联网提供。终端用户不需要了解"云"中基础设施的细节，不必具有相应的专业知识，也无须直接进行控制，只关注自己真正需要什么样的资源以及如何通过网络来得到相应的服务。之所以称为"云计算"，是因为互联网的标识是云状图。

按照云计算服务的部署方式和服务对象的范围，可以将云计算分为三类，即公共云、私有云和混合云。用户可以根据其需求，选择适合自己的云计算模式。

(1) 公共云。

公共云由云服务提供商运营，为最终用户提供从应用程序、软件运行环境到物理基础设施等各种各样的 IT 资源。在该方式下，云服务提供商需要保证所提供资源的安全性和可能性等非功能性需求，而最终用户不用关心具体资源由谁提供、如何实现等问题。

(2) 私有云。

私有云是企业自建自用的云计算中心，相对于公共云，私有云可以支持动态灵活的基础设施，降低 IT 架构的复杂度，使各种 IT 资源得以整合、标准化，更易满足企业业务发展需要，同时私有云用户完全拥有整个云计算中心的设施（如中间件、服务器、网络及存储设备等）。

(3) 混合云。

混合云是把公共云和私有云结合在一起的方式。用户可以通过一种可控的方式部分拥有，部分与他人共享。

按服务类型，可以将云计算分为架构即服务（IaaS）、平台即服务（PaaS）、软件即服务（SaaS）三类。此外，还有日益兴起的"云安全"和基础设施搭建所必需的虚拟化。

(1) IaaS。

系统供应商可以向用户提供同颗粒度的可度量的计算、存储、网络和单机操作系统等基础资源，用户可以在其上部署或运行各种软件，包括客户操作系统和应用业务。IaaS 将硬件设备等基础资源封装成服务供用户使用，如亚马逊云计算 AWS（Amazon Web Services）的弹性计算云 EC2 和简单存储服务 S3。

IaaS 最大的优势在于它允许用户动态申请或释放节点，按使用量计费。运行 IaaS 的服务器规模达到几十万台之多，用户因而可以认为能够申请的资源几乎是无限的。同时，IaaS 是由公众共享的，因而具有更高的资源使用效率。

(2) PaaS。

PaaS 对资源的抽象层次更进一步，它提供用户应用程序的运行环境。PaaS 自身负责资源的动态扩展和容错管理，用户应用程序不必过多考虑节点间的配合问题。PaaS 产品可执行各个阶段的软件开发和测试，也可以专用于某个领域，如内容管理。PaaS 的典型产品是 Google App Engine，它在 Google 的基础设施上提供应用程序服务。

(3) SaaS。

SaaS 是一种通过 Internet 提供软件的模式，厂商将应用软件统一部署在自己的服务器上，客户可以根据自己的实际需求，通过互联网向厂商订购所需的应用软件服务，按订购的服务多少和时间长短向厂商支付费用，并通过互联网获得厂商提供的服务。用户不用再购买软件，而改用向提供商租用基于 Web 的软件。客户无须对软件进行维护，服务提供商会全权管理和维护软件，软件厂商在向客户提供互联网应用的同时，也提供软件的离线操作和本地数据存储，让用户随时随地都可以使用其订购的软件和服务。

4.4.2 云计算对电子政务发展的影响

云计算技术将对政府机房建设、政府网站建设、政府信息共享与业务协同、政府信息安全、电子政务管理体制等产生深远的影响。

1. 对政府机房建设模式的影响

在传统电子政务建设模式下，省市政府各部门一般自行建设机房，导致大量硬件设备的利用率不高，各部门累计的运行维护费居高不下。如果建设统一的大机房，根据各部门业务量统一采购服务器、交换机等硬件设备，统一进行运行维护，可以大大提高硬件设备的利用率，降低硬件设备的运行维护成本，并且便于管理。通过引入虚拟化技术、云计算技术，可以使大机房成为政府云计算中心。此外，以前每个单位的机房都要配备一定数量的人员，而采用基于云计算的统一大机房建设模式，可以减少机房工作人员数量。目前，许多部委已进入数据大集中阶段，云计算在建设大机房、数据中心方面可以发挥其技术优势。

2. 对政府网站建设模式的影响

在传统电子政务建设模式下，省市政府各部门一般自行建设本部门的网站。这种模式的缺点是：一是政府网站建设、管理、运维等方面的费用较高；二是不利于部门网站与门户网站的信息交换；三是各政府部门网站风格不一，难以树立政府的统一形象；四是需要配备一定数量的网站管理人员。如果采用基于云计算技术的政府网站群建设模式，政府网站平台在政府云计算中心运行，对各部门网站进行统一建设、统一管理、统一运维，则可以显著降低政府网站建设成本，实现部门网站与门户网站信息的同步更新，统一政府网站形象，减少政府网站工作人员。政府门户网站访问量的快速增长和网站内容的多媒体化，使网站的计算量、存储量呈现爆炸式增长，而云计算的技术特性正好切合这一需求。

3. 对政府信息共享与业务协同的影响

经过“金字工程”等电子政务重大工程的建设，垂直管理部门的纵向电子政务已经达到比较高的水平，但国务院、各省市政府的横向电子政务比较滞后。因此，政府信息共享与业务协同是当前和今后一个时期电子政务的重点和难点。云计算技术的发展给政府信息资源横向整合带来了契机。例如，建设基于云计算技术的大 OA 系统，使之具有网上办公、信息发布、行政审批、电子监察、信息归档等功能，各部门可以定制自己的业务流程，并实现跨部门业务流程在各部门的对接，就可以实现政府部门之间的信息共享和业务协同。

4. 对政府信息安全的影响

采用基于云计算技术的电子政务建设模式，可以促进信息安全从单部门的分散管理走向某级政府所有部门的集中管理。统一购置网络安全硬件设备及防火墙、防病毒等信息安全软件，降低保障政府信息安全所需的成本。不过，云计算也带来了新的信息安全问题。特别是由于我国在CPU、操作系统、数据库等核心技术领域的落后，在传统电子政务模式下，某个部门出现信息安全问题不会影响到其他部门，信息安全问题是局部的；而在云计算模式下，信息安全问题是全局的。为了确保我国下一轮电子政务的健康发展，突破信息产业核心技术瓶颈已经到了刻不容缓的地步。

5. 对电子政务管理体制的影响

在传统电子政务模式下，政府部门各自为政，电子政务系统分散建设、分散管理、分散运维，暴露出很多问题，如重复建设、信息孤岛、高投入低效益等。采用基于云计算技术的电子政务模式，统一采购软硬件设备，对政府信息系统进行统一管理、统一运维，不但可以减少政府财政投入，而且便于信息资源整合，发挥电子政务的整体效益。随着云计算技术在电子政务领域的应用，传统分散的电子政务管理体制已经不适应新形势，必须向集中管理方向发展。

4.4.3 主要国家政府云发展情况

1. 美国

美国联邦政府把云计算、虚拟化和开源列为节约电子政务支出的三大手段之一。2009年，通过采用云计算技术，美国联邦政府在电子政务领域节约了66亿美元。例如，美国联邦政府总务局（General Services Administration，GSA）的电子邮件系统向云计算平台迁移，减少了17个冗余数据中心，节省了1 500万美元。美国国防部空军个人信息中心进行信息系统基于云计算的改造，将信息查询时间从20分钟缩短到2分钟，每年还可节省400万美元。

2010年12月，美国白宫管理和预算办公室制订了联邦云计算优先（Federal Cloud Computing Initiative）行动计划，要求联邦政府各部门了解云计算的价值，评估云计算方案的安全性，加快政府信息系统向云计算平台迁移的步伐。

截至2011年10月，已经完成并提交了应用云计算计划和预算的联邦政府部门与机构达到27个。美国计划消除800个政府机构的数据中心，以重新整合政府数据中心，建设一批基于云计算的数据中心。

2011年2月，美国联邦政府CIO委员会发布了联邦政府云战略（Federal Cloud Computing Strategy）。2011年，美国联邦政府在云计算应用方面的开支达200亿美元，约占联邦政府IT总开销的1/4。

美国许多地方政府也在积极应用或计划应用云计算技术。例如，洛杉矶市政府利用云计算整合了办公系统及业务系统，新墨西哥州利用云计算满足了日益增长的业务需求，克拉马斯县利用云计算成功解决了远程办公的问题。2011年4月，美国公共技术研究所对830名州县CIO进行了调查。调查结果显示，45%的地方政府正在使用云计算技术，19%的地方政府计划在未来12个月内使用云计算技术。

2. 英国

2009年10月，英国政府发布了《数字英国报告》，计划建立一个政府云——

G-Cloud。G-Cloud 是英国政府“云优先”（Cloud First）战略的核心部分，用于向公共机构提供一系列云服务。截至 2015 年 10 月，G-Cloud 销售总额达 6.96 亿英镑，其中公共部门支出占 76%。

3. 日本

2010 年，日本政府投入巨资实施“霞关云”工程，为日本中央政府直属机关提供云服务。2015 年，“霞关云”建成并投入运行。此外，北海道、京都府、佐贺县、大分县和宫崎县等地区也先后启动了电子行政云计划。

4. 韩国

2014 年，韩国政府为刺激云服务市场，废除了政府部门云服务采购限制政策，允许公共服务部门采购由私营企业提供的云计算服务。截至 2016 年底，韩国有 750 项政府服务采用云计算技术，占全部政府服务的 60%以上。

5. 新加坡

鉴于公共云不能满足新加坡政府的信息安全和 IT 治理要求，新加坡政府于 2011 年底通过公开招标形式建立供新加坡政府内部使用的私有云——中央 G-Cloud，使新加坡各政府机构从云计算中受益。为满足高保证区和中保证区的安全与治理要求，中央 G-Cloud 提供政府网站服务交换和电子政务统一认证平台等。作为新加坡下一代的政府信息基础设施，中央 G-Cloud 将向更加灵活和富有弹性的方向迈进。

6. 中国

近年来，云计算已经得到国家发展改革委、工业和信息化部等部门的重视，开展了试点示范工作，有关标准正在制定中。

2010 年 10 月，国家发展改革委、工业和信息化部下发了《关于做好云计算服务创新发展试点示范工作的通知》（发改高技〔2010〕2480 号），在北京、上海、深圳、杭州、无锡等五个城市先行开展云计算创新发展试点示范工作。试点示范的主要内容包括：针对政府、大中小企业和个人等不同用户需求，研究推进 SaaS、PaaS 和 IaaS 等服务模式创新发展。可选择若干信息服务骨干企业作为试点企业，建设云计算中心（平台），面向全国开展相关服务；以信息服务骨干企业牵头、产学研用联合方式，加强虚拟化技术、分布式存储技术、海量数据管理技术等核心技术研发和产业化；组建全国性云计算产业联盟，形成云计算创新发展的合力；加强云计算技术标准、服务标准和有关安全管理规范的研究制定。

2012 年 7 月，国家质检总局和国家标准化管理委员会发布了《信息安全技术　政府部门云计算服务提供商安全基本要求》标准草案，旨在规范云服务提供商的安全管理并提出技术要求，以确保政府部门能把应用和服务安全迁移到云计算平台。该标准草案从基本条件、基础设施和运行管理三个方面对云计算服务提供商提出安全管理要求；从虚拟化安全技术、身份鉴别、访问控制、安全审计、安全事件处理和应急预案管理、可用性要求、可移植性和互操作性七个方面对云计算服务商提出安全防护技术要求。

2010 年以来，北京、上海、青岛、佛山等大中城市都制定了云计算方面的规划或计划，政府云正在建设过程中。

2010 年 7 月，上海市经济和信息化委员会印发了《上海推进云计算产业发展行动方案

(2010—2012 年)》，提出组织上海和全国各云计算领先企业，在电子政务、市民服务、工业、现代服务业和中小企业服务等领域建设云计算示范项目。引导市、区两级政府运用自主创新的云计算解决方案，创新电子政务的体制和机制，整合信息中心和数据中心现有资源，降低电子政务成本，为民众与社会提供公正、透明、高效的政府服务。2011 年，上海市启动了"智慧城市建设 2011—2013 年行动计划"，选择在青浦、闸北等开展政府云试点工作，逐步构建市级政府云服务平台。

2010 年 9 月，北京市经济和信息化委员会、北京市发展和改革委员会、中关村科技园区管理委员会发布了《北京"祥云工程"行动计划（2010—2015 年）》，提出在电子政务、重点行业应用、互联网服务、电子商务等主要应用方向上实施一批不同层次和功能的云计算重大工程。推动电子政务全面向云时代转型，统一规划和抓紧建设"政务云"，带动全市云应用的起步。

2011 年 1 月，福建省发展改革委、福建省数字办发布了《数字福建云计算工程实施方案》，提出在电子政务、互联网服务、电子商务等领域实施行业应用示范。推动政府部门应用云计算技术实现电子政务资源整合共享与业务协同，创新电子政务资源建设模式。2012 年 3 月，福建省电子政务外网云计算平台正式开通。该平台一期投资 3 900 万元，是全国第一个投入运营的省级电子政务云计算平台。

2012 年 4 月，青岛市电子政务办公室对"云计算中心与灾备中心一体化建设项目"进行公开招标，标志着青岛市政府云建设工作正式启动。

2012 年 7 月，佛山市经济和信息化局对"佛山市电子政务云计算中心机房改造工程"进行公开招标，标志着佛山市政府云建设工作正式启动。

2016 年 5 月，四川省级政务云平台建成，首批 13 个省级部门、30 个应用已迁移到省级政务云平台上运行，电子政务建设和运营成本预计节省 30%以上。四川省政府明确提出省级非涉密信息系统应基于省级政务云建设部署，原则上不再批准机房、数据（含灾备）中心等基础设施建设。

浙江省水利厅把台风路径实时发布系统部署在阿里云。165 万人同时访问该系统查看台风路径都可以从容应对，而如果部署在浙江省水利厅自己的机房，服务器肯定要崩溃。

杭州市政府引入阿里巴巴、华数集团和浙大网新参与建设智慧政务云平台，已部署政府联合征信系统等 31 个信息系统，63 个部门和区县接入该平台，31 家市本级单位 300 项行政审批事项全部上网运行，实现了杭州市政府各部门"一点接入、普遍联通"的政务信息共享模式。

广州市政府建成了全市电子政务云服务平台。89 家单位接入广州市政府信息共享平台，涵盖 1 386 个主题，汇集近 40 亿条政府数据，日均交换数据 343 万条，减少重复提交纸质证明 1 500 万份。

威海市电子政务云整合了 200 多个部门已有资源，实现了"六统一"（统一技术平台、统一运算存储、统一内外网络、统一互联网出口、统一安全防护、统一运行维护）。

4.4.4 政府云发展对策

云计算技术发展势不可当，电子政务工作者应正视新技术带来的新变革，采取如下一些策略，推进云计算技术在电子政务领域的应用。

1. 正确认识云计算

目前，云计算概念五花八门，并且存在概念泛化等问题。一些厂商把互联网数据中心（IDC）、服务器集群等包装成云计算产品或解决方案。一些地方政府在没有明确需求的情况下就盲目开始建设所谓的云计算中心、基地。政府的性质决定了政府云是一种私有云，政府投资建设公共云是违背市场规律的。建云计算中心不是简单的盖楼和买服务器，一定要面向需求。政府云不只是技术问题，还需要配套的政策法规和管理制度。

2. 抓住历史机遇

我国许多政府部门的计算机等硬件设备即将面临更新换代。要采取集中采购的方式，建设政府云计算中心。考虑规模效益和专业人才，在省、自治区、建制市一级政府建设云计算中心，区县一级政府一般不需要建设云计算中心，由所在地级市或设区市统一建设。2017 年党的十九大召开以后，根据以往惯例又将进行新一轮政府机构改革。建议编制部门在设计三定方案时，设置电子政务集中管理部门，负责电子政务统一规划、统一建设、统一管理、统一运维。

3. 选好切入点

对于国家部委，推进垂直系统的数据大集中，扩建机房和数据中心，并把机房和数据中心升级为云计算中心；推进各类业务应用系统 SaaS 化，供下属单位使用，避免重复开发或采购。对于地方省市政府，推进机房大集中和通用软件 SaaS 化，实现软硬件统一采购、统一运维；加快建设基于云计算的大 OA 系统、政府网站群，促进政府信息共享和业务协同。

4. 坚持“以用促业”

云计算产业的健康发展，取决于云计算应用效果。如果云计算技术应用的确能取得实实在在的效果，则随着应用需求的大量兴起，云计算产业自然而然就会快速发展。虽然政府云计算中心的建设离不开云计算产业的支撑，但拔苗助长式地推进云计算产业发展，而不深入思考云计算的应用问题，就显得本末倒置了。云计算正好切合新时期电子政务发展方向，开展政府云计算技术应用试点示范，带动产业界的云计算技术应用，进而带动全社会的云计算技术应用，是促进我国云计算产业健康发展的有效途径。

本章小结

本章首先论述了政务内网和政务外网，介绍了人口基础信息库、法人单位基础信息库、自然资源和地理空间基础信息库及宏观经济数据库建设情况，提出了政务信息资源目录与交换体系和政府数据中心建设方法。然后阐述了电子政务网络信任体系、电子政务灾难备份系统、信息系统的安全等级保护、信息安全系统的风险评估方法。最后阐述了云计算技术，分析了云计算对电子政务的影响，介绍了国内外政府云建设情况，提出了一些政府云发展对策。

关键术语

政务内网　政务外网　人口基础信息库　法人单位基础信息库　自然资源和地理空间基础信息库　政务信息资源目录与交换体系　政府数据中心　PKI　PMI　信息安全等级保护　信息安全风险评估　灾难备份　云计算　政府云

复习思考题

1. 什么是政务内网？什么是政务外网？它们各承载什么业务？
2. 电子政务四大基础信息库是指什么？
3. 什么是政务信息资源目录与交换体系？
4. 政府数据中心一般包括哪些建设内容？
5. 电子政务网络信任体系由哪些部分组成？
6. 灾难备份系统一般包括哪些组成部分？
7. 信息系统的安全保护等级分为哪几级？
8. 什么是云计算？云计算在电子政务领域有哪些应用？

第5章 电子政务重大工程项目

为了提高决策、监管和服务水平，逐步规范政府业务流程，提高公共管理和服务效率，《国家信息化领导小组关于我国电子政务建设指导意见》提出加快12个重要业务系统建设（简称“十二金工程”）：继续完善已取得初步成效的办公业务资源系统、金关、金税和金融监管（含金卡）四个工程，促进业务协同、资源整合；启动和加快建设宏观经济管理、金财、金盾、金审、社会保障、金农、金质、金水八个业务系统。此外，金土、金安等重大电子政务工程也在加快建设中。

重点问题

- 电子政务“十二金工程”包括哪些？除了“十二金工程”，还有哪几个电子政务重大工程？
- 在经济调节方面，有哪几个电子政务重大工程？
- 在市场监管方面，有哪几个电子政务重大工程？
- 在社会管理方面，有哪几个电子政务重大工程？
- 在公共服务方面，有哪几个电子政务重大工程？

5.1 经济调节类

5.1.1 “金宏工程”

2004年1月，国家发展和改革委员会正式批复了“金宏工程”（宏观经济管理信息系统）的项目建议书。该工程由国家发展改革委牵头，财政部、商务部、中国人民银行、国资委、海关总署、国家统计局和国家外汇管理局共同建设。

“金宏工程”的主要内容包括：建设 10 个信息资源共享数据库；建设宏观经济管理信息共享平台；完善和建设 8 个宏观经济管理业务应用系统；构建宏观经济辅助决策支持系统原型；搭建共建部门互联互通的过渡网络环境，建立统一的标准规范、安全保障体系和管理制度，初步实现宏观经济管理部门信息共享，提高业务管理信息化和科学决策水平。

“金宏工程”一期工程建设内容包括互联互通的网络环境、信息资源共享数据库、宏观经济管理信息共享平台、宏观经济管理业务应用系统等将近 30 个子系统、跨部门业务协同机制和网络化流程，建立统一的标准规范，构建信息安全保障体系。

2009 年 12 月，“金宏工程”项目协调领导小组办公室围绕子项验收、项目应用、建立机制、调整概算、衔接运维等重点任务展开工作，先后完成了“金宏工程”主体（信息共享平台）初步验收、整体初步验收、档案专项验收、标准化建设项目最终验收和“金宏工程”信息共享平台数据应用软件最终验收等工作，推动工程建设不断取得新进展。

2012 年 8 月，“金宏工程”一期工程通过竣工验收。“金宏工程”一期工程建成了十大专题共享数据库、八大重点业务应用系统以及开放式的辅助决策支持系统原型。

“金宏工程”建设提高了宏观经济管理部门的宏观经济监测与调控能力，提高了宏观经济管理决策水平，使宏观经济管理部门能够获取及时、准确、全面的宏观经济信息，为党中央、国务院提供优质、高效的信息服务。

5.1.2 “金财工程”

从 1999 年下半年开始，财政部按照党中央、国务院的指示规划建立“政府财政管理信息系统”。2002 年初，国务院正式将该系统建设命名为“金财工程”。实施“金财工程”的目的，就是利用先进的信息技术，支撑预算编制、国库集中收付和宏观经济预测等财政核心业务，加强财政管理，促进和保证财政改革目标的顺利实现。

目前，财政部已组织开发了中央预算管理系统、部门预算编制系统、国库集中支付管理系统、工资统一发放系统、全国非税收入收缴管理系统、财政法规数据库系统等业务管理系统，并在中央各部门以及部分省地市推广。

通过部门预算编制系统，支持深化了部门预算改革，将部门所有预算内外收支、部门所有单位收支全部纳入预算，实现了一个部门一本预算，有效提高了政策协调和各部门统筹安排资金的能力，增强了各部门财政资源占有、支出、分配及过程的透明度。

通过国库集中支付管理系统，支持确立了国库集中支付制度在财政财务管理中的基础性地位，将绝大部分政府性资金纳入国库单一账户，财政财务支出主要由国库集中支付，减少了中间环节，有效降低了传统的资金层层拨付方式导致资金滞留与挪用的可能性。

通过工资统一发放系统，财政供养人员工资由国库单一账户及时、足额直接拨付到个人账户。

通过全国非税收入收缴管理系统，支持深化了“收支两条线”管理改革，规范了非税收入收缴管理，保障了非税收入的应缴尽缴、应收尽收。

“金财工程”可以详细记录每个用款单位每一笔财政资金收支的来龙去脉，减少预算执行的随意性，从根本上防止财政资金的体外运行和沉淀。

5.1.3 “金税工程”

税收是国家财政收入的主要来源，是关系到国家的稳定发展和国民生活环境逐步改善的关键要素。税务部门作为一个特殊的政府机构，不仅承担着加强征管、堵塞漏洞、保证国家税收收入的职责，而且要提高效率、改善执法、减轻对纳税人的负担，通过对纳税人提供优质服务创造一个优良的税收环境。

1994年，中国实施了强力度的、结构性的、以推行增值税为主要内容的工商税制改革。但增值税在运行过程中并不是一帆风顺的。增值税专用发票不仅能够作为购销凭证，而且能够抵扣税款，这种双重性既增加了增值税专用发票的重要性，也导致一些不法分子采取虚开、代开、伪造专用发票等手段进行经济犯罪，造成国家税款的大量流失。为打击犯罪，保护国家利益，国家税务部门开始从管理抓起，研究增值税的监管问题，按照“科技加管理”的思路，加快税务部门管理信息化的进程，建设具有中国特色的增值税监管体系——“金税工程”。

“金税工程”由对增值税一般纳税人全面实施的防伪税控开票子系统、税务部门建立的发票认证子系统、计算机稽核子系统和发票协查子系统四个子系统组成。在这四个子系统的联合作用下，通过覆盖全国的计算机网络实现税务机关对企业开具增值税发票和纳税状况的严密监控。

防伪税控开票子系统是运用数字密码和电子信息存储技术，通过强化增值税专用发票的防伪功能，监控企业的销售收入，解决销项发票信息真实性问题的计算机管理系统。该系统适用于增值税一般纳税人。

发票认证子系统可以对增值税一般纳税人申请抵扣的增值税专用发票抵扣联进行解密还原认证，及时发现假票，并解决进项发票的信息真实性问题。

计算机稽核子系统主要是进行发票信息交叉稽核和申报信息稽核。该系统可以及时发现购货方已申报抵扣但销货方未申报抵扣的增值税发票，并动态监测企业纳税情况。

发票协查子系统可以对有疑问的发票或是已证实属虚开的增值税专用发票进行调查处理。国家税务总局可以通过该系统对协查工作进行监督和管理，提高增值税专用发票协查速度和恢复率，确保查处工作的质量。

随着“金税工程”大型系统的建设与实施，税务信息化不仅在加强税收征管和监控、防止税收流失过程中发挥着越来越重要的作用，还逐步向业务规范化、为纳税人提供优质服务的方向转变。

自2002年起，税务机关可以对每年的约3亿份增值税专用发票和120万户增值税一般纳税人的纳税申报材料实施即时的监控，对所有的增值税专用发票和一般纳税人的经营行为、纳税行为可以随时掌握、分析、监督，全国的增值税一般纳税人的情况及其使用的增值税专用发票的信息都进入了规范性的程序之中，使开假发票等偷逃国家税款的行为无处遁形，堵住了税款流失的漏洞。

阅读材料

"金税工程"扭转虚开增值税专用发票猖獗局面

2002年，在国家税务总局督办的虚开增值税专用发票案件中，平均每户企业2002年虚开增值税专用发票的税额降为1.13万元，而2001年以前为196万元，2001年为81万元左右。增值税专用发票管理已基本步入正常轨道，1994年以来虚开增值税专用发票犯罪活动一度十分猖獗的局面已基本扭转。

"金税工程"二期开通后，案件数量呈明显下降趋势，也使税务机关对企业的监管能力大大增强，犯罪分子虚开增值税专用发票的作案周期越来越短，虚开发票案件的发票份数逐渐减少，规模越来越小。2002年，全国共认证专用发票13 036万份，发现涉嫌违规发票7 968份，占全部认证发票的0.006%。与2001年相比，发现涉嫌违规发票占全部认证发票的比例大幅下降。

资料来源：李卫玲. 金税二期成效显著 扭转虚开增值税猖獗局面. 国际金融报，2003-02-19.

"金税工程"可以和提高企业信用等级以及商誉挂钩。当购货方对供货方信用有疑问时，可先使进项发票通过认证和交叉稽核之后再付款，这样销货企业为及时收回款项，就会不断提高自己的信誉度，从而促使所有企业的信用水平普遍提升。"金税工程"实施以来，已有越来越多的增值税一般纳税人主动要求使用防伪税控开票子系统，说明这套系统在实际应用中对提高企业商誉的作用是明显的。

"金税工程"还可以有效地防范和遏制腐败行为。"金税工程"以国家税务总局、省级国税局、地市国税局、县级国税局四级网络为依托，上级税务机关贯彻落实税收政策，对依法征税的行为进行监督和制约，下一级税务机关的各项执法行为均纳入上级税务机关的监控，从而保证了税务人员执法的透明性和公正性，有利于税收队伍建设和防止腐败现象的产生。

2007年8月，"金税工程"三期启动，建设期4年，计划投资近80亿元。"金税工程"三期建设的主要任务是：统一开发税务管理信息系统应用软件，建设涵盖国税局、地税局的税收业务管理系统、税务行政管理系统、税务决策支持系统和外部信息交换处理系统；实现与金关、金财、金审等工程以及工商、银行等部门的网络互联，基于互联网开展对纳税人的服务。

"金税工程"三期建设的主要内容包括：建设覆盖国家税务总局，省、地市、区县各级税务机关的网络平台，建设税收业务、行政管理、决策支持和外部信息四个应用系统，建设国家税务总局和省（区、市）局、部分计划单列市局两级数据中心，建设国家税务总局灾备中心，建设安全保障系统和运行维护系统，等等。

为了充分调动全国税务系统参与"金税工程"三期的积极性，加快工程建设进度，保质保量地完成工程任务，国家税务总局决定采取集中和分散相结合的方式开展工程阶段性工作。2010年7月，"金税工程"三期在广东、山东、河南、山西、内蒙古、重庆6个省份先行试点，然后在全国推广。2014年12月，"金税工程"三期核心征管及应用总集成项目通过单项验收。

“金税工程”三期统一了国税和地税征管信息系统版本，有利于实施服务深度融合、执法适度整合、信息高度聚合的征管改革；有利于打通各部门间信息隔离，建立第三方信息共享机制；有利于实现全国征管数据应用大集中；有利于纳税人“进一家门、办两家税，省三方事”，曾要“多头跑、跑半天”的纳税事项，如今只需在一个窗口花几分钟即可办完。

“金税工程”三期打造以网上办税服务厅为主、自助办税终端为辅、实体办税服务厅为补的多种办税渠道；提供实时扣税、批量扣税、银行端查询缴税、POS机刷卡缴税等多种税款缴纳方式，鼓励和引导纳税人多走网路，少跑马路。

2015年元旦开始在全国推行的增值税发票系统升级版整合升级完善了增值税防伪税控系统、货物运输业增值税专用发票税控系统、稽核系统以及税务数字证书系统，纳税人经过税务数字证书安全认证、加密开具的发票数据，可以通过互联网实时上传税务机关，生成增值税发票电子底账。随着增值税发票系统升级版在全国推广，猖獗的假发票买卖乱象得到了有效治理。

目前，中国税务信息化整体水平已得到显著提升。信息化应用已经覆盖国税、地税的各个层级，以及广大的纳税人。各个应用系统逐步走向成熟，已经基本涵盖税务系统的各个业务和行政领域，依托信息技术运转业务的局面已经形成。

5.1.4 “金关工程”

1993年，国务院提出实施“金关工程”。“金关工程”是国家利用计算机网络技术实现对外经济贸易和相关领域的标准化、规范化、科学化、网络化管理的国家信息化重点系统工程。其短期目标是建设好配额许可证管理、进出口统计、出口退税、出口收汇和进口付汇核销四个应用系统工程，实现外经贸相关领域的网络互联和信息共享。中长期目标是逐步推行各类对外经贸业务单证的计算机网络传输，提高对外经济贸易的现代化管理水平，实现国际电子商务，增强国家宏观调控能力。

“金关工程”主要包括海关内部的通关系统和外部口岸电子执法系统两大部分。电子口岸中心将外经贸、海关、工商、税务、外汇、运输等部门分别掌握的进出口业务信息流、资金流、货物流的电子底账数据集中存放在一个公共数据中心，从而使各行政管理机关可以进行跨部门、跨行业的联网数据核查，企业可以上网办理出口退税、报关、进出口结售汇核销、转关运输等多种进出口手续。

“金关工程”的主要应用系统包括配额许可证管理系统、进出口统计系统、出口退税系统、出口收汇和进口付汇核销系统。

（1）配额许可证管理系统。

该系统由纺织品出口配额管理系统、出口管理系统、进口管理系统三个子系统构成。当时的外经贸部在与美国、欧盟、加拿大、土耳其等国海关实现纺织品配额联网核查的基础上，完成了与全国62个许可证签证机关的计算机联网管理和电子数据网上核查。从2000年10月起，在全国许可证发证机关和海关口岸全面实行进出口许可证联网核销。

(2) 进出口统计系统。

该系统主要对我国货物进出口情况进行统计分析。原始数据由海关产生，商务部利用海关联网传输的清关数据开发生成多种业务统计报表。

(3) 出口退税系统。

该系统主要针对中国于1994年实行新税制（增值税）改革以来所出现的大量利用出口业务虚开增值税发票骗税的不法行为而展开。目前，国家税务总局利用“金税工程”加快实现与全国税务系统的专线联网，并实现了与商务部、海关总署、外汇管理局的计算机联网。

(4) 出口收汇和进口付汇核销系统。

该系统的主要功能是对出口业务的收汇核销业务和进口业务的付汇核销业务进行统一的联网查询、统计、核销和管理。国家外汇管理局已与全国各地外汇管理机关联网，并与指定银行联网完成用汇管理的相关业务。该系统还与海关口岸电子执法系统联网，传输外汇核销单，实现了报关单电子底账的计算机核查。

海关总署还建立了以“三网一库”为基本架构的海关系统政务信息化的枢纽框架。其中“三网”是指连接全国政府系统办公业务资源网的全国海关网络、与国际互联网物理隔离的海关系统政务信息网及各海关单位内部的政务信息网、以互联网为依托的中国海关公众信息网，而“一库”则是指各级海关单位共建共享的电子信息资源库。

2012年10月，“金关工程”二期获准立项。它在“金关工程”一期项目建设基础上，通过顶层设计和科技创新，采用物联网、云计算等新技术，重点建设全国海关监控指挥系统、进出口企业诚信管理系统、加工和保税监管系统、海关物流监控系统等应用系统。

在“金关工程”中，电子报关服务的推出极大地简化了客户办理进出口报关的中间环节。对海关来说，从报关、审单、出税到验放的一条龙电子化服务，不仅显著降低了海关工作人员的工作强度，还有效地缩短了报关文件的处理周期。无纸化进出口报关单平均通关时间分别比传统通关模式少32.5小时和5.3小时。

“金关工程”在外经贸许可证管理、加工贸易审批、进出口统计、电子报关、联网核查、出口退税、外汇核销等方面发挥了重要作用，有效打击了假伪许可证、走私、骗退税、逃套汇等不法活动，有力维护了正常的进出口经营秩序，为扩大出口做出了贡献。2012—2014年，全国各级海关通过“金关工程”共发现企业漏缴税款或未及时入库税款15.6亿元。

5.1.5 “金审工程”

“金审工程”是审计署1999年筹备、2000年申报、2002年获国家发展改革委批复的全国审计信息化建设工程。一期工程始于2002年7月，投资1.9亿元；二期工程始于2006年7月，投资7.6亿元，其中中央本级投资2.4亿元。

“金审工程”的主要目标和建设任务可以用“一个模式、三个转变、五个一工程”来描述。

“一个模式”就是用五年左右的时间，建成对财政、银行、税务、海关等部门和重点国有企业事业单位的财务信息系统及相关电子数据进行密切跟踪，对财政收支或者财务收支的真实、合法及其效益实施有效监督的信息化系统，建立起一个适应信息化的崭新的审计模式——“预算跟踪＋联网核查”。

“三个转变”就是逐步实现从单一的事后审计转变为事中审计和事后审计相结合，从单一的静态审计转变为动态审计和静态审计相结合，从单一的现场审计转变为现场审计和远程审计相结合。

“五个一工程”是指建设一个信托政府公共网络，连通全国审计机关和重点被审计单位的高效实用的审计专用网；开发一批满足审计业务需求并在应用中不断完善的应用软件；建立一个为审计业务和决策、为政府和社会公众提供有效信息的数据库群；配置一批经济实用的计算机设备；培养一支胜任审计信息化工作的新型队伍。

根据审计业务和管理的需要，审计署规划了审计管理和审计实施两大系统。审计管理系统是审计机关管理审计业务和行政办公的信息系统。审计管理系统具有审计业务支撑、审计办公管理、领导决策支持、审计信息共享等管理内容和技术功能，以审计计划项目信息为先导，对审计项目实施信息、结果反馈、业务指导、公文流转、审计决策等各环节进行全面管理和技术支持，形成审计业务、管理、决策的一体化。

审计实施系统是审计机关利用计算机技术开展审计项目的信息系统。根据审计实施方式的不同，审计实施系统规划为现场审计实施系统和联网审计实施系统两大部分。

现场审计实施系统是审计人员实施就地审计方式的信息系统。现场审计实施系统的业务功能规划为可以提供对财政、行政事业、固定资产投资、农业与资源环保、社会保障、外资运用、金融、企业和领导干部经济责任等审计项目的专业审计功能技术支持和扩展；其技术功能规划为具有数据采集、数据转换、审计抽样、审计分析、审计取证、审计工作底稿编制、审计报告和统计汇总、审计项目质量控制、审计信息交互共享等技术功能的支持和扩展。现场审计实施系统基于对各行业审计数据采集转换的向导和模板，基于审计准则和专业审计指南的向导模板，基于审计师经验的总结提炼并编制成系统可以识别和执行的计算机审计方法，基于审计抽样理论和实务向导，基于审计中间表和审计分析模型等构建技术的支持，并辅之以相应的专业审计功能，实现对各专业审计项目的业务支持和知识共享。

联网审计实施系统是审计机关实施联网审计的信息系统。联网审计是对需要经常性审计且关系国计民生的重要部门和行业实施“预算跟踪＋联网核查”模式的计算机审计。联网审计以确定的采集周期在线获取对方系统中审计所需数据，进行实时的审计处理，及时发现问题并及时反馈，督促被审计单位及时规范管理，采用动态、远程审计的方式，达到事中审计的效果和效益，并对积累的历史数据进行趋势分析和预测评价，提出审计评价意见和审计建议。

2005 年 11 月，“金审工程”一期建设项目通过了国家发展改革委的竣工验收。2010 年 2 月，“金审工程”二期国家审计数据中心机房建设项目通过了竣工验收。

“金审工程”一期、二期建设有效促进了审计工作从提高审计效率到提升审计效能的转变、从单一部门审计到跨部门跨行业关联审计的转变、从传统审计方式到现代审计方式的转变、从关注财政财务收支审计到关注国家经济安全审计的转变、从查处违纪违规问题到督促规范管理的转变。

5.2 市场监管类

5.2.1 “金信工程”

2002年3月，以工商行政管理部门之间的网络互通、信息共享为目标的“红盾工程”一期项目顺利完成。国家工商总局将“红盾工程”二期改为“金信工程”。2005年，以企业信用监管为主要内容的“金信工程”一期项目获得国家批准，“金信工程”正式纳入国家金字工程建设项目。

“金信工程”的建设周期是2003年至2005年底，目标是在“红盾工程”建设的基础上，根据工商行政管理工作的需要，建设以“经济户口”管理为基础、贯穿各级工商管理部门、覆盖工商管理主要业务的全国工商行政管理信息系统；建立工商电子政务平台和与海关、税务等政府部门的执法协作平台。其建设重点是工商行政管理综合业务管理系统，而综合业务管理系统又分为市场准入系统、监督管理系统、行政执法（投诉及案件管理）系统和经济户口管理系统。这几部分功能涵盖企业、个体、广告、市场、合同、案件、商标等所有工商行政管理业务。

“金信工程”的建设重点是完善企业信用网络，为实施有效的监管提供有力的技术保障；按照企业信用监管指标体系和实施分类管理的要求，在全国范围内，统一指挥体系，统一技术标准，建立统一的信用监管平台，通过联网，实现资源共享，进一步提高企业的信用监管功能。

“金信工程”实现了从总局机关到基层工商所的五级网络贯通，基本建立了覆盖全国工商系统的信息化网络体系，基本实现了工商行政管理主要工作的信息化。目前，大部分省级工商局正在致力于涵盖各类市场主体登记、监管、执法等内容的综合业务系统建设，信息化应用正在从单项独立应用走向综合集成应用的新阶段。同时，通过总局和省级工商局两级数据中心建设，推进全系统信息资源共享和协同互动工作机制的建立。

信息化促进了工商系统各项业务工作的制度化、规范化、程序化、法治化，增加了工作透明度，提高了工作质量和办事效率，提高了监管执法的科技含量，创新了监管执法方式，建立了上下互动、横向互通的工作机制，实现了区域之间、业务条线之间的数据共享和业务联动。企业属地监管制度、信用分类监管制度、12315行政执法体系建设、流通环节产品质量和食品安全监管、公平交易执法联网应用等每一项工作和制度创新，都离不开信息化的支撑和保障。推进网上登记、网上年检、网上咨询、网上查询、网上投诉等“网上工商”业务，拓宽了政府与各类企业、社会公众的沟通交流渠道，增强了政府为社会公众服务的能力。此外，信息化还推进了与海关、税务、质监等部门的信息共享和联合监管。

2009年2月，国家工商总局印发了《关于加强12315行政执法体系“四个平台”建设的通知》，提出将12315建设成为工商部门与广大消费者和人民群众信息互动的平台，成为工商部门畅通民意的平台，成为工商部门接受社会监督和听取群众意见的平台，成为工商部门解决人民群众最关心、最直接、最现实利益问题的平台（简称“四个平台”），切实保护消费者合法权益。具体建设内容包括12315数据分析中心、12315短信平台、“一会两站”和12315“五进”（进商场、进超市、进市场、进企业、进学校）等。

2013年以来，国家工商总局组织推进国家法人库项目的申报立项工作，完成了“金信工程”一期的竣工验收和备案工作；积极推进企业信用信息公示系统建设，大力推进电子营业执照系统建设和全程电子化改造；大力加强工商信息化各项应用，积极开展商标信息化建设。

5.2.2 “金质工程”

“金质工程”由国家质量监督检验检疫总局负责实施，建设内容包括“一网一库三系统”，即建设质检业务软硬件及网络平台和数据库群，建设质检业务监督管理系统、质检业务申报审批系统、质检信息服务系统。

(1) 质检业务软硬件及网络平台。

依托国家电子政务网络平台，分期建设连接国家质检总局、全国各地检验检疫机构和质量技术监督机构的质检广域网，建设各节点的局域网系统，配置相应的软硬件平台，为应用系统提供公共的运行环境和技术支撑。

(2) 质检业务数据库群。

建设质检业务数据库系统的作用一是为监督管理系统、申报审批系统和信息服务系统提供数据支持，二是为领导决策提供支持，三是为企业和公众提供服务。因此，不同的数据库系统具有不同的特征。有些具有基础和标准的特征，如企业编码数据库、商品编码数据库、人力资源数据库等；有些是核心业务的主体，如特种设备数据库等；有些本身就是一个独立的应用系统，如法律法规数据库、质检标准数据库。

(3) 质检业务监督管理系统。

该系统由一系列质量监督、检验检疫核心业务系统组成，主要侧重质检内部业务管理，这些系统的实现将大大地提高工作效率，加强行政执法力度，实现严格有效的监督管理，从而达到规范和建立市场秩序的目的。典型的子系统包括：执法打假快速反应系统、检验检疫风险预警系统、产品质量监督管理系统、认证认可系统、标准化管理系统、WTO/TBT-SPS通报管理系统和检验检疫综合业务管理系统等。

(4) 质检业务申报审批系统。

作为国家行政执法部门，质检系统在许多方面实行许可、审核、核准、注册和备案管理。对于此类业务，实行网上申报、电子审批是必要的。申报审批是电子政务建设的一个重要组成部分，将有助于提高政府工作的透明度，提高工作效率，为企业提供方便。典型子系统包括进境动植物检疫审批系统、食品化妆品标签审核系统等。

(5) 质检信息服务系统。

该系统以网站为界面，以数据库为依托，以应用系统产生的信息和多重渠道采集的信息为源泉，发布产品质量信息、产品抽检结果信息、防伪打假信息、企业资格认证信息、疫情通告、WTO/TBT-SPS 相关信息、国内外检验检疫动态和进出口管制措施、办事指南、质检公告、认证认可信息、标准和计量信息、法律法规等信息，受理质量投诉，接受网上申报。

2012 年 4 月，“金质工程”一期项目通过了竣工验收。“金质工程”一期建成了包括一个基础应用平台、16 个应用系统在内的应用体系；形成了覆盖全国的广域网网络平台，建成了国家质检总局机关政务内网，完善了总局机关和全国 35 个直属检验检疫局的软硬件平台；形成了由十大类 66 项标准组成的“金质工程”标准体系；建立了信息安全保障体系。

“金质工程”在单证审核、查验管理、证书/备案/产品信息查询比对、风险预警等方面发挥了重要作用，可以为每份报检单节约 2/3 的时间。

5.2.3　“金安工程”

信息化建设是构建安全生产长效机制的重要措施，也是实现安全生产监管监察由事后查处应对向事前防范转变、由传统经验型管理向现代科学管理型转变的重要载体。

国家安全生产信息系统建设项目是国家安全生产信息体系建设中的主体工程，是国家安全生产“十一五”规划中的重大建设项目之一，也是国家电子政务重点工程项目，国家信息化领导小组于 2007 年初将该项目明确为“金安工程”。

“金安工程”建设目标是：充分利用国家和各部门现有的信息技术及应用基础，通过对国家安全生产信息系统的建设，加快安全生产监管、监察信息的处理速度；增强信息采集、处理、深加工能力；提高分析安全生产形势水平，为国务院和国家安全监管总局领导决策服务；实现安全生产监督管理、煤矿安全监察行政执法工作的信息化，推动安全生产监管工作的科学发展，为从根本上促进安全生产形势的稳定好转提供现代信息化的支持手段。

2008 年 2 月，“金安工程”一期项目正式启动。一期项目包括煤矿安全监察执法系统、非煤矿山监管系统十几个应用系统，以及重点监管企业安全生产基本情况数据库、调度与统计数据库等十大数据库。应用系统的核心业务是监督管理及行政执法、安全生产调度与统计及矿山应急救援信息管理。

其中，监督管理及行政执法系统包含煤矿安全监察执法系统、非煤矿山监管系统、危险化学品监管系统、烟花爆竹监管系统、安全生产行政执法系统、安全评价监管系统、安全生产监管系统、重大危险源监管系统、生产安全事故监管系统、法律法规系统十个应用系统，主要完成煤矿安全、非煤矿山、危险化学品、烟花爆竹等行业的安全生产监督管理与行政执法功能。安全生产调度与统计系统包含煤炭经济运行系统、行政执法统计系统、事故调度快报系统、安全生产事故统计系统、职业卫生统计系统、辅助决策支持系统六个应用系统，主要完成安全生产领域的调度与统计功能。矿山应急救援信息管理系统主要完成国家矿山应急救援中心日常救援业务的管理（见图 5－1）。

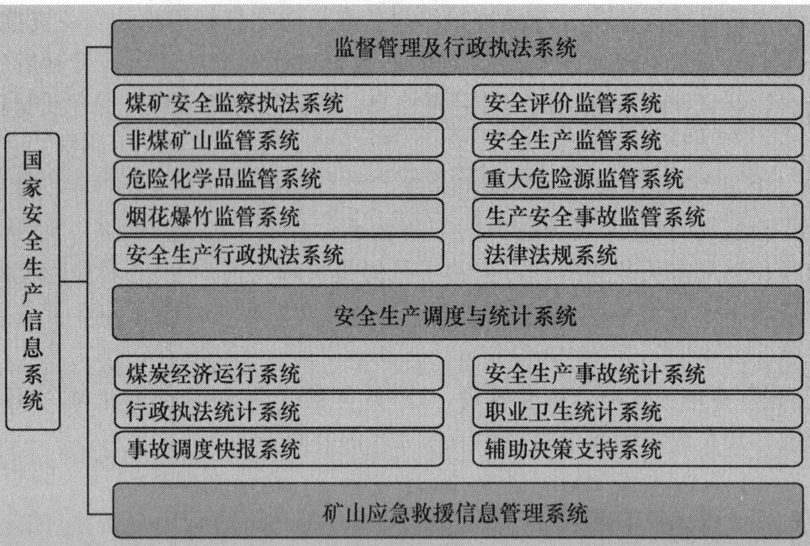

图 5-1 “金安工程”主要业务应用系统

一期项目数据库系统主要包括重点监控企业安全生产基本情况数据库、重大危险源和预案数据库、重大安全生产隐患数据库、危险化学品监管数据库、政策法规数据库、重特大事故档案数据库、安全生产专家及安全评价中介机构数据库、抢险救灾资源数据库、调度与统计数据库、行政执法数据库等十大数据库。这些数据库存储了国家安全生产信息系统生成、存储、利用、共享的行业相关业务信息，又包括了相应的不同时期的历史数据，可为安全生产监管监察、应急救援、动态监测、风险隐患分析、政策法规和事故案例的智能检索分析、预测预警和决策支持等提供基础数据支持。

一期项目应用支撑平台主要由公共服务管理系统、数据共享交换服务系统、业务协作服务系统、地理信息系统、安全管理系统、应用集成系统等部分组成，为应用系统和数据库的基础业务应用提供支撑。

2010 年 9 月，“金安工程”一期项目通过初步验收。“金安工程”一期项目依托国家电子政务外网传输通道，建成了覆盖总局和煤监局机关、32 个省级监管机构、24 个省级煤监局及 73 个煤监分局的骨干网络系统；完成了列入项目建设范围的 10 省市所属的部分市、县级安监机构基础网络建设；其他市、县监管机构实现了通过互联网＋VPN 终端方式访问或使用本地或总局的“金安工程”应用系统。同时，总局到各级煤监局和省级安监局的视频会议系统、IP 电话系统、总局政府网站、电子邮件系统、远程教育培训系统均已建成并投入使用。另外，供各级安全监管监察机构应用的 3 个业务系统和 10 个数据库已具备初步应用的条件，基本形成了保障“金安工程”运行的安全和运行维护管理系统。

2011 年 10 月底，“金安工程”一期项目通过竣工验收。该项目依托政务外网及多种网络资源建立了覆盖国家安全生产监督管理总局与项目批复范围内的各级安全监管监察机构的业务网建设，实现了数据、语音、视频的网络传输；建成了煤矿安全监察及行政执法、安全生产调度与统计等 16 个应用系统和重点监控企业安全生产基本情况、安全生产事故与执法等 10 个基础数据库；建成了符合相应等级和分级保护要求的安全系统；基本建立了与系统相适应的总局与省局两级运维管理体系，保障了系统的正常运行；形成了七大类应用标准规范。

2010 年 11 月，国家安全生产监督管理总局通信信息中心完成了"金安工程"二期建设目标、内容和进度安排等内容的编制工作。"金安工程"二期将重点实施危化品监管、重大危险源监管及应急救援系统等项目。

5.3　社会管理类

5.3.1　"金盾工程"

为了利用信息技术增强公安机关快速反应和协同作战的能力，提高公安机关的工作效率和侦察破案水平，适应新形势下社会治安的动态管理，公安综合信息网络建设工程（简称"金盾工程"）于 2001 年 4 月经国务院批准立项。该工程的总体目标是实现以全国犯罪信息中心为核心，以各项公安业务应用为基础的信息共享和综合利用，为各项公安工作提供强有力的信息支持。

"金盾工程"分两期实施，其中"金盾工程"一期的主要建设内容包括：全面完成三级主干网络建设，即连通全国所有地级以上公安机关，县级公安机关的连通率达到 95%以上。各类公安基层单位将以多种方式接入主干网，其中城市公安基层单位应以数字专线方式接入，其他基层单位均可实现拨号上网。初步建成应用系统公共支持平台，建成或完善治安管理信息系统、刑侦信息系统、出入境管理信息系统、监管信息系统、交通管理信息系统、禁毒信息系统、办公信息管理系统、全国公安快速查询综合信息系统（含全国犯罪信息中心）等。加强与完善各级公安指挥中心，提高与完善移动通信指挥调度系统，逐步普及移动终端；建设全国电视会议系统，实现远程公安业务培训与教学系统。"金盾工程"一期于 2003 年 9 月全面启动，于 2006 年 11 月通过竣工验收，历时三年多。

2009 年，"金盾工程"二期建设全面启动。"金盾工程"二期的主要建设内容包括：进一步完善和提高信息网的通信质量并进一步扩大公安基层单位的数字专线接入主干网的范围，实现公安基层单位以高效、便捷的方式开展网络化应用。全面完成其他公安业务部门所需要的应用系统，实现全国公安机关业务信息共享。搭建部、省、市三级情报信息综合应用平台。解决好警务信息综合应用平台与业务条线系统的相互衔接，省市两级警务信息综合应用平台的建设定位、网上应用系统统一管理问题。相对于"金盾工程"一期建设而言，"金盾工程"二期建设更加注重突出应用、整合、共享。2015 年 1 月，"金盾工程"二期通过竣工验收。

通过"金盾工程"建设，公安信息化已经覆盖了主要警务工作领域，基本建成了横向到边、纵向到底的信息化工作体系，形成了一系列信息化工作技战法和工作法，建立了一整套工程管理的制度，取得了信息化建设、应用、管理等多方面的成果，并在公安工作中发挥了重大作用。

在信息基础设施建设方面，公安信息通信三级主干网全面建成，90%以上公安基层所队完成了网络接入，为开展信息技术应用提供了高效、可靠的传输平台。全国公安机关联网计算机装备数量快速增长，基层民警基本具备了利用网络开展信息化应用的条件。

在信息资源库建设方面，全国人口基本信息资源库、全国出入境人员资源库、全国机动车/驾驶人信息资源库、全国警员基本信息资源库、全国在逃人员信息资源库、全国违法犯罪人员信息资源库、全国被盗抢汽车信息资源库、全国安全重点单位信息资源库八大公安信息资源库积累了丰富的信息资源。

在应用系统建设方面，人口信息管理系统等 18 个一类应用系统已投入运行；DNA 数据库、无名尸体和失踪人员等部分二类和三类应用系统也取得了阶段性建设成果。各地公安机关普遍建立了违法犯罪人员、刑事案件、在逃人员、指纹等信息系统，并积极利用社会信息开展网上侦查、网上办案。全国绝大多数户籍派出所都实现了窗口办公，部分城市开展了网上户口迁移，各种牌证业务均可网上办理。

阅读材料

截至 2016 年 8 月，利用信息化手段破案已占全国公安机关全部破案总数的 40%左右，一些发达地区达到 70%以上。命案破案周期较 5 年前平均缩短 3/5，整体破案成本减少 50%以上。全国公安机关共上网追逃犯罪嫌疑人 46 万多名，抓获 43.6 万名，抓获率约为 94.8%。全国公安机关利用 DNA 技术和 DNA 数据库破案 11.8 万起，认定人员 10.2 万人。依托指纹协查系统共发布现场协查案件 134 937 起，共比中认定案件 14 183 起。依托多发性侵财案件管理系统共发布案件核实协查 440 万起，通过案件协查认定破案 380 万起，破案率达到 86%。内地居民往来港澳电子通行证系统将窗口办证等候时间由 40 分钟降至 15 分钟以内，口岸检查等候时间由 50 分钟降至 20 分钟以内。

资料来源：公安部，2016 年。

“金盾工程”在维护社会稳定、打击刑事犯罪、人口管理、车辆管理、出入境管理等领域中发挥了重要作用。

5.3.2 “金土工程”

党中央、国务院要求进一步加强土地调控，坚决遏制土地违法、违规行为，实行更严格的土地管理制度。同时，加大矿产资源开发秩序整顿力度，规范开发秩序，促进矿产资源开发健康发展。实施“金土工程”是国土资源部按照中央要求实行最严格资源管理制度、参与宏观调控、做好国土资源各项管理服务工作的必然选择。

“金土工程”是 2004 年 1 月由国务院副总理曾培炎在国土资源部视察工作时提出的。“金土工程”的主要建设任务是开展耕地保护国家监管系统、矿产资源国家安全保障系统、地质灾害预警预报及应急指挥系统和基础性、战略性国土资源数据库建设，建立“天上看，地上查，网上管”的国土资源管理运行体系，促进国土资源管理方式转变。

“金土工程”是围绕解决国土资源管理与开发利用过程中存在的重大问题，面向资源监管、调控与服务的国家目标而开展的电子政务工程，是国土资源信息化工作的重中之重。主要任务是开展耕地保护国家监管系统、矿产资源国家安全保障系统、地质灾害预警预报及应急指挥系统和基础性、战略性国土资源数据库建设，建立“天上看，地上查，网上管”的国土资源管理运行体系，促进国土资源管理方式转变。

阅读材料

国土资源“一张图”

2009年以来，国土资源部建立了以遥感影像为本底的国土资源“一张图”基本框架，形成统一标准和汇交管理的数据机制，为整合和沉淀各类国土资源数据提供了基础平台，形成覆盖全面、内容丰富、反映资源状况的“电子沙盘”。全国多数省级和重点城市国土资源管理部门都利用第二次土地调查成果，完成了“一张图”本底数据库建设，逐步整合和叠加各类数据。

以“一张图”为基础，国土资源部可以实时在线获取管理各个环节的信息，强化综合分析，实现国土资源全覆盖、全流程的动态监测与监管。实时掌握全国土地和矿产资源开发利用状况，对全国每一块土地的“批、供、用、补、查”和每一个矿业权的审批、勘查、开采等进行实时全程监管，实行“一张图管地、管矿”。

资料来源：国土资源部召开国土资源信息化建设情况新闻通气会.（2010-11-30）. http://www.mlr.gov.cn.

“金土工程”分三期实施。2005年9月，国家发展改革委正式批复“金土工程”一期建设项目可行性研究报告。2006年9月，国土资源部印发了《关于开展金土工程一期建设的通知》。一期建设的重点是开展耕地保护国家监管系统和矿产资源国家安全保障系统的试点示范建设。主要包括国土资源部和31个省（区、市）、新疆生产建设兵团及32个试点城市国土资源管理部门的应用系统、数据库、数据中心、网络系统、安全系统建设。

2010年10月，“金土工程”一期项目通过竣工验收。“金土工程”一期完成了国土资源部、31个省（区、市）及新疆生产建设兵团、32个试点城市国土资源数据中心建设；所建设的耕地保护、矿产资源管理、国土资源信息统计分析与决策支持、信息服务等四类业务系统的试点应用获得成功，并在全国所有省、市、县得到推广应用。完成了数据采集、质量控制、信息交换和系统安全四大类11项标准的制定；建设了信息安全保障和运行维护系统。

“金土工程”二期建设围绕国土资源管理工作，按照整合资源、完善扩展要求搞好规划设计，设计重点考虑整合各专业领域的国土资源数据，建设全国国土资源遥感影像一张图；完善办公业务网络系统，全业务全流程联网运行；完善监测网络系统，形成综合监管平台；进一步完善社会服务网络系统，扩大网络覆盖面，搞好地质数据信息的集成化和产业化建设。

2010 年，国土资源部以“金土工程”二期建设为抓手，大力推进国土资源信息化建设。围绕当前和今后一个时期国土资源管理的中心工作，着眼于电子政务对管理决策和服务的支撑能力建设，站在全局高度，设计好“金土工程”二期的总体框架。开展需求调查，编制需求分析报告。严格按照国家电子政务工程项目立项程序，开展“金土工程”二期的立项工作。各地国土资源管理部门也积极与当地信息化主管部门沟通，加快推进“金土工程”二期立项的相关工作。

5.3.3 国家环境信息与统计能力建设项目

国家环境信息与统计能力建设项目是环境信息化建设的一项重大的基础工程，是环保部门成立以来最大的信息化建设项目。该项目不仅是完成污染减排目标的重要基础，也是今后环境信息化整体推进的重要支撑，是环保部推进污染减排“三大体系”建设的基础性工作，是深入推进环境信息化建设的突破口。

国家环境信息与统计能力建设项目的主要任务是在环保系统现有信息化建设基础上，制订或修订环境信息标准和规范，进一步完善国家、省、市、县四级数据信息传输网络，配备环境统计计算机和安全设备，建立数据库、数据交换、地理信息系统和减排应用平台，开发建设项目管理系统和环境统计业务系统，以提高数据传输、储存、管理和应用能力，为实现重点污染物减排的目标提供强有力支撑。

2014 年 3 月，国家环境信息与统计能力建设项目工程技术分项通过专家验收。通过 4 年的实施，环保部在环境信息网络覆盖与传输能力、环境数据交换与存储管理能力、环境业务应用支撑与整合集成能力、环境信息资源共享与服务能力、环境信息标准规范与安全保障能力等方面都有了极大的提升。基本建成了三纵八横的系统架构：“三纵”是指标准化体系、安全系统、运行维护体系，“八横”是指环保业务专网、系统软硬件平台、减排综合数据库平台、数据传输与交换平台、地理信息系统平台、减排应用系统支撑平台、应用系统（如建设项目管理系统、环境统计管理系统、减排数据管理与综合分析系统等）、减排综合门户。

5.4 公共服务类

5.4.1 “金保工程”

随着社会保险个人账户的建立、养老金的社会化发放，以及离退休人员管理服务社会化进程的推进，社会保险业务管理的信息量正以前所未有的速度急剧膨胀，社会保险基金量也相应急剧增长。到 2002 年底，社会保险参保人员已达 1.6 亿多人，基金收支总量达 7 520.2 亿元。面对如此庞大的资金量和信息量，仅靠手工操作和低水平的单机管理已经难以为继。同时，市场导向就业机制逐步建立，劳动者的流动日益频繁。面对劳动者和参保人员，要想“记录一生、管理一生、服务一生”，必须有一个全国统一的劳动和社会保障信息系统做支撑。

2003 年 8 月，“金保工程”一期立项。2012 年 6 月，“金保工程”一期通过竣工验收。经过“金保工程”一期建设，一个以信息网络三级互联、应用软件基本统一、数据资源集中管理为主要特征的人社信息化体系基本形成，有效地支撑了各级人社部门开展社会保险业务经办、基金监管、公共服务和决策分析，使广大参保人员和用人单位享受到了便利服务。

数据中心和网络体系基本形成。截至 2012 年 6 月，全国所有地级市与省级人力资源和社会保障部门均已建立统一的数据中心，28 个省份实现了部—省—市三级网络贯通，城域网加速向街道、社区、乡镇延伸。通过三级数据中心和网络建设，初步形成了全国业务网络格局，为各类联网数据交换、各项跨地区业务开展提供了基础支撑。

统一软件应用不断拓展。社会保险核心平台软件已在全国绝大部分统筹地区实施，支撑着对数亿参保人员的经办服务。建立了联网数据的上报采集渠道，为决策监督、数据核查提供了有效的数据支撑。社会保险关系转移、异地居住人员领取社会保险待遇资格协助认证、基本养老保险待遇状态比对查询系统等跨地区社保业务平台应用逐步推进，成为跨区域业务协同的有力支撑。部分地区已实现省内异地就医即时结算服务，满足了参保人员跨地区流动的实际需求。

公共服务能力显著增强。在大厅服务的基础上，各地普遍建立了社会保障卡、12333 咨询服务电话、网上服务、基层社区平台等多种服务渠道。截至 2014 年 6 月底，全国社会保障卡持卡人数达到 6.02 亿，其中已具有金融功能的社会保障卡超过 4.4 亿张。目前发卡地市已基本实现医保费用持卡即时结算。127 个地市实现挂号、诊疗等就医流程服务，92 个地市实现工伤、生育医疗费用即时结算。124 个地市实现了持卡缴费，133 个地市实现了持卡领取养老金服务。部分地区还为人民群众提供了求职招聘、就业失业登记、职业培训补贴、人事人才、工资发放等服务。还有一些地区通过社会保障卡提供了查询居民健康信息、领取公积金等政府其他公共服务。另外，190 个地市已实现社会保障卡省内跨地使用。

网络安全得到有效保障。人社部本级和各地初步建立了基础安全防护系统，全国信息系统等级保护定级备案率超过 50%。部本级已建成人力资源社会保障电子认证根系统，重点支撑全国联网应用的安全认证。部本级建成同城灾备中心，17 个省级数据中心实现异地数据备份。

2015 年 5 月，“金保工程”二期立项。2016 年 7 月，“金保工程”二期建设正式全面启动。“金保工程”二期的建设目标是：依托国家电子政务外网和互联网，实现人力资源和社会保障部与省级人力资源和社会保障部门，以及与民政、卫生计生等部门的互通互联和信息共享，建立与国家人口库、法人库等的信息共享机制，有效提升跨省区协作、跨业务协同、跨层级监管的全国一体化服务水平。

“金保工程”二期的建设内容包括：建设社会保险信息系统、就业信息管理系统、人事人才管理信息系统（含收入分配、公务员管理）、劳动关系管理信息系统、异地就医结算信息系统等应用系统。扩建各级数据中心，扩充关键核心设备，提升数据中心承载能力，支撑各个应用系统运行。依托国家电子政务外网和互联网，实现部、省、市、县、乡五级业务互联互通和信息共享。建设完善人员、用人单位、管理服务机构、社会保障卡等基础数据库和社会保险、人力资源、劳动关系等业务数据库，开展与民政、卫生计生等相关部门的信息交换和共享。建设完善各级同城灾备中心和异地灾备中心，进一步完善信息安全支撑保障环境。制定完善技术应用、信息资源、信息安全、工程管理等规范标准。

阅读材料

内蒙古人力资源和社会保障信息化

2010年以来，内蒙古自治区人力资源和社会保障厅信息中心按照“统一建设，应用为先，体制创新，保障安全”的原则，全面开展了全区“金保工程”集约化、规范化、标准化大集中建设。统一建成了自治区数据中心、灾备中心、监控中心和“金保工程”三级主干网，严格遵循人力资源和社会保障部核心平台三版标准，建成涵盖人力资源、社会保险核心业务的自治区大集中系统，从根本上解决了各地分散建设、软件不统一、信息不共享的问题，为实现全区社会保障“一卡通”奠定坚实基础。

内蒙古12333手机客户端（App）以社会保障卡为依托，具有社会保障服务、民生钱包金融服务和便民生活服务功能。用户可用手机在线查询、办理养老、医疗、就业、低保、优抚等各项业务，提供基于社会保障卡的在线核定、支付、金融账户管理、便民缴费服务。该App已在安卓市场、苹果商城、百度手机助手等9个平台全面开放下载，累计下载量超过10万次。同时开发了第三方手机应用开放接口，并已对接微信服务平台，应用人数已超过2.2万人，为社会公众提供基于微信平台的人力资源社会保障政策、医保账户、医疗消费明细、社保缴费明细、社保卡制卡进度等信息查询服务，实现“打通一公里，服务零距离”。

内蒙古自治区人力资源和社会保障厅与内蒙古自治区公安厅、内蒙古自治区质监局建立以公民身份证号和组织机构代码为唯一标识的跨部门间实名信息共享机制。完成1 690万参保人员、45.8万法人单位基本信息的联网比对核实，实现个人和单位基本信息的真实、准确、唯一。其中，比对通过了1 170万人的基本信息，清理了24万重复参保数据，13.1万户籍注销数据，有效避免了全区社会保险基金的流失。

5.4.2 “金农工程”

“金农工程”这个概念是1994年在第三次国家经济信息化联席会议上被正式提出的，即建设全国农业综合管理与服务信息系统。“金农工程”的核心工程——“农产品监测预警子系统”的建设于2002年启动。

“金农工程”分两个阶段进行：第一阶段的主要建设内容包括：依托国家公共数据通

信网，建设快速便捷、通达全国连接世界的农业信息传输系统；组织、协调、引导农业信息资源的开发，建立和完善国家基础性、公益性、综合性、关键性的，包括农业经济、农业政策法规、动植物病情疫情等在内的农业数据库群；研究、开发、推广有较大经济和社会效益的软件系统和应用工具；建设金农国家中心扩充服务支持能力，支持金农国家中心与部属重点农业科研教育机构、推广机构以及大型企业集团之间，各涉农部委和涉农信息机构间的网络互联和信息共享等。第二阶段的主要建设内容包括：完善省级农业综合信息传输和处理中心及其与金农国家中心的网络互联；扩大信息采集点的规模，发达地区到乡，个别地区到村；继续着力培养人才，扩大信息服务队伍。

2010 年，通过“金农工程”一期等农村信息化项目的建设，构建了以农业部为中心、连接 31 个省（区、市）农业厅局的信息网络平台，形成了粗具规模的全国农业信息网络，网络建设及数据库、应用软件开发取得了一定成效。覆盖农业和农村经济领域的多条信息采集渠道粗具雏形，农业信息资源得到一定程度的开发利用。在种植业、畜牧、渔业、农垦、农机、农业科技教育、农产品市场等领域已经形成了一批自下而上的信息采集系统，相应建立了比较稳定的信息采集点，建立、完善了信息指标体系和采集报送制度。信息的整理、分析、发布逐步向制度化、标准化的方向迈进。

2014 年 6 月，“金农工程”一期项目通过竣工验收。项目建成了互联互通的国家和省两级农业数据中心、国家农业科技数据分中心、国家和省级粮食购销调存数据中心、国家农业综合门户网站和农业监测预警、农产品和生产资料市场监管、农村市场和科技信息服务三大类应用系统；构建了部省两级信息安全管理体系、技术体系、运维体系和农业电子政务标准规范体系；带动新建和完善了 1 500 多个县级农业信息服务平台，建成了 1.1 万多个“六有”乡镇信息服务站和“五个一”标准的村级信息服务点，累计培训农村信息员 21 万人次。

通过“金农工程”的实施，各级农业部门信息化基础设施水平明显提升，政务信息资源建设和共享水平明显提高，部省之间、行业之间业务协同能力明显增强，有效提高了农业行政管理效率以及服务“三农”的能力和水平，取得了显著成效。统一电子政务标准规范体系建设为全国农业信息化标准先行奠定了基础；农业监测预警为防范农业风险和政府科学决策提供了有力支撑；农产品及生产资料市场监管提高了农业部门依法行政、市场监管工作质量和水平；农业科技市场信息为引导农业生产和促进农民增收提供了有力支持；应急指挥场所建设提升了农业部门应对自然灾害、处置突发事件的能力和效率。

5.4.3　“金水工程”

2001 年，水利部党组确立了“以水利信息化带动水利现代化”的发展思路，同年召开的全国水利信息化工作座谈会将水利信息化建设定名为“金水工程”。

2011 年 1 月，国家防汛抗旱指挥系统一期工程顺利通过竣工验收。国家防汛抗旱指挥系统一期工程是“金水工程”的龙头项目，1995 年上报项目建议书，2009 年基本建成，历经 15 年，投资 8 亿多元。

国家防汛抗旱指挥系统一期工程全面完成了建设任务，建成了水利信息采集传送的高速公路，30 分钟内可全部汇齐全国水情信息，实现了各地防汛抗旱指挥实时决策会商，构建了各级防汛抗旱综合数据库，搭建了各级水利数据中心，开发了水情应用、防洪调度、抗旱管理等业务应用系统，提高了各级防汛抗旱部门信息服务能力和科学决策水平。

在“十一五”期间中国取得的一个又一个防汛抗旱和水利抗震救灾的重大胜利中，国家防汛抗旱指挥系统一期工程发挥了重要作用，取得了显著的经济和社会效益。一期工程推动和促进了中国防汛抗旱减灾工作机制和体制的转变，提升了防汛抗旱减灾的业务水平和工作效率，为防汛抗旱应急管理和风险管理相结合提供了坚实的科技基础和有力的技术支持。

目前，国家防汛抗旱指挥系统二期工程的初步设计工作已经启动。

阅读材料

国家防汛抗旱指挥系统一期工程的六个特点

一是覆盖范围广。建成了覆盖全国大部分省、区、市的信息采集系统和连接国家防总、水利部、七大流域管理机构和省级水利（水务）部门的骨干网络系统。

二是功能模块全。建成了数据汇集和应用支撑两大平台，防汛、水情等应用系统，防洪工程数据库等八大数据库，系统功能涵盖了信息采集、通信、计算机网络和决策支持各个层面，为防汛抗旱提供了有力高效的技术支撑。

三是科技含量高。集成了软件平台、数据库、GIS、遥感、模拟仿真和视频监控等技术，系统架构、功能开发、门户搭建、资源整合和安全认证均采用了当代科技成果和主流技术。

四是参与单位多。仅水利部、流域机构和省级建设单位就多达 40 个，加上设计、施工、监理和运行维护单位，参建方有数百个之多。

五是建设期即发挥效益。不少项目是边建设边发挥效益。项目建设和管理人员几经更替，当初的青年已经成为项目建设的骨干。培养了一大批项目建设、管理人才，全面提升了防汛抗旱现代化、信息化水平。

六是工程效益好。项目仅投资 8.02 亿元，但有效地提高了信息采集的时效性，提高了防汛抗旱指挥决策的科学性，效益十分显著。

资料来源：刘宁. 在国家防汛抗旱指挥系统一期工程竣工验收会议上的总结讲话. 水利部网站，2011-01-07.

5.4.4 全国文化信息资源共享工程

全国文化信息资源共享工程是新形势下构建公共文化服务体系、惠及千家万户的一项重要文化基础工程，是政府提供公益性服务的重大文化项目，由财政部拨款、文化部组织并实施，于2002年4月正式启动。

全国文化信息资源共享工程旨在整合全国文化信息资源，通过互联网、卫星宽带传输和光盘将数字化文化信息资源传输到群众身边，实现优秀文化信息资源在全国范围内的共建共享，满足广大人民群众日益增长的文化需求，整体提高文化资源的利用率。

全国文化信息资源共享工程应用现代科学技术，将中华优秀文化信息资源进行数字化加工整合，通过工程网络体系，以互联网、卫星、移动存储、镜像、光盘、有线电视/数字电视网等方式，实现优秀文化信息资源在全国范围内的共建共享。

全国文化信息资源共享工程的主要任务如下：(1) 实现网络联网"135"计划，即实现1个国家中心，30个省级分中心，5 000个以上的县、乡、街道和社区基层网点的联网；(2) 完成以"百万册（件）文献共建和'四个一优秀作品'"为核心的数字资源建设，即完成100万册文献、1 000台优秀地方剧目、1 000部优秀美术作品、1 000部优秀音乐作品、1 000件珍贵文物的数字化，并提供网上服务；(3) 通过文化信息资源联合目录，建立网上文化信息导航系统，利用国家中心、省级分中心以及基层中心组成的网络开展服务。

全国文化信息资源共享工程建设取得显著成效。截至2011年底，建成1个国家中心、33个省级分中心、2 840个县级支中心、28 595个乡镇基层服务点、60.2万个村基层服务点，全国专兼职人员达68万人，累计服务超过11.2亿人次。通过广泛整合公共图书馆、博物馆、美术馆、艺术院团及广电、教育、科技、农业等部门的文化信息资源，全国文化信息资源共享工程的数字资源总量达136.4TB。此外，还制作了207个优秀特色专题资源库。

全国文化信息资源共享工程的实施，开辟了一个不受地域、时空限制的崭新的文化传播渠道，对迅速扭转中国广大中西部地区，特别是贫困地区的信息匮乏和经济、文化落后的状况将起到极大的作用，对继承和发扬中华民族优秀文化，实施"科教兴国""以德治国"的战略将产生深远的影响。

本章小结 »

经济调节、市场监管、社会管理和公共服务是政府的四大职能。本章首先介绍了经济调节方面的电子政务重大工程，包括"金宏工程""金财工程""金税工程""金关工程""金审工程"。然后介绍了市场监管方面的电子政务重大工程，包括"金信工程""金质工程""金安工程"。接着介绍了社会管理方面的电子政务重大工程，包括"金盾工程"、"金土工程"、国家环境信息与统计能力建设项目。最后介绍了公共服务方面的电子政务重大工程，包括"金保工程"、"金农工程"、"金水工程"、全国文化信息资源共享工程。

关键术语 »

"金宏工程"　"金财工程"　"金税工程"　"金关工程"　"金审工程"　"金

信工程”　“金质工程”　“金安工程”　“金盾工程”　“金土工程”　国家环境信息与统计能力建设项目　“金保工程”　“金农工程”　“金水工程”　全国文化信息资源共享工程

复习思考题

1. 在经济调节方面，有哪几个电子政务重大工程？每个工程的主要建设内容包括哪些？

2. 在市场监管方面，有哪几个电子政务重大工程？每个工程的主要建设内容包括哪些？

3. 在社会管理方面，有哪几个电子政务重大工程？每个工程的主要建设内容包括哪些？

4. 在公共服务方面，有哪几个电子政务重大工程？每个工程的主要建设内容包括哪些？

5. 电子政务“十二金工程”包括哪些？除了“十二金工程”，还有哪几个电子政务重大工程？

第6章

政府门户网站与网站群

政府门户网站是政务公开的媒体、网上办事的平台、透视政府的窗口、联系社会的纽带，是各级政府工作在网上的集中体现。围绕建设服务型政府，以人为本，以客户为中心，围绕企事业单位和社会公众的实际需求，建设好政府门户网站和网站群，是电子政务建设的重要内容。

重点问题

- 政府门户网站一般具有哪些功能？
- 目前，政府门户网站建设主要存在哪些问题？
- 发达国家政府门户网站建设有哪些普遍做法？
- 如何建设好政府网站群？

6.1 政府门户网站概述

政府门户网站是政府部门在互联网上建立的，面向社会各界发布政务信息、提供网上政务服务、接受社会监督的一类门户网站。与一般政府部门网站不同的是，政府门户网站是连接各政府部门网站的中心枢纽。政府门户网站与政府下属各职能部门网站之间有点类似“大门”与“房间”的关系。一是意味着许多事情不能在门户网站（大门）直接办理，而要到各有关职能部门网站（房间）去办，门户网站主要起指示、引导作用；二是意味着通过政府门户网站（大门）可以方便地进入政府的各职能部门网站（房间）。

由于政府门户网站建设具有“投资少、见效快、阻力少、影响大”等优点，政府门户网站成为中国许多地方开展电子政务建设的先行内容。

政府门户网站一般具有信息公开、网上办事、网上互动等基本功能。

（1）信息公开。

2008年5月1日正式实施的《中华人民共和国政府信息公开条例》第15条规定：“行政机关应当将主动公开的政府信息，通过政府公报、政府网站、新闻发布会以及报刊、广播、电视等便于公众知晓的方式公开。”

（2）网上办事。

网上办事服务一般包括办事指南、表格下载、网上申请、在线查询、网上咨询五种实现方式。随着办公自动化系统、业务应用系统、行政审批电子监察系统的陆续建成，可以将政府面对社会所管理和服务的各种事项逐步上网，为企事业单位和社会公众提供便捷的服务，例如为企业提供网上工商注册登记、网上纳税、网上报关等服务，为社会公众提供网上报考公务员、网上办理驾照、网上办理护照等服务。网上办事实现了前台受理、后台办理、前台反馈结果的信息化全程办事，提高了办事效率，省却了办事人员来回奔波的辛苦。

广东省网上办事大厅（见图6-1）由广东省政府办公厅主办，具有“政务信息网上公开、投资项目网上审批、社会事务网上办理、公共决策网上互动、政府效能网上监察”五大功能，为企事业单位和社会公众提供“全流程、全天候、全地域”的服务，实现办事“手续从繁到简，形式从暗到明，速度从慢到快”的转变。省级部门有网上办事窗口，市县有网上办事分厅，镇街有网上办事站，村居有网上办事点，实现省、地市、区县、镇街、村居全覆盖。截至2015年8月，省、市、县三级大厅政务事项全部进驻，80%以上的行政审批事项、70%以上的社会事务服务事项实现网上办理。基本解决了“互联互通难、业务协同难、资源共享难”问题，大幅减少了群众跑腿次数。11%的事项不需要跑腿，51%的事项只需要跑一趟。此外，还建立了“一机两页”，即手机App和企业专属网页、市民个人网页。

图6-1 广东省网上办事大厅

(3) 网上互动。

政府门户网站是政府官员和广大人民沟通的桥梁和纽带，通过建立“市长信箱”“网上信访”“在线访谈”等栏目，可以及时反映社会公众对政府工作的意见、建议、要求，听取社会群众呼声，并及时答复和解决他们提出的问题，从而化解矛盾，密切政府与人民群众的关系。通过在网上公布监督部门、监督电话，开通“网上投诉举报”等栏目，为人民群众提供了民主监督的另一种有效手段，有助于党的勤政廉政建设。

目前，政府网站已经成为各级政府及其部门发布政府信息、提供在线服务、与公众互动交流的重要平台和窗口，在提高行政效能、提升政府公信力等方面发挥了重要作用。根据《第39次中国互联网络发展状况统计报告》，截至2016年12月底，我国网民规模达到7.31亿。政府门户网站成为广大网民获取信息和办事的重要渠道。

6.2 国内政府门户网站建设情况

6.2.1 政府门户网站发展现状

自2008年5月《中华人民共和国政府信息公开条例》颁布实施以来，中国政府网站拥有率稳步提升，功能定位逐渐明确，政策导向趋于清晰，标准体系日益完善。

根据国务院办公厅公布的《关于第一次全国政府网站普查情况的通报》，截至2015年11月，全国各地区、各部门共开设政府网站84 094个。其中普查发现存在严重问题并关停上移的16 049个，正在整改的1 592个。在正常运行的66 453个政府网站中，地方网站64 158个，国务院部门及其内设、垂直管理机构网站2 295个。经抽查，全国政府网站总体合格率为90.8%。

从政府网站功能来看，政府门户网站开始越来越多地承担起为民办事、与民沟通的职能。自《中华人民共和国政府信息公开条例》颁布实施以来，政府门户网站普遍设立了政府信息公开栏目和政府信息公开目录，大量政府信息向民众公开。根据2009年发布的中国电子政务蓝皮书，我国约有七成的政府网站提供的功能项目数超过10项。特别是网站的信息发布功能比较强，提供政务新闻、政府公告、机构职能、机构章程和会议信息的政府网站所占比例分别达到89.21%、77.49%、75.5%、51.93%和53.92%，达到比较高的水平。广州、杭州、深圳、青岛、厦门、成都、邯郸等许多城市平均有2 000多项政府服务部分或全部由网站提供，政府服务更加公开、透明、高效、便捷。

从政府网站政策导向来看，2002年《国家信息化领导小组关于我国电子政务建设指导意见》提出，重点建设并整合中央和地方的综合门户网站、促进政务公开、行政审批、社会保障、教育文化、环境保护以及“防伪打假”“扫黄打非”等服务。《国家电子政务总体框架》提出到2010年，政府门户网站成为政府信息公开的重要渠道，50%以上的行政许可项目能够实现在线处理。自2008年5月1日《中华人民共和国政府信息公开条例》施行以来，政府网站成为我国政府信息公开的重要渠道。2009年4月，为进一步引导和促进政府网站健康发展，工业和信息化部印发了《政府网站发展评估核心指标体系（试行）》。2013 年 10 月，国务院办公厅出台了《关于进一步加强政府信息公开回应社会关切提升政府公信力的意见》，提出“充分发挥政府网站在信息公开中的平台作用”。

从政府网站标准体系来看，北京、上海、广州等地关于政府网站建设和管理规范的相继出台，填补了我国政府网站标准化管理的空白，对于引导各地建立网站标准化起到了积极的引导和示范作用。以北京市为例，2004 年 4 月 1 日，北京市信息办出台了《北京市政府网站建设与管理规范》；2006 年 7 月，北京市委办公厅、北京市政府办公厅出台了《关于进一步加强首都之窗网站建设和管理的意见》，提出了首都之窗网站建设的指导思想、原则、目标、推进措施和保障措施；2009 年 9 月，北京市经济和信息化委员会出台了《北京市政府网站网上办事服务建设与管理规范（试行）》，规定了网上办事服务的实现方式、内容组织、质量管理和辅助功能。

6.2.2 政府门户网站存在的问题

根据国务院办公厅公布的《关于第一次全国政府网站普查情况的通报》，部分基层网站仍不合格，少数网站问题严重。青海省格尔木市国土资源局、新疆吾尔自治区莎车县人民政府网站空白栏目数超过 20 个；山西省泽州县林业局、辽宁省建昌县教育局网站个别栏目 7 年未更新。个别地方检查走过场、整改不彻底。一些网站便捷性、实用性亟待提升。有的政府网站没有提供规范、清晰的服务流程，缺少可供下载的表格和文件，不具备网上申报、查询等功能。有的网站结构混乱、页面繁杂，用户难以快速查找有关信息。有的政府网站运行速度慢，更新频率低，甚至成了“僵尸网站”。不少政府网站有点像新闻网站，没有及时回应社会关切，发布的许多信息并不是社会和群众真正需要的。14.7%的政府网站缺少在线互动功能。山西、辽宁、黑龙江、云南、西藏、青海、宁夏、新疆等地政府网站合格率低于 85%。

2016 年 7 月，国务院办公厅公布了《关于第二次全国政府网站抽查情况的通报》。国务院办公厅随机抽查了各级政府网站 746 个，总体抽查合格率为 85%。个别基层网站仍存在严重问题。不合格网站 112 个（约占 15%）。云南省“勐腊县保护所”网超过 6 年未更新。网站关停整改工作需进一步规范。个别网站关停整改不到位。一些地方、部门网站主管单位错报、漏报和未及时填报新版网站信息的情况依然存在。

从全国政府网站普查和抽查情况来看，区县、乡镇等基层政府的网站合格率较低，问题较为严重。这主要是由于基层政府领导对网站建设重视程度不够，缺资金、缺人才、缺技术。

根据中国互联网络信息中心发布的《第 39 次中国互联网络发展状况统计报告》，截至 2016 年 12 月，我国互联网普及率仅为 53.2%，这其中不少是还没有走上社会的在校学生。由于没有电脑或不会使用电脑、没有接入互联网或不会上网、不知道政府网站的网址等原因，许多人没有上过政府网站，政府网站利用率并不高。2014 年，笔者曾针对政府网站使用情况在北京某居民小区进行过问卷调查，在被随机抽样调查的 100 个居民中，知道并上过政府网站的居民不到 1/3。虽取样范围有限，但也能说明一些问题，在北京尚且如此，在中西部和欠发达地区的情况可想而知。

6.2.3　政府门户网站发展对策

为了建好政府门户网站，要做好网站顶层设计，提供实用的信息和服务；强化网站后台支撑，提高网站服务水平；加强网站组织，整合服务资源；从建设服务型政府的角度增强网站功能；尽量使“信息落地”，实现“电子包容”；建立网站建设、管理的持久机制。

（1）完善网站功能。

政府网站的主要功能包括信息发布、信息查询、网上办事和在线互动等功能。信息发布方面，要以用户为中心组织网站信息，使网站结构化、条理化，及时回应社会关切，变“端菜”为“点菜”。例如，用户类型包括企事业单位和社会公众两大类，可以专门开辟为外国人、外来务工人员、游客、残疾人等特定人群服务的栏目。国际性大都市、边贸口岸型城市等尤其要开通多语种网站。

信息查询方面，要从市场监管和社会管理的角度，围绕与人民群众日常工作、生活密切相关的事项，为人口基础信息库、法人单位基础信息库、电子证照库等政府数据库提供网上查询入口。例如，提供企业与社会团体等法人单位、学历证书及执业资格证书、房产证等个人信息查询功能，以帮助群众辨别真伪。网上办事方面，可开通“网上办事大厅”，为企事业单位和社会公众提供单一入口，尽最大可能提供一站式服务，同时提供场景式服务，引导用户按流程在网上办理有关事项；在线互动方面，政府网站要具备在线征求意见、在线问卷调查、在线访谈、在线投诉举报等功能，倾听人民群众的心声，了解人民群众的诉求，拉近政府和人民群众的距离，以实现“互联网＋群众路线”。

政府网站性能主要包括网站响应速度、并发访问用户数等。打开网页耗时过长、服务器宕机、网站瘫痪等均会影响用户体验。政府部门可采用云计算技术来提高网站性能，应用商业化的云平台，避免因自身机房服务器计算能力有限而导致网站瘫痪。

（2）提供整体服务。

联合国经济及社会理事会把政府在线服务划分为信息服务起步阶段、信息服务提升阶段、政务处理阶段和整体服务阶段。我国不少政府网站还停留在前两个阶段，处于整体服务阶段的政府网站很少。许多政府网站提供的服务是碎片化的，查询信息或办理事项要跳转到不同的网站，很不方便。

提供整体服务有赖于整合政府网站后台资源，实现政府部门之间的信息共享。在全面依法治国的背景下，需在国家层面研究制定政务信息共享条例及其实施细则，明确政务信息共享的范围、内容、方式、程序和责任等，使政务信息共享有法可依。各级地方政府要加快建立政务信息共享目录和交换体系，整合政务信息资源，建设统一的电子证照库，实现政府网站前后台无缝衔接。提供整体服务还需关联不同政府部门的服务，应以社会信用代码为唯一标识，为企事业单位提供一站式的、从“注册”到“注销”的全生命周期服务；以身份证号为唯一标识，为城乡居民提供一站式的、从“摇篮”到“坟墓”的全生命周期服务。

(3) 与其他公共服务渠道融合发展。

除了政府网站，政府部门提供公共服务的渠道还包括行政服务中心、热线电话、自助服务终端机、微博、微信和手机 App 等。为了满足不同用户的实际需求，政府部门要综合运用各种渠道提供公共服务。在政府门户网站提供行政服务中心网站链接或开辟“网上办事大厅”专栏，提供热线电话一览表、自助服务终端机分布图，提供微博、微信公众号及 App 下载服务。用户通过智能手机“扫一扫”功能即可关注政务微博、政务微信公众号，下载政府 App。

对于贫困地区、偏远地区，政府网站还要与报刊、广播、电视等传统媒体相结合，这样才能更好地发挥作用。例如，摘录一些政府网站信息编成小册子，通过中小学发放给学生，再由学生交给其家长或念给家长听。

鉴于基层政府在网站建设方面缺资金、缺人才、缺技术，可以采用网站群建设模式，由地市一级政府统一提供网站群平台，采用统一的网站模板，统一进行运行维护，各个区县政府网站作为子网站。此外，鉴于政府网站的敏感性，还要做好政府网站的网络安全防护工作，提高对黑客攻击的抵御能力，避免网站信息被恶意篡改。政府部门要定期委托专业机构对政府网站进行“体检”，及时发现网络安全隐患，采取有效补救和应对措施。

阅读材料

新加坡电子公民中心

新加坡电子公民中心（www. ecitizen. gov. sg）始建于 1999 年 4 月，其目的是将新加坡政府机构所有能以信息化方式提供的服务整合在一起，并以一揽子的方式轻松便捷地提供给全体新加坡公众。

新加坡电子公民中心将一个人“从摇篮到坟墓”的人生过程划分为诸多阶段。在每个阶段里，新加坡人都可以得到相应的政府服务。政府部门就是人生旅途中的一个个驿站（stage）。每个驿站都有一组相互关联的服务包。例如，在“教育和就业驿站”里，分别有教育、图书馆资源、就业和技能提高等四个主题，每个主题下面又有众多子主题。针对众多的服务子主题，按照学生、父母、求职者、雇主和雇员等不同的用户进行归类，使得用户能够通过多种途径快速找到自己所需要的信息和服务。

新加坡电子公民中心的驿站涵盖范围包括商业贸易、国防、教育、就业、家庭、医疗健康、住房、法律法规和交通运输等。这些驿站把不同政府部门的不同服务职能巧妙地联系在一起。例如在“家庭”驿站里，“老人护理”服务包来自卫生部，而“结婚”服务包则来自社区发展部。

新加坡电子公民中心以公民的需求为导向进行设计，打破了传统的按照部门机构划分提供服务的格局。该网站提供许多项政府服务，使用起来很方便，为新加坡人省去了许多排队等候的烦恼。新加坡电子公民中心网站见图 6－2。

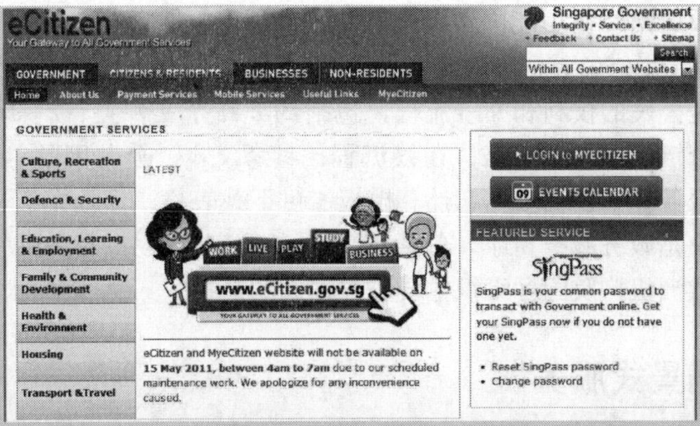

图 6-2　新加坡电子公民中心网站

资料来源：张向宏，张少彤，姚咏. 政府网站如何实现顾客战略：关于新加坡政府网站建设的思考. 中国计算机报，2007-01-18.

6.3　国外政府网站最佳实践

6.3.1　政府网站整合

英国政府认为，人们需要以便捷方式查找信息，而不是花费许多时间搜索大量网站。为解决政府网站泛滥问题，2007 年 1 月，英国政府发布了《转变政府策略》报告，951 个政府网站当中只有 26 个确定被保留，551 个网站被关闭，而其余几百个在重新评估后也有大部分被关闭。英国政府对网站进行精简后，政府发布信息将主要通过保留的网站和两个超级网站——面向社会公众的 Directgov（www. direct. gov. uk）和面向企业的 Business Link（www. businesslink. gov. uk）。通过削减那些没有任何实际意义、流于形式的面子网站，英国公众能够更容易地获取信息。后来，英国政府又把这两个超级网站合并，通过英国政府门户网站（见图 6-3）向企业和社会公众提供电子化服务。

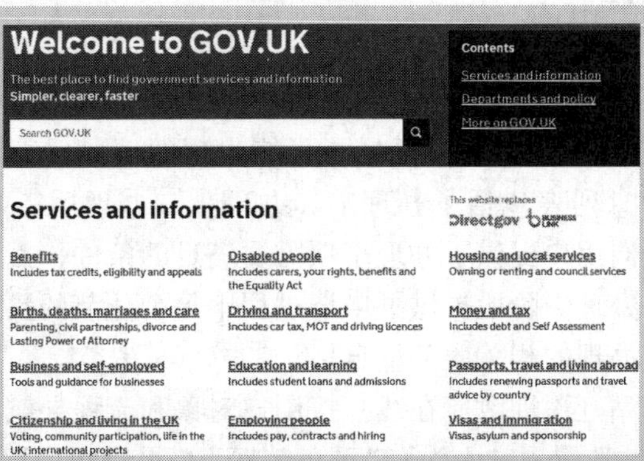

图 6-3　英国政府门户网站

为避免过多政府网站在功能上重叠造成混淆和浪费，法国政府在 2012 年底前把 600 个各类政府网站整合为 60 个。法国政务服务网站（www. service-public. fr）包括三大板块：第一个板块是公民的权利和办事流程，包括约 200 个文件夹、2 500 个数据表、常见问题解答、几千个链接（包括表格、在线流程、参考文本、公共网站等）；第二个板块是协助行政流程的服务，如在线服务、计算模板、可下载表格、信函模板、求助中心、短信服务；第三个板块是政务服务目录，包括 11 000 种国家级服务、70 000 种本地民政服务，以及进入欧盟、欧洲机构及国际组织主要门户网站的链接。

6.3.2 场景式服务

场景式服务是指将办理同一事项的不同用户群体，以还原实际场景的方式界定用户需求，按照用户的思维习惯建立相应的服务通道，引导用户走完服务流程。

例如，荷兰政府网站根据移民的不同需求，将移民服务分为五大类：我想来荷兰、我想带某人来荷兰、我想成为荷兰公民、我想待在荷兰、我不得不离开荷兰（见图 6－4）。

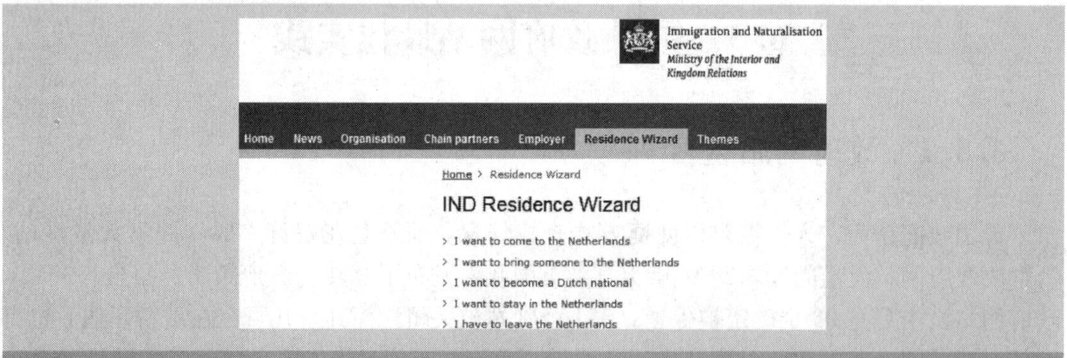

图 6－4 荷兰政府网站移民主题场景式导航

在每个服务场景中，由于用户身份信息、出入境具体需求的不同，办事服务的内容也有很大的区别。为了更好地提供有针对性的服务，荷兰政府网站以提问的方式界定用户需求。用户仅需甄别自己的个人信息和需求，就能够获得网站提供的针对性服务。这降低了用户对移民政策的理解难度。

以“我想来荷兰”为例，政府网站提供了界定用户需求的信息填报界面，要求用户填写国籍、停留时间和停留原因三项信息。在停留原因中，网站提供了如旅游度假、探亲、求学、工作、贸易等 15 种原因，基本囊括了可能出现的情况。当用户选择探亲的原因之后，网站提供的服务信息列表包括了办理前、办理中、办理后三个阶段以及其他帮助信息。其中，办理前阶段向用户提供了办理事项需要满足的条件、需要准备的材料以及办理费用信息查询等服务；办理中阶段提供了申请过程中每个环节的具体服务；办理后阶段则提供了办理失败或再次办理的相关服务信息。

深圳市政府门户网站（深圳政府在线）按用户对象和流程导航方式设计了专项场景式服务（见图 6－5）。网站选取了“上学”“看病就医”“买房卖房”“出入境”“医疗保险”“养老保险”等 14 个场景式服务主题，结合业务办理流程，依次整合政府相关部门的咨询渠道、网上服务资源，使用户能够顺利获取各项办事服务。利用场景式服务生成系统，深圳市政府各部门针对不同用户细分业务事项后，可按照统一的规范、要求，生成不同主题的场景式服务。场景式服务生成系统可根据信息公开目录直接从资源库提取数据，动态生成最终服务页面，各部门不需要另外做内容保障工作。

图 6－5　深圳市政府网站办理结婚登记场景式服务

6.3.3　规范信息和服务

国际领先政府网站在对服务资源进行整合的同时，重视网站信息和服务的规范建设。例如，英国政府网站整合了全国的医疗机构信息，并按照统一的规范和标准进行信息发布，内容包括医院注册、用户评级等信息。而在医疗机构信息页面，英国政府网站依照统一的框架标准提供概况、科室及服务、医疗设施、反馈、地图及联系方式等信息，有效地保障了信息和服务的规范性（见图 6－6）。

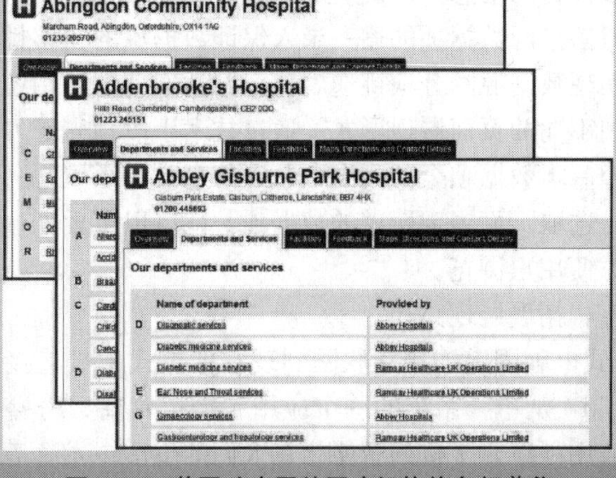

图 6－6　英国政府网站医疗机构信息规范化

对于具体的医疗机构，英国政府网站整合了业务信息、设施与服务、地图与交通路线查询、用户反馈等相关资源，将信息提供、在线查询、互动交流等功能融合在一起，体现了在医疗领域较高的整合服务能力。如在业务信息整合方面，网站对医院的概况、联系方式、网址、用户评价、医师信息等相关内容进行了整合，并能针对具体医师提供简介、出诊时间、在线预约等相关信息，使患者在去医院之前就清楚了解医院及医师的相关信息。

6.4 典型案例：商务部网站

自 2003 年 4 月开通以来，经过多年的摸索尝试，商务部网站建设从最初的代建代管、集中管理到最后的单位建站，打造出适合商务部网站的发展模式。随着网站群信息量的逐步加大，处于基础元素的信息如何进行统一配置，以全面、高效为展示取向，从而降低数据重复存储，高效应用数据，进而使商务部网站群形成一个信息集约化的整体，获得可持续竞争的优势。这是商务部网站可持续发展一直思考的问题。

（1）注重顶层设计，规范集群构架。

商务部网站群基于技术统一、功能统一、结构统一的技术原则搭建，随着信息量的加大，在资源互通方面逐步完善。目前已建设成为面向多服务对象、多渠道、多层级、多网站的集群式平台，构建了主站管理、各站点自行维护的在同一数据基础上的网站集群体系。

商务部网站群实行“单位组网、网站组栏”的内容组织模式，子站信息是主站内容的基础，各子站的政策通知、新闻、统计、调研和商情等信息，在子站发布的同时，同步到主站进行集中展示，实现了重要业务信息实时无缝推广。

（2）信息集约管理，页面展示多样。

伴随着云时代的来临，大数据也吸引了越来越多的关注。大数据不在于掌握庞大的数据信息，而在于对这些含有意义的数据进行专业化处理，使其“有用”，以达到价值的最大化。商务部网站的信息就是需要新的处理模式才能具有更强的适应力、持续发现力和流程优化能力的海量和多样化的信息资产。

商务部网站通过对信息源数据项的逐一录入保证数据源的完整性，利用技术手段针对不同要求的展现页面实现数据源的分项挑选展现。网站实现了使用统一发布系统构建同一篇文章在不同站点呈现不同的页面展现形式。通过技术手段预先开发后台发布系统各栏目模板，将所需要的各个基本数据项全部列出，录入信息时只需填写各基本数据项，各子站通过预先设定的模板，选取页面展现所需的数据项，就可以实现同一篇文章在不同的站点有不同的展现样式，方便用户浏览。

（3）挖掘数据共享，拓展展现路径。

从 20 世纪末的台式电脑固定连接互联网到现在便携式工具连接到公共网络的移动互联网，从 ios 到 Android，从单一系统的一个应用到跨运营商、跨操作系统平台的一个智能终端即时通信服务应用程序，手机的智能化在人们的生活中发挥着越来越大的作用。门户网站作为政府对外的窗口同样感受并经历着从传统到创新的过程。商务部网站群利用信息集约化至数据库进行加工后在微信和手机App移动终端上体现，实现多渠道展现。

(4) 信息量化统计，共享数据分析。

网站的活跃度需要信息量和访问量作为数据依据，基于现在网站群站点量大、统计分析项目繁多这一特点，商务部在网站发布系统中增加网站简报统计功能。同样以各子站每月的数据项为数据源，通过对数据源的条件合成达到目标数据的无障碍输出，方便技术支持人员进行查询。

6.5　政府网站群

6.5.1　政府网站群及其建设模式

政府网站群是近年来我国政府网站发展的新趋势。以往由于缺乏统一领导和规划，各部门自行构建网站。这些网站相互之间无法实现数据资源的共享，存在网站风格不统一、域名不规范、维护成本高、数据更新不及时、网上互动不到位等问题。要解决这些问题，就必须对政府各部门的网站进行整合，形成政府网站群。

政府网站群是指按照一定的隶属关系组织在一起的网站集合。这些网站统一规划，建立在统一的标准和技术架构基础上，实行集群化管理，拥有相对一致的网站运行和服务规范。

政府门户网站采用网站群建设模式，门户主站和二级网站将会构成一个整体。用户可以方便地通过门户主站获得信息服务。在内部管理上，实现多站点统一管理、权限统一分配、信息统一导航、信息统一搜索等，共享共用网站软硬资源，消除“信息孤岛”，有效降低投资成本（金震宇，2009）。

阅读材料

政府网站群应具备的基本特征

(1) 门户网站与部门（子）网站要求统一规划，采用集中与分布相结合的建设模式。

(2) 明确门户网站与部门（子）网站的层次划分和分工定位，系统分析门户网站群中的各个组成网站的服务对象及相关需求。

(3) 门户网站与部门（子）网站要有统一的服务管理与导航机制，网站之间需要统一的信息资源共享和交换机制。

(4) 门户网站与部门（子）网站需要统一的用户访问管理入口，网站运行需要统一的信息与服务保障管理机制。

(5) 门户网站群建设需要一个支持大规模、开放的核心管理系统与技术支撑架构。

(6) 门户网站与部门（子）网站之间要有一套规范管理的规章制度，以保证站群的正常运行。

资料来源：政府门户网站群建设与政务资源整合.（2009-07-06）. http://www.powereasy.net.

政府网站群可分为水平、垂直、个性化服务、内外网一体化四种建设模式。

（1）水平模式。

水平模式下的网站群构建方法是以受众对象需求为目标，横向集成各政府部门，使得公众能快速、全面地了解政府办事职能，有效提升政府网站服务的人性化和实用性水平。根据受众对象的需求，政府网站前台功能定位以公众服务为中心，提供各类办事服务的资源。而数据支持的网站后台将以政府业务部门为中心，整合政务公开资源目录、业务部门信息，形成网站前后台的数据交互与支持，通过信息化技术手段进一步促进政府职能的转变。

（2）垂直模式。

垂直模式下的网站群构建方法是运用网站群技术，纵向整合垂直系统或省、地市、区县各级政府，完成主站与子站间数据的上传下达。这种应用集中、数据集中管理模式，实现了整体网站资源的统筹规划、协同建设、信息共享。通过信息转发机制，可实现同一条消息在本站点内不同栏目间的流转，还可实现同一条消息在不同站点间的多级流转与共享。基于网站群的统一内容设计，群内所有子站能够自动实现对应栏目信息内容的自动下达与上传。对于平台外的站点，提供数据交换接口，顺利解决跨平台数据纵横交错的传输和共享。

（3）个性化服务模式。

个性化服务模式下的网站群构建方法是以用户为中心，以政务流为主线，融合 G2G（政府对政府）、G2B（政府对企业）、G2C（政府对公民）模式，有针对性地对服务对象进行大区划分，提高政府网站的可访问性，提升行政效率。例如，从“公民、企业、政府”三类群体角度，建设三大子站架构，并分类设置栏目和组织内容，使特定用户群在浏览时可迅速定位，通过简单的栏目层次即可找到对应信息，由此提高了服务效率。三大子站服务对象明确，职能清晰，在方便公众浏览的同时，也提高了政府工作人员的办事效率。

（4）内外网一体化模式。

这是一种大集中、大规模的网站集群体系，一般在基础平台上集中建设包括外网门户网站、内部办公网站及各级政府（各厅局）子网站的网站群。在信息安全方面，一般会采用安全隔离网闸实现内外网的物理隔离，通过内外网前置机处理方式和信息交换接口，实现内网到外网的信息交换。在功能应用上，一方面，可辅助政府为企业和社会公众提供及时、丰富的政务信息，提供其所需的政务服务；企业和社会公众可以随时随地查阅政府公布的各种政策信息，包括各种办事指南，享受政府的各种服务，甚至参政议政。另一方面，可为公务员提供各级部门联网的统一内网平台，实现资源共享、信息互通。

6.5.2 政府网站群建设策略

1. 加强领导，统筹规划

政府网站群的建设需要政府各部门及多个下属单位的支持和配合，因此，门户网站群的实施首先需要政府主管领导的高度重视，建立必要的组织领导机构，保证必要的建设资金和工作人员，统一管理和协调各方面关系，建立健全规章制度。

在政府网站群的建设中，必须做好统一规划，没有好的规划，就不能有效地组织资源，为用户提供有效的服务。站群规划涉及多个层面的内容，一般来说要考虑以下几方面：

- 站群规划：规划网站的命名规则、网站之间的信息共享和交换规则，建立资源和服务之间的对应关系，开展网站页面规划设计。网站频道和栏目的设置要体现网站业务处理层的组织结构，网站的访问应该保证用户最多点击三次鼠标就能进入所需内容的页面，因此，栏目的垂直分层最好不要超过三层。
- 服务规划：确定用户对象，提供信息服务、办事服务项目等内容的统一规划。
- 资源规划：按照政府各职能部门的工作职责，全面建立政府的服务资源目录体系。
- 运行规划：确定网站管理和运行的职责划分与操作流程，明确各部门的分工责任、工作要求和操作规范。
- 安全规划：根据站群系统安全管理需要，从系统平台、系统安全、应用安全和内容安全进行相关安全策略的规划。

2. 整合资源，加强应用

在构建站群的过程中，资源整合问题始终贯穿于站群的初期建设以及后期维护的整个过程。在站群的建立初期，需要采用一套行之有效的服务资源整合模式和分类方法。通过调查服务事项，形成网上信息和服务资源目录。该目录要明确规定各部门应该提供的信息和服务，实行“统分结合，以统为主”的资源管理体制，打破部门限制，实现统一的信息与应用服务。

在站群的运行维护中，也要不断整合主站和子站之间的信息，以保障信息的即时性和一致性。目前，大多数政府站群维护人员常常感到网站的有效内容匮乏和已有信息的更新维护困难。其根源在于主站与部门子站之间脱节，主站与部门子站之间并没有形成有效的协同机制，各部门的信息资源缺少有效整合。

要实现有效的资源整合，必须在主站和部门子站之间，在站群与现有政务应用之间建立有效的协同资源整合机制，使得主站与部门子站实现互动，使站群与政务业务应用之间形成沟通机制，使主站成为提供“公共服务、公众参与和整合政务信息的窗口，成为区域内所有政府服务的统一电子门户窗口”。

在整合资源的同时，必须加强推广应用，根据公众参与和公共服务（在线办事）的需要，进行相应的系统功能建设。建立网上沟通渠道，提供网上论坛、民意调查、在线访谈等对话交互功能，提供从服务事项公示、表单下载、在线申请、在线咨询与投诉到办理过程和办理结果公示的服务功能，并具备动态表单定制能力。

3. 加强系统支撑平台建设

建设政府网站群，涉及大规模子站建设及原有网站资源和原有应用系统的资源整合问题。为此，要完成政府网站群的建设任务，必须有一个功能完善、系统灵活的支撑平台。就目前的应用看，该系统支撑平台应具备以下功能：

- 资源集成能力：支持信息资源的整合、应用资源的整合，支持外部网站的信息采集和分类管理、原有网站的信息整合，支持对结构化数据信息的整合，支持对非结构化数据的整合，支持对多媒体信息的整合，支持对各种附件信息的整合。

- 内容管理和发布能力：提供多网站建站支持，提供网站的栏目结构的搭建和维护功能，提供文章的制作编辑和管理功能，提供子网站之间、栏目之间的文章推荐功能，提供页面模板的制作和管理功能，提供模板组件的制作和管理功能，提供对内容发布的审核管理功能，提供内容的发布服务，提供对发布过程的监控管理。
- 网上交互能力：具备多种形式的网上交互功能，包括电子邮件、网上对话、网上论坛、在线访谈、网上调查等功能。
- 应用集成能力：满足政府网站“在线办事”的要求，提供可定制的表单下载和表单信息管理功能，提供网上受理服务功能和办事结果公示功能，提供应用集成服务，实现“一站式”服务。
- 系统管理能力：提供对网站群的集中管理，提供对服务器平台结构的部署和管理，提供对网上应用系统的管理，提供对系统安全性的管理。
- 系统扩展能力：系统具备多层面的扩展能力，不仅包括系统平台级扩展（支持异构平台配置，支持多服务器分布式系统配置，支持负载均衡和多层面的系统集群），还包括系统功能的扩展（系统功能的扩展不影响系统的总体结构）。

4. *加强组织保障与运行维护*

政府门户网站整个建设实施过程不仅需要前期细致缜密的详细规划以及具体的实施技术方案，更需要后期大量人力和资源的投入，以便在有效的时间内完成数据迁移、资源准备、内容制作及更新等大量服务性工作。为此，需要选择成熟的技术、专业的公司、经验丰富的实施人员，以保证项目成功实施。

在整个站群框架搭建起来后，还需要不断添加和充实内容，提高网站的服务水平。政府网站群的维护和使用涉及政府所有职能部门相关工作人员和技术服务部门的技术人员，他们对系统的掌握程度直接关系到政府网站能否充分发挥作用的问题。因此，需要针对不同的工作人员，按照他们承担的对网站的维护、使用和管理的分工，有计划地进行技术和业务相关知识的培训。

6.5.3 典型案例：无锡市政府党务政务网站群

1. *发展思路*

无锡市政府从如何整合网站信息资源、如何优化政府工作流程、如何提高政府服务水平的角度出发，组织专家学者对政府网站群的应用特点、建设模式、发展方向以及人员、技术、资金等方面进行了多方位、多视角的研究，形成了“统一标准、统一建设、统一管理、统一外包”的政府网站群建设指导原则以及“整合、优化、共享、外包”的建设方针。

无锡市政府以资源整合、信息共享为基础，选用先进的技术架构、成熟的产品以及科学的运维模式，建立了以市政府网站为主网站、以部门网站群为子网站的网站群，为打造服务型政府奠定了坚实的基础。

无锡市政府网站群建设立足于高起点规划、高标准设计，以政府业务为主线，以“满足需要、节约成本、安全可靠”为基本原则，以用户为中心，以服务为宗旨，充分整合政府信息资源，实现政府信息共享，拓展政务公开信息统一管理、公共服务、在线互动交流等功能，优化网站群结构设计、信息分类，提高政务公开的时效性、权威性和完备性。

2. 主要做法

无锡市经过对各政府部门网络接入资源的整合以及建立统一的政府数据中心，实现了各政府部门在统一的政务外网网络中进行网站群的协同管理，保障了无锡市政府网站群后台管理系统的安全性。

无锡市政府从基础设施资源开始对各政府部门网站的基础设施资源进行统一规划、统一标准、统一管理。在电子政务外网建立了统一的网站群 IDC。为了确保网站群能稳定地为网民提供服务，IDC 还专门采用了 F5、Radware 等负载均衡设备。同时，从网络链路到硬件防火墙、核心交换机、负载均衡器、数据服务器，全部采用了双机热备的方案。

无锡市政府党务政务网站群整合工程的基础软件平台采用了基于 SOA 的架构体系、MVC 分层模式以及 WCF 的分布式框架结构，以“政务快车”政府统一身份认证与用户管理平台、政府内容管理平台、政府业务信息交换平台、政民互动应用平台为基础，采用模块化来进行构建。各个模块相对独立，但又可依托内容管理平台、互动应用平台、业务信息交换平台有机地协同工作。

统一身份认证与用户管理平台分为两大部分：一部分在前台服务区运行，负责所有网站注册用户的在线注册、身份认证的管理；另一部分在后台管理区运行，负责对无锡市近 100 家政府部门共计 2 000 余人的网站运维管理人员的统一管理与身份认证。

政府内容管理平台与业务信息交换平台主要在后台管理区运行，不仅是无锡市近 100 家政府部门维护各自部门网站新闻、政府信息公开目录等内容的统一内容管理平台，还是市政府门户网站与无锡市行政审批中心之间的重要桥梁，负责将无锡市行政权力网上公开透明运行系统的相关内容自动同步到无锡市政府门户网站中。

政民互动应用平台也分为两大部分：一部分在前台服务区运行，其通过 MVC 五层架构模式为无锡市各政府部门网站的政民互动应用提供个性化的前台展现；另一部分在后台管理区运行，主要为无锡市近 100 家政府部门提供对在线咨询投诉等信件进行分拣、回复、审核、催办与督办的流程化协同受理平台。

无锡市政府将网站群整合与运维中所需的所有技术性工作统一外包给第三方专业服务提供商。

3. 实际成效

通过政府网站整合，无锡市建立了统一集中的政务网络平台、政府网站群 IDC 和网站群应用软件平台，初步形成了“资源集约、信息集中、业务集成”的三集模式，全面提高了政府网站的稳定性、安全性和可靠性。

通过政府网站整合，实现了政府网站群隶属关系明确化、网上信息海量化、页面风格统一化、栏目设置规范化、内容管理智能化、用户体验人性化、服务对象国际化，进一步突出了政府网站信息公开、公众参与、在线办事的三大服务职能，全面提升了网民的用户体验。

通过建立统一的软件平台，实现了无锡市政府网站信息内容的共享、交换与流通，提高了信息的复用程度，有效地消除了“信息孤岛”。同时，通过对政府在线服务的梳理与整合，采用“场景式服务”等模式，形成了定位明确、方便易用、内容丰富的服务功能，提升了网站的服务能力，初步实现了“一站式”服务。例如，要了解各种行政收费事项，只需在新网站群点击行政收费类栏目即可迅速搜寻各部门的收费类别。

通过建立统一的软件平台，实现了各部门网站管理的整合，形成了单点发布、多点享用、共同运维、协同管理的新运作模式，进一步优化了政府在线服务的工作流程，确保了网站群内容发布的权威性和技术支撑的专业性，有效地提高了党务政务网站群的运维效率和服务效能，使各部门从网站建设、管理维护等非自己专长的繁杂工作中解脱出来，把精力投入行政管理和服务上去。

通过网站整合，提高了网站运维效率，降低了网站运维成本。全市 1 200 多名政府网站群管理人员可以在统一的平台上共同维护无锡政府网站群，全市各部门网站的日常运维管理效率提升了 60%以上，网站建设和运营成本降低了 28%。

本章小结

本章首先阐述了政府门户网站的主要功能和重要意义。然后分析了政府门户网站的发展现状，指出了存在的问题，提出了一些对策建议。接着剖析了英国、法国、荷兰等国家政府网站建设最佳实践以及国内政府门户网站典型案例（商务部网站）。最后阐述了政府网站群的定义、特点和模式，提出了一些政府网站群建设策略，分析了无锡市政府党务政务网站群建设方法。

关键术语

政府门户网站　　场景式服务　　政府网站群

复习思考题

1. 政府门户网站一般具有哪些功能？
2. 如何建设好政府门户网站？
3. 国外政府网站建设有哪些做法值得借鉴？
4. 政府网站群应该如何建设？

第7章

电子政务顶层设计与战略规划

顶层设计是自上而下的总体构想，是价值理念与操作实践之间的蓝图。电子政务需要顶层设计，国内许多电子政务专家、学者已经对此达成共识。在进行电子政务顶层设计过程中，可以借鉴西方发达国家的电子政务顶层设计思路与方法，但必须充分考虑到中国政治制度与西方政治制度的不同，建立本土化的电子政务总体框架。

重点问题

- 顶层设计与规划有什么区别？
- 中美电子政务总体框架有何不同？
- 电子政务总体框架包括哪些架构？
- 中国电子政务发展战略是什么？
- 如何编制好电子政务发展规划？

顶层设计与规划是有区别的。顶层设计是建立一个事物的总体结构，描述清楚该事物各个层次的内容，而规划是事物的实施步骤。打个比方，如果把电子政务比作建筑，顶层设计就是指建筑的结构设计，而规划是指建筑施工计划。因此，要先做好电子政务顶层设计，再根据顶层设计编制电子政务发展规划。

7.1 国外电子政务顶层设计概览

7.1.1 美国电子政务框架

为了使联邦政府向以客户为中心、面向结果、基于市场的行政管理模式转变，美国管理和预算办公室开发出了联邦政府架构（federal enterprise architecture，FEA）。FEA 是一个用于改善政府工作、基于业务的框架。FEA 通过一系列相关的参考模型来构建，设计这些参考模型的目的是方便跨机构分析，识别重复投资，识别信息化发展不平衡造成的部门数字鸿沟，识别联邦机构跨部门合作机会。

2007 年 10 月，美国总统执行办公室发布了 FEA 修改后的参考模型 2.3 版本文件。11 月，美国总统执行办公室发布了《FEA 实践指南》。

FEA 由绩效参考模型、业务参考模型、服务参考模型、技术参考模型、数据参考模型构成。

（1）绩效参考模型。

绩效参考模型由输入、输出、结果三部分组成。输入包括人力资本、技术和其他固定资产，输出包括一系列过程和活动，结果包括任务和业务结果以及客户结果。

绩效参考模型可以为改进战略及日常决策提供绩效信息，通过分析投入和产出关联性可以更好地洞察期望的结果，识别跨组织机构边界的绩效改善机会。

（2）业务参考模型。

业务参考模型包含 4 个业务域、39 条业务线和百多项子功能，如表 7-1 所示。

表 7-1 FEA 业务参考模型

业务域	业务线	子功能
公民服务	国防和国家安全	国家战略和战区防御、作战防御、战略防御
	本土安全	边防与运输安全、关键资产和基础设施防护、灾难性国防
	情报运行	情报规划、情报搜集、情报处理、情报分析和生产、情报传播
	法律保障	刑事逮捕、刑事调查和侦查、公民保护、犯罪预防、领导保护、财产保护、物质管制
	国际事务和商务	外交事务、国际发展和人道主义援助、全球贸易
	立法及司法活动	司法听证会、合法抗辩、合法调查、法律起诉和诉讼、纠纷劝解
	惩治活动	刑事监禁、刑事复原
	教育	初等教育、中等教育、职业教育、高等教育、历史文化保护、历史文化展览
	能源	能源供应、能源节约和备灾、能源资源管理、能源生产
	健康	健康服务获得、人口健康管理和消费安全、医疗保健管理、医疗保健服务提供、医疗研究和医师教育
	交通	航空运输、陆地运输、水上运输、空间操作
	收入安全保障	一般退休和残疾、失业补偿金、住房援助、食品和营养援助、生存补偿金
	环境管理	环境监测和预报、环境治理、污染治理
	自然资源	水资源管理、海洋和陆地保护区管理、娱乐资源管理和旅游业、农业创新和服务
	灾害管理	灾害监测和预报、灾害准备和规划、灾后修复和恢复、应急响应
	社区和社会服务	房屋置业率提升、社区和地区发展、社会服务、邮政服务
	经济发展	商业发展，知识产权保护，经济、财政部门监督，行业部门收入稳定
	劳动力管理	培训和就业、劳动权管理、工人安全
	通用科学与创新	科学和技术研究与创新、太空探索和创新

续前表

业务域	业务线	子功能
服务分发模式	为公民的直接服务	军事行动、平民行动
	知识创造和管理	研究和发展、通用数据和统计、建议和咨询、知识传播
	公共物品创建和管理	制造业、建筑业、公共资源、设备和基础设施管理，信息基础设施管理
	法规的遵守和执行	检查和审计、标准制定的准则发展、许可证和执照
	联邦财政支持	联邦补助款、补贴、税收抵免
	信用和保险	直接贷款、贷款担保、普通保险
	移交给州和地方政府	公立补助金、项目/竞争性赠款、专项补助金、国家贷款
服务的支持分发	立法关联	立法追踪、立法作证、发展建议、国家联络行动
	公共事务	消费者服务、官方信息传播、产品推广、公共关系
	法规发展	政策和指导方针发展、公众意见追踪、法规创建、法治出版
	规划和预算	预算编制、资金计划、企业架构、策略规划、预算执行、劳动力规划、管理改进、预算和绩效整合、税收和财政政策
	控制和监督	纠正措施、项目评估、项目监控
	征税	收账、用户收费、联邦资产出售
	内部风险管理和减缓	应急计划、持续营运、服务复原
	各级政府	中央财政运作、立法职能、行政职能、中央财产管理、中央人事管理、税收管理、中央记录和统计管理
政府资源管理	供应链管理	货物采购、库存管理、物流管理、服务采购
	人力资源管理	人力资源策略、人员招聘、组织和职位管理、报酬管理、保险福利管理、雇员绩效管理、雇员关系、劳动力关系、离职管理、人力资源发展
	财政管理	财务、资金控制、支付报酬、清偿和应收款、资产和债务管理、报表和信息、成本会计/业绩评价
	行政管理	设施、车队和设备管理、帮助桌面服务、差旅、工作场所政策发展和管理
	信息和技术管理	系统开发、生命周期/变更管理、系统维护、IT基础设施维护、信息安全、记录保留、信息管理、信息共享、系统和网络监控

公民服务是政府的目的，包括国防和国家安全等19条业务线。服务分发模式是实现政府目的的机制，包括为公民的直接服务等7条业务线。服务的支持分发是政府运行支持功能，包括立法关联等8条业务线。政府资源管理为资源管理功能，包括供应链管理等5条业务线。

(3) 服务参考模型。

服务参考模型由7个服务域、30项服务类和百余项服务组件构成，如表7-2所示。

表 7-2 **FEA 服务参考模型**

服务域	服务类	服务组件
客户服务	客户关系管理	呼叫中心管理、客户分析、销售和市场、产品管理、品牌管理、账户管理、合同管理、伙伴关系管理、客户反馈、客户调查
	客户喜好	私人化、预订、提示或通知
	客户初始帮助	在线帮助、在线指南、自助服务、注册、多语言支持、帮助请求、日程安排
过程自动服务	跟踪和工作流	过程跟踪、案例管理、冲突解决
	路由和进度	内部协调管理、外部协调管理
业务管理服务	过程管理	变化管理、构造管理、需求管理、工程管理、政策管理、质量管理、业务规则管理、风险管理
	组织管理	工作组、网络管理
	投资管理	战略规划和管理、证券管理、效能管理
	供应链管理	获得、资源管理、库存管理、目录管理、订购跟踪和确认、店面、仓库管理、退货管理、物流和运输
数字资产服务	内容管理	内容创作、内容回顾和确认、标记和聚合、内容发布和分发、内容管理
	文件管理	文件影像和 OCR、文件参考、文件修改、图书馆、文件回顾及确认、索引、分类
	知识管理	信息恢复、信息映像、信息共享、分类、知识工程、知识获取、知识分发、智能文件
	档案管理	档案链接/关联、文件分类、文件撤除、数字权限管理
业务分析服务	分析与统计	教学的方法、结构化的方法、检测的方法、物理分析的方法
	可视化	图解/图表、成像、多媒体、制图/地理空间/高程/GPS、CAD
	知识发现	数据挖掘、建模、仿真
	业务智能	需求预测/管理、综合评价、决策支持和规划
	报告	特定的、标准的/定型的、OLAP（联机分析处理）
内勤服务	数据管理	数据交换、数据集市、数据仓库、元数据管理、数据整理、数据提取和转换、数据装载和存档、数据恢复、数据分类
	人力资源	招聘、简历管理、职业发展和保持、时间报告、奖励管理、保险福利管理、退休管理、人事管理、教育/培训、健康和安全、差旅管理
	财政管理	结算和结账、信贷/抵押、经费管理、工资表、支付与结算、收账、营收管理、内部控制、审计、基于活动的管理、货币换算
	资产管理	财产/资产管理，资产编目/识别，资产转移、分配和营缮维修，设备管理，计算机/自动装置管理
	开发与集成	遗留系统集成、企业应用集成、数据集成、仪器和测试、软件开发
	人力资本/劳动力管理	资源规划和分配、技能管理、人力目录/定位、团队/组织管理、暂时性人力管理、人力获取/资源优化

续前表

服务域	服务类	服务组件
	安全管理	鉴定和认证、存取控制、加密、数字签名管理、入侵防御、入侵检测、事件响应、审计跟踪和捕捉分析、认证和鉴定、《联邦信息安全管理条例》(FISMA) 管理和报告、病毒防护
支持服务	协作	E-mail、穿插讨论、文档库、共享日历、任务管理
	搜索	查询、精度/撤销等级、分类、模式匹配
	通信	实时交谈、即时通信、语音会议、视频会议、事件/新闻管理、社区管理、计算机/电话集成、语音通信
	系统管理	许可管理、远程系统管理、系统资源监控、软件分配、事物跟踪
	表格管理	表格创建、表格修改

(4) 技术参考模型。

技术参考模型由 4 个服务域、17 个服务类和 51 个服务标准构成，如表 7-3 所示。

表 7-3　FEA 技术参考模型

服务域	服务类	服务组件
服务访问和分发	访问渠道	Web 浏览器
		无线/PDA
		协作/通信
		其他电子渠道
	分发渠道	国际互联网
		局域网
		广域网
		对等网 (P2P)
		虚拟专网 (VPN)
	服务要求	法律依据
		认证/单点登录
		集合
	服务传输	支持网络服务
		服务传输
服务平台和基础设施	支撑平台	无线/移动
		平台独立
		平台依赖
	分发服务器	Web 服务器
		媒体服务器
		应用服务器
		门户服务器
	软件工程	集成开发环境
		软件配置管理
		测试管理

续前表

<table>
<tr><th>服务域</th><th>服务类</th><th>服务组件</th></tr>
<tr><td rowspan="9"></td><td rowspan="2">数据库/存储</td><td>数据库</td></tr>
<tr><td>存储</td></tr>
<tr><td rowspan="7">硬件/基础设施</td><td>服务器/计算机</td></tr>
<tr><td>嵌入式技术设备</td></tr>
<tr><td>外设</td></tr>
<tr><td>局域网</td></tr>
<tr><td>广域网</td></tr>
<tr><td>网络设备/标准</td></tr>
<tr><td>视频会议</td></tr>
<tr><td rowspan="11">组件框架</td><td rowspan="2">安全</td><td>认证/数字签名</td></tr>
<tr><td>支撑安全服务</td></tr>
<tr><td rowspan="4">表达/接口</td><td>静态显示</td></tr>
<tr><td>动态服务器端显示</td></tr>
<tr><td>内容渲染</td></tr>
<tr><td>无线/移动/语音</td></tr>
<tr><td rowspan="2">业务逻辑</td><td>平台独立</td></tr>
<tr><td>平台依赖</td></tr>
<tr><td>数据交换</td><td>数据交换</td></tr>
<tr><td rowspan="2">数据管理</td><td>数据库连接</td></tr>
<tr><td>报告和分析</td></tr>
<tr><td rowspan="7">服务接口与集成</td><td rowspan="2">集成</td><td>中间件</td></tr>
<tr><td>企业应用集成（EAI）</td></tr>
<tr><td rowspan="3">互操作</td><td>数据格式/分类</td></tr>
<tr><td>数据类型/有效性</td></tr>
<tr><td>数据转换</td></tr>
<tr><td rowspan="2">接口</td><td>服务发现</td></tr>
<tr><td>服务描述/接口</td></tr>
</table>

（5）数据参考模型。

数据参考模型由数据共享、数据描述和数据环境（context）三个标准化域构成。数据共享是指一个用户使用其他用户提供的信息资源。数据共享标准化域用“数据提供者—用户矩阵”来描述。数据描述标准化域提供了一个在数据结构（语法）和含义（语义）方面达成一致的方法，可以为数据发现、数据重用、数据共享、数据实体一致化、语义互操作提供支持。数据环境标准化域为数据提供与其创建和使用有关的附加信息。

7.1.2 加拿大电子政务框架

2000 年 6 月 13 日，加拿大发布了加拿大政府联邦架构 1.0 版。2001 年 6 月 29 日，加拿大政府联邦架构最终版 13.0 发布。该架构提出了 13 条原则：减少集成复杂性，整体分析，业务事件驱动系统，定义的权威来源，安全、机密、隐私和信息保护，已证明的标准和技术，所有权总成本，成长规划，采用正式的工程方法，扩展的信息和服务环境，多传输通道，可达到的政府，稳健性。

加拿大业务转换支撑计划（business transformation enablement program，BTEP）于2004年9月发布，目的是提供一个业务转换工具包，通过政府支持的互操作和集成框架，使严格的战略规划和集成的战略设计得以实现。通过一个更彻底、标准化的方法帮助部门和机构改进业务转换的可靠性与一致性，以提升计划、服务序列、业务设计以及项目规划与实施的效率和重用性。

BTEP旨在建立技术与业务的桥梁，使技术人员和业务人员在沟通时有共同语言。它包括两个视图，即业务视图和技术视图。在业务视图中，采用了面向服务的业务设计方法，建立了政府战略参考模型，通过知识库改进业务流程，通过企业架构（EA）方法改进业务。在技术视图中，采用了面向服务架构（SOA）方式，如Web服务、ebXML、服务知识库，改进信息管理/信息技术（IM/IT）的EA方法。

加拿大政府战略参考模型（governments strategic reference model，GSRM）是BTEP的工具，它能够通过提供一个公共语言来开发业务架构。这个公共语言可以描述一个政府组织如何运转以及如何运转得更好。GSRM用公共服务词汇正式定义了许多概念，这些概念对于公共管理来说是非常关键的，如程序和服务可说明性（accountability），适应政府独特的功能、政府服务类型及公共服务提供模式。这使交叉计划序列能够在权限之内或跨越权限识别冗余。

7.1.3 英国电子政务框架

2005年3月18日，英国内阁办公室推出了英国电子政务互操作框架（E-Government interoperability framework，E-GIF）6.1版。E-GIF6.1的主要内容包括技术政策、实现支持、管理流程、变化管理、遵守E-GIF。

技术政策部分包括互联互通、数据集成、内容管理元数据、电子化服务访问与渠道、业务领域标准等方面的内容。

实现支持部分包括优先级、XML schema产品、电子政务元数据标准、Govtalk网站（www.govtalk.gov.uk）、工作组成员等方面的内容。

管理流程部分包括电子政务联合会、公共部分组织、工业、公民、高级IT论坛、互操作工作组、政府计划组、元数据工作组、智能卡工作组、其他工作组等。

变化管理部分包括电子政务资源拥有者、政府资源的生命周期、咨询和创新、请求评价、请求建议、E-GIF升级等方面的内容。

遵守E-GIF部分包括遵守E-GIF的含义、使用XML schema和数据标准、时间表、利益相关者、遵守的责任、公共部分社区、如何与新版E-GIF一致、无法遵守、附加指南等方面的内容。

E-GIF由元数据标准、数据标准目录、XML schema、技术标准目录、电子化服务开发框架、注册器构成，如图7-1所示。

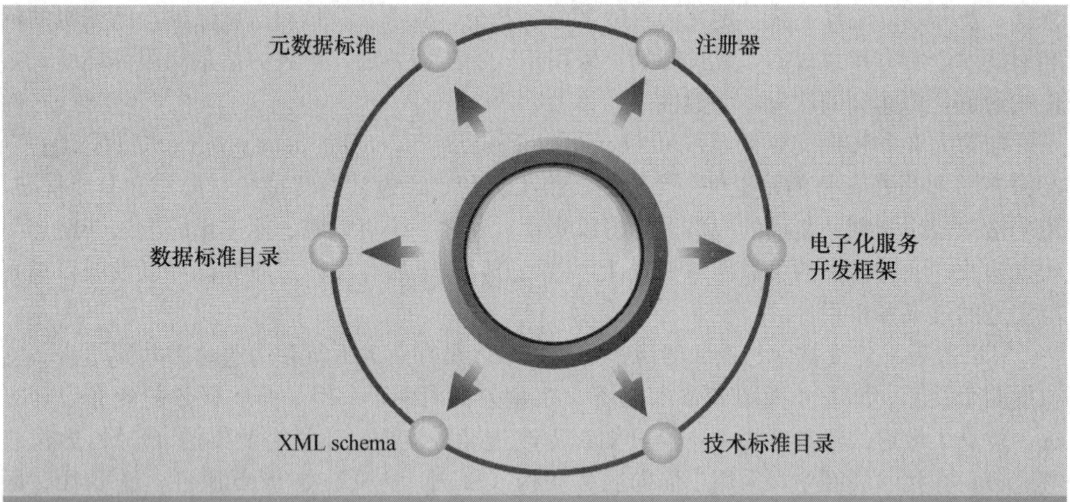

图 7-1　英国 E-GIF 的构成

E-GIF 的关键领域包括互联、数据集成、内容管理元数据、服务可访问性、业务领域。

所有英国政府部门强制执行 E-GIF，对其知识和技能进行认证，对执行结果进行正式评估。不符合规范的项目将停止资金支持（包括财政部门的资金支持、信息化部门的资金支持、本单位的资金支持），且项目系统不得接入政府网络和政府门户网站。

英国内阁办公室制定了政府跨部门企业架构（cross-government enterprise architecture），并发布了一系列政府跨部门企业架构的参考模型。

政府跨部门企业架构参考模型包括战略域、服务管理域、渠道域、业务过程域、业务信息域、应用域、基础设施域、集成域和安全域共九个域，如图 7-2 所示。

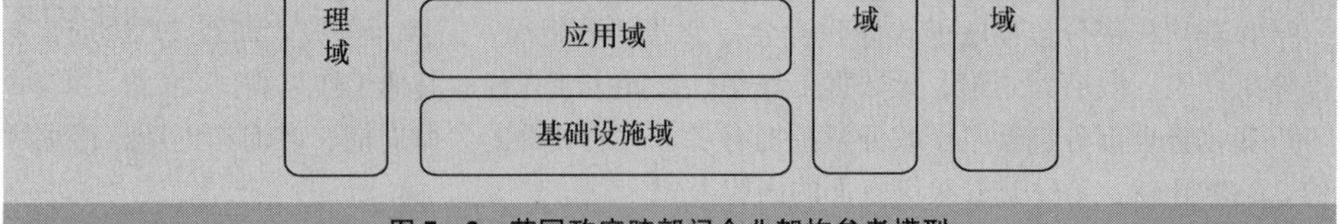

图 7-2　英国政府跨部门企业架构参考模型

7.1.4　德国电子政务框架

德国电子政务应用标准和架构（standards and architectures for E-Government applications，SAGA）包括基础设施规范、模块标准、流程标准等。先由联邦内政部组织的专家小组定期开会研讨，最后由内政部决定哪些写入 SAGA 标准。2003 年 12 月，联邦内政部正式发布 SAGA 标准 2.0 版，要求凡是参加“联邦在线 2005”计划的部门，要想获得政府资助，必须符合 SAGA 标准的规定。由于“联邦在线 2005”计划完成之后将实施联邦、州、县市三级政府参与的“德国上网计划”，所以不少州政府参与了 SAGA 讨论。

7.1.5　欧盟电子政务框架

欧盟推出了泛欧电子政务服务互操作框架（EIF）1.0 版，以支持欧盟国家之间的电子政务服务分发（delivery）。该框架主要包括三个互操作领域——组织互操作、语义互操作和技术互操作，为实现泛欧电子政务服务最高层次建模提供了复杂的、方法论的工具包。

EIF 遵循了如下一些原则：可获得性、多语言、安全、隐私（个人数据保护）、辅助性、使用开放标准、获得开源软件的好处、使用多方面的解决方案。

组织互操作框架负责定义业务目标、业务过程建模以及跨部门合作机制。组织互操作旨在通过使服务可用、容易被发现、可获得以及面向用户来满足用户需求。

语义互操作框架负责保证交换信息的精确意义可以被其他应用读懂。语义互操作使系统能把获得的信息与其他信息源综合起来，并用一种复杂的方法来处理信息。

技术互操作框架负责把计算机系统和服务连接起来。它包括开放接口、相互连接的服务、数据集成和中间件、数据表达和交换、可访问性及安全服务等关键部分。

2008 年 9 月 22 日，欧盟 EIF2.0 草案 IDABC 公布并向各国征求意见。与 EIF1.0 相比，EIF2.0 加强了欧洲、中东、非洲地区以及其他地区国家互操作框架的一致性。EIF2.0 承认开放连续体，维持了开放标准及规范的明确定义，为走向基于开放标准的公共部分 IT 框架铺平了道路。

7.1.6　澳大利亚电子政务框架

澳大利亚借鉴美国 FEA 编制了澳大利亚政府架构（Australian government architecture，AGA）。2007 年 6 月，澳大利亚政府架构参考模型 1.0 版发布。

AGA 包括 5 个参考模型以及原则、模式、标准、SOA 知识库和服务目录。与 FEA 一样，AGA 参考模型包括绩效参考模型、业务参考模型、服务参考模型、数据参考模型、技术参考模型。其中绩效参考模型强调了产出和要求，业务参考模型强调了业务子功能和过程，服务参考模型强调了共享组件、共享服务，数据参考模型强调了数据资产、交换包，技术参考模型强调了产品和标准（见图 7-3）。

2007 年，澳大利亚政府发布了《澳大利亚互操作框架》的第三部分，也是最后一个部分——《澳大利亚政府业务流程互操作框架》。《澳大利亚政府业务流程互操作框架》为政府部门之间的业务流程对接做了规划，提出了辨别业务流程成熟度的模型，通过一系列案例总结本部门及跨部门业务流程管理方法。《澳大利亚互操作框架》的前两个部分是《技术和信息互操作框架》和《澳大利亚政府架构和促进服务框架》。

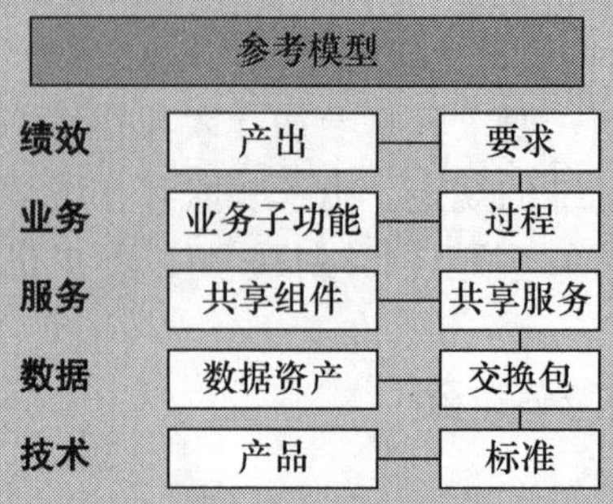

图 7-3　澳大利亚政府架构参考模型

7.1.7　新加坡电子政务框架

新加坡政府组织架构（SGEA）是新加坡政府“iGov2010”行动计划的三个重要项目之一，目的是在提供服务时不受具体机构变更的束缚。

SGEA 由业务架构（BA）、信息架构（IA）、解决方案架构（SA）和技术架构（TA）组成。业务架构提供政府业务的公用术语；信息架构和解决方案架构提供支持业务架构界定的业务功能的数据标准和信息通信技术方案；技术架构主要是定义标准，为利用技术组件支持解决方案架构提供使用向导。

SGEA 提供了信息通信技术手段和业务功能的服务蓝图，便于对重要信息通信技术投资及其与业务功能匹配度进行分析，也为部门之间的合作创造更多的机会，有利于实现信息通信技术系统与服务的共享。

此外，日本、韩国等国家也相继制定了本国的电子政务总体框架。

综上所述，国外电子政务总体框架主要有如下几个特点：

(1) 都非常强调公共服务。例如，美国 FEA 有专门的服务参考模型，而且在业务参考模型、绩效参考模型、数据参考模型和技术参考模型中处处体现了服务型政府理念；英国 E-GIF 在技术政策中专门讲到了电子化服务（e-service）的访问和渠道；加拿大 GSRM 被用来描述政府服务类型、公共服务提供模式以及服务提供方面存在的差距和机会。

(2) 都非常强调整合与协同。例如，美国 FEA 的目的是改善美国联邦政府跨部门协作；英国 E-GIF 的目的是提供一体化的电子化服务；加拿大 BTEP 的目的是方便维持政府的整体性，实现从以政府为中心到以公民为中心的转变。

(3) 都引入了 SOA、EA 等先进理念。美国、英国、加拿大、澳大利亚、韩国、新加坡等国都先后将 SOA 理论、EA 理论引入电子政务领域。SOA 可以根据需求通过网络对松散耦合的粗粒度应用组件进行分布式部署、组合和使用，使服务之间可以通过简单但精确定义的接口进行通信。EA 是从全局审视信息化与业务之间的关系，建立企业信息化整体架构。

(4) 内容都很具体，可操作性较强。例如，美国 FEA 参考模型 2.3 版文件共 90 页，数据参考模型 2.0 版文件共 114 页，并配有 60 多页的实践指南；英国 E-GIF 6.1 版文件共 30 多页；澳大利亚 AGA 文件共 196 页；欧盟 EIF 文件共 25 页。内容都很详尽，对实际工作的指导性都很强。

（5）版本都在不断升级。例如，到 2001 年，加拿大政府联邦架构已经发展到 13.0 版；到 2005 年 3 月，英国 E-GIF 已经发展到 6.1 版；美国总统执行办公室自 2007 年 10 月发布 2.3 版的 FEA 参考模型后，于 2012 年 8 月发布了 3.0 版绩效参考模型，于 2013 年 5 月发布了 3.1 版业务参考模型。2013 年 1 月，美国总统执行办公室发布了新版 FEA 框架，即 FEAF-II。

7.2　中国电子政务总体框架

2006 年 3 月 24 日，国务院信息化工作办公室印发了《国家电子政务总体框架》。该框架由服务与应用系统、信息资源、基础设施、电子政务法律法规体系、电子政务标准化体系、电子政务管理体制构成，如图 7－4 所示。

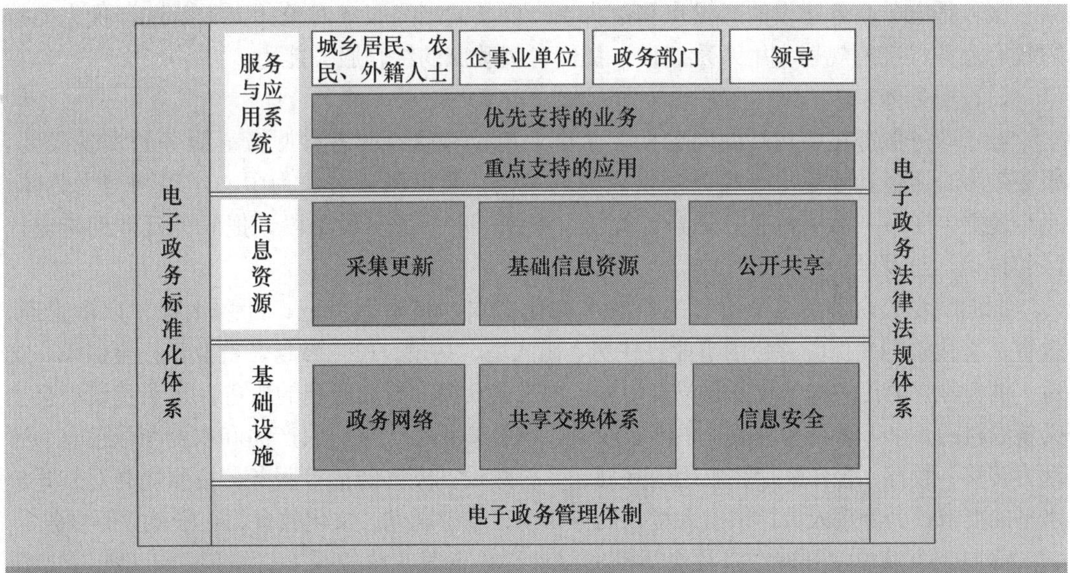

图 7－4　国家电子政务总体框架

《国家电子政务总体框架》具体内容如下：

1. *总体要求与目标*

构建国家电子政务总体框架的要求是：以邓小平理论和“三个代表”重要思想为指导，全面贯彻落实科学发展观，进一步发挥电子政务对加强经济调节、市场监管的作用，更加注重对改善社会管理、公共服务的作用，坚持政府主导与社会参与相结合，坚持深化应用与提高产业技术水平相结合，坚持促进发展与保障信息安全相结合，保持政策的连续性与稳定性，统筹兼顾中央与地方需求，以提高应用水平为重点，以政务信息资源开发利用为主线，建立信息共享和业务协同机制，更好地促进行政管理体制改革，带动信息化发展，走中国特色的电子政务发展道路。

构建国家电子政务总体框架的目标是：到 2010 年，覆盖全国的统一的电子政务网络基本建成，目录体系与交换体系、信息安全基础设施初步建立，重点应用系统实现互联互通，政务信息资源公开和共享机制初步建立，法律法规体系初步形成，标准化体系基本满足业务发展需求，管理体制进一步完善，政府门户网站成为政府信息公开的重要渠道，50%以上的行政许可项目能够实现在线处理，电子政务公众认知度和公众满意度进一步提高，有效降低行政成本，提高监管能力和公共服务水平。

2. 总体框架的构成

国家电子政务总体框架的构成包括服务与应用系统、信息资源、基础设施、法律法规与标准化体系、管理体制。推进国家电子政务建设，服务是宗旨，应用是关键，信息资源开发利用是主线，基础设施是支撑，法律法规、标准化体系、管理体制是保障。框架是一个统一的整体，在一定时期内相对稳定，具体内涵将随着经济社会发展而动态变化。各地区、各部门按照中央和地方事权划分，在国家电子政务总体框架指导下，结合实际，突出重点，分工协作，共同推进电子政务建设。

3. 服务与应用系统

服务是电子政务建设的出发点和落脚点。要紧紧围绕服务对象的需求，选择优先支持的政府业务，统筹规划应用系统建设，提高各级政府的综合服务能力。

（1）服务体系。

电子政务服务主要包括面向公众、企事业单位和政府的各种服务。服务的实现程度、服务效率、服务质量是电子政务建设成败的关键。要以服务对象为中心，以网络为载体，逐步建立电子政务服务体系。通过计算机、电视、电话等多种手段，把服务延伸到街道社区和村镇，惠及全民。

面向城乡公众生活、学习、工作的多样化需求，在婚姻登记、计划生育、户籍管理、教育、文化、卫生保健、公用事业、住房、出入境、兵役、民主参与、就业、社会保障、交通、纳税等方面提供电子政务服务，为城乡困难群众提供更加便利的服务。按照建设社会主义新农村的要求，重视为农民提供涉农政策、科技知识、气象、农产品和农资市场信息、劳动力转移、教育、合作医疗、农用地规划、乡村建设、灾害防治等服务。按照提高对外开放水平的要求，为外籍人员提供出入境、商务活动、旅游观光、文化教育、在华就业等服务。

面向企事业单位开展经济社会活动的需求，在企事业单位设立、纳税、年检年审、质量检查、安全防护、商务活动、对外交流、劳动保障、人力资源、资质认证、建设管理、破产登记等方面提供电子政务服务。

政府通过整合和共享信息资源，满足经济社会发展的需要。为满足政府服务公众和企事业单位的需求，在人口登记和管理、法人登记和管理、产品登记和管理、市场准入和从业资格许可、特许经营和社会活动许可、企事业单位和公民社会义务管理、企事业单位和公民权益管理、社会应急事务管理等方面实现信息共享。为满足政府经济管理和社会管理的需要，提供市场与经济运行、农业与农村、资源与环境、行政与司法、公共安全与国家利益等方面的信息监测与分析服务。为满足各级领导科学决策的需要，提供信息汇总、信息分析等服务。为满足政府提高管理效能的需要，提供人力资源管理、财政事务管理、物资管理等信息服务。

（2）优先支持的业务。

“十一五”期间，主要围绕公众、企事业单位和政府的需要，选择社会公众关注度高、经济社会效益明显、业务流程相对稳定、信息密集、实时性强的政府业务，作为电子政务优先支持的业务。从提高工作效率、监管能力和公共服务水平，降低行政成本出发，优先支持办公、财政管理、税收管理、金融监管、进出口管理、涉农管理与服务、食品药品安全监管、信用监管、资源管理、环境保护、公共安全管理、社会保障、司法保障等业务。这些业务是支持政府提供多样化服务的重要基础，也是规划应用系统建设的重要依据。各地区要结合实际，确定本地区电子政务需要优先支持的业务。

（3）应用系统。

应用系统是电子政务建设的主要内容。到目前为止，国家已建、在建和拟建的电子政务应用系统包括办公、宏观经济、财政、税务、金融、海关、公共安全、社会保障、农业、质量监督、检验检疫、防汛指挥、国土资源、人事人才、新闻出版、环境保护、城市管理、国有资产监管、企业信用监管、药品监管等，为党委、人大、政府、政协、法院、检察院提供了电子政务技术支持。“十一五”期间，围绕优先支持的业务，以政务信息资源开发利用为主线，以政务信息资源目录与交换体系为支撑，兼顾中央和地方的信息需求，统筹规划应用系统建设。重点是完善已建应用系统，强化已建系统的应用，推动互联互通和信息共享，支持部门间业务协同。对新建的应用系统，要根据业务发展需要，统筹规划建设。各地区、各部门要做好需要优先支持业务的流程梳理，搞好部门应用系统和地方综合应用系统的衔接。应用系统建设要有利于深化政府机构改革和优化组织结构，避免简单地在原有体制和业务流程基础上建设应用系统。

4. 信息资源

政务信息资源是政府在履行职能过程中产生或使用的信息，为政务公开、业务协同、辅助决策、公共服务等提供信息支持。政务信息资源开发利用是推进电子政务建设的主线，是深化电子政务应用取得实效的关键。

（1）信息采集和更新。

各级政府要根据依法行政的要求，明确界定各部门的信息采集和更新权责，保证信息的准确性和时效性。对于相关部门共同需要、面向社会采集的信息，要理顺和规范信息采集流程，明确信息采集工作的分工，形成有序采集的机制，减轻社会公众和企业的负担。结合业务活动的开展，建立信息更新机制，保证信息资源的准确、完整和及时更新。

（2）信息公开和共享。

各级政府要围绕社会公众和企事业单位最关心、最直接、最现实的利益问题，以公开为原则，以不公开为例外，编制政府信息公开目录，及时、准确地向社会公开行政决策的程序和结果，提高政府的透明度和办事效率，拓宽群众参政议政的渠道，保证人民群众依法行使选举权、知情权、参与权、监督权。

要统筹兼顾中央和地方需求，依托政务信息资源目录与交换体系，实现跨地区、跨部门信息资源共享。围绕部门间业务协同的需要，以依法履行职能为前提，根据应用主题明确信息共享的内容、方式和责任，编制政府信息共享目录，逐步实现政府信息按需共享，支持面向社会和政府的服务。中央各部门的应用系统要为地方政府和部门开展社会管理与公共服务提供信息支持。围绕优先支持的业务，加强已建应用系统间的信息资源共享。新建应用系统要把实现信息共享作为重要条件。

（3）基础信息资源。

基础信息资源来源于相关部门的业务信息，具有基础性、基准性、标识性、稳定性等特征。人口、法人单位、自然资源和地理空间等基础信息的采集部门要按照“一数一源”的原则，避免重复采集，结合业务活动的开展，保证基础信息的准确、完整、及时更新和共享。基础信息库分级建设、运行、管理，边建设边发挥作用。国家基础信息库实行分别建设、统一管理、共享共用。各地要探索符合实际的基础信息库建设、管理和应用模式。

5. *基础设施*

基础设施包括国家电子政务网络、政务信息资源目录与交换体系、信息安全基础设施。基础设施建设要统筹规划，避免重复投资和盲目建设，提高整体使用效益。

（1）国家电子政务网络。

国家电子政务网络由基于国家电子政务传输网的政务内网和政务外网组成。政务内网由党委、人大、政府、政协、法院、检察院的业务网络互联互通形成，主要满足各级政务部门内部办公、管理、协调、监督以及决策需要，同时满足副省级以上政务部门特殊办公需要。政务外网主要满足各级政务部门进行社会管理、公共服务等面向社会服务的需要。充分利用国家公共通信资源，形成连接中央和地方的统一的国家电子政务传输骨干网。中央和各级地方按照统一标准规范、统一地址和域名，分级规划，分别实施，分级管理，推进电子政务网络建设，逐级实现互联互通。积极推进基于互联网的电子政务建设。各地区、各部门开展电子政务建设，原则上必须依托国家电子政务网络进行。

（2）政务信息资源目录与交换体系。

按照统一的标准和规范，逐步建立政务信息资源目录体系，为各级政府提供信息查询和共享服务；逐步建立跨部门的政务信息资源交换体系，围绕部门内信息的纵向汇聚和传递、部门间在线实时信息的横向交换等需求，为各级政府的社会管理、公共服务和辅助决策等提供信息交换和共享服务。依托统一的国家电子政务网络，以优先支持的业务为切入点，统筹规划、分级建设覆盖全国的政务信息资源目录与交换体系，支持信息的交换与共享。

（3）信息安全基础设施。

围绕深化应用的需要，加强和规范电子政务网络信任体系建设，建立有效的身份认证、授权管理和责任认定机制。建立健全信息安全监测系统，提高对网络攻击、病毒入侵的防范能力和网络失泄密的检查发现能力。统筹规划电子政务应急响应与灾难备份建设。完善密钥管理基础设施，充分利用密码、访问控制等技术保护电子政务安全，促进应用系统的互联互通和信息共享。

要把信息安全基础设施建设与完善信息安全保障体系结合起来，按照“谁主管谁负责，谁运行谁负责”的要求，明确信息安全责任。根据网络的重要性和应用系统的涉密程度、安全风险等因素，划分安全域，确定安全保护等级，搞好风险评估，推动不同信息安全域的安全互联。

6. 法律法规与标准化体系

围绕规范信息资源开发利用和基础设施、应用系统、信息安全等建设与管理的需要，开展电子政务法研究，推动政府信息公开、政府信息共享、政府网站管理、政务网络管理、电子政务项目管理等方面法规建设，推动开展修订相关法律法规的研究。

电子政务标准化体系以国家标准为主体，充分发挥行业标准在应用系统建设中的作用，由总体标准、应用标准、应用支撑标准、信息安全标准、网络基础设施标准、管理标准等组成，是电子政务建设和发展的基础，是确保系统互联互通互操作的技术支撑，是电子政务工程项目规划设计、建设管理、运行维护、绩效评估的管理规范。要重点制定电子公文交换、电子政务主题词表、业务流程设计、信息化工程监理、电子政务网络、目录体系与交换体系、电子政务数据元等标准，逐步建立标准符合性测试环境。加强标准宣贯和培训，强化标准在电子政务建设各个环节中的应用，规范各地区、各部门电子政务建设。

7. 管理体制

各地区、各部门要按照国家信息化领导小组的部署，相互配合，相互支持，共同促进中国电子政务协调健康发展。要加快推进各方面改革，使关系电子政务发展全局的重大体制改革取得突破性进展，建立健全与社会主义市场经济体制相适应的电子政务管理体制。各相关部门要进一步加强和改进管理，促进电子政务充满活力、富有效率、健康发展。把电子政务建设和转变政府职能与创新政府管理紧密结合起来，形成电子政务发展与深化行政管理体制改革相互促进、共同发展的机制；创新电子政务建设模式，逐步形成以政府为主、社会参与的多元化投资机制，提高电子政务建设和运行维护的专业化、社会化服务水平；围绕电子政务的建设和应用，加强技术研发，提高产业素质，严格执行《政府采购法》和《招标投标法》，形成有利于信息技术创新和信息产业发展的机制。国信办要认真组织落实国家信息化领导小组关于电子政务工作的各项决议，协调解决相关问题。

虽然《国家电子政务总体框架》内容很全面，但都是一些原则性的提法，可操作性比较差，对国家和地方电子政务顶层设计指导性不强。中美电子政务总体框架比较如表7-4所示。

表7-4　中美电子政务总体框架比较

	美国联邦政府架构	中国国家电子政务总体框架
发布单位	美国总统执行办公室	原国务院信息化工作办公室
最新版本	2.3	1.0
发布时间	2007年10月	2006年3月
出台背景	美国联邦政府跨部门协作不力；部门信息化发展水平不平衡，存在重复建设问题	信息资源共享机制尚未建立；建设和应用发展不平衡，应用系统的潜能没有得到充分发挥，公共服务效率低；法律法规和标准化工作滞后，安全保障能力有待进一步提高；电子政务建设、管理、运行体制不完善，创新能力不强

续前表

	美国联邦政府架构	中国国家电子政务总体框架
目标	为了方便跨机构分析，识别重复投资，识别信息化发展不平衡造成的部门数字鸿沟，识别联邦机构跨部门合作机会。使联邦政府向以客户为中心、面向结果、基于市场的行政管理模式转变	到2010年，覆盖全国的统一的电子政务网络基本建成，目录体系与交换体系、信息安全基础设施初步建立，重点应用系统实现互联互通，政务信息资源公开和共享机制初步建立，法律法规体系初步形成，标准化体系基本满足业务发展需求，管理体制进一步完善，政府门户网站成为政府信息公开的重要渠道，50%以上的行政许可项目能够实现在线处理，电子政务公众认知度和公众满意度进一步提高，有效降低行政成本，提高监管能力和公共服务水平
内容构成	绩效参考模型、业务参考模型、服务参考模型、技术参考模型、数据参考模型	服务与应用系统、信息资源、基础设施、法律法规与标准化体系、管理体制
页数	204页（A4，五号字）	5页（A4，五号字）
有无实践指南	有，《FEA实践指南》（FEA Practice Guidance），FEA Program Management Office，OMB，November 2007	无

《国家电子政务总体框架》公布后，吉林、贵州等省参照该框架发布了省电子政务总体框架。2007年，广东省信息产业厅委托中国工程院多位院士编制了《广东省电子政务总体框架》。2008年，广州市信息化办公室组织开展了广州市电子政务总体框架前期研究。2009年12月，工业和信息化部正式函复同意在福建省开展省级电子政务顶层设计试点。2011年5月，福建省电子政务顶层设计试点通过验收。

7.3 地方电子政务总体框架设计方法

地方电子政务总体框架由业务架构、服务架构、应用架构、数据架构、技术架构、管理架构六个部分构成，如图7-5所示。地方电子政务总体框架以业务为驱动力，以公共服务为导向，以应用为核心，以数据资源为主线，以信息技术为支撑，以管理为约束。

7.3.1 业务架构

业务架构由业务领域、业务单元和业务点三个层次构成。业务领域是指政府的主要职能范围，如公共安全、公共卫生、市场监管等。业务领域由某一类业务单元构成；业务单元由某一类业务点构成，是业务点的集合；业务点是指需要公务员具体办理的业务。可以从政府职能、办事目录、行政许可项中梳理出政府各部门的主要业务。

业务领域的描述内容包括名称、主要功能、涉及的部门/机构、包含的业务单元等，业务单元的描述内容包括名称、主要功能、涉及的部门/机构、包含的业务点等，业务点的

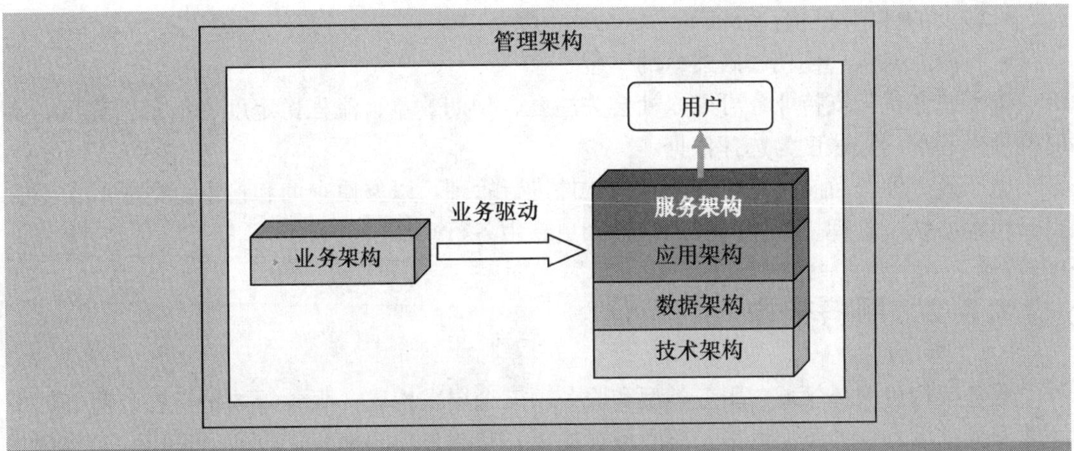

图 7-5　地方电子政务总体框架

描述内容包括名称、类型、功能、法律依据、流程、输入、输出、涉及的部门/机构、行政相对人等。

以某市公共安全为例，业务领域“维护公共安全”描述如下：

- 名称：维护公共安全
- 主要功能：保障人民生命财产安全
- 涉及的部门/机构：公安局、安全生产监督管理局、食品药品监督管理局、质量技术监督局、卫生局、交通委员会
- 包含的业务单元：社会治安管理、出入境管理、交通安全管理、人口管理、技防管理、消防管理、网络管理、食品安全管理、生产安全管理、产品质量管理

业务单元“社会治安管理”描述如下：

- 名称：社会治安管理
- 主要功能：维护社会治安
- 涉及的部门/机构：公安局
- 包含的业务点：大型群众文化体育活动安全许可，举行集会、游行、示威许可，刑事案件侦察，抓捕违法犯罪分子，爆炸物品使用许可证核发，剧毒化学品准购证核发……

业务点“爆炸物品使用许可证核发”描述如下：

- 名称：爆炸物品使用许可证核发
- 类型：社会治安管理
- 功能：严格管理民用爆炸物品，预防爆炸事故的发生，防止反革命分子和其他犯罪分子利用爆炸物品进行破坏活动，保障社会主义建设和人民生命财产的安全
- 法律依据：《中华人民共和国民用爆炸物品安全管理条例》《广东省民用爆炸物品管理实施细则》
- 流程：申报→审批→核发
- 输入：说明使用爆破器材的地点、品名、数量、用途、四邻距离的文件和安全操作规程
- 输出：爆炸物品使用许可证

- 涉及的部门/机构：公安局
- 行政相对人：使用爆破器材的单位

电子政务优先支持业务可以以社会关注度、预期效益、流程稳定度、信息密集度、实时性要求和部门关联度为选择依据。

电子政务业务目录体系可以用专门软件进行管理，以方便查询和检索。电子政务业务目录由编办统一管理，具体内容的维护和更新由各行政部门负责。

7.3.2 服务架构

服务架构由服务领域、服务类型和服务项三个层次构成。服务领域是指各政府部门的主要服务范围；服务类型由某一类服务项构成，是服务项的集合；服务项是指政府部门提供的具体服务项目。根据梳理出来的政府各部门主要业务来分析这些部门涉及的服务对象和服务内容，并对这些服务对象和服务内容进行归类，以此确定服务领域、服务类型和服务项。

公共服务对象是指政府部门提供的公共服务的接收方，主要分为企事业单位和社会公众两大类型。

面向企业的公共服务包括市场准入、单位登记、年审年检、资质认证、税收征缴、司法公证、投资融资、知识产权、政府采购、质量监督、安全防护、环境保护、项目审批、国土房产、人力资源、劳动保障、进口出口、政策信息等（见表 7-5）。

表 7-5 面向企业的公共服务架构

服务领域	服务类型	服务项
面向企业的公共服务	市场准入	食品生产许可证核发
		公共场所卫生许可证申办
		⋮
	单位登记	建筑业企业登记备案
		国内旅行社设立审批
		⋮
	年审年检	拍卖企业经营资格年检
		成品油零售经营资格批准证书年检
		⋮
	资质认证	建筑企业资质认证
		工程监理企业资质认证
		⋮
	税收征缴	个人独资合伙企业个人所得税核定征收
		个体户定期定额征收
		⋮
	⋮	⋮

面向社会公众的公共服务包括婚姻登记、生育收养、殡葬服务、户籍、教育培训、文化体育、就业、纳税、住房、医疗卫生、社会保障、出行旅游、公安司法、出国出境、信访、金融保险、三农、政策信息等。

服务领域的描述内容包括名称、主要功能、涉及的部门/机构、包含的服务类型等；服务类型的描述内容包括名称、主要功能、涉及的部门/机构、包含的服务项等；服务项的描述内容包括名称、功能、法律依据、流程、输入、输出、涉及的部门/机构、服务对象和服务手段等。

以某市面向企业的公共服务为例，“面向企业的公共服务”服务领域描述如下：

- 名称：面向企业的公共服务
- 主要功能：为企事业单位提供服务
- 涉及的部门/机构：工商局、地税局、经贸委……
- 包含的服务类型：市场准入、单位登记、年审年检、资质认证、税收征缴、司法公证、投资融资、知识产权、政府采购、质量监督、安全防护、环境保护、项目审批、国土房产、人力资源、劳动保障、进口出口、政策信息等

服务类型“市场准入”描述如下：

- 名称：市场准入
- 主要功能：某行业企业设立申请许可
- 涉及的部门/机构：发展改革委、经贸委、财政局、公安局、司法局、人事局、国土局、文化局、卫生局、教育局……
- 包含的服务项：食品生产许可证核发、公共场所卫生许可证申办、煤炭经营资格许可……

服务项“煤炭经营资格许可”描述如下：

- 名称：煤炭经营资格许可
- 功能：批准设立煤炭经营企业
- 法律依据：《中华人民共和国煤炭法》《煤炭经营监管办法》
- 流程：申请→受理→审批→颁发营业执照
- 输入（申报材料说明）：有与其经营规模相适应的注册资金；有固定的经营场所；有必要的设施和储存煤炭的场地；有符合标准的计量和质量检验设备；符合国家对煤炭经营企业合理布局的要求；法律、行政法规规定的其他条件
- 输出：营业执照
- 涉及的部门/机构：经济贸易委员会
- 服务对象：煤炭经营企业
- 服务手段：网站

可以将需求迫切度、服务覆盖面和预期效益作为服务优先级评价指标。

电子政务公共服务目录体系实际上是一个树形结构，可以用专门软件进行管理。电子政务公共服务目录由信息化主管部门统一管理，具体内容的维护和更新由各行政部门负责。

7.3.3 应用架构

应用架构由应用系统、功能模块和功能点三个层次构成，可以由业务架构映射（mapping）应用架构，其中业务域对应应用系统，业务单元对应功能模块，业务点对应功能点。应用系统描述内容包括名称、功能介绍、包含的功能模块、系统结构、接口、技术指标、运行环境、开发商、上线日期、版本等。功能模块描述内容包括名称、功能概述、包含的功能点、数据流图等。功能点描述内容包括名称、功能概述、页面转换、用例图等。

如果业务架构已经建立起来，应用架构很容易就可以建立起来。业务梳理为具体业务系统开发提供了需求分析依据以及需求描述的标准化方法。这样，各部门对自身的业务系统建设任务一目了然，业务系统之间应该留有什么样的接口也很明确，从而为业务协同奠定坚实的基础。

在应用架构中，单部门应用系统是指仅限于某个部门使用的特定信息系统。部门通用应用系统是指各个部门都要用的信息系统，如OA系统、人事管理信息系统、财务管理信息系统、后勤管理信息系统等。跨部门应用系统是指多个部门共同使用的信息系统。单部门应用系统由政府各部门负责建设，部门通用应用系统由信息化主管部门负责建设。跨部门应用系统由信息化主管部门和各有关部门组成联合项目领导小组，分工协作完成跨部门业务应用系统项目建设。

可以根据政府行政许可项、办事目录等确定具体的政府单部门应用系统、部门通用应用系统、跨部门应用系统。可以将重要性、迫切性和预期效益作为应用优先级评价指标。

7.3.4 数据架构

在信息社会的理想情况下，查询某个人的信息时，与这个人相关的信息都应该能查询到，如身份证号、住址、工作单位、教育经历、工作经历、纳税情况、婚姻状况、政治面貌、获奖情况、违法犯罪记录等信息；查询某家企业的信息时，与这家企业相关的信息都应该能查询到，如企业经营范围、纳税情况、产品质量情况、进出口情况、社保情况、不良记录等信息。

目前，城市元素信息分散在各个单位或部门，亟待进行整合。例如，人的户籍信息和违法犯罪信息在公安部门，教育信息在教育部门，社保信息在社会保障部门，婚姻信息在民政部门，生育信息在计生部门，政治面貌信息在党委，医疗信息在卫生部门。信息分割导致了人死后其家人继续领取退休金、个人不守信用得不到应有处罚等现象。这就需要建立数据架构，以便清晰、全面地描述城市中的个人、单位或环境，进而实现信息共享和业务协同。

数据架构由政务信息资源目录与交换体系、政务信息采集与更新体系以及政务信息公开与共享体系三大部分构成。

（1）政务信息资源目录与交换体系。

政务信息资源目录与交换体系是电子政务建设的重要基础设施，是面向需求实现信息共享和业务协同的重要支撑，是实现部门间政务信息资源共享的基础。

政务信息资源目录与交换体系包括目录体系与交换体系两大部分。通过目录体系可以实现对信息资源的有序化组织管理，各部门可以了解和掌握信息资源的基本概况，发现和定位所需要的信息资源。通过交换体系可以获取所需信息资源。

(2) 政务信息采集与更新体系。

政务信息采集体系由采集部门、采集手段、采集对象、采集流程、采集时间、采集周期、相关责任等构成。政务信息采集途径主要有仪器设备采集、申报材料、业务产生、其他部门提供等。

政务信息更新体系由更新部门、更新对象、更新流程、更新时间、更新周期、相关责任等构成。

(3) 政务信息公开与共享体系。

政务信息公开体系由政务信息公开内容、政务信息公开方式、政务信息公开程序、政务信息公开监督与救济、政务信息公开法律责任等组成，核心是政务信息公开目录。政务信息公开目录主要由类别、公开内容、公开方式、公开时限组成。

政务信息共享体系由政务信息共享部门、共享内容、共享方式、共享程序等组成，核心是政务信息共享目录。要围绕特定主题建立政务信息共享目录，如食品安全、突发性公共事件应急响应、流动人口管理等。以食品安全为例，建立政务信息共享目录，如表7-6所示。

表7-6 食品安全信息共享目录

共享部门	共享内容	共享方式	共享程序
公安部门	剧毒化学品购买信息	内部共享	有关规定
商务部门	• 酒类批发企业信息 • 连锁经营企业信息 • 保健食品经营企业信息	内部共享	有关规定
质监部门	• 食品生产加工企业信息 • 不安全食品召回信息	内部共享	有关规定
卫生部门	食品生产经营单位卫生许可信息	内部共享	有关规定
农业部门	食品生产许可信息	内部共享	有关规定
食品药品监管部门	食品药品监管信息	内部共享	有关规定
工商部门	食品生产经营企业登记信息	内部共享	有关规定
海关部门	食品进口信息	内部共享	有关规定

政府掌握的数据可以分为基础数据和专题数据两大类。信息化主管部门与某类基础数据密切相关部门可以共同组成一个工作组，负责该类基础数据库建设。专题数据可根据政府行政许可项、办事目录进行梳理，由各行政部门自行负责建设。政务信息资源目录与交换体系建设由信息化主管部门负责，政务信息采集与更新由各行政部门负责。

7.3.5 技术架构

电子政务技术架构由4个技术域、13个技术类和55个技术组件构成，其中4个技术域是指电子化服务技术域、技术平台域、通用技术域以及信息共享和业务协同域，如表7－7所示。

表7－7　电子政务技术架构

技术域	技术类	技术组件
电子化服务技术域	终端技术	网站
		呼叫中心
		电子信息屏
		电脑触摸屏
		移动终端
		电脑
		市民卡
	网络技术	互联网
		局域网
		无线网络
		物联网
	信息安全技术	访问控制
		入侵监测
		漏洞扫描
		数据加密
		灾难备份
		电子签章
		数字证书
技术平台域	网络平台	外网平台
		内网平台
	软件平台	开发环境
		配置管理
		软件测试
		版本管理
	数据及存储平台	存储网络
		硬盘阵列
		数据采集设备
		数据库管理系统
	计算平台	云计算平台
通用技术域	业务流程管理	业务流程分析
		业务流程再造
		工作流管理

续前表

技术域	技术类	技术组件
	IT 服务管理	级别管理
		财务管理
		能力管理
		持续性管理
		可用性管理
		配置管理
		变更管理
		发布管理
		事件管理
		问题管理
	公共应用系统	政府资源规划
		客户关系管理
		政务智能
		表单工具
信息共享和业务协同域	集成	数据级集成
		应用接口级集成
		业务流程级集成
	互操作	数据互操作
		语义互操作
		系统互操作
	接口	数据接口
		应用接口
		硬件接口

信息化主管部门负责电子政务网络规划、建设和管理。其中，对电子政务硬件进行管理，关键是制定一个各部门电子政务硬件配置规范以及硬件运行维护的管理办法。对电子政务软件进行管理，关键是制定一个各部门电子政务软件选型规范以及软件运行维护的管理办法。

信息化主管部门负责电子政务信息安全建设的总体规划、协调与技术指导。保密机关负责电子政务信息安全保密工作。密码管理机关负责密码管理工作。公安机关负责网络信息安全监控及有关案件调查工作。

7.3.6　管理架构

电子政务管理架构涵盖了《国家电子政务总体框架》中的法律法规、标准规范、管理体制这三部分内容。电子政务法律法规主要分为政策意见类、项目管理类、政务公开类、信息安全类、应用管理类、信息资源类、发展规划类等。电子政务标准规范主要分为综合类、管理类、信息资源类、工程技术类等。

在设计省市电子政务总体框架时，建议在省市政府首脑的直接领导下，信息化主管部门联合政府办公厅/室、编办、法制办等部门组成电子政务总体框架工作组。组长由信息化主管部门主任担任，副组长由政府办公厅/室主任、编办主任、法制办主任担任，组员来自信息化主管部门、政府办公厅/室、编办、法制办、第三方专业机构以及其他行政部门指定的联络员。电子政务总体框架要根据新形势、新情况及时进行修订，使版本不断升级。

7.4 电子政务战略规划

7.4.1 中国电子政务发展战略

2016年7月，中共中央办公厅、国务院办公厅印发了《国家信息化发展战略纲要》，提出“深化电子政务，推进国家治理现代化”。适应国家现代化发展需要，更好用信息化手段感知社会态势、畅通沟通渠道、辅助科学决策。持续深化电子政务应用，着力解决信息碎片化、应用条块化、服务割裂化等问题，以信息化推进国家治理体系和治理能力现代化。

（1）服务党的执政能力建设。推进党委信息化工作，提升党委决策指挥的信息化保障能力。充分运用信息技术提高党员、干部、人才管理和服务的科学化水平。加强信息公开，畅通民主监督渠道，全面提高廉政风险防控和巡视工作信息化水平，增强权力运行的信息化监督能力。加强党内法规制度建设信息化保障，重视发挥互联网在党内法规制定和宣传中的作用。推进信息资源共享，提升各级党的部门工作信息化水平。

（2）提高政府信息化水平。完善部门信息共享机制，建立国家治理大数据中心。加强经济运行数据交换共享、处理分析和监测预警，增强宏观调控和决策支持能力。深化财政、税务信息化应用，支撑中央和地方财政关系调整，促进税收制度改革。推进人口、企业基础信息共享，有效支撑户籍制度改革和商事制度改革。推进政务公开信息化，加强互联网政务信息数据服务平台和便民服务平台建设，提供更加优质高效的网上政务服务。

（3）服务民主法治建设。建立健全网络信息平台，密切人大代表同人民群众的联系。加快政协信息化建设，推进协商民主广泛多层制度化发展。实施“科技强检”，推进检察工作现代化。建设“智慧法院”，提高案件受理、审判、执行、监督等各环节信息化水平，推动执法司法信息公开，促进司法公平正义。

（4）提高社会治理能力。加快创新立体化社会治安防控体系，提高公共安全智能化水平，全面推进平安中国建设。构建基层综合服务管理平台，推动政府职能下移，支持社区自治。依托网络平台，加强政民互动，保障公民知情权、参与权、表达权、监督权。推行网上受理信访，完善群众利益协调、权益保障机制。

(5) 健全市场服务和监管体系。实施"多证合一""一照一码"制度，在海关、税务、工商、质检等领域推进便利化服务，加强事中事后监管与服务，实现服务前移、监管后移。以公民身份号码、法人和其他组织统一社会信用代码为基础，建立全国统一信用信息网络平台，构建诚信营商环境。建设食品药品、特种设备等重要产品信息化追溯体系，完善产品售后服务质量监测。加强在线即时监督监测和非现场监管执法，提高监管透明度。

(6) 完善一体化公共服务体系。制定在线公共服务指南，支持各级政府整合服务资源，面向企业和公众提供一体化在线公共服务，促进公共行政从独立办事向协同治理转变。各部门要根据基层服务需求，开放业务系统和数据接口，推动电子政务服务向基层延伸。

(7) 创新电子政务运行管理体制。建立强有力的国家电子政务统筹协调机制，制定电子政务管理办法，建立涵盖规划、建设、应用、管理、评价的全流程闭环管理机制。大力推进政府采购服务，试点推广政府和社会资本合作模式，鼓励社会力量参与电子政务建设。鼓励应用云计算技术，整合改造已建应用系统。

7.4.2　电子政务规划编制内容

电子政务规划内容一般包括电子政务发展现状和形势分析、总体思路、主要任务、重点工程和保障措施等。

电子政务发展现状和形势分析是指梳理电子政务发展现状和成绩，找出存在的问题及产生问题的原因，分析今后电子政务发展面临的形势。

总体思路包括今后一段时间电子政务发展的指导思想、基本原则和发展目标。指导思想要清晰，要具有较强的指导作用。基本原则要精炼，如统筹规划、注重实效。发展目标包括总体目标和具体目标，要尽可能提出一些量化目标。发展目标既不能定得太高，也不能定得太低，而是要与政府工作发展要求相结合。

主要任务可以从政府的经济调节、市场监管、社会管理、公共服务四大职能考虑总体建设内容，从基础设施、应用系统、信息资源开发利用、内部管理、公共服务、信息安全等方面考虑具体建设内容。例如，在经济调节方面，主要建设宏观经济基础信息库、宏观经济决策支持系统、财政管理信息系统、税务管理信息系统等；在市场监管方面，主要建设工商（物价）监管信息系统、质量监管信息系统、食品药品监管信息系统、安全生产监管信息系统等；在社会管理方面，主要建设突发事件处置和应急指挥系统、劳动保障信息系统等；在公共服务方面，主要建设政府公众网站、呼叫中心、在线审批系统、司法行政服务信息系统、公共医疗卫生服务信息系统、教育服务信息系统、气象服务信息系统、社区服务信息平台等。

重点工程根据主要任务来定，要具有可实施性。每个重点工程可以包括若干个具体项目。重点工程要明确建设目标、建设内容、建设周期、经费预算、牵头部门等。

保障措施主要包括组织管理、标准规范、人才队伍、资金投入等方面。例如，电子政务建设必须理顺管理体制、工作机制，形成合力，有序推进。要及时组织编制、出台电子政务标准规范，提高工程项目质量，促进互联互通。要加快不同层次的电子政务人才培养，发挥高校、专业培训机构的力量。要建立多元化的电子政务建设投融资渠道。

7.4.3 电子政务规划编制流程

电子政务规划编制一般包括选择编制单位、召开项目启动会、开展调查研究、编制规划初稿、评审、对规划进行修改、定稿和发布等阶段，如图 7－6 所示。

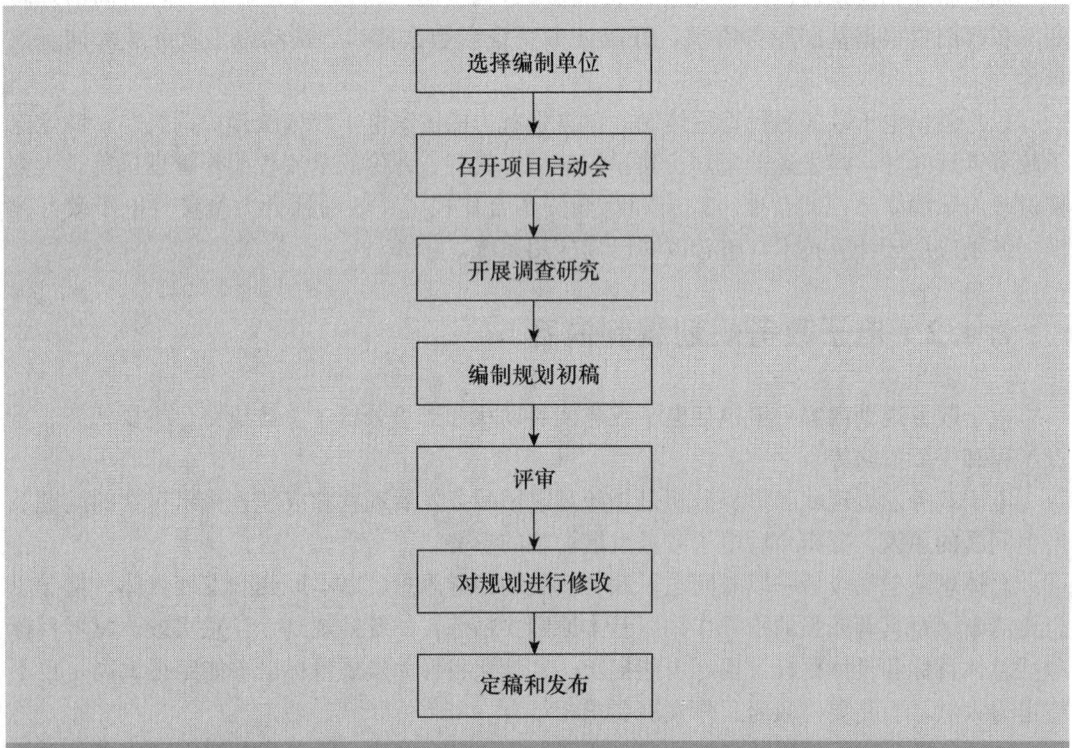

图 7－6　电子政务规划编制流程

电子政务规划既可以由信息化主管部门自行编制，也可以委托第三方专业机构编制。在选择第三方专业机构时，要综合考虑其行业背景、相关项目成功案例、项目团队研究实力、项目需求理解、报价等。

选定电子政务规划编制单位以后，要召开项目启动会。由于电子政务规划涉及多个行政部门，行政部门的参与程度往往决定规划内容的合理性。只有各个行政部门积极参与，充分了解它们的需求，才可能编制出可操作性强的规划文本。为此，可以由信息化领导小组组长担任项目领导小组组长，由信息化主管部门领导担任项目执行小组组长，第三方专业机构领导担任项目执行小组副组长，信息化主管部门和第三方专业机构抽调人员组成项目执行团队。

编制电子政务规划一定要做好调研工作。第一手资料可以通过单独面谈、电话访谈、集体座谈、问卷调查等方式获得，第二手资料可以通过用网络搜索引擎搜索、图书馆资料文献借阅、电子期刊文献检索、向其他单位索取有关资料等方式获得。设计好的访谈提纲和调查问卷非常重要，因为访谈提纲和调查问卷设计得好，调研效果才理想，而调研效果直接影响规划编制质量。

项目承担单位在调查研究、资料分析的基础上，着手编制电子政务规划文本初稿。初稿完成后，信息化主管部门要召开规划初稿审查会，对初稿提出修改意见。项目承担单位根据审查会意见对规划初稿进行修改。接着，信息化主管部门召开项目评审会，信息化领导小组成员、评审专家参加，对规划文本提出修改意见。项目承担单位根据评审会意见完成修改后，由项目领导小组组长决定是否可以定稿。如果不能，继续修改直至可以定稿。定稿后，电子政务规划文本就可以以政府文件形式发布，各有关部门遵照执行。

7.4.4 电子政务规划编制方法

常用的电子政务规划编制方法有 SWOT 分析法、利益相关者分析法和标杆分析法。

(1) SWOT 分析法。

SWOT 分析法是由旧金山大学的管理学教授韦里克于 20 世纪 80 年代初提出来的。所谓 SWOT 分析，就是将与研究对象密切相关的各种主要内部优势（strength）、劣势（weakness）、机会（opportunity）和威胁（threat）等，通过调查列举出来，并依照矩阵形式排列，然后用系统分析的思想，把各种因素相互匹配起来加以分析，从中得出一系列相应的结论，而结论通常带有一定的决策性（见图 7－7）。运用这种方法，可以对研究对象所处的情景进行全面、系统、准确的研究，从而根据研究结果制定相应的发展战略、计划以及对策等。因此，SWOT 分析法常常被用于制定发展战略。

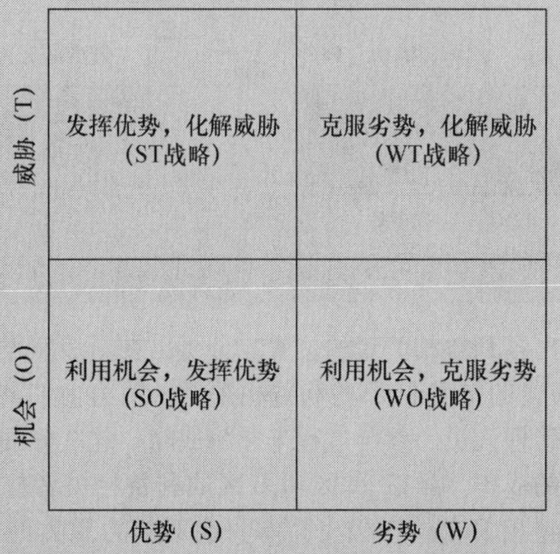

图 7－7　SWOT 矩阵

SWOT 分析主要包括分析环境因素、构造 SWOT 矩阵、制订行动计划三个步骤。首先运用各种调查研究方法，分析本地区或本部门所处的各种环境因素，包括外部环境因素和内部环境因素。外部环境因素分为机会因素和威胁因素，它们是外部环境对本地区或本部门的发展有直接影响的有利和不利因素，属于客观因素。内部环境因素包括优势因素和劣势因素，它们是本地区或本部门在其发展中自身存在的积极和消极因素，属于主观因素。

然后将调查研究得出的各种环境因素根据轻重缓急或影响程度进行排序，构造 SWOT 矩阵。一般将那些对本地区或本部门发展有直接的、重要的、巨大的、深远的影响的因素优先排列出来，而将那些有间接的、次要的、少许的、短暂的影响的因素排列在后面。

在完成环境因素分析和 SWOT 矩阵的构造后，就可以制订出相应的行动计划。制订行动计划的基本思路是：发挥优势，克服劣势，利用机会，化解威胁；考虑过去，立足当前，着眼未来。运用系统分析的综合分析方法，将排列与考虑的各种环境因素相互匹配起来加以组合，得出一系列本地区或本部门未来发展的可选择对策。

（2）利益相关者分析法。

电子政务利益相关者一般包括政府官员、IT 厂商、企事业单位和社会公众用户。由于这些利益相关者所代表的利益不同，他们的期望必然有所不同。这就需要规划编制者了解和分析不同利益相关者的期望，并根据他们的权力给出各自的权重。

估计利益相关者期望的重要性需要在以下三个问题上做出判断：每个利益相关者的期望对规划编制单位的重要性如何；他们是否有能力使规划编制单位重视其期望；利益相关者的期望对未来电子政务发展战略可能的影响。确定利益相关者的位置有两种方法：权力—动力矩阵和权力—利益矩阵（见图 7－8）。前者用来确定在发展新战略时如何引导政治权力，后者用来确立规划编制单位与利益相关者的关系和策略。

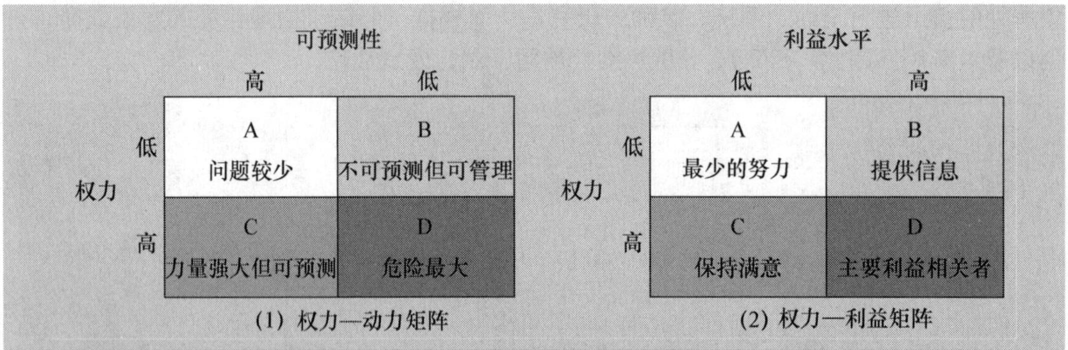

图 7－8　利益相关者分析矩阵

权力—动力矩阵指出各利益相关者的位置，分析出在新战略发展过程中在哪儿应该引入“政治力量”。最难应付的是 D 区那些利益相关者，因为他们的观点很难预测。C 区的利益相关者可能会通过管理人员的参与过程来影响战略，这些管理人员同意他们的观点并建立那些代表他们期望的战略。虽然 A 区和 B 区的利益相关者权力很小，但这并不意味着他们不重要。这些利益相关者的积极支持本身会对权力更大的利益相关者的态度产生影响。

权力—利益矩阵根据利益相关者与其持有的权力的关系，以及从何种程度上表现出对组织战略的兴趣对其分类。这个矩阵指明了组织需要建立的与各利益相关者之间的关系的种类。在制定和发展新战略的过程中，应重点考虑主要角色（D 区）是否接受该战略。那些最困难的利益相关者经常是 C 区的利益相关者，虽然这些利益相关者总的来说是相对被动的，但要注意利益相关者影响战略的方式受特定事件的影响，即特定事件促使他们对战略产生影响。因此，全面考虑利益相关者对未来战略的可能的反应非常重要。如果低估了他们的利益，他们突然重新定位于 D 区并且阻止采用新战略，那么情况就会很糟。类似地，需要正确地对待 B 区中利益相关者的需要，主要通过信息来满足。在影响更有权力的利益相关者的态度时，他们是非常重要的联盟。

（3）标杆分析法。

标杆分析法是指将本地区或本部门的电子政务建设情况与电子政务最佳实践进行比较，从而提出行动计划，以弥补自身的不足。电子政务标杆分析的主要内容包括基础设施、应用系统、信息资源开发利用、信息安全、组织管理、资金投入等各个方面。

标杆分析法有助于政府部门发现与其他部门在电子政务方面存在的差距。通过对电子政务先进单位进行标杆分析，可以从电子政务先进单位那里得到有价值的经验，用于改进本地区或本部门的电子政务建设工作，建立起相应的赶超目标。做跨行业的技术性的标杆分析（如电子政务与企业信息化进行对比分析），有助于促进信息技术跨行业渗透。

电子政务标杆分析法可以分为战略层标杆分析、操作层标杆分析和管理层标杆分析三个层次。战略层标杆分析是将本地区或本部门的电子政务发展战略与先进地区或部门的电子政务发展战略进行比较，找出成功战略中的关键因素。操作层标杆分析主要集中在比较信息基础设施、应用系统、信息安全、公共服务等方面的差异性。管理层标杆分析则主要从组织管理、标准规范、人才支撑、资金投入等方面进行比较。

标杆分析法还可以分为针对竞争对手的标杆分析和瞄准一流单位的标杆分析。前者一般仅限于同一区域或同一系统的部门，其目的主要是发现竞争对手的优点和不足，针对其优点，取长补短；根据其不足，选择突破口。而后者的范围就要广得多，可挑选任何电子政务绩效优良的地区或部门，其好处是更能博采众长。另外，由于不存在竞争关系，交流信息的障碍少。

实施标杆分析法的主要步骤有确定内容、选择目标、收集分析数据、确定行动计划、实施计划和跟踪结果。首先要确定进行标杆分析的具体项，选择具体的标杆分析对象。通常，竞争对手和行业领头羊是标杆分析的首选对象。然后收集资料，充分了解标杆单位的做法。最后确定缩短差距的行动目标和应采取的行动措施，这些目标和措施必须融合到今后工作部署或计划中，并定期评估达到目标的程度。如果没有达到预期目标，就需要修正行动计划。

本章小结

本章首先概述了电子政务顶层设计，分析了电子政务顶层设计与规划的区别。然后介绍了美国、加拿大、英国、德国、欧盟、澳大利亚、新加坡、中国的电子政务总体框架，对中美电子政务总体框架进行了比较。接着又提出了地方电子政务总体框架设计方法，并具体介绍了业务架构、服务架构、应用架构、数据架构、技术架构和管理架构。最后介绍了我国电子政务发展战略，论述了电子政务发展规划编制内容、编制流程和编制方法。

关键术语

顶层设计　FEA　E-GIF　电子政务总体框架　业务架构　服务架构　应用架构　数据架构　技术架构　管理架构　SWOT 分析法　利益相关者分析法　标杆分析法

复习思考题

1. 电子政务顶层设计与电子政务规划有何区别？
2. 中美电子政务总体框架有何不同？
3. 美国电子政务总体框架 FEA 包含哪些参考模型？请简要描述每个参考模型。
4. 电子政务总体框架由哪几个部分构成？请简要描述每个部分。
5.《国家信息化发展战略纲要》提出了哪些电子政务发展重点？
6. 如何才能编制好电子政务发展规划？

第8章 电子政务信息共享和业务协同

政府部门之间开展信息共享和业务协同，使电子政务从单项应用走向综合集成，是电子政务发展的高级阶段。开展电子政务信息共享和业务协同，有利于解决行政“碎片化”和“信息不对称”问题，有效堵住市场监管和社会管理的漏洞，提升公共服务水平。各级政府部门要从全局高度、大局意识出发，高度重视电子政务信息共享和业务协同工作。

重点问题

- 什么是整体政府？
- 如何开展全生命周期管理？
- 什么是协同政务？
- 为什么要开展电子政务信息共享和业务协同？
- 开展电子政务信息共享和业务协同有什么意义？
- 如何推进人口、法人单位和地理信息的共享和业务协同？
- 如何推进一个城市的电子政务信息共享和业务协同？
- 上海、杭州和广州在电子政务信息共享和业务协同方面的哪些做法值得借鉴？

8.1 整体政府和全生命周期管理

8.1.1 整体政府

整体政府是指各部门在多领域协力合作，共同对政策制定、项目管理和服务提供做出一致协调的努力。整体政府是一种通过横向和纵向的协调来实现预期行政效果的政府改革模式。整体政府着眼于政府部门间、政府间的整体性运作，主张行政管理“从分散走向集中，从部分走向整体，从破碎走向整合”。

“整体政府”理论是在反思和扬弃传统的官僚制和碎片化的新公共管理的基础上形成和发展起来的。

20世纪50年代到70年代，西方各国普遍采用传统的官僚制。这种模式的基本特点是凸显政府本位，由政府机构以制度和规则的方法来提供公共服务，其服务的范围主要集中在政府组织的内部。这种模式的主要缺陷是对公众的公共服务需求反应迟钝，出现“政府失败”和“公共服务失灵”。因此，传统的官僚制就成为西方政府改革的直接靶标。

20世纪70年代以后，西方各国先后开展了以“政府再造”为主要内容的新公共管理改革运动。其改革取向是用新公共管理替代传统的官僚制。新公共管理以“企业家政府”为理论模型，以私有化、分权化、市场试验、强制性竞争、服务质量等市场化方法为基本特征，其公共服务的范围也从政府组织的内部走向外部，回归公民本位，注重公民对公共服务的偏好和选择。新公共管理的主要做法是建立分散化和小型化的执行机构，缩小官僚机构的规模，降低其集中化程度，并在公共服务供给主体之间广泛开展竞争。从实际效果上看，新公共管理的市场化方法和竞争机制大大提高了公共服务的效率，但碎片化的制度结构导致公共服务的碎片化，既在总体上抑制服务效率的持续提高，也与公共服务的公共性相悖，从而使西方各国公共服务改革再次陷入困境。

20世纪90年代中后期，以英国为代表的西方各国开启了以“整体政府”为主要内容的第二轮政府改革运动。1997年，布莱尔所在的工党在大选中获胜，取得执政地位。工党政府为了克服公共服务官僚制方法的缺陷，同时超越新公共管理方法所造成的困局，制定了“整体政府”发展规划，主张用“整体政府”方法进行公共服务改革。1999年，布莱尔政府颁布《政府现代化白皮书》，推出一个实施“整体政府”改革的十年规划。这个规划包括五项政策建议：提供回应性公共服务、提高公共服务的质量、重视公共服务的价值、改进政策制定以及建立信息时代的政府。前三项政策建议是关于公共服务改革的主体性内容，后两项政策建议也与公共服务改革密切相关，是公共服务改革的政策保证和技术基础。这五项政策措施彰显出一种新的改革取向，就是构建“整体政府”公共服务模式。比如，回应性公共服务的基本措施包括通过地方伙伴关系、一站式服务中心和其他方法强力排除协同工作的障碍进行民意调查，收集公共服务需求信息，促进各部门合作，实行整合服务，满足多方需求。又如，提高公共服务质量的措施表现为：建立公共服务标准和新的公共服务协议，并通过跨部门的公共服务标准和协议，使各部门之间的“协同”工作得以实现，同时密切监视服务效能，对服务质量差的组织进行督察，对服务质量好的组织给予充分的自由，并使二者之间达到适度的平衡。

随着英国“整体政府”改革不断取得成效，澳大利亚、新西兰、荷兰、瑞典等国相继进行了“整体政府”改革，加拿大、美国等国的地方政府也进行了类似“整体政府”的公共服务改革。目前，建立“整体政府”已成为西方国家公共服务改革的普遍性诉求。

“整体政府”在批判与继承韦伯官僚制、企业家政府的基础上提出了一种新的行政模式，开辟了后公共管理时代行政体制改革的新视野。

行政管理采取专业化分工的方法，虽然提高了行政效率，但同时带来了“行政碎片化”问题。人民群众被一些政府部门来回“踢皮球”，类似“八个大盖帽管不住一棵豆芽菜”的事件屡见报端。“行政碎片化”问题削弱了政府回应社会关切的能力，损害了政府在人民群众心目中的形象。长此以往，“行政碎片化”的危害不容小觑。

随着跨地区、跨部门的公共事务越来越多，传统条块分割、“铁路警察，各管一段”式的行政管理体制越来越难以适应现代经济社会发展的实际要求。然而，行政管理体制改革不是一朝一夕的事情，现行的行政管理体制不可能推倒重来。在现行的行政管理体制框架下，如何打破政府部门之间的藩篱，构建“整体政府”，是一个非常值得研究的课题。

党中央提出“全面依法治国”，实施“网络强国”战略。在新时期，构建“整体政府”，必须用“法治思维”和“互联网思维”，采取“制度＋技术”的方法。

(1) 构建“整体政府”的法治思维。

为了解决“行政碎片化”问题，包括国务院在内的各级政府部门做了许多努力，取得了一定成效。例如，国务院和一些地方政府开展了大部制改革，撤并了一些政府部门。国务院设立了一些议事协调机构，在一些领域建立了“部级联席会议”制度。许多地方政府都设立了诸如“某某领导小组办公室”之类的议事协调机构。

通过大部制改革，可以合并一些政府职能。但是，一些复杂的公共事务涉及许多政府部门，不可能把相关的政府部门都合并了。而议事协调机构往往不是政府组成部门，许多议事协调机构还是临时的，甚至是事业编制，协调能力非常有限。因此，推行“大部制”改革、设立议事协调机构无法从根本上解决“行政碎片化”问题。

“整体政府”首先应该是“法治政府”。研究制定行政程序法，明确相关政府部门在应对跨地区、跨部门公共事务时的行政程序，是构建“整体政府”的前提条件之一。据统计，截至2015年11月，全国已有12个地区出台了行政程序规定。国内法学界许多专家学者都提出要制定“中华人民共和国行政程序法”，并起草了三份较有影响力的试拟稿，如北京大学宪法与行政法研究中心主任姜明安教授牵头起草的试拟稿。

《中共中央关于全面推进依法治国若干重大问题的决定》提出：“深入推进依法行政，加快建设法治政府”，“完善行政组织和行政程序法律制度，推进机构、职能、权限、程序、责任法定化”。在许多部门公布的三定方案中，很少有该部门处理跨部门事务、共享政务信息等方面的职能规定。在行政程序法中，要有政府部门如何处理跨地区、跨部门事务方面的规定，要有政务信息共享方面的规定。在实施细则中，要明确政府部门处理跨地区、跨部门事务的职能、权限、程序和责任，做到“权责一致”，避免政府部门之间“扯皮”或“踢皮球”。要明确在应对跨地区、跨部门事务时政府部门之间哪些信息必须共享。此外，对于某些领域存在监管空白的现象，要确定在没有明确主管部门情况下由哪个部门来管。

(2) 构建“整体政府”的互联网思维。

我国已经进入信息社会、互联网时代。在新的时代背景下，构建“整体政府”要有新思路、新方法。

党的十八届五中全会提出实施网络强国战略，实施“互联网＋”行动计划，发展分享经济，实施国家大数据战略。物联网、云计算、移动互联网和大数据等新一代信息通信技术的快速发展，为构建“整体政府”提供了良好的技术条件。

互联网是个“连接器”，可以很方便地把不同政府部门、企事业单位和社会公众连接起来。推行“互联网＋政务”，有利于构建“整体政府”，实现“协同治理”，提高政府办事效率和公共服务水平，推进国家治理体系和治理能力现代化。

“行政碎片化”的一个重要表现是“政务信息碎片化”。政府部门之间“信息不对称”，是造成市场监管和社会管理漏洞的重要原因，而推行“互联网＋政务”可以堵住这些漏洞。例如，以前由于税务部门不掌握工商部门的市场主体注册登记信息，企业和个体工商户拿到工商部门发放的营业执照之后就开始营业而不到税务部门纳税，造成税收流失。税务和工商部门信息共享后，税务部门可以及时掌握市场主体注册登记信息，催缴税款。重婚罪在很大程度上是由于婚姻登记信息没有实现全国联网造成的。如果婚姻登记信息全国联网，某人登记结婚后，如果再到别的地方登记结婚，系统就会自动提示并禁止登记。因此，推行“互联网＋政务”，实现跨地区、跨部门政务信息共享，可以解决、避免许多市场监管和社会管理方面的问题，极大地提升各级政府部门治理经济社会的能力。

简政放权之后，如何加强事中事后监管，是许多政府部门面临的现实问题。加快建设社会信用体系，通过实行信用监管来加强事中事后监管，是一个解决之道。建立跨地区、跨部门的信用信息平台，实现信用记录全国联网，有利于在市场监管和社会管理领域实行分类管理和“精确监管”。要建立针对法人和自然人的全生命周期信用监管体系。对于法人，可以通过“信用代码”关联该企业从“注册”到“注销”的信用记录。对于自然人，可以通过“身份证号”关联此人从“摇篮”到“坟墓”的信用记录。通过开展信用联合惩戒，可以提高违法犯罪的机会成本，促进市场主体和人民群众遵纪守法。

“行政碎片化”和“政务信息碎片化”是制约政府办事效率和公共服务水平提高的重要原因。传统行政模式下，人民群众办事很不方便，要一个一个部门跑。而以部门为中心的电子政务建设，又导致人民群众办事时要一遍一遍地重复提交材料、重复填写信息。李克强总理在2016年《政府工作报告》中提出大力推行“互联网＋政务服务”，实现部门间数据共享，让居民和企业少跑腿、好办事、不添堵。推行“互联网＋政务”，实现跨地区、跨部门政务信息共享，提供一站式服务，让数据多“跑腿”，群众少跑腿，使多个政府部门以一个整体的形象出现，可以极大地提高政府办事效率和公共服务水平，避免“证明你妈是你妈”之类的问题。

综上所述，构建“整体政府”必须依靠“制度＋技术”。通过制定行政程序法使整体政府有法可依。通过综合运用物联网、云计算、移动互联网和大数据等新一代信息通信技术，推行“互联网＋政务”，使“整体政府”真正落地。

8.1.2 全生命周期行政管理和公共服务

产品生命周期管理（product lifecycle management，PLM）是覆盖了从产品诞生到消亡的产品生命周期全过程的、开放的、互操作的一整套应用方案。PLM可以从ERP、SCM、CRM系统中提取相关的信息，并使之与产品知识发生关联，实现产品从设计到生产，再到销售等整个生命周期的一体化管理。

虽然政府和企业的管理对象、管理方法不同，但企业管理和公共管理在某些方面是相通的。把产品生命周期管理应用到电子政务领域，有利于强化行政管理，提升公共服务水平。例如，依托法人单位基础信息库，梳理政府各部门掌握的企业信息，建立企业数据库，以组织机构代码为唯一标识，把分散在政府各部门的某个企业的所有相关信息串起来，实现企业全生命周期管理（enterprise life-cycle management，ELM）和全生命周期服务（enterprise life-cycle service，ELS）。依托人口基础信息库，梳理政府各部门掌握的个人信息，建立个人数据库，以居民身份证号为唯一标识，把分散在政府各部门的某个个人的所有相关信息串起来，实现个人全生命周期管理（citizen life-cycle management，CLM）和全生命周期服务（citizen life-cycle service，CLS）。

8.2 从协同商务到协同政务

8.2.1 协同商务

现代企业的竞争已经不是单个企业之间的竞争，而是供应链之间的竞争，即企业不但要依靠自己的资源，还必须把经营过程中的有关各方如供应商、制造工厂、分销网络、客户等纳入一个紧密的供应链中，这样才能在市场上获得竞争优势。

这对供应链协作应用提出了新的要求，即通过数据收集提供一个供应链视图，客户可以提前管理和监控库存（包括供应商、仓库、商店等）的变化，进而针对库存的变化实时预警。客户利用在采购过程中获得的数据，评价供货商的业绩。供应商也可以通过消费者的期望来评定自己的市场表现，以便采取行动来取得或巩固自己的有利地位。这种需求便催生出协同商务（collaborative business）。

协同商务意味着不仅要将企业内部部门，而且要将企业的合作伙伴、供应商、分销商和零售商甚至终端客户联系起来，统一计划和数据模式，形成动态联盟。所有成员在统一规划的运作下，进行产品的协同开发，物料的协同采购、生产、分销和交付。协同商务使得信息传输环节耦合化、信息处理环节并行化，促进了企业之间的信息共享和业务协同，可以实现多赢的局面。

协同商务的“协同”具体体现在以下五个方面：

（1）信息协同。

采购方与供应方共享信息。采购方将其库存情况和所需产品的要求等信息传递给供应方，使供应方对其上游企业有很好的可视性，提高交货的准确性和速度；供应方也将有关自己产品的信息与采购方分享，加强双方的沟通信赖。

（2）产品生产协同。

在整个动态联盟进行统一规划和生产时，需要供应商的协同，通过信息反馈在供应商之间促进质量改善和质量保证。

（3）产品设计协同。

客户或企业科研部门设计个性化产品的同时，将设计信息及时与供应商共享，使供应商可以在第一时间进行产品开发和设计，更好地满足需要。

（4）采购协同。

企业将近期的采购计划定期下达给商务链上的上游供应商，同时将采购订单下达给供应商；供应商可根据企业的采购计划和订单进行生产安排，并将执行情况及时上传。若供应商确认不能完成采购订单，应迅速反馈给企业，使企业对之有明确的了解，及时调整生产计划或寻找其他方案。

（5）预测协同。

通过 ERP 的延伸，可以从市场的变化推测出企业对产品的变化，并将变化通过采购平台传递给供应商。后者据此调整自己的备货计划，提高抵御风险的能力。

8.2.2 协同政务

把企业管理领域的协同商务思想引入公共管理领域，就产生了“协同政务”（collaborative governance）这一新概念。协同政务是指在信息化的背景下，政府部门之间利用信息技术手段进行跨部门业务协作，最终通过改变行政管理方式方法实现政府资源得到最充分利用的新型政府工作模式。

美国联邦政府在电子政务建设中提出了“让人们点击 3 次鼠标把事情办完”的口号。这就需要有一套高效的协同政务系统，减少企业或老百姓与政府部门打交道的时间和成本。许多企业或老百姓要办理的事情往往涉及多个政府部门，特别是一些行政审批事项。传统方式是企业或老百姓自己挨个部门跑，直到办理完毕。在协同政务条件下，政府部门可以通过网络联合办公，企业或老百姓只要在政府网站下载有关电子表格，填好后递交给网站就行了，剩下的事情由相关政府部门处理，并把最终结果反馈给他们。这样，政府办事效率可以得到显著提高，企业或老百姓可以有更多的时间为社会创造财富。协同政务系统常用的信息技术包括计算机支持下的协同工作技术、工作流管理技术、中间件技术和 Web 服务技术等。

开展协同政务是打破目前电子政务建设中各自为政、“信息孤岛”的局面、避免电子政务投资黑洞的必然要求。目前，中国各级政府部门建立了大量独立的政务信息系统，政务数据资源也分散在各个部门。这不仅造成了大量重复建设，提高了电子政务建设成本，而且割裂了电子政务系统之间的联系，造成政务信息不能共享，引发一系列问题。例如，有的企业虽然在工商部门登记注册了，但没有在税务部门登记注册，以偷逃税款；有的老人死了好几个月甚至几年，在公安部门注销了，但没有在社会保障部门注销，其家属依然领着退休金或养老金。因此，迫切需要开展协同政务建设。

总的来说，协同政务建设可以从下面几个方面入手：

（1）深化行政管理体制改革。

信息化毕竟是一种手段，不可能取代行政管理。许多专家认为“电子”只是手段，“政务”才是核心。在现代信息技术飞速发展的今天，相对滞后的行政管理体制和思想观念是制约电子政务发展的因素之一。工业时代的行政管理方式已不适应信息时代的行政管理要求，计划经济情况下的行政管理方式已不适应市场经济情况下的行政管理要求。政治体制改革是中国进一步深化改革的重要内容，行政管理体制改革则是进行政治体制改革的关键。而行政管理体制改革的重要内容之一正是进行电子政务建设，开展协同政务。协同政务建设需要打破政府部门各自为政、“信息孤岛”的局面，理顺一些涉及多个部门的公共事务管理体制。

（2）建立部门利益协调机制。

部门利益是指行政部门偏离公共利益导向，追求部门局部利益，变相实现小团体或少数领导个人的利益。在决策或履行职能过程中，有些部门过多从本部门利益出发，过于强调、维护与谋取本部门利益，影响了决策的战略性、全局性和前瞻性，损害了社会公正与大众利益，增添了国家经济及政治风险。部门利益化的确存在一些危害，但要彻底消除部门利益是不可能的。与其采取“堵”的方式，不如采取“导”的方式，即通过对话、协商、立法等方式协调政府部门之间的利益关系。在协同政务建设中，单位预算、拨款制度决定了必须要协调部门利益。例如，银行、税务、法院、公安等部门都要到工商局查阅企业信息，按照国家有关规定，工商局是不允许收费的，但这项工作又的确给工商局增加了工作负担。工商局不仅要抽出工作人员帮助查阅，还要无偿提供复印机、打印机等设备，这对部门利益的影响不言而喻。所以，开展协同政务建设必须建立部门利益协调机制。

（3）统一电子政务标准规范。

中国电子政务标准化、规范化工作明显滞后于电子政务建设，强制性标准规范文件不多，建议性标准规范文件又缺乏约束力。各个部门自行开发或外包给 IT 厂商开发的软件系统往往缺乏标准化、规范化，现有系统与以前系统的兼容性差，不同 IT 厂商开发的系统之间兼容性差，政府部门内部、政府部门之间往往无法互联互通。从行政隶属关系上看，中央部委与各个省、市、县相关厅局的关系可分为指导关系和直属关系。在电子政务投资中，属于直属关系的基本由中央财政拨款投资，属于指导关系的由地方财政拨款投资。但不论谁拨款投资，都必须进行信息共享，这就要求从上到下统一规划、统一标准，以便开展协同政务。目前，电子政务数据库、业务系统、政府门户网站都缺乏标准规范，不仅使政务信息无法共享，而且使电子政务绩效评价难以开展。因此，建议政府有关部门与 IT 厂商合作，尽快制定有关标准规范，使电子政务系统能够“互联互通、共建共享”。

（4）对现有电子政务系统进行整合。

在实际电子政务建设过程中，即使是同一系统的政府部门，也可能存在不同类型的数据库管理系统，存在由不同 IT 厂商用不同软件开发工具开发的业务系统，更何况隶属于不同系统的政府部门。面对大量存在而且耗费了巨资的“信息孤岛”，全部推倒重建是不太现实的。况且行政管理体制改革需要一个长期的过程，不是一朝一夕能够解决的。为了不让已有的投资失去效用，利用技术手段对现有电子政务系统进行整合才是明智之举，如中间件技术、Web 服务技术、计算机支持下的协同工作技术、工作流管理技术。

需要强调的是，“协同政务”和“一站式服务”是两个不同的概念。“协同政务”的概念是从系统后台角度来说的，强调后台各个子系统的整合；而“一站式服务”的概念是从系统前台角度来说的，强调用户通过单一窗口办事。例如，某市一个塑胶厂建设审批项目，土地划拨归市国土资源局管、环境问题归市环保局管、工厂选址归市规划局管、企业纳税归市国税局和市地税局管、注册登记归市工商局管……要在网上完成审批工作，市国土资源局、市环保局、市规划局、市国税局、市地税局、市工商局等部门的电子政务系统必须连接起来，分工协作完成项目审批工作。项目审批过程大致如下：企业办事员在项目集中受理中心网站上填写各种申请表格，并把项目申请书以及各种证件、单据、报表等递交给协同政务系统，系统自动进行任务分解，并把办事要求和相关材料传送到各个政府部门，由部门工作人员分工协作完成审批任务。审批完以后，系统自动发送电子邮件告诉企业办事员。在这个例子中，各个局的信息系统联合完成了项目审批事务，这是一种"协同政务"；企业办事员通过单一窗口与政府打交道，享受的是"一站式服务"。

8.3 电子政务信息共享和业务协同的背景与意义

8.3.1 电子政务信息共享和业务协同的背景

电子政务信息共享和业务协同是指多个政府部门之间为了某些实际需要，相互交换特定的数据或信息，相互协作，共同处理跨部门事务。

现代政府事务经常涉及多个部门，需要有关政府部门共享信息，协同工作。以食品安全为例，从国务院食品安全委员会的组成部门来看，食品安全涉及国家食品药品监管总局、农业部、国家质检总局、国家工商总局、商务部、国家卫计委、公安部、工业和信息化部等多个部委。农业部负责食用农产品从种植养殖到进入批发、零售市场或生产加工企业前的质量安全监督管理，负责兽药、饲料、饲料添加剂和职责范围内的农药、肥料等其他农业投入品质量及使用的监督管理，负责畜禽屠宰环节和生鲜乳收购环节质量安全监督管理。国家质检总局负责食品包装材料、容器、食品生产经营工具等食品相关产品生产加工的监督管理，负责进出口食品安全、质量监督检验和监督管理。国家工商总局负责保健食品广告活动的监督检查。商务部负责流通、餐饮领域的食品安全工作。国家卫计委负责食品安全风险评估和食品安全标准制定，同国家食品药品监管总局等部门制订、实施食品安全风险监测计划。公安部负责组织指导食品犯罪案件侦查工作。工业和信息化部承担食品行业管理工作。为了保障食品安全，就需要这些部门共享信息，协同工作（见表8－1）。

表8－1　除国家食品药品监管总局以外其他部委在食品安全方面的机构和职责

部委	部门	职责
农业部	农产品质量安全监管局	拟订农产品质量安全发展战略、规划和计划，并组织实施；组织农产品质量安全监测和监督抽查，组织对可能危及农产品质量安全的农业生产资料进行监督抽查；负责农产品质量安全状况预警分析和信息发布；指导建立农产品质量安全追溯体系；组织农产品质量安全执法等
国家质检总局	进出口食品安全局	拟订进出口食品安全、质量监督和检验检疫的工作制度；承担进出口食品的检验检疫、监督管理以及风险分析和紧急预防措施工作；按规定权限承担重大进出口食品质量安全事故查处工作

续前表

部委	部门	职责
国家工商总局	消费者权益保护局	拟订保护消费者权益的具体措施、办法；承担流通领域商品质量监督管理工作；开展有关服务领域消费者维权工作；查处假冒伪劣等违法行为；承担指导消费者咨询、申诉，举报受理、处理以及网络体系建设工作
商务部	市场秩序司	承担流通领域食品安全相关工作，推动追溯体系建设。管理全国生猪屠宰行业
国家卫计委	食品安全标准与监测评估司	组织拟订食品安全标准，组织开展食品安全风险监测、评估和交流，承担新食品原料、食品添加剂新品种、食品相关产品新品种的安全性审查，参与拟订食品安全检验机构资质认定的条件和检验规范
公安部	经济犯罪侦查局	组织指导食品犯罪案件侦查工作
工业和信息化部	消费品工业司	承担食品行业管理工作

目前，各地区、各部门都不同程度地开展了电子政务，建立了政府网站，开发了业务系统，取得了一定的成效。但也存在一些亟待解决的突出问题，如条块分割、自成体系、“信息孤岛”、重复建设等问题未能得到根本解决，政务信息资源共享机制尚未形成，部门本位观念比较突出，电子政务的巨大潜能尚未有效发挥。

2003 年以来，“金财工程”“金税工程”“金盾工程”“金质工程”等一批垂直部门电子政务重大工程陆续启动建设。目前，大部分“金字工程”已经建成并投入运行，有的已进入二期或三期建设。总的来说，纵向的电子政务系统已经比较完善。然而，国务院和各级地方政府的电子政务系统还缺乏横向整合，造成许多“信息烟囱”“信息孤岛”，制约了电子政务整体绩效水平的提高。

从单个政府部门来看，许多政府部门随着单项应用系统的建成，面临如何对本单位几十个信息系统进行整合的问题。信息系统无法互联互通，一线工作人员就得重复录入数据，给他们增加了不少工作量。从区域来看，一大批地方政府部门的信息化建设已粗具规模，而不少地方事务牵涉多个政府部门，如投资项目审批、应急管理、食品安全管理等，因此，相关部门对信息共享和业务协同的态度逐渐从被动变为主动。为发挥电子政务的整体效能，提高行政效率，堵住监管漏洞，提高公共服务水平，必须推进电子政务信息共享和业务协同。

近年来，不少政府部门对电子政务信息共享和业务协同的态度发生了变化，由过去的不愿意共享信息转为主动要求共享信息，与其他部门进行业务协同。目前，推进电子政务信息共享和业务协同的时机已经成熟。

8.3.2　电子政务信息共享和业务协同的意义

电子政务信息共享和业务协同，不仅可以有效提高政府的市场监管和社会管理水平，还可以简化办事流程，提高办事效率，提高公共服务水平。

（1）电子政务信息共享和业务协同有利于堵住政府监管漏洞。

一是可以防止企业偷税漏税。例如，广州市通过将市工商局的企业注册信息与市地税局的企业纳税信息进行比对，自动生成已注册但未办税务登记的企业名单，改变原来由税务登记调查员进行全面巡查的税务促登模式，在启动数据交换的当月，应办地税登记率就由 86.3%上升到 90.4%。二是加强流动人口管理。例如，2006 年广州市公安局与市劳动保障局第一次进行数据比对，就发现有 69 万已经在劳动部门办理就业备案的流动人员并未在公安部门办理暂住证。三是防止瞒领、冒领养老金。例如，广州市通过将市公安局人口死亡信息与市劳动保障局共享，掌握养老金发放对象动态情况，杜绝已故参保人的子女瞒领、冒领养老金的现象。

（2）电子政务信息共享和业务协同有利于提高政府办事效率。

通过信息共享和业务协同可以提高政府办事效率。例如，2007 年在广州市第一个限价房项目的网上申购工作中，通过共享市公安局的居民身份证号信息，市国土房管局申购系统自动验证了 2 万多人次的户籍情况，排除了约 24%的无效申请，缩短了市民现场提交资料时间，大大减少了政府工作人员审核资料的工作量。

（3）电子政务信息共享和业务协同有利于提高公共服务水平。

通过信息共享和业务协同可以提高公共服务水平。例如，2008 年，广州市启动企业赴港澳商务报备网上办理工作试点，市公安局通过共享市地税局和市国税局的企业年度纳税总额信息，就可为企业办理赴港澳商务报备手续、发放赴港澳通行证，提高了政府部门的公共服务水平。

8.4 电子政务信息共享和业务协同现状与对策

8.4.1 电子政务信息共享和业务协同现状

近年来，各地信息共享和业务协同取得了明显成效，初步建成了地方区域性支持跨部门信息共享和业务协同的基本框架。部门间信息共享的方式不断改进，共享的频率不断加快，共享的成本不断降低，共享的效率不断提高；信息共享部门不断增多，部门间共享信息内容日益丰富；部门间信息共享有效支撑了各部门核心业务的开展，提高了主要政府职能部门的履职能力，同时有效地避免了重复建设，电子政务综合效益逐步发挥。

2002 年和 2003 年，国信办、国家税务总局、国家工商总局、国家质检总局联合在北京、青岛、杭州、深圳和上海、浙江、沈阳、大连、济南、厦门、成都等地分两批开展了企业基础信息共享试点工作。各地通过工商、税务企业登记信息的实时交换，发现了大量在工商机关登记但未做税务登记或已注销工商登记仍然营业的行为，堵塞了监管漏洞，促进了财税增收；同时，较好地解决了有关部门交叉稽核的问题，提高了监管工作效率和公共服务水平。在一期北京、杭州试点时，就帮助税务部门发现 17 648 户和 5 021 户未按规定办理税务登记的纳税户，帮助工商部门注销 35 653 户企业。在二期试点时，仅济南市就查出漏税企业 15 534 户，补税罚款 3 470 万元，这些企业一年缴纳税款 4 776 万元，取得了明显的经济效益。

阅读材料

信息共享堵住税收漏管黑洞

企业在工商登记的信息对于税收征管工作来说非常重要，有一些企业在工商部门进行了登记，但没有在税务部门登记，直接导致了国家税收的流失。企业基础信息的共享问题，多年来一直困扰着税务部门。2002 年 10 月，企业基础信息交换试点工作启动。2003 年 7 月，国家税务总局、国家工商行政管理总局下发了《关于工商登记信息和税务登记信息交换与共享问题的通知》，为工商行政管理部门与税务部门之间信息的顺畅交换、有效共享提供了制度上的保障。第一批开展试点的北京、青岛、杭州、深圳 4 个城市，通过工商、国税、地税、质量技术监督部门一年的信息共享，已查出大量“漏管户”和“非正常户”。北京市在第一次税务与工商的数据比对中，就发现了上万条不一致的信息；青岛市共发现地税漏管户近 2 万户，国税漏管户近 3 万户，在税务部门登记而无工商注册的将近 4 万户；杭州市在工商注册但未做税务登记的企业占 23.6%；深圳市也发现漏管企业 8 400 多家。

资料来源：杨谷. 信息共享堵住税收漏管黑洞. 光明日报，2003-12-10.

2004 年 2 月，国务院信息化工作办公室、公安部、劳动和社会保障部、国家税务总局、国家标准化管理委员会联合启动了人口基础信息共享试点工作，选择了上海、扬州、湖南作为试点省市。通过对公民身份证号码、常住户口地址、死亡日期等信息进行汇总，并使用统一的数据交换代码实现资源共享，使各部门能随时监控公民的个人信用记录、纳税状况等信息，从而有效遏止一些不法分子冒领养老金、骗取保险金、欠缴税款等现象。

2008 年 12 月，工业和信息化部在杭州召开了深化地方电子政务信息共享和业务协同工作座谈会。会上，北京、上海、内蒙古、广州、杭州等地方介绍了电子政务信息共享和业务协同工作经验，与会代表进行了讨论交流，还现场考察了杭州市政务信息资源共享和业务协同试点项目建设情况。

2009 年 12 月，工业和信息化部信息化推进司在扬州召开全国地方电子政务信息共享和业务协同经验交流会。会上，北京、上海、广东、石家庄、扬州、杭州、广州等地介绍了推进电子政务信息共享和业务协同的有效做法及成功经验，与会代表现场参观了扬州市地税局、扬州市财政局、扬州市邗江区行政服务中心开展电子政务信息共享和业务协同应用情况。

2010 年 11 月，全国地方电子政务信息共享和业务协同经验交流会在厦门召开。会上，上海、浙江、厦门、无锡等地工业和信息化主管部门以及工商、测绘、审计、计生、卫生等部门介绍了各自的工作成果和经验，与会代表还讨论了《电子政务信息共享和业务协同发展评估指标体系（试行）》。

2013 年 4 月，国家发展改革委、中编办、工业和信息化部、财政部、审计署、国家质检总局、国家电子政务内网协调小组办公室联合印发了《关于进一步加强政务部门信息共享建设管理的指导意见》，提出了推进信息共享的总体要求和实现信息共享的基本原则，要求明确信息共享的范围和方式，发挥信息共享基础设施的支撑作用，制定完善信息共享标准规范，加强信息共享工作的组织领导，强化信息资源和信息共享技术条件的建设，建立完善跨部门信息共享的保障机制，在工程立项阶段切实落实信息共享需求，在工程项目管理中严格落实信息共享要求，加强信息共享建设成效的监督管理，组织开展政务信息共享的试点示范。

目前，各地在电子政务信息共享和业务协同方面涌现出很多成功的实例，在政府服务、城市管理、应急指挥等方面起到了十分重要的作用，解决了一些长期以来解决不好的食品安全、住房、流动人口管理、医疗健康等方面的问题。

8.4.2 电子政务信息共享和业务协同对策

要遵循“需求主导、共建共享”的原则，采取先易后难、逐步推进的思路，通过电子政务信息共享和业务协同，构建一个决策科学、管理高效、监管有力、服务到位的现代政府。

要以当地政府部门最关注的事项和大事作为推动电子政务信息共享和业务协同的抓手。信息共享要着重考虑数据和信息的标准问题，业务协同要考虑如何选择和决策的问题。

要围绕重大监管难题和民生问题，分期、分批实施电子政务信息共享和业务协同重大项目，优先支持大幅提高办事效率、降低行政成本、增强监管和服务能力、深化行政管理体制改革的项目，优先支持跨部门业务协同应用系统建设，优先支持各部门与网上审批、综合应用相衔接的信息系统建设。对符合优先条件的电子政务项目，在项目审批、投资拨款等方面给予重点保障。对不符合信息共享和业务协同的项目不予立项；对实施过程不落实信息共享和业务协同要求的项目，不予验收和安排运行维护经费。

下面以城市级电子政务信息共享和业务协同为例，说明电子政务信息共享和业务协同推进策略：

（1）以社会管理为主线，整合全市人口信息资源。

以公安部门的人口信息为基础，整合人口和计划生育部门、人力资源和社会保障部门、民政部门、教育部门、税务部门、统计部门、房屋管理部门、公积金管理部门、残联等部门的人口信息，逐步建立完善人口基础信息库，开展人口数据交换，拓展人口信息服务的范围，深化人口信息应用的内容，形成人口基本信息更新维护长效机制，为社会管理提供强有力的人口信息支撑。

整合全市人口信息资源之后，重点推进流动人口管理、个人信用管理、面向市民的全生命周期服务等。

（2）以城市管理为主线，整合全市地理信息资源。

以规划部门、国土部门的地理信息资源为基础，整合建设部门、市政部门、公安部门、交通部门、环保部门、人防部门等部门的地理信息资源，构建一个以数字化测绘为主要手段，以基础地理信息库为核心，以地理信息管理和服务体系为主要结构，面向政府和社会的开放式地理信息服务平台，使其成为城市经济社会的空间信息载体和城市空间信息基础设施，为城市规划、建设、管理与决策提供优质、高效的地理信息服务。

整合全市地理信息资源之后，重点开展计算机辅助城市规划、数字城管系统、地下空间规划和管理系统、智能交通系统、基于位置的服务（LBS）等应用。

（3）以市场监管为主线，整合全市法人单位信息资源。

以质监部门、工商部门的法人单位信息资源为基础，构建全市动态更新的法人基础信息库。加强工商部门、税务部门、质监部门、食品药品监管部门、海关部门、工业和信息化部门、商务部门、银行等部门之间的企业信息交换，全方位监控企业的生产、经营行为，维护市场秩序。

整合全市法人单位信息资源之后，重点开展食品安全管理、企业信用管理、面向企业的全生命周期服务等应用。

（4）以城市建设和招商引资为主线，整合全市项目信息资源。

以城建部门、招商部门的工程项目信息资源为基础，构建全市动态更新的工程项目信息库。加强规划部门、建设部门、国土部门、环保部门、发改部门、工业和信息化部门、商务部门等部门之间的项目信息交换，实现工程项目从立项审批到运行维护的全过程信息化管理。

整合全市项目信息资源之后，重点开展招商引资信息服务、投资项目联合审批、产业布局优化等应用。

（5）以创建“平安城市”为主线，整合全市视频监控资源。

以公安部门的视频监控资源为基础，整合公安、交通、环保、城管等政府部门的视频监控资源，整合工厂、小区物业公司、宾馆酒店、写字楼等社会单位的视频监控资源，实现城区视频监控资源全覆盖，让犯罪分子无处可躲。建立视频监控资源指挥调度平台，并与城市应急联动系统等进行互联互通，使城市应急管理向可视化方向发展。

整合全市视频监控资源之后，重点开展刑事案件调查、社会纠纷处理、交通事故处理、市容市貌管理等应用。

（6）以保障和改善民生为主线，整合全市公共服务信息资源。

在促进社会就业方面，整合人力资源和社会保障部门、民政部门、市残联、团市委等部门以及街道、居委会的就业信息资源，建设全市统一劳动就业服务平台，实现劳动就业信息统一搜集、统一发布，为居民就业提供个性化服务。

在医疗卫生方面，整合卫生部门和全市医疗机构的服务信息资源，重点开展基于电子病例的居民健康服务、医保实时结算服务、新型农村合作医疗服务等应用。

在教育培训方面，整合全市教育培训信息资源，特别是优质的教学资源，提高全市大专院校、中小学的教育质量。对于继续教育和社会培训，重点开展 E-Learning、手机学院等应用。

在社区服务方面，整合公安部门、民政部门、计生部门等的公共服务信息资源，开展便民服务。

在家庭服务方面，借助市场化力量，整合全市家政、购物、休闲娱乐等方面的信息资源，提高居民生活质量。

(7) 以外包服务为主线，整合全市信息基础设施资源。

以前，许多政府部门每建设一个信息化项目，都要购置一批网络及硬件设备。在信息化建设过程中，每个政府部门都独自建立了机房。网络及硬件设备分散采购、分散放置，造成采购成本高，运行维护成本高，设备利用率低。为此，要通过设备集中采购，建设集中的大机房，建设云计算平台，把各部门的设备集中放置，统一进行运维外包，降低采购和运维成本，提高设备利用率。

电子政务信息共享和业务协同是一项牵涉各方利益、影响面广的系统工程，必须加强领导，精心部署，形成合力，稳步推进。由信息化工作领导小组统一领导、协调和决策，信息化主管部门负责组织编制规划，制订实施方案，开展工作指导。各部门主要领导要亲自抓，配合完成相关工作。

8.5 电子政务信息共享和业务协同典型案例

8.5.1 无锡市人口综合信息管理系统

人口信息对于领导决策、发展规划、政策研究、项目论证等工作具有重要的服务支撑作用，对于其他基础数据库和业务应用系统也有重要作用。长期以来，人口信息在地区、部门、行业之间相互隔离，互不共享，更难业务协同，各自成为“信息孤岛”。一些部门业务系统虽然包含了大量的人口信息，但是处于分散状态，没有共享使用。无锡市领导亲自组织协调人口信息系统建设工作，用“一手抓信息平台建设，一手抓工作体制建设”的工作方法，解决人口信息共享和业务协同中的重点、难点问题。

考虑到无锡市已建成市、区、街道（镇）、社区（村）四级以及政府各部门之间纵横贯通的政务网，形成了跨地区跨部门信息共享和业务连通的网络体系，无锡市委、市政府决定依托政务网建设市人口综合信息管理系统。

无锡市人口综合信息管理系统由无锡市人口计生委组织建设。从 2008 年上半年开始，经过近两年时间，无锡市在江苏省率先建成了全市人口综合信息管理系统，形成了“一库、五平台”。其中，“一库”是指包括户籍人口和外来流动人口在内的全市全员人口信息数据库；“五平台”是指部门信息交换平台、社区信息采集平台、在线决策分析平台、信息共享服务平台和监控管理平台。

部门信息交换平台主要反映市人口信息系统与其他部门信息系统服务器对接状态、部门交换日志、完成交换所需的各种数据库配置和数据转换的条件设置。

社区信息采集平台主要以户为单位，对社区户籍人口和非本地户籍人口进行增、删、改、查、迁，服务于社区人口信息管理。此外，设置社会化采集功能，从接产医院、职业介绍机构、房屋中介公司采集人口信息。

在线决策分析平台主要基于数据库实有个案数据，根据工作需要，运用分析工具，适时对人口信息进行在线分析，为研究和决策提供依据（见图8-1）。

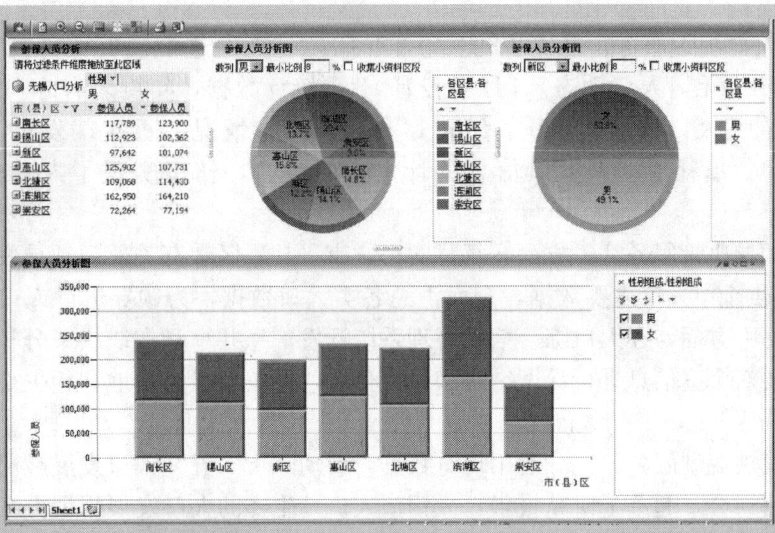

图8-1 无锡市人口综合信息管理系统在线决策分析功能

信息共享服务平台主要依托政务外网，按照使用权限，为共建共享部门和各区、街道（镇）、社区（村）分别提供具有人口信息发布、查询、交换、应用等功能的专门网页。

监控管理平台主要实时监督任何登录系统查询、改动系统数据的情况，保障信息安全。记录社区人口信息增、删、改、查、迁等情况，考核社区人口信息管理工作。

有了人口信息管理的工具和载体之后，更为重要的是要建立健全人口综合信息统一管理的体制机制。为此，无锡市采取了三项措施：

一是确定全市人口综合信息管理部门，明确由无锡市人口计生委履行全市人口综合信息管理职能。

二是明确相关部门提供人口信息的职责，要求有关成员单位适时向市人口计生委提供本部门掌握的人口信息。在《无锡市人口综合信息采集管理和服务办法（试行）》中进一步明确了各地各级各相关部门采集、交换人口信息的职责。2011年4月，无锡市人口计生委、市民政局、市信电局联合出台了《关于建立健全全市统一的人口综合信息服务管理网络的实施意见》，进一步强化了人口综合信息的统一管理。

三是建立社区人口信息动态采集管理机制，在社区设置专门的信息采集岗位，选配专业信息管理员，将采集的人口综合信息录入并上传市人口综合信息管理系统和各职能部门，做到一人一单，一日一清，及时传送。实现基层人口信息的动态采集和更新维护。无锡市人口计生委开发身份证信息查验采集系统，在房屋租赁、职业中介、工业园区、大型企事业单位等场所安装身份证读卡器，重点采集外来人口信息，传入市人口综合信息管理系统，以实现人口信息采集全覆盖。

无锡市人口综合信息管理系统在人口统计、领导决策、发展规划、课题研究、重大项目，以及部门工作、社区平台、计划生育、区域协作和为其他信息系统提供数据方面发挥了重要作用。

一是为人口统计服务。从 2008 年 7 月开始，首先通过汇总有关部门人口统计数据，每月编制《无锡人口动态》，月度表有 18 项统计数据，年度表有 38 项统计数据，可全面反映有关人口数量、素质、结构、分布的基本情况。每年编发的《无锡市人口发展报告》，填补了全市人口信息统计发布的空白，初步实现了人口信息的统一管理。

二是为领导决策服务。一方面，每月向市、市（县）区和有关部门领导发放《无锡人口动态》，提供全市人口主要数据，全面汇总各类人口数据，为领导进行人口和发展综合决策服务。另一方面，在人口综合信息管理系统开发信息共享和在线决策分析平台，可以根据领导需要对个案信息进行深度钻研和研究分析，并按权限为各地和相关部门提供有关人口信息查询服务。

三是为发展规划服务。充分运用现有数据，启动“十二五”人口发展战略研究，为此召开了专题研讨会，起草了研究报告，无锡市人口计生委的人口发展规划方案在市发展改革委组织召开的“十二五”规划方案评审会上获得与会专家的好评。

四是为课题研究服务。结合人口信息系统在线决策分析平台开发，应用人口数据，开展了“流动人口规模与结构调控”“2009—2020 年无锡市户籍老年人口预报”“无锡市“民工荒”调查研究报告”“无锡市中小企业用工短缺状况调研报告”“无锡市人口调控的思路和目标研究”“人口政策与经济社会发展关系问题研究”“无锡市居住证制度研究报告”等课题研究。

五是为重大项目服务。通过掌握全市人口统计数据以及分布在各社区的个案数据，为重大市政建设项目提供人口信息依据。市委、市政府在推进太湖新城建设，研究地铁 1 号线建设等重大项目时，都注重应用现有的人口信息，进行决策论证。

六是为其他部门工作服务。在民政部门规划建设养老机构时提供老龄人口数据，参与预测分析，增强部门工作决策的科学性和实效性。向财政局提供市区人口信息和家庭成员情况，为有关人口公共服务经费预算提供了信息依据。

七是为社区平台服务。在社区“一站式”服务平台开通人口信息系统界面，向社区提供有关人口信息，帮助社区有针对性地为孤寡老幼等各类居民提供温馨的服务，不断提高基层人口服务管理水平（见图 8-2）。

八是为计划生育服务。通过全员人口信息库提供育龄妇女、出生人口、在校学生等个案数据的核对和信息补充，进一步提高了育龄妇女信息的全面性和准确性。在对各地人口计生工作年度考评和落实“十一五”目标责任制终期考评中，充分应用人口信息数据进行比对审核，为考评各地计划生育服务管理工作提供重要依据。

九是为区域协作服务。先后向安徽、湖南、四川、贵州、河南等外来人口流出大省提供了 90 多万在锡人口个案信息，为双方联手加强流动人口服务管理和计划生育工作提供了重要依据，避免了因查询育龄妇女避孕节育和违法生育情况而人员往返，节省了大量人力财力投入。

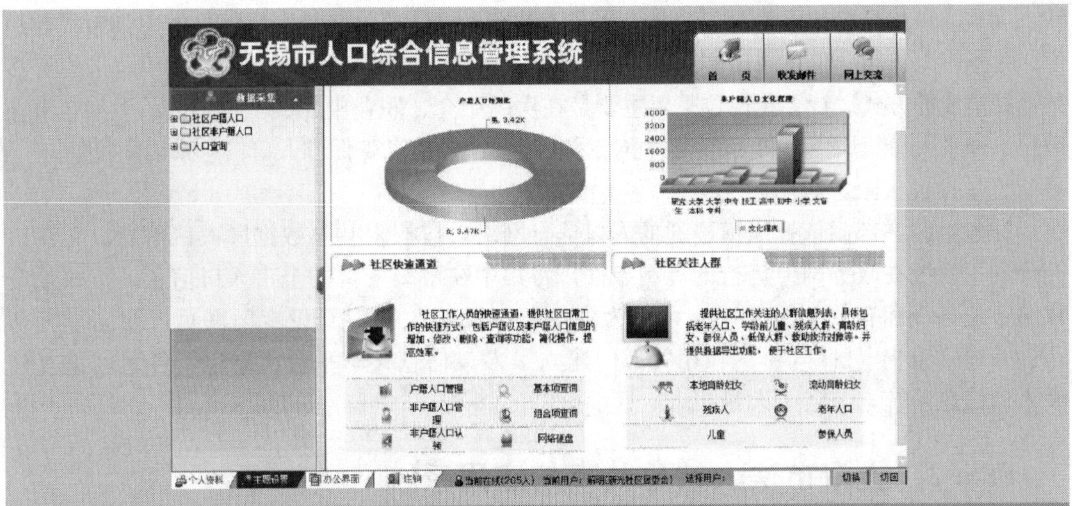

图 8－2　无锡市人口综合信息管理系统服务社区

十是为其他信息系统服务。在市民政局建设社区行政事务工作平台时，提供相关人口基础数据。在市经信委筹建个人信用信息系统时，经过研商，达成以市人口综合信息管理系统中的人口相关信息为基础，建设个人信用数据库。

归纳起来，无锡市人口综合信息管理系统具有如下五个显著特点：

一是顶层设计，需求主导开发。

打破地区和部门信息壁垒，实现人口信息部门共享和业务协同，按照全市统一、上下一致的要求，建设全市人口综合信息系统。坚持着眼全局，自上而下，对系统开发进行顶层设计，并将体制建设和系统建设有机结合起来，在《关于加强人口服务管理工作的决定》中全面部署人口信息服务管理工作。无锡市人口计生委始终立足全市，围绕建设目的，突出应用需求，科学设计系统架构，建设“一库、五平台”，满足人口信息采集、交换、共享、分析、应用的需要。

二是网络连通，用好现有资源。

实现人口信息跨地区跨部门共享和业务协同，网络先行，建立跨地区跨部门连通的信息网络。无锡市早在 2006 年就建设了市、区、街道（镇）、社区（村）四级以及政府各部门之间纵横贯通的政务网，并通过法规制度和技术手段强化了政务网络的安全管理。系统依托市政务网建设，既节省了网络建设费用，又方便了各地各级和各部门人口信息的交换、共享和应用。

三是统一标准，编制技术规范。

为方便人口信息共享和业务协同，解决对接各部门有关业务系统数据标准统一的问题，系统采用前置机中转数据交换方式，采取有国标参国标，没国标参省标，没有国标省标参照行业标准，无法参考情况下则与相关部门协商建立一致性数据标准的办法。在江苏省经信委的支持下，无锡市信息化和无线电管理局已联合市人口计生委和市民政局，研究编制人口信息平台共性技术规范，争取形成能普遍推广使用的数据标准。

四是多口采集，数据向上集中。

实现人口信息跨地区跨部门共享，多渠道获取人口信息，并将人口信息集中到市级数据库。无锡市人口综合信息采集实行部门现有信息汇总、社区核对补充、社会化单位采集等多种途径集成的方式。社会化单位采集主要是在房屋中介、职业中介、工业园区、大型企事业单位、外来人口集居点等统筹布点，重点采集流动人口信息，促进人口信息采集全覆盖。

五是设置权限，应用向下延伸。

让各地区各部门依托纵横连通的人口信息网络，按权限共享数据库人口信息。无锡市充分利用系统在政务网上运行的有利条件，将集中在市级平台的全市人口信息，按权限开放给各地各级和有关部门使用。系统为各地各级和相关部门开设专门网页，相当于为各区、街道（镇）、社区（村）和相关部门建立了人口信息共享平台，避免了各地区重复建设人口信息系统，节省了大量投入。

8.5.2 上海市法人信息共享与应用系统

2005 年 2 月，上海市信息化委员会、市地税局、市工商局、市质监局四个部门联合建成了上海市企业基础信息共享与应用系统。2009 年 3 月，上海市政府召开专题会议，要求在上海市企业基础信息共享与应用系统的基础上建设上海市法人信息共享与应用系统。2010 年 8 月，上海市法人信息共享与应用系统（一期）建成并投入运行。

上海市法人信息共享与应用系统总体结构如图 8－3 所示。

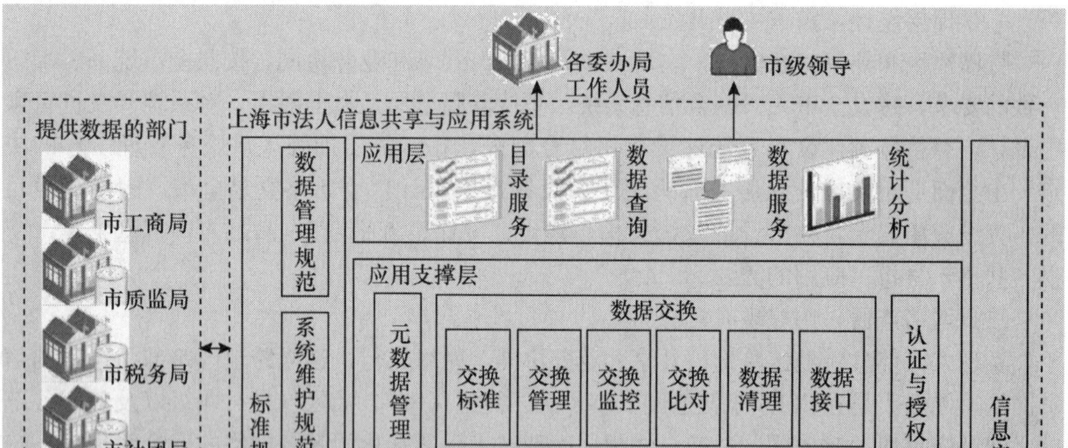

图 8－3 上海市法人信息共享与应用系统总体结构

上海市法人信息共享与应用系统内主要有以下三类信息：

（1）登记类信息：行政机关和有关单位在办理各类法人设立、变更、注销等业务中制作或获取的具有基础性、基准性、标识性和稳定性的信息。

（2）资质类信息：行政机关和有关单位依照法律法规的规定或授权，在对各类法人从事特定经营活动实施资质、资格许可或者认定业务中产生或掌握的信息。

（3）监管类信息：行政机关和有关单位在对各类法人日常经营行为实施监督管理业务中产生或掌握的信息。

根据上述信息分类情况，上海市八家单位在该系统中实现信息共享和业务协同，如图 8-4 所示。

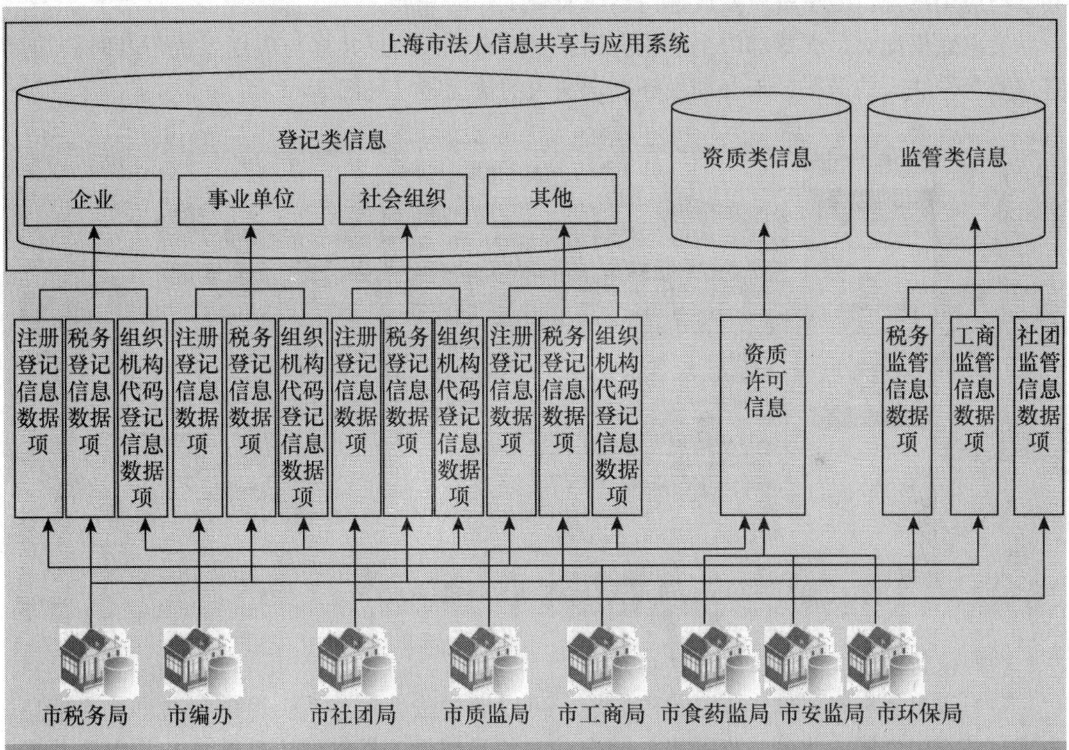

图 8-4　上海市八家法人信息共享单位

为了保障上海市法人信息共享与应用系统的有效运行，上海市出台了《上海市法人信息共享与应用系统管理办法》《上海市法人信息共享与应用系统管理办法操作细则》《上海市法人信息共享数据项规范》《上海市法人信息共享与应用系统接入技术要求》。

上海市在推进法人单位信息共享和业务协同方面采取的主要做法如下：

（1）从业务管理出发，以应用为导向。

继承和发展企业信息系统“业务驱动”理念，数据从源头单位产生汇集的同时，以服务的方式通过系统提供给数据应用单位共享。在信息资源共享基础上，进一步推动政府部门间“业务工作协同”应用，便于业务协同部门优化部门办事流程，提高政府服务效率。针对数据共享单位的业务需求，根据约定的业务规则定制系统服务功能，提供数据应用，进一步发挥系统在实际业务管理中的作用。

以业务流为轴线，定制共享数据流。工商审批核准企业申请后，企业执照信息上传共享平台，根据数据流向定义，发送质监和税务部门前置端，质监在办理企业组织机构代码登记业务时，直接在业务系统中调阅该企业工商审批执照信息，当场打印，企业确认后办理登记，审批完成后，组织机构代码信息上传共享平台，发送质监和工商部门前置端，税务部门在办理企业申请业务时，同样直接调阅有关信息，完成登记。

以信息共享为中心，加强业务协同。通过接入法人信息共享与应用系统，工商部门可及时获取资质发放部门提供的前置许可信息。工商部门在企业设立过程中可及时查验申请人提供的前置许可信息的真实性，及时做出受理意见，并将企业设立信息反馈给法人信息共享与应用系统，便于资质发放部门后续监管工作的开展。

突出数据比对，支撑部门个性化应用。上海市法人信息共享与应用系统可及时获知具有双重身份法人的情况、未办理税务登记法人的情况等（见图 8－5）。

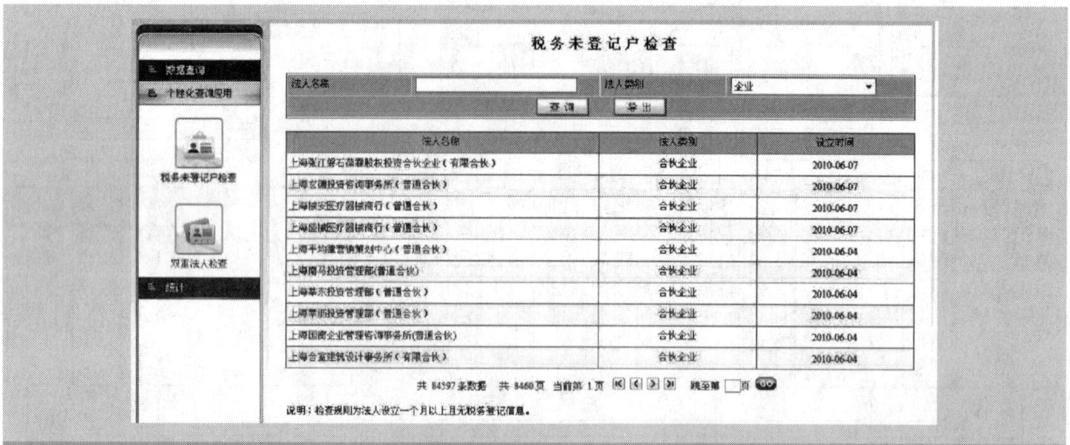

图 8－5　通过数据比对发现未办理税务登记的法人单位

（2）依行政职能，提供多种共享方式。

各行政机关和相关单位依据行政职能，可以通过法人信息系统提供和共享法人信息。为满足各部门不同的业务共享需求，结合信息资源属性，提供“主动共享、依申请共享、协议共享”多种共享方式；既满足各部门对信息获取的普遍需求，也满足各部门依据法定职能对信息获取的特定需求。

法人信息共享的形式分为三种：一是向政府各部门提供主动共享服务，主要包括具有基础性、基准性、标识性的法人信息，信息提供方明确可以主动共享的法人信息，经核定应当主动共享的法人信息。二是根据政府各部门的行政职能提供依申请共享服务。三是因政府各部门职能的特殊需求，相关部门间可协议共享。

（3）一数一源，比对一致。

各数据提供单位根据行政职能，确定采集、提供、共享的数据内容、格式和规范。结合系统自动比对和人工比对，对各单位提供的数据进行一致性比对，形成完整、准确的法人信息库。通过系统自动比对，工商部门的企业信息与质监局组织机构代码信息的比对成功率为 92%，与税务部门的纳税登记信息的比对成功率为 90%；事业单位和社会组织的登记信息与质监局组织机构代码信息的比对成功率为 98%。在系统自动比对高成功率的基础上，建立人工比对机制，针对系统自动比对发现的不一致数据进行人工核查与分析，提高数据比对的成功率。

上海市法人信息共享与应用系统建设取得了以下成效：实现了法人信息的"一次输入、多方使用"，"一处变更、多处联动"，确保了法人信息的准确、完整、一致。集中全面的信息查询、统计应用为政府部门数据应用提供了便捷的渠道，提高了信息资源利用率。制定了法人信息共享与应用系统的管理办法、操作细则，规范了各部门间的数据共享与应用，形成了部门间应用协同、数据共享的管理基础和机制。完善了各部门间数据共享的数据标准、技术标准及相应的管理要求，构建了统一的数据共享交换平台，为系统的应用与扩展提供了保障和基础。法人资质许可和审验信息的汇集与共享，进一步推进了行政审批制度改革，规范了政府的行政审批与许可。完整、准确的法人基础信息及其内容，为市政府及各部门公众服务与公共管理的评估与决策，提供了全面的基础数据和综合信息。

8.5.3　浙江省地理信息共享和业务协同

地理信息是指以数字形式表示的与地理空间位置及其时态有关的自然、经济、社会等信息。地理信息是电子政务信息的空间载体和定位基础，电子政务的综合业务管理与辅助决策活动 80%以上都与地理空间信息相关。一个业务系统对一套地理信息数据的做法，使电子政务建设工作与资金投入的重心转向对地理空间信息的采集，造成了国家财政的多层次多部门重复投入。测绘部门要将基础地理信息资源的开发利用和政府各部门电子政务建设结合起来，充分发挥测绘与地理信息系统技术的优势，为各级政府的信息化建设提供强有力的测绘保障。

浙江省测绘与地理信息局紧紧围绕省委、省政府的中心工作，以服务经济社会发展为出发点和落脚点，积极履行测绘公共服务职能，加强地理信息资源建设，大力推进与政府其他部门之间的地理信息资源共享和业务协同，围绕各级政府有关部门的电子政务建设，在地理信息共享立法、机制建设以及合作共建电子政务重点项目等方面取得了可喜的进展。

浙江省测绘与地理信息局在推进地理信息共享和业务协同方面的主要做法如下：

（1）充分认识地理信息资源在电子政务建设中的重要作用，采取一系列措施，努力为电子政务建设提供良好服务。

2003 年以来，浙江省测绘部门根据政府有关部门的需求和测绘部门自身的优势，采取会商签订地理信息共建共享协议与开展业务协同等方式，主动与有关部门联合建立地理信息共建共享机制。

目前，浙江省测绘与地理信息局的地理信息服务已延伸到国土、交通、建设、水利、气象、地震、林业、应急等多个部门的信息化建设。

（2）建立浙江省地理空间信息协调机制。

2003 年 1 月，浙江省成立了由省发展改革委、省财政厅、省测绘局等 15 个部门组成的浙江省地理空间信息协调委员会及其办公室，浙江省测绘局负责办公室的日常工作。2010 年，浙江省地理空间信息协调委员会的成员单位扩大至 23 个厅（局、委、办）。

浙江省地理空间信息协调委员会在组织制定地理空间信息基础设施和地理信息系统建设规划、政策法规与技术标准，协调跨部门跨地区的地理信息资源共享，组织重大地理空间信息基础设施建设项目论证和推进基础测绘成果的开发利用等方面发挥了重要作用。

之后，浙江省所有地级市、大部分县（市、区）也先后成立了地理空间信息协调机构。各机构都明确了工作职责、目标任务和工作方式，定期召开会议，研究协调推进本地区地理空间信息共享和开发利用工作中的重大问题。

（3）通过业务协同推进电子政务建设。

以已建地理空间数据库为基础，结合应用需求，帮助有关部门整合专题数据，合作开发建设专题信息系统，推进基础地理信息资源共建共享和深化应用。

浙江省测绘与地理信息局先后建立了浙江省 1∶1 万水利地理空间数据库平台、浙江省卫星定位连续运行综合服务系统、浙江省地质灾害应急保障服务平台、浙江省疾病预防控制地理信息服务平台（见图 8－6），并为各部门电子政务建设提供测绘成果与技术服务。

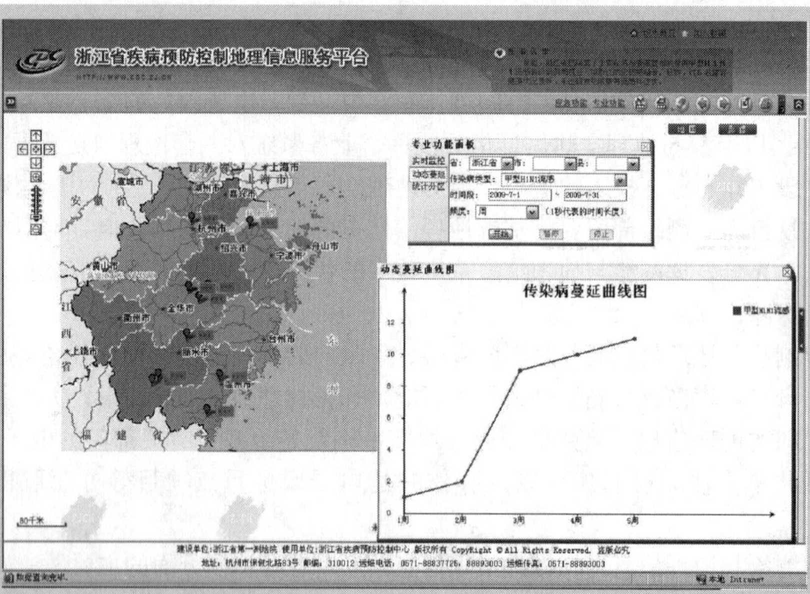

图 8－6　浙江省疾病预防控制地理信息服务平台用户界面

（4）为电子政务建设提供在线地理信息服务。

建设浙江省政务电子地图服务平台，通过省政府电子政务外网向省政府各部门提供覆盖全省范围的多级电子地图在线服务。开通了浙江地图网，并与 11 个设区市地图网站互联互通。2010 年 9 月，国内首个区域性的地理信息公共服务平台——长三角地图网正式开通。

（5）大力推进数字城市地理空间框架建设。

浙江省测绘与地理信息局积极贯彻国家测绘局关于加快数字城市地理空间框架建设的

意见，积极推进嘉兴、温州、丽水等市、县数字城市地理空间框架建设。

（6）建设浙江省地理空间数据交换平台。

浙江省地理空间数据交换平台以地理空间信息资源为基础，以地理空间框架数据为核心，利用现代信息服务技术，建立一个面向政府、公众和行业用户的开放式的信息服务平台，在提供最基本的空间定位服务的同时，对各种分布式、异构的地理信息资源进行一体化组织与管理。浙江省地理空间数据交换平台总体结构如图 8－7 所示。

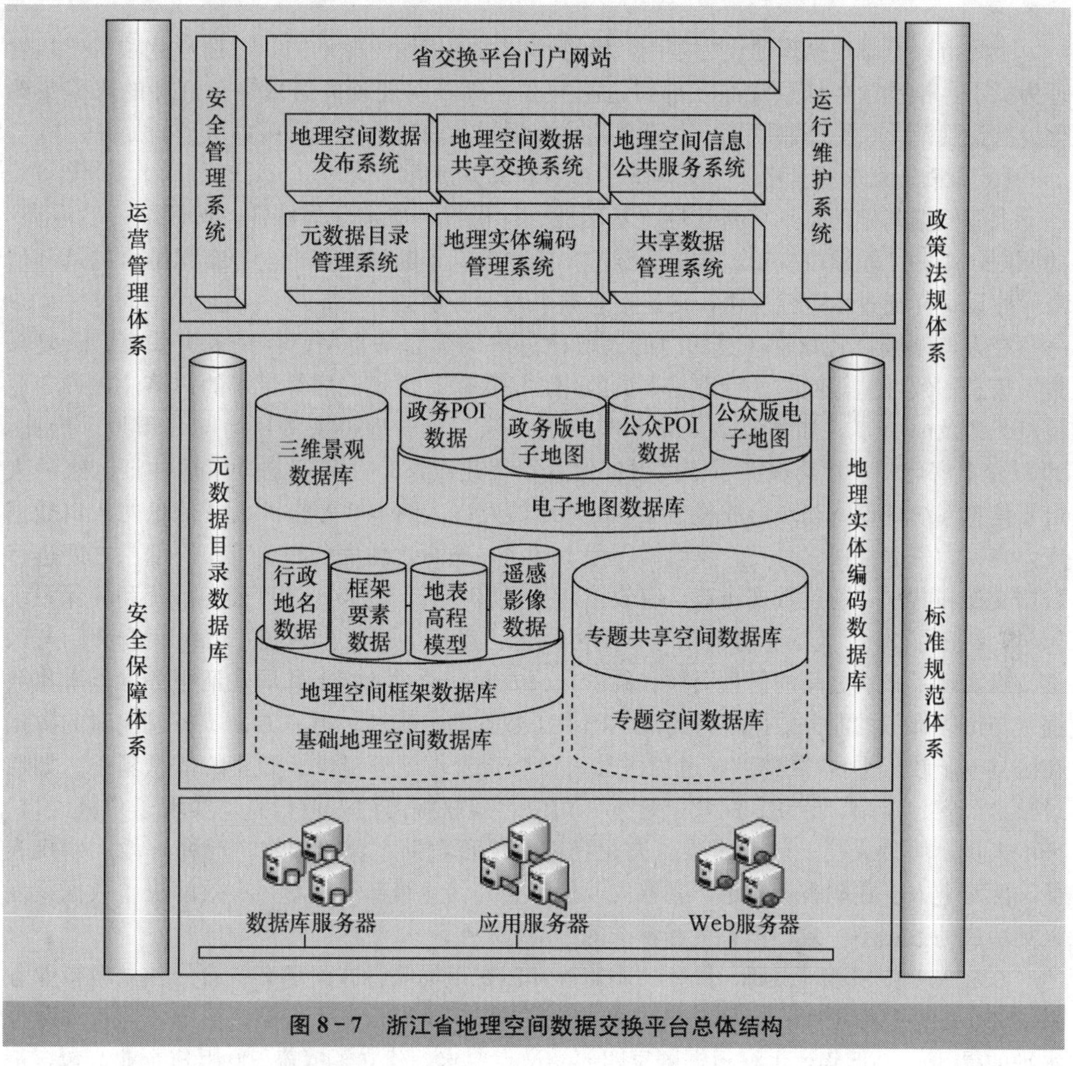

图 8－7　浙江省地理空间数据交换平台总体结构

（7）推动地理信息共建共享立法。

2010 年 5 月，《浙江省地理空间数据交换和共享管理办法》公布，自 2010 年 7 月 1 日起施行。这是全国第一部地理信息共享专项法规。该办法明确规定，政府有关部门、有关国有企业事业单位在履行公共管理和公共服务职责过程中或者以政府为主投入产生的地理空间数据，应当实行交换和共享。

8.6　城市电子政务信息共享和业务协同先进典型

8.6.1　上海

上海市以基础数据库建设为基础，以跨部门协同应用为驱动力，以信息化项目归口管理为抓手，推动政务信息资源在部门之间共享，逐步实现政务信息资源管理的采集集约化、登记规范化、更新制度化、共享普遍化，促进政府行政能力和服务水平的提升。

1. 立足三大基础库建设，支撑信息共享和业务协同

上海根据基础信息具有基准性、基础性、标识性、稳定性的特征，按照“一数一源”的原则，遵循“先示范应用，再全面推广”的思路，不断深化集中与分布相结合的基础信息库建设，并通过示范性应用，促进信息共享和业务协同。

在人口领域，上海原有各部门的人口信息库均为自采自用，存在多头采集、重复采集、信息一致性差等问题，特别是人员的死亡、失踪、出境定居等带来的户籍注销和变更信息无法及时共享，加之流动人口不断增加，给人口管理带来的压力与日俱增。为此，2000 年上海启动了社会保障和市民服务信息系统建设，2007 年又启动了居住证（来沪人员）信息系统建设，初步形成覆盖 1 370 万户籍人口、约 700 万来沪人员信息的人口数据库，在人力资源社保、公安、民政、医保、计生、教育、住房公积金管理等部门之间进行数据交换和共享，通过数据比对，有效堵塞了监管漏洞。例如，通过公安系统和社保系统比对，纠正了 80 万人的身份证错号、重号问题。基于上述两个系统，市级政府部门与区县政府实现了条块之间的信息交换和共享，一方面，通过社保卡和居住证服务网点采集数据，与市级部门的业务数据进行比对，确保了数据的准确性；另一方面，经过比对的数据在区县电子政务平台“沉淀”，也为区县人口综合管理服务提供了必要的信息基础。如通过整合公安、口岸、劳动、民政、计生、司法、残联等部门人口信息，实现了户籍人口、来沪人员、境外人员、就业困难、失业登记、民政救助、育龄妇女、刑释解教、残疾人员、困难老人、在职丧劳鉴定、领取失业保障金等信息跨部门共享，有效解决了数据重复采集造成的数据不一致、不完整和不准确等问题。

在法人单位领域，工商、税务、质监等部门在市场监管方面建有各自的独立运行业务系统和企业信息数据库，信息无法共享，造成单部门掌握信息不完整，影响了监管和服务水平的提升。2005 年，上海根据国家四部委试点要求，建立了覆盖 100 万户企业，包含工商、财税、质监三部门的 53 项基础信息的企业基础信息库及数据交换平台。依托部门间的业务需求，实现“一次输入、多次使用”，“一局变动、多处联动”，确保企业基础信息的准确、完整、一致，优化了企业登记数据流程，减少了企业信息重复填报。例如，工商部门通过数据交换和比对，获取机构代码信息和企业纳税信息，有利于其加强对企业的信用监管，并通过税务部门提供的非正常纳税户的信息，为查处无照经营、擅自变更经营场地、未参加年检等不规范企业提供线索。而税务部门通过数据交换和比对，能够发现那些

未按规定办理税务登记的不规范企业，拓展税务稽查的手段和范围，有利于税务部门摸清税源、核查漏征漏管户。2006年，上海根据国家九部委的试点要求，利用企业基础信息库和电子口岸平台，建成了进出口领域企业信息交换应用系统，初步形成了与上海市企业基础信息共享应用系统的协同与互动格局，实现了近3万户进出口领域企业175项信息在海关、检验检疫、外汇管理、外经贸、工商、税务、质监、国资管理部门之间的及时交换与共享，为各政府部门提高对进出口活动的监督管理与行政执法水平提供了有效支撑。为了进一步扩大法人信息共享支撑其他政府部门管理和服务的效用，2009年上海启动了法人信息共享和应用系统建设，在主体对象方面从企业扩展至包括企业法人、事业单位、社会团体、合伙企业、农民专业合作社等法人，在信息类别方面从基础信息扩展至登记类、资质类、监管类信息，在企业设立、税务管理、市场监管等应用领域为全市各政府机关提供数据支撑。

在地理空间领域，上海在基本实现了城市管理对象数字化的基础上，初步建成由数字地形图、数字化遥感影像图组成的基础地理空间数据库，以此为依托形成了服务不同对象的三个应用版本。其中工作版本每年更新一次，主要为各部门建设专业地理信息系统提供参照；有关部门通过在工作版本上叠加专业数据，形成了粗具规模的专业版本。上海还通过开发城市空间信息运行服务系统，完成了空间信息网格数据汇集、交换、共享配置相关技术攻关，已在水务、绿化、环保、交通等部门试行开展数据交换。为满足社会公众对电子地图的需求，通过市场化运营，支持专业公司在工作版本上叠加衣食住行等服务信息，形成可供公众使用的社会版本。社会版数据平台建设已基本完成，可提供交通旅游、休闲娱乐、购物、住宿餐饮、生活服务等七大类35小类与市民生活密切相关的“衣食住行”信息，以及37类政府办事网点信息。

2. 推进政务信息目录体系建设，提高信息资源管理水平

在三大基础库逐步建成的情况下，如何支撑三大库之间跨库共享以及如何满足部门对三大库之外的其他信息的共享需求成为新的课题。为此，上海市积极研究政务信息资源目录和交换体系，按照“先易后难、切合实际、分类推进、由点到面”的工作思路，统筹推进全市政务信息资源共享和交换平台建设，重点解决资源统一描述、统一备案、统一检索、统一交换等问题，为提升政府信息资源管理水平和促进政务信息资源的全面共享创造条件。

在公文类信息目录建设方面，结合政府信息公开工作，上海于2007年建立了公文类政府信息目录备案管理系统，形成了公文类信息资源的目录规范和信息目录库，为全面掌握全市公文类信息数、加强公开属性审核管理、提供全市公文类信息“一站式”检索服务奠定基础，成为社会公众和政府机关检索与获取公文类信息的主要渠道。

在非公文类信息目录建设方面，上海从2008年起在市水务局、质监局和静安区、黄浦区、徐汇区分别开展行业专业信息和三类基础信息的分类梳理与目录编制试点，通过资源梳理、分类、编目和目录服务，实现跨部门信息的检索、定位和共享。例如，黄浦区结合实有人口信息资源库建设形成区级政务信息目录中心，区委组织部依靠目录中心，使掌握流动党员的信息量增加了五倍，促进了基层党组织建设；区人口计生委克服了来沪人员信息多头采集、难以统计等问题，全面动态地掌握了来沪育龄妇女信息；区教育局依据户

籍和来沪学龄儿童信息，利用人口地理信息系统掌握区内学校生源分布情况，合理调配教学资源，提高了教学设施的利用率。

3. 以信息共享为基础，深化跨部门协同应用

对于数据库建设与信息共享的关系，一直存在着“建库就等于共享”的片面观点。实际上，由于信息共享的需求和指向都不明确，导致数据库建设成本过高，甚至存在“只建不用”的现象。为充分发挥基础数据库的作用，上海以应用为导向，通过重点建设一批需求迫切的综合应用系统，有效带动政务信息资源在各部门之间依职能、按需求实现交换和共享。

在提升城市管理水平方面，上海依托地理空间信息共享共建，推动了一批信息化重点项目建设。2005 年，上海启动城市网格化管理信息系统建设，综合利用 GIS、GPS、遥感等现代信息技术，建立了全市统一的综合管理信息数据库和市、区两级信息平台，实现了对管理对象在空间、时间和责任上的精确定位，实现了管理对象、管理过程、管理决策的数字化，使城市管理模式由被动向主动、粗放向精细、定性向定量、分散向综合转变，提高了城市精细化管理水平。该系统以万米网格为管理单元，系统监督员综合管理 10 多个部门五大类管理的 84 种部件和 32 种事件，主动对监管范围内的部件、事件进行巡查。市民无须了解政府职能部门设置和内部分工，有关问题的报告只需通过拨打 12319 就能得到受理。

在优化公共服务模式方面，上海以客户为中心，不断优化公共服务模式。依托“中国上海”门户网站，深化“一网办事”，提供在线受理、状态查询、结果反馈、网上咨询投诉等服务功能；推进“一线办事”，形成了以 12319 城建服务热线、12333 劳动保障热线、12315 消费者投诉热线为代表的政府热线，并建立了政府热线 114 平台，实现了对各政府机关电话的统一查询和转接；深化“一门办事”，整合民政、社保、公安、房屋、司法等部门的事务受理窗口，形成一门式的社区事务服务中心，逐步向“前台一口受理、后台协同办理”的服务模式转变。此外，上海启动了全市行政审批办事平台建设，以办事事件为主线，淡化办事事项和环节，通过审批信息在部门之间的交换，实现审批业务调度，推进跨部门协同审批办事，实现“一口受理、协同处理”的目标，对于提高办事效率、提升公开透明度、强化电子监察起到了积极作用。

4. 强化项目归口管理，营造共享共赢的良好环境

近年来，上海市电子政务建设重心已从单部门、单系统建设向信息资源深度开发利用和跨部门业务协同应用转变。在转变过程中，上海以有利于信息资源开发利用、有利于信息共享和业务协同为导向，积极探索电子政务项目管理机制。

在项目统筹规划方面，为解决跨部门、综合性项目建设协调难度大、利益关系错综复杂等问题，上海正在探索由信息化主管部门统一规划跨部门、综合性的信息化项目，由职能部门负责建设和运维的模式。通过对重大项目的统一规划，重点解决各部门的信息共享和利益分配问题。

在项目管理方面，上海在市建设财力和信息化预算资金安排中，把信息资源开发利用作为信息化项目审核的重要条件，以此为依据全面实施对市建设财力项目、纳入财政支出预算管理项目的归口把关。例如，在 2010 年的信息化专项资金申报指南中，明确将政府

信息资源分类编目、注册管理、发现定位、共享交换、发布服务方面的应用项目作为重点支持项目。在项目预算资金安排上，对市实有人口信息管理系统、居住证信息系统、市行政审批办事平台、法人信息共享应用系统等跨部门协同项目予以重点支持。

在规章制度建设方面，由于推进政务信息共享和业务协同必然涉及各部门的合作和业务流程的优化调整，在各部门之间形成新的权利和义务的关系。为了固化行政改革成果，落实项目推进意图，上海市基本形成了“建设一个项目、出台一部办法”的模式。在项目规划的同时，同步研究相应的管理办法和技术标准，明确信息采集、共享模式。目前已出台了《上海市社会保障和市民服务信息系统管理办法》《上海市居住证信息系统管理办法》《上海市企业基础信息共享和应用信息系统管理办法》等一系列规范性文件。结合近期法人库、实有人口库、行政审批办事平台等信息化项目，上海正在配套制定法人信息共享和应用信息系统管理办法、实有人口业务数据信息共享管理办法、网上行政审批管理办法。上述规范性文件的出台，明确了各部门在信息共享和业务协同中的权利和义务，防止了项目实施过程中的扯皮现象，并为探索建立推进电子政务建设的综合性法律法规奠定了基础。

8.6.2　杭州

1. 主要工作

杭州市在电子政务信息共享和业务协同实践中，主要开展了以下几个方面的工作：

（1）加强领导，明确分工，精心组织。

为确保试点工作顺利推进，杭州成立了以常务副市长为组长的试点工作领导小组，负责统筹协调试点工作的重大事项的决策，审定落实试点工作方案，及时研究解决试点工作可能遇到的各种困难和问题；成立了 33 个市级部门和两个试点区分管负责人参加的试点工作联席会，负责检查、落实领导小组确定的工作任务；成立了由市信息办、监察局、法制办、保密局等部门组成的共享政务信息的审查机关，负责共享政务信息的审查；成立了各专业工作小组，分别负责基础网络层、数据资源层、业务应用层、用户服务层的技术方案探讨、研究。

（2）注重管理制度和标准规范建设。

杭州按照“参照、设计、整理”相结合的原则，同步开展相关管理制度和标准规范的制定。在管理制度方面，出台了《关于加强杭州市政务信息共享工作的若干意见》，拟订了《政务信息资源共享及业务协同技术管理要求（草案）》《政务信息资源共享实施细则（草案）》。在标准规范方面，出台了《政务信息资源共享目录编制指南（试行）》《政务信息资源分类标准（试行）》《政务信息资源共享数据指标命名规范（试行）》《政务信息资源共享服务接口标准（试行）》《政务信息资源核心元数据编制规范（试行）》《政务信息资源标识符编码规范（试行）》《政务信息资源共享前置环境建设规范（试行）》《政务信息资源共享用户和权限管理规范（试行）》等。同时，将国家有关标准贯彻到试点项目的实施方案中。

（3）以全局观念科学设计系统。

为处理好技术与管理、利用与开发、当前与长远的关系，在项目总体设计时充分考虑了应用接入的“跨平台、开放式、松耦合”要求，从网络、数据、应用、服务和安全保障等方面进行整体设计，保证信息基础设施具有较好的稳定性、兼容性、扩展性和安全性，并强化共享信息库、基础数据库、专题应用库之间的逻辑关系分析和整体设计，坚持主体工程、具体应用、基础信息库建设“三位一体”同步推进。为保护和利用已有投资，最大限度地避免投资浪费，通过对已有设施设备的改造和扩展来构建交换体系，项目设计充分考虑与已有应用系统的衔接；坚持技术方案与标准规范、规章制度同步研究制定，努力做到三者协调；在项目实施方案制订过程中，对数据资源和服务资源、格式化数据和非格式化数据的分级、分层、分对象服务做了系统的研究和设计。同时，注重对现有资源的保护和利用，通过对市民卡信息交换平台的改造和扩展，构建全市交换体系；在市民卡个人信息库、企业基础信息库的基础上，按目录体系的架构构建全市人口数据库和法人单位数据库；根据目录体系与交换体系共同的功能属性，对共享信息库与交换信息库、目录传输系统与交换传输系统等功能模块进行了集成设计，形成了完整的政务信息资源目录与交换体系。

（4）规范工作流程。

一是抓好工作流程的规范，项目立项、审批、招投标、合同评审、需求分析、方案设计和评审、设备验收、集成与开发等工作，严格按照政府投资信息化项目管理及信息系统工程建设规范实施。二是抓好项目建设的合同规范，保证合同条款完整、合同范式合理、合同表述准确，避免合同含义的二义性，并按合同要约管理项目承建方和供货商。三是抓文档规范，要求项目执行过程中的所有文档（包括会议纪要、监理周报、设计和实施文档等）资料齐全、内容完整、表述清晰、格式规范。四是抓好项目实施规范，加强监理工作，做好项目设计、开发和集成规范，加强论证、评审和试行工作，提高管理制度、标准规范的科学性、合理性；规范方案调整程序，加强方案调整的科学性。五是抓安全规范，利用统一身份认证、安全测评、集中容灾备份等公共安全基础设施，采取访问管理、日志记录、安全审计和边界防护、入侵监测、病毒防范等特别安全措施，构筑全方位的安全防线，确保试点工作不偏离既定的目标任务。

（5）与实际应用相结合。

杭州按照“统一建模、分步建库，应用积累、滚动发展”的思路，充分调动和发挥部门的积极性，加快完善四大基础数据库。以市民卡、企业基础信息互联、就业再就业等项目为基础，初步建成杭州市人口和法人单位数据库，其中法人库涉及单位 7 个、指标项 266 个、在库记录条数 1 700 多万条，人口库涉及单位 7 个、指标项 615 个、在库记录 7 700多万条。市规划局、国安局、民政局牵头建设的城市地理空间基础数据库，已经建成覆盖杭州全市多种比例的基础地形数据、正射影像数据、数字高程模型和基础框架数据，覆盖杭州市八城区 3 300 平方公里范围的基础地形数据、航空影像数据，覆盖杭州市主城区的综合地下管线数据、建成区范围的地名数据等，并实现了 37 个部门的业务共享。

市统计局牵头建设的杭州经济社会发展统计数据库按照经济发展、就业生活、城市建设三大类、15 小类、1 287 项指标，对海量数据进行存储和管理，能将全市经济、社会、科技、资源与环境、居民生活及城市建设等信息整合起来，实行统一管理，还能根据具体需求进行综合应用。同时，依托政务信息资源目录与交换体系，实现了市民卡项目、企业基础信息互联项目、就业再就业信息共享与协查项目、建筑业市场监管项目、房地产市场综合治税项目、食品安全信用信息系统、社会保险金地税代征缴信息系统等 7 项业务的协同应用；流动人口数据库系统、96345 语音服务数据库系统、市房地产市场预警预报系统、“数字档案馆”系统、低保户认定应用系统、联合征信系统、“行政联合审批”系统、“金宏工程”数据库系统 8 项业务协同应用正在实施；“权力规范运行”电子监察系统、高分辨率卫星遥感影像应用系统 2 项业务协同应用已进入前期准备阶段。

2. 主要成效

杭州市电子政务信息共享和业务协同推进工作主要取得了六个方面的成效：

（1）形成了全市政务信息资源共享和交换的基础平台。

通过政务信息资源目录与交换体系的集中建设，一方面彻底改变了以往面向应用的“点对点”的数据交换方式，实现了部门间信息交换“一点接入、普遍联通”和“一套设施、普遍适用”的互联互通模式，有效避免了数据交换设施的重复建设，减少了部门端业务系统的资源消耗；另一方面，建立了政务信息资源归集、管理和发布平台，从技术上解决了“发现、定位和使用”政务信息资源的根本性问题，为扩大信息资源共享范围和使用形式，开展数据挖掘创造了支撑条件。

（2）规范了共享信息的采集、组织、管理、共享和使用程序，提高了数据质量。

一方面，通过一系列标准规范的制定，初步解决了共享信息资源“多头采集，重复采集，数据命名、定义、类型、格式差异，数据不能及时同步更新，部门间的数据不一致，技术多样化”等问题，初步建立了“一数一源”和“一源多用”的信息共享机制，加强了数据来源的一致性和权威性；另一方面，随着业务协同应用的不断扩大，共享数据在被广泛使用的过程中，提高了被审核、被比对的概率，提高了共享数据的准确性。

（3）提升了政府公共服务与行政监管水平。

一方面，通过人口和法人单位两大基础信息库的建设，把政府各部门为经济社会活动所提供的管理和服务有机地联系在一起，形成了自然人和法人生命周期内接受政府管理和服务的比较完整的活动信息，初步实现了跨部门信息的综合查询，为行政机关实现更加优质、高效的管理和服务提供了信息保证；另一方面，通过跨部门业务协同应用的推进，优化了业务流程，规范了办事程序，加强了部门间的业务督查，提升了行政效率，同时，利用业务协同的信息流转，方便了行政对象，提升了公共服务与行政监管水平。

（4）开创了政府投资信息化项目建设、管理和服务新模式。

为推动政府投资信息化项目由分散、独立建设向联合共建、整合利用转变，信息系统运行由垂直、孤立运行向横向联动、互联互通转变，信息资源利用由偏向自我服务、独占使用向注重网上互动、强化公共服务转变建立了示范，为最终构建科学、合理、节约、高效的杭州市电子政务应用服务体系打下了坚实的基础。

（5）有效推进了区县电子政务建设。

上城区政府门户网站群成功整合并上线运行，基本建成了城区综合数据库，实现了公众参与网上信访有序运行。在线互动的“一站式”审批服务平台审批事项逐月增加。在纳入“一站式”平台的 81 个行政审批、服务项目中，51 项为全程网上流转（其中，29 项已实现互联网上预受理），29 项实现受理、办结两头管理。网上办件数量逐月上升，网上审批项目实现办结的平均时间由 1.4 天缩短为 0.9 天，网上办理情况可实时查询。萧山区建成了实有人口库、企业法人库和居民基本保障协同系统、药品安全监管系统、基层信息化系统。以公安户籍数据和统计部门的人口普查数据为基准，结合劳动、民政、公积金等部门的数据，建立了人口基础数据库，基本满足与人口相关的各类应用系统的数据需求。以工商、民政、技术监督等部门的数据资源为基础，结合全国经济普查数据，建立了法人单位基础数据库，为宏观经济管理、产业政策制定提供了基础数据支持。

(6) 打造了一支高素质的专业人才团队。

试点工作的不断推进，既提高了信息化主管部门对政务信息资源的组织管理、统筹协调、整合归集能力，也培养了一批懂管理、精技术、熟业务的复合型人才，为电子政务信息共享和业务协同的深度推进提供了人才支撑。

8.6.3 广州

2004年以来，广州市以社会保障信息系统项目建设为契机，以跨部门政府热点工作为抓手，整合共享各级政府部门信息资源，稳步推进全市电子政务数据中心建设，目前已初见成效。

1. *主要做法*

(1) 创新共享观念，确立四个原则。

一是确立“一数一源”原则，围绕政府对自然人、法人生命周期的服务线，明确信息采集责任部门，避免多头采集，同时使每项信息有了可参照校准的时间，保证信息的一致性。二是确立“依申请提供，依职能使用”原则，加强信息使用监管，避免无限制共享，保障信息安全。三是确立“有限规模”原则，摒除大包大揽的观念，仅统一汇集应用频率高的基础性信息，提高共享效率，降低共享成本。四是确立“灵活处理”原则，在满足业务需求的情况下，使用状态数据（如“已纳税”）、区间数据（如“高收入者”）取代精确数据（如“纳税额”），尊重个人隐私和商业秘密。

(2) 创新推进方式，实施四项措施。

一是用大项目带动，依托有14个市级部门和12个区（县级市）参与的广州市社会保障信息系统建设，以一个项目的投资统筹构建全市性的电子政务数据中心，以一个项目的示范应用拉动其他多个政务领域开展信息共享；二是内外结合，指导推进有关部门厘清内部数据、优化内部流程，为全市电子政务信息资源整合打下坚实基础；三是注重实效，鼓励围绕工作重心和工作热点将数据“用起来”，向信息共享要效益，以业务效益冲破阻力，充分调动共享积极性；四是构建法制环境，从条件相对成熟的领域（如企业基础信息共享）入手，循序渐进，积极稳妥，保证政务信息共享的可持续发展。

(3) 创新管理定位，强化两种观念。

一是强化管理观念，不是只充当一个“公文交换站”角色，而是充分发挥作为共享第三方的协调和监管作用，把好数据质量关和共享用途关；二是强化服务观念，提供除数据交换外的多种数据开发利用服务，积极响应和研究有关部门的业务需求，满足各种业务应用。

(4) 创新工作机制，建立两种制度。

一是建立共享责任人制度，每个单位指定一位分管领导负责信息工作，确保工作落实和信息安全；二是建立信息共享业务网上办理制度，即启用数据中心业务系统，使用数字证书办理共享申请等业务，大大简化授权协调和数据审批流程，降低部门间合作成本。

2. 主要成效

(1) 通过信息共享，实现不同部门间的业务协同，提高了办事效率、业务的规范化程度和管理的精细度。

2008年4月，广州市地税局把第一批通过共享得到的市属4 000多户新开业工商登记信息导入广东省地税“大集中”征收系统，避免了重复输入，提高了税务登记准确性和登记速度，缩短了纳税人等待时间。2008年，市残联按照《广州市按比例安排残疾人就业办法》，通过共享市工商、地税、统计、质监、劳动等部门的数据，防止参审企业漏报、虚报残疾人就业人数，仅征收残疾人就业保障金一项就比2007年同期增加了23.4%。

(2) 支撑城市管理重心下移。

广州市电子政务数据中心及时将从市级部门汇集的法人、自然人数据返还给区级政务数据中心，初步满足区政府和街道、社区的管理需要，促进市区两级业务联动，支撑城市管理重心下移。例如，越秀区建设街依托市区两级信息共享及区级7万企业基础数据库，有效整合对企业的管理和服务资源，支持区劳动保障局、综治办和街道工商所、税务部门等联合开展劳动监察、消防安全、生产安全、食品安全、协税护税、企业计划生育服务等多项工作，并综合各项指标将区内企业划分为三类（重点扶植企业、扶持企业、逐步淘汰企业），开展有针对性的管理服务。基层部门的管理职能得到有效强化。

(3) 促进政府行政流程优化和机制创新。

一是提供一体化的便民服务。例如，越秀区以信息共享为支撑，整合了民政、残联、劳动、教育、工会、卫生、司法、国土房管8个部门的26项救助业务，居民只需到所属街道的社区服务中心办理一次申请，就可以获得所有符合条件的劳动及救助服务，免除老百姓多头跑、多头申请甚至不知去哪个部门申请的苦恼，同时也避免了“一个困难户收到8条救助棉被”这种交叉服务现象的发生。二是实现联动式监督管理。例如，《广州市综合治税工作管理规定》要求形成政府牵头、部门协作、信息共享、齐抓共管的税收综合治理机制，规定市综合治税领导小组成员单位应当建立综合治税信息共享机制，并明确每个成员单位应提供共享的涉税信息内容。

本章小结

本章首先阐述了“整体政府”理论，论述了全生命周期管理理论和方法在行政管理和公共服务领域的应用，从“协同商务”概念引申出“协同政务”概念。然后分析了电子政务信息共享和业务协同的背景和意义，提出了电子政务信息共享和业务协同推进策略。最后介绍了无锡市人口综合信息管理系统、上海市法人信息共享与应用系统、浙江省地理信息共享和业务协同三个典型案例以及上海、杭州、广州开展城市电子政务信息共享和业务协同的主要做法及取得的成效。

关键术语

“整体政府” 全生命周期管理 信息共享 业务协同 资源整合 协同商务 协同政务 人口 法人单位 地理信息 社会管理 平安城市 外包服务

复习思考题

1. 什么是“整体政府”？
2. 什么是全生命周期行政管理和公共服务？
3. 什么是“协同政务”？
4. 为什么要开展电子政务信息共享和业务协同？信息共享和业务协同有哪些好处？
5. 如何推进电子政务信息共享和业务协同？
6. 从上海、杭州和广州开展电子政务信息共享和业务协同的案例中，我们可以得到哪些启示？

第 9 章

电子政务建设与运维方法

电子政务建设有不同模式，不同政府部门可以根据实际情况选择具体的建设模式。同其他工程项目一样，在电子政务建设过程中，也必须有一套规范化的项目管理方法，以保证电子政务工程项目如期保质保量地完成。由于许多电子政务方面的产品或服务是由 IT 厂商或专业化机构提供的，所以各级政府部门要有一套规范化的选型和采购机制。

重点问题

- 如何选择电子政务服务外包商？
- 怎样做好电子政务项目管理工作？
- 如何采购电子政务咨询服务？
- 怎样把 IT 治理和 IT 服务管理应用到电子政务建设与管理中？

9.1　电子政务外包

9.1.1　电子政务外包概述

电子政务是一项庞大的系统工程，一个政府部门无论是在工作职能上，还是在人员编制、管理体制、运作机制上都不可能养一支专门的队伍来进行电子政务系统的开发和维护。这就要求各级政府部门引入市场竞争机制进行电子政务建设，把大量的政府业务系统开发、政府网络维护工作通过招标等方式，外包给专业化的 IT 公司去做。对于公务员，通过相应的培训提高其计算机应用水平，能够在日常工作中实现无纸化办公和网上互动式操作即可。只有这样，才能经济、高效地把电子政务开展起来。

电子政务外包是IT服务外包的一种方式，指政府部门与IT厂商签订信息工程建设和技术服务合同，政府部门的信息系统建设及系统的日常运行维护等工作部分或全部委托或外包给专业公司，由它们组织专业技术队伍，为政府部门提供服务。

国内外的实践证明，IT服务外包已经成为政府信息化过程中提高效率、精简机构、减少开支、专业服务的发展方向。按照专业技术划分，信息系统可以分为网络系统、主机系统、存储系统、应用软件、终端设备等，涉及信息技术的各个方面，任何机构和企业都没有办法单独管理和维护，只有采用专业外包方式才能提供与整个系统的正常运行相关的技术支持。有人形容IT外包服务就像水、电、煤气、道路交通等公用设施一样，委托方购买的是一种服务。

IT厂商与政府部门共同参与电子政务建设，电子政务建设的收益和风险由企业与政府共担，极大地推动了电子政务建设的发展。除了依靠行政手段来推动电子政务建设外，政府还可通过合理的方式授权企业参与筹资、建设、运营和管理。这样，一方面，能够减轻政府部门的财政压力；另一方面，企业也可通过产品开发、技术咨询与服务、数据的商业再开发而获得利润，进而带动信息产业的发展，使电子政务建设进入一种可持续发展的良性循环中。

电子政务建设外包是目前世界各国电子政务发展的一个重要趋势。从经济、效益、效能等诸多方面权衡后，许多国家政府部门的电子政务建设、运行维护都是委托市场化的专业外包服务公司提供服务，政府工作人员只承担行政管理职能，进行信息加工分析，提出对公众服务的项目要求。例如，南非的电子税务系统就是由南非政府的税务总局与私营企业合资建设的。

9.1.2 电子政务外包服务商选择

IT厂商的选择是影响电子政务建设项目成败的一个关键问题。政府部门在选择IT厂商时要注意如下事项：

（1）要看IT厂商对用户需求的把握能力。

虽然在开始接触时也许并未接触到正题，但IT厂商代表应当能跟上用户的思路，跟上用户的话题，要能很快地理解用户的想法与需求，要能听懂用户的语言，有广泛的理解力。在闲聊中，政府代表作为用户要仔细观察IT厂商的理解力，良好的合作一定要依赖于良好的沟通，如果IT厂商对用户的感觉迟钝，反应不敏捷，那是不能中选的。有些IT厂商，不去认真思考用户的谈话，而急于推销自己的产品与技术，则一定是不能成功的。连用户的话都不耐心听的IT厂商，怎能理解好用户的需求与价值观呢？选择IT厂商的第一步是要找一位能够谈得深入的人，话不投机的人很难有能力承担这样的复杂工程。

（2）要考察IT厂商有无相关项目经验。

经验对信息系统的建设非常重要。由于电子政务实际应用非常复杂，没做过的人很容易忽略一些关键点。通常，从IT公司或专业院校出来的人都非常重视技术，但缺乏经验的人会夸大IT技术的作用。有经验的人就不一样，他们知道实践的复杂，对于工作中经常碰到的麻烦会进行预防。通过观察IT厂商对实践中的细节问题的专注程度，就可以判断对方是老练的专家还是缺乏经验者。

（3）要仔细观察项目团队，特别是项目负责人。

公司规模决定不了服务的质量，服务质量主要是由工作班子决定的，特别是由项目负责人决定的，项目负责人的责任心、理解力、沟通力、处事风格都与系统的成败有着密切的关系。没有找到一位好的项目负责人是不能签约的，因为信息系统外包的质量是项目负责人综合素质与能力的反映。

（4）要重视 IT 厂商的售后服务水平。

要仔细询问 IT 厂商的后期服务与维护的办法，看承包商如何处理项目遗留的各种问题。对于电子政务这样长期运行的项目，后期的修改、完善是不可避免的，一个公司的售后服务水平反映了公司的成熟度。政府部门应找一个成熟与规范的公司，这样才能保障电子政务工程的最终效果。为了做好电子政务，政府部门需要一个长期的合作伙伴。这就是认真挑选 IT 厂商的重要意义。

不过，目前在中国，电子政务建设外包模式还存在不少问题。以前不少单位为了提高电子政务项目开发效率，把电子政务系统开发整体外包给了 IT 厂商，俗称“交钥匙工程”，但政府部门很快发现这些“交钥匙工程”基本都不成功。这是由于中国政府处在转型阶段，政府机构和职能经常发生调整。政府机构和职能每调整一次，相应的电子政务软件就要修改一次。一方面，很多 IT 厂商（特别是小型 IT 厂商）没有采用模块化、可定制的开发方法，一旦需求改变就又要重新开发，过长的开发周期影响政府部门的正常运转，而且政府部门还要追加投资。另一方面，IT 厂商生命周期通常较短，不少政府部门把电子政务项目外包给 IT 厂商，不久就发现该 IT 厂商已经破产或注销，导致后续运行维护工作难以开展。此外，由于不少 IT 厂商缺乏电子政务项目管理经验，经常出现拖延项目工期、没有完成预定功能模块、开发成本比预期要高等问题，或者在运行过程中经常出现各种各样的错误，以至于政府部门与 IT 厂商相互扯皮的事情时有发生。要解决这些电子政务建设外包过程中普遍存在的问题，需要 IT 厂商、政府部门、第三方机构的共同努力。

9.2　电子政务项目管理与监理

9.2.1　电子政务项目管理

电子政务项目管理一般包括如下步骤：

（1）成立项目建设工作组。

通常情况下，项目建设工作组由有关专家、项目的组织人员、各方面技术人员组成，具体负责项目的组织与管理，项目组的工作方式可以根据具体情况选择集中办公或临时集结。大型的建设项目还需要成立由主管领导挂帅的项目建设工作领导小组，加强对项目建设的领导与协调。领导小组下设具体工作组，分别负责某方面工作。

（2）开展项目前期调研。

调研主要包括以下内容：一是国家信息化政策、国家电子政务规划和工作部署以及上级政府和部门对电子政务工作的具体要求，这是指导项目建设的依据。二是本地区、本部门政务信息化建设的现状，这是项目建设的外部环境和条件。三是具体项目建设的可行性，这是项目成功实施的关键和保证。四是规模相当、性质相近的有关成功案例，这可以为项目的成功实施提供宝贵的经验。

（3）进行项目需求分析。

需求分析是项目建设实施过程中最基础的环节，决定了整个项目建设的成败。项目的需求分析工作是在全面掌握调研材料基础上展开的。需求分析按照由大到小、由粗到精、由全体到局部的过程分步实施，主要采取座谈、研讨、实地考察等方式进行。需求分析的主要内容包括：根据国家以及上级政府和部门在电子政务建设方面的规划和要求，从本地区、本部门电子政务基础设施和现状出发，厘清政府管理的业务流程，分析系统建设的依据和可行性，分析系统建设的总体目标、系统结构、主要功能、具体任务以及所遵循的建设原则，最后，形成项目建设需求方案。

（4）公开征集项目方案。

需求方案形成后，项目建设工作组可通过有一定影响力的公共媒体，通常采取无偿的方式，面向系统集成商公开征集技术解决方案。征集方案的通知通常要说明征集方案的目的，征集方案的对象及资质，索取需求方案的地点、时间和联系人，以及返回技术方案的截止日期等。

（5）编制项目建议书。

项目建设工作组成员按照需求方案组成部分进行相对分工，分头对技术方案进行认真研究，弄清各家方案的总体思路、采用的有关技术，以及与需求方案的结合程度等。然后，工作组成员集中在一起，由组长首先提出项目建设方案的总体框架，在组内进行充分讨论，达成共识后，以收回的技术方案为基础，采众家之长，结合具体需求，进行项目建设方案的编制。方案要紧密结合本地、本部门实际，以满足实际应用需求为唯一标准，突出实用、注重实效，避免因盲目追求设备的先进性、高性能、高起点而造成资金浪费。

（6）提请有关专家进行论证。

项目建设工作组要做好组织专家论证的各项前期准备工作，预先将方案复印分送有关专家，以保证专家有足够的时间审查方案、做好参会准备，保证专家在会上充分发表意见，确保方案制订的科学性、可行性、合理性以及可操作性。专家论证会应对所论证方案形成具体的书面意见，供领导决策。

（7）报批主管部门立项并落实项目建设资金。

专家论证后，项目建设工作组须按照专家论证意见对方案进行相应的调整和修改，总结项目的前期工作情况形成工作报告，以建设方案为基础，本着多渠道筹集资金的原则，提出落实资金的请示或建议，连同项目建设方案、专家论证意见等材料一并报领导审批。

（8）以项目建议书为基础，编制招标文件。

电子政务建设项目招标是政府采购行为，此时，项目建设工作组的主要任务是和政府采购部门联系落实招标工作相关事宜，起草招标申请或委托函，确认项目立项已获批准，项目资金已经落实，界定投标企业资质，同时，以建设方案为基础，编制招标文件的技术文档，送采购部门一并形成招标文件。

（9）公开招标。

招标工作在政府采购部门的统一组织下进行。公开招标包括很多环节，其中至关重要的环节是开标、评标和定标。开标是指在规定的日期、时间、地点公开启封收到的所有投标书，由采购组织部门当众宣布投标者名称和报价。评标是指评标委员会在众多参与投标活动的投标人中，依据技术参数、价格、提供售后服务等因素，客观、公正地评出中标者的评审活动和过程。定标是指根据评标结果确定中标人，形成评标报告，下发《中标通知书》的过程。在招标过程中，建设单位作为业主，根据《招标投标法》全过程参与各环节的活动。

《中标通知书》发出后，项目建设工作组要与中标企业尽快确定时间，在采购部门的主持下，对合同文件进行细节上的交流与谈判，达成一致后即签订承包合同。这时，中标人的身份发生了变化，由中标人改为承包商，并要对所承包的项目工程负经济和法律责任。至此，整个项目的招标及评标工作宣告结束，正式转入项目的实施阶段。

承包合同内容包括建设要求、功能要求、工程标准规范、设备型号与数量、配置与价格、设备到货与安装调试时间、软件要求、项目进度要求、测试方法、验收要求、培训计划、拨款方式、技术文档要求、保修和售后服务以及违约责任等事项。这是通常的做法，有时为了简单明晰，特别是大型工程项目的合同可以仅包括商务方面的内容条款，而技术方面的内容则通过制定具体的实施方案确定，这也为项目的组织实施提供了依据。

（10）项目实施。

项目实施的核心问题是项目的进度和质量。转入项目实施阶段后，项目建设工作组的工作重点主要是切实发挥好组织、协调、监督和管理的作用。要加强工作的组织与协调，为项目的建设提供良好的外部环境和内部条件；列出详细并切合实际的项目实施进度表，严格按照项目进度组织进行，特别是可以并行的建设项目，要做到心中有数，有条不紊，注意衔接；按照项目建设方案，严把项目质量关，将方案中的建设目标和主要任务落到实处。

（11）项目验收。

项目验收是对项目的检查和总结，通常由政府采购部门组织参与该项目的评标专家进行。项目验收前，项目建设工作组要组织和督促项目承包商将项目建设过程中形成的资料、图表、技术文件等基础数据收集整理好，确保完整、齐全；对系统进行全面测试并起草完成对任务进行分解的详尽的项目验收报告，以便考核。准备工作完成后，及时和采购部门沟通协商，确定项目验收时间。项目验收按照听取项目建设情况报告、项目建设有关问题质询、现场勘查和测试等程序进行，专家组要根据验收情况形成书面验收意见，对项目中尚存的问题要提出改进意见或整改措施。

（12）用户培训。

做好培训工作是确保系统高效运转的保障。一个新的系统建设完成后，要组织对使用人员的培训和对技术管理人员的培训。使用人员的培训通常由项目工作组统一组织，承包商现场完成，通过培训，使用人员要做到能够熟练操作和使用系统。技术管理人员的培训一是通过参与项目建设、熟悉情况，在具体工作中进行；二是参加主要设备供应厂家提供的专题培训，全面掌握设备性能和维护技能，确保设备维护工作的正常进行。

（13）运行维护。

建设的目的在于应用，只有将建设项目很好地应用于具体的工作，才能使系统切实发挥作用，提高工作效率。因此，项目建成后，要制定相应的制度和措施，落实相关工作责任制，建立顺畅的运行与维护机制，确保系统高效运行。

2007 年 8 月，国家发展改革委出台了《国家电子政务工程建设项目管理暂行办法》。该办法对使用中央财政性资金的国家电子政务工程建设项目的申报和审批管理、建设管理、资金管理、监督管理、验收和评价、运行管理做了规定。

该办法规定了国家电子政务工程建设项目的申报流程（见图 9－1）和审批流程（见图 9－2）。

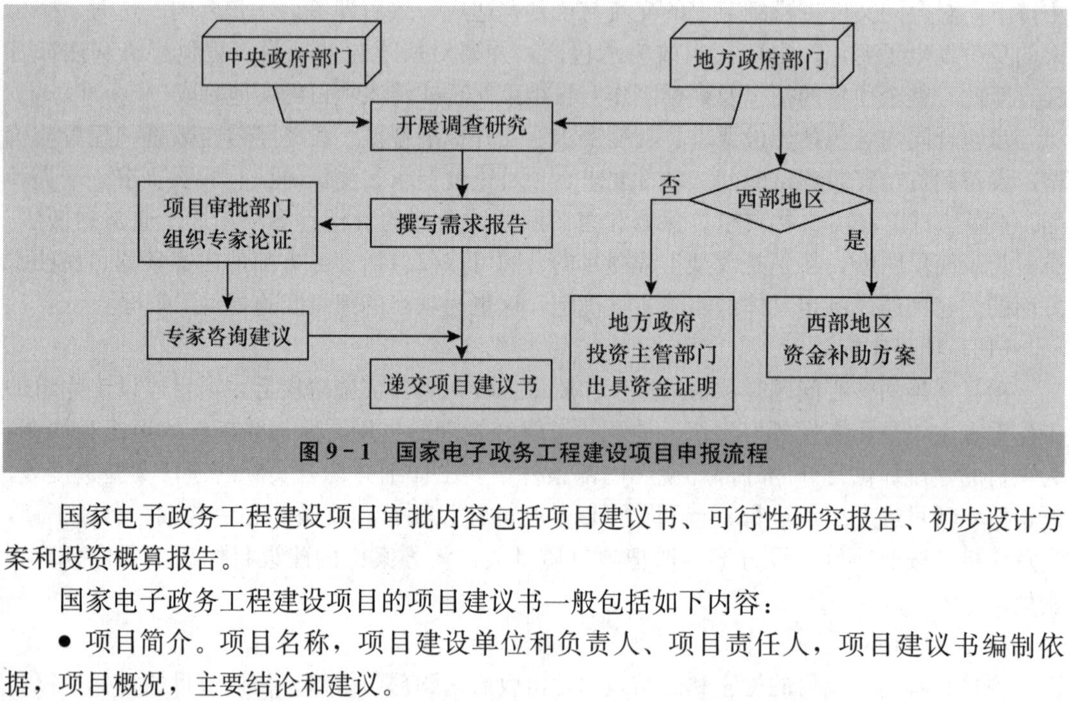

图 9－1　国家电子政务工程建设项目申报流程

国家电子政务工程建设项目审批内容包括项目建议书、可行性研究报告、初步设计方案和投资概算报告。

国家电子政务工程建设项目的项目建议书一般包括如下内容：

● 项目简介。项目名称，项目建设单位和负责人、项目责任人，项目建议书编制依据，项目概况，主要结论和建议。

● 项目建设单位概况。项目建设单位与职能，项目实施机构与职责。

● 项目建设的必要性。项目提出的背景和依据，现有信息系统装备和信息化应用状况，信息系统装备和应用目前存在的主要问题和差距，项目建设的意义和必要性。

● 需求分析。与政务职能相关的社会问题和政务目标分析，业务功能、业务流程和业务量分析，信息量分析与预测，系统功能和性能需求分析。

● 总体建设方案。建设原则和策略，总体目标与分期目标，总体建设任务与分期建设内容，总体设计方案。

● 本期项目建设方案。建设目标与主要建设内容，标准规范建设，信息资源规划和数据库建设，应用支撑平台和应用系统建设，网络系统建设，数据处理和存储系统建设，安全系统建设，其他（终端、备份、运维等）系统建设，主要软硬件选型原则和软硬件配置清单，机房及配套工程建设。

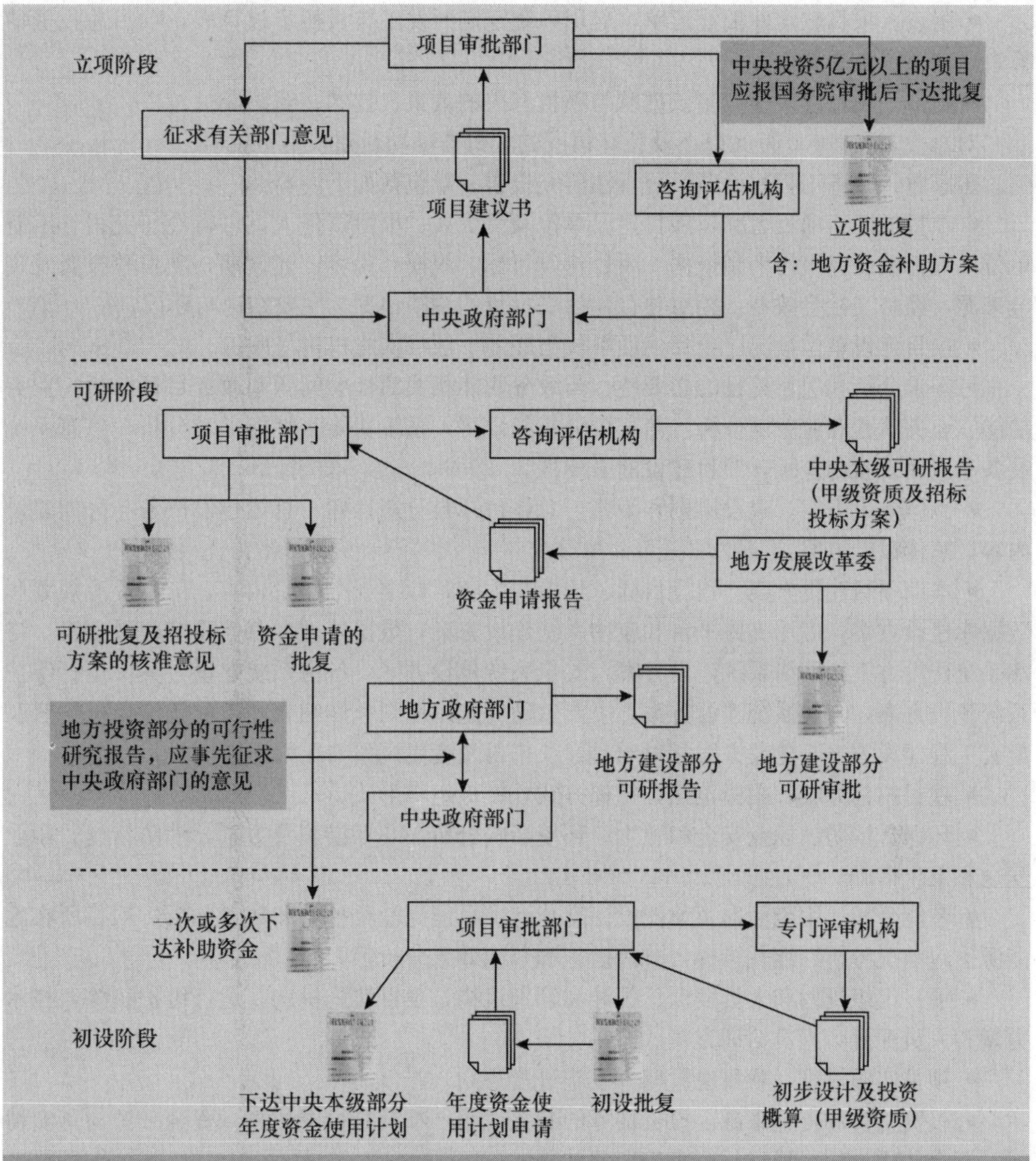

图 9－2　国家电子政务工程建设项目审批流程

• 环保、消防、职业安全、职业卫生和节能。环境影响和环保措施，消防措施，职业安全和卫生措施，节能目标及措施。

• 项目组织机构和人员。项目领导、实施和运维机构及组织管理，人员配置，人员培训需求和计划。

• 项目实施进度。

• 投资估算和资金筹措。投资估算的有关说明，项目总投资估算，资金来源与落实情况，中央对地方的资金补贴方案。

● 效益与风险分析。项目的经济效益和社会效益分析，项目风险与风险对策。

● 附表。项目软硬件配置清单，应用系统定制开发工作量初步核算表，项目总投资估算表，项目资金来源表。

● 附件。项目建议书编制依据及与项目有关的政策、技术、经济资料。

对总投资在 3 000 万元以下及特殊情况的，可省略项目建议书审批项。

国家电子政务工程建设项目可行性研究报告一般包括如下内容：

● 项目概述。项目名称，项目建设单位及负责人、项目责任人，可行性研究报告编制单位，可行性研究报告编制依据，项目建设目标、规模、内容、建设期，项目总投资及资金来源，经济与社会效益，相对项目建议书批复的调整情况，主要结论与建议。

● 项目建设单位概况。项目建设单位与职能，项目实施机构与职责。

● 需求分析和项目建设的必要性。与政务职能相关的社会问题和政务目标分析，业务功能、业务流程和业务量分析，信息量分析与预测，系统功能和性能需求分析，信息系统装备和应用现状与差距，项目建设的必要性。

● 总体建设方案。建设原则和策略，总体目标与分期目标，总体建设任务与分期建设内容，总体设计方案。

● 本期项目建设方案。建设目标、规模与内容，标准规范建设内容，信息资源规划和数据库建设方案，应用支撑平台和应用系统建设方案，数据处理和存储系统建设方案，终端系统建设方案，网络系统建设方案，安全系统建设方案，备份系统建设方案，运行维护系统建设方案，其他系统建设方案，主要软硬件选型原则和详细软硬件配置清单，机房及配套工程建设方案，建设方案相对项目建议书批复变更调整情况的详细说明。

● 项目招标方案。招标范围，招标方式，招标组织形式。

● 环保、消防、职业安全和卫生。环境影响分析，环保措施及方案，消防措施，职业安全和卫生措施。

● 节能分析。用能标准及节能设计规范，项目能源消耗种类和数量分析，项目所在地能源供应状况分析，能耗指标，节能措施和节能效果分析等内容。

● 项目组织机构和人员培训。领导和管理机构，项目实施机构，运行维护机构，技术力量和人员配置，人员培训方案。

● 项目实施进度。项目建设期，实施进度计划。

● 投资估算和资金来源。投资估算的有关说明，项目总投资估算，资金来源与落实情况，资金使用计划，项目运行维护经费估算。

● 效益与评价指标分析。经济效益分析，社会效益分析，项目评价指标分析。

● 项目风险与风险管理。风险识别和分析，风险对策和管理。

● 附表。项目软硬件配置清单，应用系统定制开发工作量核算表，项目招投标范围和方式表，项目总投资估算表，项目资金来源和运用表，项目运行维护费估算表。

● 附件。可研报告编制依据，有关的政策、技术、经济资料。

国家电子政务工程建设项目初步设计方案和投资概算报告一般包括如下内容：

● 项目概述。项目名称，项目建设单位及负责人、项目责任人，初设及概算编制单位，初设及概算编制依据，建设目标、规模、内容、建设期，总投资及资金来源，效益及风险，相对可研报告批复的调整情况，主要结论与建议。

- 项目建设单位概况。项目建设单位与职能，项目实施机构与职责。
- 需求分析。政务业务目标需求分析结论，系统功能指标，信息量指标，系统性能指标。
- 总体建设方案。总体设计原则，总体目标与分期目标，总体建设任务与分期建设内容，系统总体结构和逻辑结构。
- 本期项目设计方案。建设目标、规模与内容，标准规范建设内容，信息资源规划和数据库设计，应用支撑系统设计，应用系统设计，数据处理和存储系统设计，终端系统及接口设计，网络系统设计，安全系统设计，备份系统设计，运行维护系统设计，其他系统设计，系统配置及软硬件选型原则，系统软硬件配置清单，系统软硬件物理部署方案，机房及配套工程设计，环保、消防、职业安全卫生和节能措施的设计，初步设计方案相对可研报告批复变更调整情况的详细说明。
- 项目建设与运行管理。领导和管理机构，项目实施机构，运行维护机构，核准的项目招标方案，项目进度、质量、资金管理方案，相关管理制度。
- 人员配置与培训。人员配置计划，人员培训方案。
- 项目实施进度。
- 初步设计概算。初步设计方案和投资概算编制说明，初步设计投资概算书，资金筹措及投资计划。
- 风险及效益分析。风险分析及对策，效益分析。
- 附表。项目软硬件配置清单，应用系统定制开发工作量核算表。
- 附件。初步设计和投资概算编制依据，有关的政策、技术、经济资料。
- 附图。系统网络拓扑图，系统软硬件物理布置图。

为了规范建设部门在项目建设过程中的行为，该办法要求建立健全项目管理和责任制度，严格执行招标投标，实行工程监理制，坚持项目的报告制度。项目建设单位确定项目实施机构和项目责任人，并建立健全项目管理制度。项目责任人向项目审批部门报告项目建设过程中的设计变更、建设进度、概算控制等情况。项目建设单位主管领导对项目负总责。电子政务项目采购货物、工程和服务应按照《招标投标法》和《政府采购法》的有关规定执行，并遵从优先采购本国货物、工程和服务的原则。项目建设单位应按照信息系统工程监理的有关规定，委托具有信息系统工程相应监理资质的工程监理单位，对项目建设进行工程监理。

该办法对前期经费、资金申请、资金使用做了规定。项目建设单位在可行性研究报告批复后，可申请项目前期工作经费，用于需求分析报告、项目建议书、可行性研究、初步设计方案和投资概算的编制以及专家评审等工作。项目建设单位在初步设计方案和投资概算获得批复及具备开工建设条件后，根据项目实施进度向项目审批部门提出年度资金使用计划申请。项目建设单位要严格按照财政管理的有关规定使用财政资金，专账管理，专款专用。

项目审批部门负责对电子政务项目进行稽查，主要监督检查在项目建设过程中，项目建设单位执行有关法律、法规和政策的情况，以及项目招标投标、工程质量、进度、资金使用和概算控制等情况。项目建设单位及相关部门应当协助稽查、审计等监督管理工作，如实提供建设项目有关的资料和情况。

该办法规定，电子政务项目建设实行验收和后评价制度。项目验收包括初步验收和竣工验收两个阶段。初步验收由项目建设单位按照验收工作大纲要求自行组织，竣工验收由项目审批部门或其组织成立的电子政务项目竣工验收委员会组织。

项目建设单位在完成初步验收工作后，专家组结合初步验收工作成果，重点检查项目建设、项目设计、项目施工、项目招投标、项目执行法律情况、项目预（概）算执行和财务决算情况、项目档案资料情况。根据检查情况，专家组对项目建设做出总体评价，并从工程、技术、财务、档案等方面提出意见和建议。基于专家意见，竣工验收委员会对项目建设情况、设计施工与质量、资金和财务管理、项目档案资料以及执行法律情况等进行验收，对建设项目的各个环节做出评价，形成竣工验收报告。竣工验收报告由竣工验收委员会全体成员签字，作为建设项目档案内容归档，并报送项目审批部门。项目审批部门根据电子政务项目验收后的运行情况，可适时组织专家或委托相关机构对建设项目的系统运行效率、使用效果等情况进行后评价（见图 9-3）。

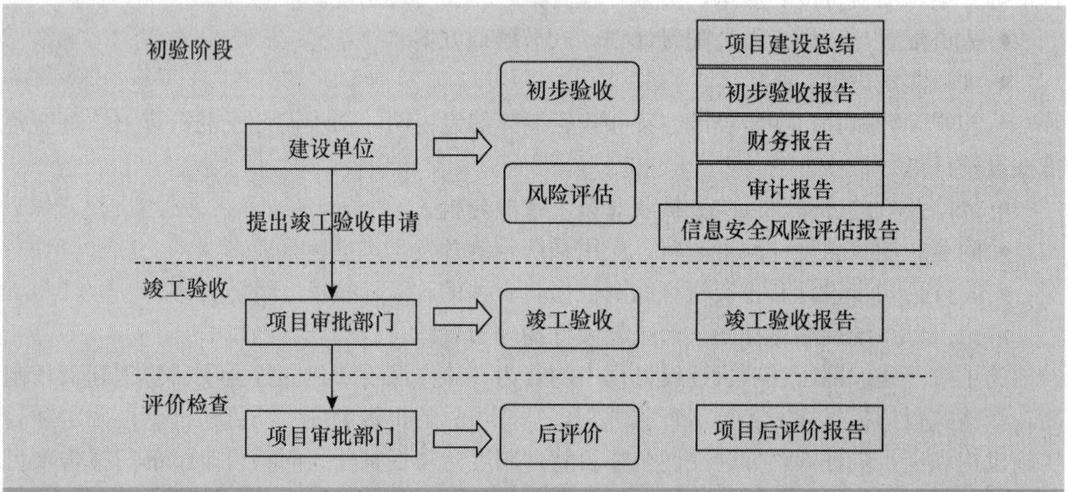

图 9-3 国家电子政务工程建设项目验收和后评价流程

电子政务项目建成后的运行管理实行项目建设单位负责制。项目建设单位要确立项目运行机构，制定和完善相应的管理制度，加强日常运行和维护管理，落实运行维护费用。同时，鼓励专业服务机构参与电子政务项目的运行和维护。项目建设单位或其委托的专业机构应按照风险评估的相关规定，对建成项目进行信息安全风险评估。

9.2.2 电子政务项目监理

在电子政务项目的实施中，IT 厂商作为项目实施方为政府部门提供产品和服务。而政府部门领导往往在项目启动的时候非常重视，对于项目实施效果有较大的期望，但是随着项目实施的深入，一旦涉及政务流程重组，牵扯到政府部门内部部分人的利益，项目就开始受到抵制。政府部门由于自身在技术、能力、人员、经验等各个方面的不足，往往对电子政务项目建设不能很好地掌控，对电子政务项目的投入和难度估计不足，或者自己冒充专家，过分干涉实施项目的 IT 厂商，对 IT 厂商不信赖，认为没有达到所期望的要求，造成 IT 厂商的正常要求得不到相应的支持，于是项目停滞不前，最终导致电子政务项目失败。IT 厂商在项目实施的过程中希望得到用户的大力支持，但是又不希望用户过多干涉项目的实施。解决上述矛盾的办法就是在项目实施过程中引入一种有效的监督管理机制，使项目在质量、进度、投入等方面都得到很好的保证和控制，防止出了问题就互相推诿，避免项目中途下马或完工后难以达到预期建设目标等情况的发生。这种监督管理机制就是项目监理。

项目监理是国际上确保工程项目质量和进度的一种通行惯例。随着电子政务建设深入开展，越来越多的政府部门意识到实行监理的重要性。2002 年 5 月，北京市颁布了《北京市信息系统工程监理管理办法（试行）》，规定北京市政府所管理的信息化工程和北京市财政支持的信息化工程从 2002 年 8 月 1 日起全部实行监理制，要求专业的 IT 监理公司介入，并且对信息系统工程监理及监理单位、监理工程师的资格认证做了明确的规定。2003 年 4 月，信息产业部出台了《信息系统工程监理单位资质管理办法》和《信息系统工程监理工程师资格管理办法》，首次明确信息系统工程监理行业细则。

信息产业部颁布的《信息系统工程监理暂行规定》明确了信息系统工程监理的概念、内容及范围，规定了信息系统监理单位和监理工程师的权利与义务等，这标志着中国信息工程监理开始迈向科学化、专业化和规范化。

2014 年 1 月，国务院做出了《关于取消和下放一批行政审批项目的决定》，要求工业和信息化部取消信息系统工程监理单位资质认证和监理工程师资格认定。

信息系统工程监理是指依法设立且具备相应资质的信息系统工程监理单位，受建设单位委托，依据国家有关法律法规、技术标准和信息系统工程监理合同，对信息系统工程项目实施的监督管理。也就是在信息系统工程建设中引入第三方参与的管理机制，在业主或者项目建设管理机构的授权委托下，根据项目的建设目标、业务需求和质量标准，对承建方提出的技术方案、项目管理活动以及系统设计、开发、集成和实施部署等活动进行全方位、全过程的审核、监督和控制，以保证项目在预算范围内按时、按质完成，保护业主的利益，规避或降低项目的风险。实际上，项目监理就是对 IT 厂商实施的项目进行有效监督和调理，从而维护用户权益的一种机制。信息系统工程监理的内容如图 9－4 所示。

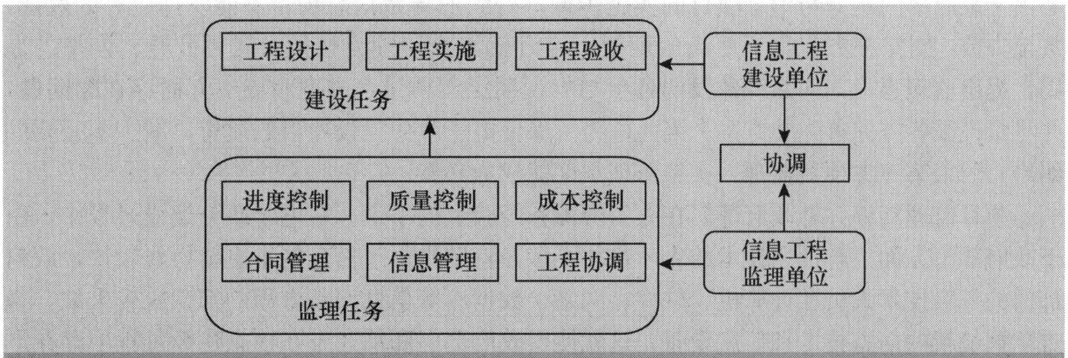

图 9－4 信息系统工程监理内容

《信息系统工程监理暂行规定》中规定下列信息系统工程应当实施监理：国家级、省部级、地市级的信息系统工程；使用国家政策性银行或者国有商业银行贷款，规定需要实施监理的信息系统工程；使用国家财政性资金的信息系统工程；涉及国家安全、生产安全的信息系统工程；国家法律、法规规定应当实施监理的其他信息系统工程。信息系统工程监理业务可以由建设单位直接委托监理单位承担，也可以采用招标方式选择监理单位。监理的主要内容是对信息系统工程的质量、进度和投资进行监督，对项目合同和文档资料进行管理，协调有关单位间的工作关系。

电子政务项目监理与建筑工程监理的区别很大。首先，电子政务系统与建筑工程本身存在很大差别。传统的建筑工程项目除前期设计工作外，主要还是人类的体力劳动，电子政务系统不像建筑工程那样最终有实体展现在政府部门的面前，只有用了才能知道它的质量。其次，电子政务系统很多需求不明确、不清楚，开发过程可能会根据需求的变化产生很大的改变，而建筑工程项目则一般是比较明确的，在后续工作中不会与最初的设计有多大的差异。最后，电子政务系统建设还没有一个规范、完善、成熟的通用标准，而建筑工程项目则相对成熟，可以根据已有的规范标准来实施。

电子政务项目监理能够协调和保障政府部门与承建方进行成功的合作。电子政务建设过程中存在着很多问题亟待解决，其中最突出的是政府部门和承建方就实施中的问题存在争议。在很多时候，政府部门往往连自己的需求也说不清楚，不得不完全依靠承建方。有时政府部门又自作主张，不管计算机能否实现，都希望承建方在信息系统中再现其日常业务。承建方也往往从自身角度出发来选用技术先进、功能完备的系统，并不充分考虑系统的可用性和现行结构的兼容性问题。对电子政务建设项目进行监理，将有助于协调和保障这些工作的顺利进行，从而把项目建设导向成功。

项目监理是确保电子政务项目工程质量、进度和预算合格的有效办法。政府部门希望有第三方在建立信息系统时帮助把好工程质量、进度和成本三大关。在电子政务建设过程中，质量、进度、成本构成一个三角关系，如果希望确保工程高质量，就必须有一个合理的工程进度安排，并支付相应的成本。但在现实中，政府部门方面往往会由于诸如来自上级政府领导的压力等原因而对工程进度提出应急性要求，以服务于政府的政治需要；同时，对于因赶工期而造成的工程质量问题又耿耿于怀。此时，承建方也很希望有第三方对其提供的信息系统方案及工程实施结果给予公正、恰当、权威的评价。加之承建方往往担心由于政府部门本身与信息项目的实施步调不一致而导致信息项目不能发挥应有的效能，甚至失败，对第三方就寄予更高的期望。这时就需要监理方按照公正、公开、公平的原则，提出监理意见，向系统建设的各参与方说明工程质量、进度和成本方面存在的问题，并尽量说服各方完善弥补方案。因此，为了保证电子政务建设项目的质量，减少不必要的纠纷，引入第三方项目监理，实施监理制度就成为必然。

项目监理能够弥补政府部门在人力资源和经验上的不足。在电子政务建设过程中，由于政府部门方面了解信息技术的人才往往不多，特别是由于信息技术更新换代较快，政府部门的一般技术人员在计算机、软件、网络、数据库等信息产品方面的知识比较欠缺，很难掌握最新的信息技术和信息设备，这就使得政府部门和承建方在信息建设过程中存在严重的信息不对称问题。政府部门往往不知道承建方在技术方面是否领先，在实施过程中也会感到心里不踏实，出现问题不知采取何种对策，更谈不上对可能出现的问题预先制定防范措施，从而很希望能有第三方来对承建方提出的建设方案进行评估，以弥补其人力资源和经验方面的不足。

项目监理有助于发挥第三方的专业化服务功能。项目监理通过监理方的专业管理，对政府部门和承建方都做出约束。在实施电子政务项目过程中，项目监理应该和项目管理有机结合起来，项目监理过程不应仅仅局限于软件开发过程，更应该贯穿于整个项目过程中。对此，可以从电子政务建设项目的几个阶段和各参与方的作用来讨论。

（1）项目立项阶段。

在项目立项阶段，一般由政府部门提出系统建设框架，包括目标、范围、要求、费用估算、时间要求、质量要求等，并综合各方建议提出招标书，向上级报批；承建方则根据政府部门提出的初步需求出具项目建议书。在此期间，监理方可以对政府部门提出的需求出具可行性评估意见，并对项目开发过程中采用的技术方法和项目管理方法提供咨询服务，尤其是在选择系统集成商、产品供应商和应用开发商等方面向政府部门提供专业的参考意见。

（2）需求分析阶段。

在需求分析阶段，由政府部门组织与系统建设有关的各个业务部门提出系统的业务需求，并负责报请相关部门领导批准这些业务需求；承建方则根据政府部门提出的要求，按照双方共同商定的设计方法形成业务需求调研报告，直至以需求确认书的形式确定下来为止。在此期间，监理方将运用自身的专业能力，对政府部门所提需求及其工期要求进行评估，促使双方达成一致意见；同时，还应负责审核承建方提交的各种工作成果是否符合合同的要求，以及业务需求的设计方法是否符合要求，并监督项目进展情况。

（3）技术开发阶段。

在技术开发阶段，政府部门对承建方在系统开发过程中遇到的问题及时予以答复，并配合承建方解决项目开发的各种待定议题（如政策问题）；承建方则负责根据业务需求分析阶段的成果，按照双方商定的开发方法开发产品，提交服务。在此期间，监理方将负责审查承建方提交的各种产品和服务是否符合合同的要求以及开发方法是否符合要求，并监督项目进展情况，帮助政府部门掌握工程进度，按期分段对工程验收，保证工程按期、高质量地完成。

（4）项目实施阶段。

在项目实施阶段，由政府部门协调与系统建设有关的各个部门部署系统实施工作，协助承建方组织软件培训工作，并配合承建方实施新的系统；承建方则提交系统实施计划，提供培训，并负责设备安装、调试。在此期间，监理方的工作重点是检查系统实施计划是否可行，检查软硬件设备的配置是否符合合同的要求。

（5）验收、维护、使用阶段。

在验收、维护、使用阶段，由政府部门根据合同制订验收计划，并按照验收计划负责整个项目的验收工作；承建方则对政府部门提供使用方面的帮助，并配合政府部门完成验收、维护工作。在此期间，监理方根据合同监督验收是否按照科学方法进行，检查系统集成方提交的产品和服务是否符合合同的要求，是否进行了培训工作并完成了整个系统的文档。

在项目实施完成以后，监理方还要对项目整个实施过程进行回顾、分析和评判，考察项目实施的结果，分析项目实施的得失，对整个项目提交详细分析报告，评定项目是否实施成功。

通过以上过程，监理方可以帮助政府部门把好关。在实施项目之前，由监理方对系统集成商进行考核，看是否有能力做好政府部门的项目。在实施项目过程中，一般每周都召开例会，及时让政府部门了解项目进展，发现并快速纠正失误。对许多考虑不周或没有考虑到的地方，及时进行修改。项目结束后，由监理方协助验收测试等后续工作。同时，在以上过程中，监理方也可以协助承建方顺利完成项目建设，帮助承建方发现系统开发中的待定议题，并监督待定议题的解决情况，还要对重大议题提供咨询意见。监理方的定期报告制度帮助承建方与政府部门沟通交流，使政府部门了解系统开发的进展情况，并监督做出的决定是否已经执行。

9.3 电子政务产品与服务采购

9.3.1 电子政务硬件设备采购

在电子政务建设中，服务器、计算机、网络设备等硬件不可缺少。在选择硬件设备的时候，要遵循如下几个原则：

一是“国产优先”原则，即在性能、价格差不多的情况下优先选择国货。中国近年来在信息技术领域取得了很大进展，方舟、龙芯等国产 CPU 已经问世，采用国产 CPU 的网络计算机也在学校、银行、政府机关等场所逐步取代某些国外品牌电脑；曙光的新一代高性能计算机已经投入市场，可以充当高档服务器；中信、华为等公司的网络设备产品性能也得到很大提升；由于政府机关的计算机多用于日常办公中的文字处理、上网，联想、方正、同方等国产品牌电脑在许多场合应用已经绰绰有余，没有必要买国外的品牌电脑。

二是“适可而止”原则，即在购买硬件设备，特别是计算机的时候，要坚持“够用就好”。计算机硬件技术发展速度非常快，CPU 速度越来越快，内存、硬盘容量越来越大，显示器越来越轻便，主板、显卡等性能越来越高，而价格却越来越低。现在组装一台性能良好的计算机，花费 2 000 多元就已经足够了，没有必要花 7 000～8 000 元买一台计算机用于打字、上网。在国外，许多政府机构使用的硬件设备虽然差，但电子政务的水平却并不低。

三是“逐步到位”原则，即购买硬件不要一步到位，可以分期分批购买。有的单位喜欢一次购买一大堆，花了很多钱，结果却没有很好地用起来，造成资产闲置和贬值。有的官员一想到信息化，就想到要高投入。实际上，造成这种错觉是因为现在的电子政务建设模式一次性投入太大，在没有明确目标的情况下就匆匆忙忙购置了许多设备，上了许多系统。现在，除了经济发达地区的政府财政比较宽余以外，对于中西部地区大多数政府机关来说，政府财政还是比较紧的。在信息化方面投入过多，就会影响其他方面的投入。特别是当投入那么多资金又达不到满意的效果时，就会怨声四起，电子政务发展就会遇到阻力，反过来影响信息产业的发展。

9.3.2 电子政务软件产品采购

“重硬轻软”是中国现阶段电子政务建设的通病。其实，电子政务的核心是应用，因此，政府采购主管部门要注重软件采购。

与硬件采购一样，“国产优先”“适可而止”“逐步到位”对于软件采购同样适用：在同等条件下优先采购国产软件，支持民族软件产业；电子政务软件的功能并不是越多越好，而是要以应用为导向；软件应分期分批采购，并坚持急用先行。

尽管没有像微软 Office 软件那么普及，永中 Office 等国产办公软件也可基本替代微软 Office 产品；在历来被微软垄断的桌面操作系统领域，许多中国公司推出了适合中国用户使用的 Linux 操作系统。因此，国产软件大有可为。

目前，业内对某些软件政府采购政策争议很大。例如，《软件政府采购实施办法（征求意见稿）》中规定，主要供应商在投资、研发投入、外包出口、纳税等方面达到一定的要求后，可以申请列入《优先采购的非本国软件产品目录》。有人认为这将让国产软件痛失发展良机，也有人认为国产软件企业过于依赖政府采购，这种急功近利的做法可能会催生中国软件产业的泡沫。实际上，在同等条件下，政府部门应该优先采购本国软件，扶持民族信息产业，广大软件企业也要有危机感，与国内同行多进行合作，在技术和市场方面不断创新，努力增强自己的核心竞争力。

那么如何界定“本国软件”呢？一个外国公司在中国注了册，交了税，有投资，在中国实现了产业化，这个公司的软件产品算不算“本国软件”？美国国会曾通过一个《购买美国产品法》，要求联邦政府要采购本国产品，即在美国生产的、增值达到 50%以上的产品，进口件组装的不算本国产品。中国也应该从实际情况出发，严格界定什么是“本国软件”。

怎样才能知道某软件符合不符合要求、选哪家软件比较划算呢？软件不同于可以摸到的实物，而且技术含量通常比较高。实际采购中，由于对软件优劣没有把握，政府部门容易受厂商蒙蔽。政府部门用了之后没有实际效果，往往会心有余悸，甚至认为信息化这东西没有用，从而影响到中国软件产业的发展。

实际上，政府是行政机构，主管政府采购的官员不一定是 IT 方面的专家。这需要有参谋机构提供中立的第三方软件评测、选型等服务，为政府采购主管部门提供决策支持。例如，收集电子政务软件产品和解决方案，开展测评，建立一套选型指标体系，给同类产品或方案打分，把分值高的推荐给政府用户，并说明该产品或方案的优缺点，使政府用户心里有底。这种做法有利于规范软件市场，提高政府采购效率，使那些鱼目混珠的软件厂商很难生存，也能够使后进软件厂商看到差距并努力赶上。

软件产品选型是信息化建设的关键环节，直接影响信息化项目的成败，需要慎之又慎。目前，电子政务软件产品选型主要存在以下一些问题：

（1）缺乏认真细致的需求分析。对信息化建设项目缺乏通盘考虑，对软件采购缺乏统一管理。盲目采购、随意采购、零散采购等现象时有发生，导致软件投资浪费问题严重，信息系统之间互联互通性差。

(2) 在软件价格问题上容易走极端。有的对软件的技术含量缺乏认识，把价格压得过低，盲目选择那些便宜但不中用的软件产品；有的则简单地认为软件产品价格越高越好，盲目追求高端产品，迷恋所谓的最新技术；有的过分追求功能齐全的软件产品，实际上在真正的应用过程中，许多功能很少用或根本用不上，可谓“杀鸡用牛刀”。

(3) 缺乏明确的选型标准，讲关系，忽视软件厂商的技术实力、项目经验、服务水平、与实际需求的匹配程度、与现有软件的集成性、软件系统的体系构架、开放性与可扩展性等。由于一些政府部门缺乏懂技术的公务员，有时候软件选型往往会走过场，而软件厂商则用花哨的 PPT 来忽悠政府用户。

(4) 软件选型存在偏见。例如，盲目迷信国外软件产品，轻视国内软件产品；盲目迷信大公司的软件产品，轻视小公司的软件产品。实际上，国外软件产品可能存在“水土不服”的问题，国内软件产品的质量并不一定差；大公司的软件产品并不一定好，而且可能存在“店大欺客”的现象，小公司的软件产品也许完全满足用户需求，价格还低一些。

为了正确选择软件产品，规避实施电子政务工程的风险，就需要总结一套软件选型的规范流程，通过对需求把握、招标文件拟订、考核和评分体系制定、招标公告发布、投标方资格审查、投标技术评审与考核、软件厂商及其典型用户考察、商务谈判、技术谈判、合同签订等各个环节进行控制，保证政府用户能够选择到适合自己未来发展的软件产品或解决方案。

软件选型要从考察软件所包含的设计理念入手，然后依次是技术架构、业务流程、软件功能、软件性能、用户界面、软件价格等。软件所包含的设计理念就像软件的“灵魂”，设计理念落后的软件产品不足取。技术架构不仅要符合未来几年信息技术发展的大趋势，还要与未来几年政府业务发展需求相匹配。许多政府工作都是流程性工作，特别是行政审批。与企业相比，政府部门的业务流程相对比较固定，但有些业务流程也需要改进。电子政务专业软件设计必须满足政府部门规定的业务流程。软件功能并不是越多越好，软件性能也不是越高越好，一般来说够用就可以了。由于许多公务员的计算机操作水平有限，用户界面设计应简单易懂。软件价格可以根据有关经费预算，结合实际需求通盘考虑价位。

软件选型应该由一个通力合作的专门小组来完成。在这个小组里，人们各司其职，发挥各自的作用。一般来说，软件选型组里通常有如下一些角色：

(1) 部门领导。

部门领导是软件采购的决策者。对软件采购工作中出现的问题，他们负责拍板。同时，他们还负责签署软件采购合同，监督合同执行情况。

(2) 技术人员。

技术人员一般来自政府的 IT 部门，如各级信息中心、计算机中心等。由于懂信息技术，掌握具体的专业术语，他们在选型组中往往扮演技术顾问的角色。他们通过了解使用人员提出的需求，把这种需求转化为技术方案。他们负责与软件厂商的技术人员进行交流，了解一些技术细节。

（3）最终用户。

最终用户是指直接使用该软件的公务员。他们根据实际工作情况对软件应该解决什么问题提出具体要求，以改进政府工作。目前由于种种原因，软件采购往往由单位领导或 IT 部门负责人决定，而忽视了征求一线工作人员的意见。等软件采购来了，却因为软件对实际工作没有太大帮助而遭到使用这些软件的公务员抵制，或因软件不符合他们的工作习惯而被束之高阁。

（4）财务人员。

财务人员来自用户单位的财务部门。他们负责软件采购资金预算，对软件采购进行成本—收益分析；对比不同采购方案，对采购方案进行优化；与软件厂商的市场销售人员进行价格以及其他合同条款的谈判。由于许多地方成立了政府采购中心，上述工作可以让政府采购中心负责。

在软件选型时，有时候还要借助外部力量，如第三方咨询公司。有的政府部门懂行的人员比较少，对软件市场也不太熟悉。这时候，就有必要请咨询公司协助完成软件采购任务。咨询公司一定要站在中立的立场上，恪守职业道德，不能与软件厂商进行内部交易。政府部门不应把软件采购全部事宜交给咨询公司，因为许多事情还得自己决定，咨询公司只是起“参谋”的作用。

总的来说，软件选型可以分为如下三个阶段：

（1）前期准备阶段。

前期准备工作包括组建软件选型小组，明确成员分工；调查并明确具体需求；编制资金预算，拟订招标文件，制定考核和评分体系等。注意软件需求表达要做到无歧义。一些政府部门在这个环节上做得比较草率，导致信息化项目成功率较低。用户单位在招标前要对自身的需求进行广泛调研，广泛听取最终用户的意见。对主要业务流程进行分析和优化，使信息技术与具体业务能够很好地结合起来。

目前，不少政府部门在进行软件选型之前只有一些初步的设想，并没有形成明确的需求，容易在软件选型的过程中被软件厂商诱导。因此，需求分析是必要的，它可由用户单位的 IT 部门完成，也可以委托给 IT 咨询公司。此外，招标流程和招标文件要符合《招标投标法》。

（2）中期初选阶段。

首先，通过公开招标或邀标等方式，让软件厂商前来投标。投标书要明确规定投标方应严格按照招标书规定的格式和内容撰写。在收集完投标文件后，应首先对投标书进行内容审查，查看标书撰写是否规范，分析投标书内容是否针对标书中提出的问题和要求进行全面、明确的回答，剔除无效标书。一些软件厂商不严格按照招标要求撰写标书，只介绍产品功能，不解答标书中规定的问题，这类标书应先剔除。

其次，通过方案讲解、演示、询问等多种形式考察软件厂商的产品、实施能力、售后服务水平。可以要求备选厂商按照用户单位事先提供的数据资料进行现场演示，这样做既可以使用户单位变被动为主动，又可以使用户单位在较短的时间内了解备选厂商的软件产品功能、模块之间的集成程度和解决问题的能力。经过分析、比较，剔除那些不能满足需求的软件厂商。

最后，对剩下的备选厂商进行考察，对比它们的解决方案。在大型电子政务项目建设过程中，实施队伍的能力和经验非常重要。但有些软件厂商为了拿到单子，经常采用“高手打单、菜鸟实施”策略。因此，必须掌握备选厂商的行业背景、相关项目经验、技术力量、客户响应时间等情况。设计一个评分表，对候选厂商进行打分，最终选择两至三家符合条件的软件厂商进入合同谈判阶段。

（3）后期谈判阶段。

许多 IT 项目在实施过程中往往会出现很多问题，如果合同中没有明确规定，IT 厂商可以不承担相应责任。因此，要结合招标文件，逐项列出项目范围、软件功能要求、项目进度安排、验收标准、项目成员、预期成果等。此外，如果请第三方对项目进行监理，还应明确监理方的权力和职责。

在商务合同的谈判过程中，要做到“有理、有节、双赢”，寻求双方都认为合理的价位。商务合同谈判时除了价格以外，还须注意付款方式和违约责任，最好将付款条件与项目的实施进度和实施效果挂钩，明确任何一方违约应承担的责任，如项目延期、系统运行达不到预期效果、需求变更等。

上述软件选型步骤是针对大中型电子政务项目而言的，对于小型项目则可以根据实际情况对软件选型流程进行简化。

9.3.3 电子政务咨询服务采购

一般来说，政府部门的领导干部和工作人员的电子政务专业水平往往不高（其实也不需要高，政府毕竟不是研究机构），当遇到自身无法解决的问题时，就需要借助第三方专业机构的力量。

电子政务咨询是指政府部门通过购买第三方专业机构的智力服务来解决电子政务的各种问题。电子政务咨询内容主要包括电子政务规划、电子政务系统需求分析和方案设计、电子政务系统实施咨询、电子政务评估、电子政务专题研究等。

政府部门在选择电子政务咨询公司时，可以从以下四个方面考虑：一是评估咨询公司的资信情况；二是了解咨询公司的业务能力；三是评价咨询公司提供的建议方案；四是分析咨询公司的项目报价情况。

咨询公司的资信情况能够直接或间接地反映电子政务咨询公司的实力。首先，咨询公司的规模和专家实力是一个咨询公司开展咨询服务的基础，具体表现在咨询顾问人数、咨询顾问专业水平、销售额、成立年限、成功案例数量等方面。为了防止咨询公司在资信情况方面造假，政府部门可以从该咨询公司以前的客户那里了解情况，还可以从该咨询公司的竞争对手那里了解情况。此外，咨询公司在业内的声誉、客户口碑也是选取电子政务咨询公司的重要因素。

不同咨询公司的业务领域和业务专长是不同的，它们所依据的方法论也有很大的差异，对不同性质项目的实施能力也不尽相同。政府部门可以从咨询公司的业务专长、咨询方法、实施能力三个方面去了解咨询公司的业务能力。

要完全了解咨询公司的业务专长是很难的，但是要获得大致的认识还是不难做到的。

政府部门可以从以下几个方面来考虑：该咨询公司是擅长战略咨询、管理咨询还是技术咨询？该咨询公司的多数客户属于哪个领域（公安、交通、国土、环保等）、哪个层级（国家级、省级、地市级、区县级）？该咨询公司以前做过多少类似的咨询项目？这些都是非常重要的。如果做过类似的项目，可以向咨询公司及其服务过的客户了解类似项目的真实情况。

对于咨询公司的方法论，一般可以从其项目建议书或者做过的项目中了解到。不少咨询公司在实践中积累了具有自身特色的理论方法和咨询工具等，形成了一定套路。政府部门可以通过考察来判断这些方法是否适合自己的部门，能否解决政府部门存在的实际问题。

政府部门可以通过咨询公司递交的项目建议书初步判断该公司的业务能力以及对该咨询项目的重视程度。从咨询公司递交的项目建议书可以了解咨询公司对政府部门需求的把握是否准确，咨询思路是否清晰，咨询人员结构是否合理，资源保障是否充足，项目周期是否合理，咨询服务承诺是否明确等。这些都是选择咨询公司的重要依据。

对于一个具体的电子政务咨询项目，咨询公司向政府部门派出什么样的咨询团队很重要。因为该咨询团队的项目经理和项目成员的业务水平直接决定了该项目的咨询质量。有些咨询公司在签合同之前往往口头承诺派出实力雄厚的顾问团队，但签约之后就以各种理由随意更换项目成员，一般是把经验丰富的咨询顾问替换为新手。值得指出的是，项目成员的学历和咨询水平不一定成正比。政府部门应该更看重项目经理和成员的类似项目经历，而不是他们的学历。

咨询公司一般都有不同的定价策略。对于一个咨询项目的报价，最为通行的是根据项目团队的人天数计算咨询费用。级别高的咨询顾问的人天费用相对较高。政府部门在确定购买咨询服务的价格时，要考虑项目预算情况、项目团队情况、咨询公司资质和口碑等。

政府部门在选择电子政务咨询公司时，可以给上述因素分配不同的权重，进行计算，哪个电子政务咨询公司的得分最高就选哪个。

在选好咨询公司之后，政府部门要与咨询公司签订一份完备的咨询合同，明确双方的权利和义务。咨询合同通常包括以下内容：

（1）咨询内容范围。

由于咨询项目的范围界定不明确，双方缺乏良好的沟通，咨询公司经常抱怨客户改变需求或者增加服务内容，客户则经常抱怨咨询公司没有满足他们的需求，这种相互扯皮的事情往往会使咨询工作陷入困境。因此，必须清晰界定项目范围。项目内容描述要适当具体，避免歧义。

（2）咨询项目进度安排。

对于咨询公司来说，咨询项目的起止时间往往是根据该项目的工作量和成员数量来定的。对于政府部门来说，咨询项目的起止时间往往是根据自身工作计划来定的。咨询项目的起止时间应该由政府部门和咨询公司共同商定。如果咨询公司不能如期完成项目，特别是影响到政府工作时，应负违约责任，政府部门有权提出赔偿要求。

（3）项目团队成员。

咨询合同要明确规定项目团队，包括每个项目成员的姓名、专业、资历（咨询师、高级咨询师、资深咨询师）、工作天数或小时数。如果咨询公司随意更改，应该负违约责任，政府部门有权要求赔偿甚至终止合同。

（4）咨询费用和付款方式。

合同要明确项目金额、支付期数、每期支付比例及金额。要明确合同金额是否包括特殊费用，如评审费、成果出版费等。如果要求政府部门承担差旅费等，政府部门应规定最高限额。

（5）咨询工作的具体要求。

咨询公司往往会提出要求政府部门配合的工作内容，政府部门也可以要求咨询人员遵守政府机构的规章制度。

（6）保密协议。

政府工作往往涉及国家机密，这就要求咨询公司在项目执行过程中应遵守保密协议，不得擅自透露涉密信息。对于涉密咨询项目，要确定项目完成以后咨询成果的保密期限。

（7）违约责任。

无论哪一方出现违约行为，都要承担一定的违约责任。双方要约定哪些行为属于违约，并承担什么样的违约责任。如果政府部门对咨询质量很不满意，可以拒付尾款。

（8）争议解决方式。

一般先通过协商方式来解决争议，如果不能解决，可以规定仲裁条款，由指定仲裁机构来解决，或通过向法院提出诉讼的方式来解决。

（9）其他事项。

有的咨询公司在开展项目以前，往往会做出一些吸引人的口头承诺。如果这些承诺没有写进合同里，很可能就成为不能兑现的“空头支票”。因此，政府部门要把咨询公司的口头承诺也写进合同里，并尽量用具体、精确的语言来描述咨询公司的口头承诺。

政府部门要尽量满足咨询公司的合理要求（如协调项目调研事宜、组织项目评审等），配合咨询公司的有关工作，与咨询公司建立良好的沟通机制。

9.4 政府IT治理与IT服务管理

9.4.1 政府IT治理

IT治理用于描述企业或政府是否采用有效的机制，使得IT的应用能够完成组织赋予它的使命，同时平衡信息技术与过程的风险，确保实现组织的战略目标。IT治理就是要明确有关IT决策权的归属机制和有关IT责任的承担机制，以鼓励IT应用的期望行为的产生，并连接战略目标、业务目标和IT目标，从而使政府或企业从IT中获得最大的价值。IT治理是政府或企业治理中非常重要的一部分，包括IT服务管理、IT审计等。

值得指出的是，IT治理和IT管理有所区别。IT治理关注的是IT到底要做什么、怎么做、谁来做决策、谁去参与决策、谁去实现这个决策的问题。而 IT 管理则是制定和执行这些 IT 决策的过程。

走向 IT 治理的第一步，就是要对组织处于什么样的环境进行正确的分析。一旦组织明确了自己对于 IT 的需求，那么下一步就要解决 IT 治理做哪些决策的问题。IT 治理的决策范围一般包括组织模式、架构、标准、资源等。

IT 治理的一个关键性问题是，公司的 IT 投资是否与战略目标相一致，从而构筑必要的核心竞争力。因为企业目标变化太快，很难保证 IT 与商业目标始终保持一致，因此需要多方协调，保证 IT 治理继续沿着正确的方向走，这也是 IT 投资者真正关心的问题。对 IT 治理而言，要能体现未来信息技术与未来企业组织的战略集成。既要尽可能地保持开放性和长远性，以确保系统的稳定性和延续性，同时也要考虑到，再长远的规划也难以保证能完全跟上企业环境的变化，因此不要过于强求规划的十全十美。IT 治理中一个相对有效的做法是，在信息化规划时，认真分析企业的战略与 IT 支撑之间的影响度，并合理预测环境变化可能给企业战略带来的偏移，在规划时留有适当的余地，从业务战略到信息化战略都要做务实的牵引，不要追求大而全。

IT 治理有助于建立一个灵活的、具有适应性的企业。IT 治理能够影响信息和指示：企业能够感知市场正在发生的事，使用知识资产并从中学习，创新产品、服务、渠道、过程，迅速变化，将革新带入市场，衡量业绩。IT 治理应该体现“以组织战略目标为中心”的思想，通过合理配置 IT 资源创造价值。企业治理侧重于企业整体规划，IT 治理侧重于企业中信息资源的有效利用和管理。

在电子政务建设过程中，最初是业务部门向 IT 技术部门描述需求，由 IT 技术部门来负责业务实现，似乎 IT 的决策权是在 IT 技术部门手中。但随着 IT 技术的普及，业务部门开始渐渐了解 IT，于是业务对 IT 的需求越来越急迫。在一个没有 IT 治理框架的组织架构下，很容易出现的一个现象就是急用优先。渐渐地，政府部门的业务系统成为一个个分散且封闭的系统。而随着业务部门之间的关联性越来越大，不同业务部门需要联合在一起对 IT 系统进行规划，这样就逐渐产生了形成一个 IT 战略部门的需求。

政府 IT 治理要弄清楚什么是决策层和参与决策层，什么是提供支持、帮助和分享的部门。这样就要求业务规划统筹部门、需求提出部门、技术提出部门之间存在一个有序的工作关系。而这样的机制是需要流程来支撑的，流程又需要一些手段来保障。政府 IT 治理关键流程如图 9－5 所示。

当政府部门进行 IT 治理的时候，需要回答三个问题。首先，就目前政府部门信息化的外部和内部情况进行分析。其次，了解下一步到底要做哪些事，以及整个 IT 建设的定位。最后，分析这些事情有哪些是需要决策的，需要技术方面的决策还是需要业务方面的决策，包括开发、测试上线等在内的具体工作是由哪一个部门执行的，什么环节按照什么制度去做，要完成这件事情外部和内部的资源如何保障，等等。这样才能使 IT 治理逐渐上轨道，让所有的参与者都能够分享 IT 治理的成果。

政府 IT 治理要解决三个问题：一是需要制定哪些决策，即 IT 治理的目的性。二是由谁来制定这些决策，即 IT 治理的组织性。三是如何制定并监控这些决策，即 IT 治理的系统性。五项关键决策包括 IT 原则、IT 架构、IT 基础设施、IT 应用需求、IT 投资及优先顺序。

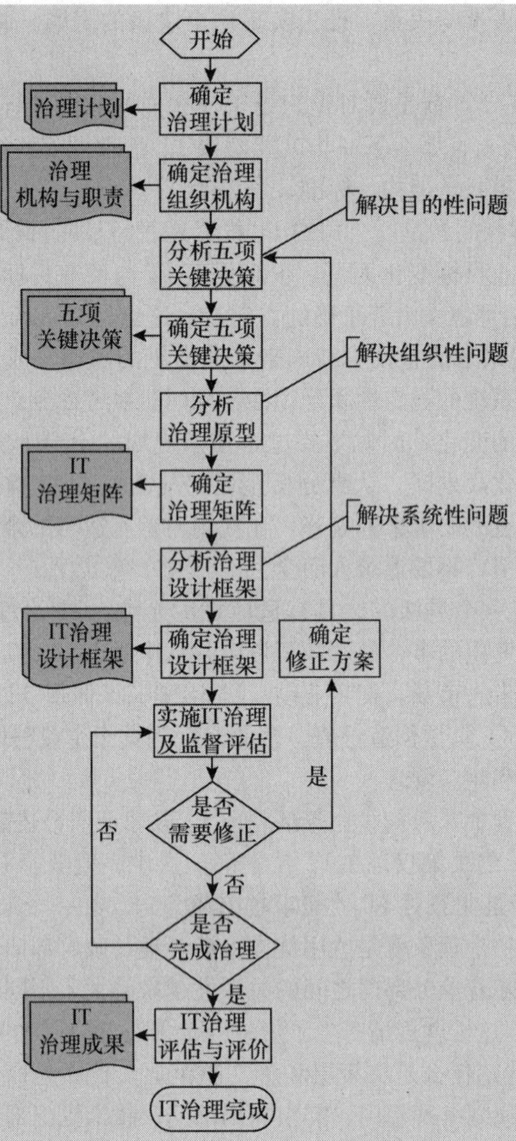

图 9-5　政府 IT 治理关键流程示意图

阅读材料

政府 IT 治理的主要目标

（1）明确政府组织战略目标和 IT 战略目标，将 IT 战略与组织战略相融合。

（2）降低 IT 投资成本，保证 IT 投资收益最大化。

（3）建立规范的业务流程与 IT 流程体系。

（4）建立规范的业务指标与 IT 指标体系。

（5）建立监督与评估机制，确保 IT 成功投资。

(6) 明确决策权归属、明确责任、明确奖惩机制。

资料来源：许青圆. 电子政务IT治理的决策机构与监控. 信息化建设，2010 (3).

政府IT治理是一个长期的、动态的、渐进的过程。在解决IT治理三个问题（目的性、组织性和系统性）的同时要及时发现新问题并对治理过程进行适当的修正。

不同地区、不同行业、不同部门甚至同一个部门不同时期的IT资源、机构设置、存在的问题都不尽相同，政府IT治理的组织、安排、目标等应有所不同。在实践过程中要结合自身实际情况灵活运用IT治理理论、方法和工具，确保政府IT治理的有效实施。

9.4.2 政府IT服务管理

大量实践表明，在IT项目的生命周期中，大约80%的时间与IT项目运维有关，而该阶段的投资仅占整个IT投资的20%。Gartner公司调查发现，在经常出现的问题中，源自技术或产品方面的只占20%，而流程失误和人员疏失方面各占40%。流程失误包括变更管理没有做好、超载、没有测试等程序上的错误或不完整，人员疏失包括忘了做某些事情、训练不足、备份错误或安全疏忽等。这说明IT方面的问题更多的不是来自技术方面而是来自管理方面。

IT服务管理是通过流程驱动的，将复杂的IT管理活动梳理成各种流程，比如事件管理、问题管理和配置管理等，并将这些流程规范化、标准化，明确定义各个流程的目标和范围、成本和效益、运营步骤、关键成功因素和绩效指标、有关人员的责权利，以及各个流程之间的关系。

IT服务管理的核心思想是，不管IT组织是企业内部的还是外部的，都是IT服务提供者，其主要工作就是提供低成本、高质量的IT服务。而IT服务的质量和成本则须从IT服务的客户（购买IT服务者）和用户（使用IT服务者）两方面加以判断。与传统的IT管理不同，它是一种以服务为中心的IT管理。

阅读材料

ITIL

20世纪80年代末，英国计算机和电信局开发了一套IT设施库（IT infrastructure library，ITIL），它把英国各个行业在IT管理方面的最佳实践归纳起来变成规范，旨在提高IT资源的利用率和服务质量。ITIL最初是为提高英国政府部门IT服务质量而开发的，但它很快在英国的各个企业中得到了广泛的应用和认可，目前已经成为业界通用的事实标准。

资料来源：提升IT服务管理力需要ITIL来规范.（2008-04-29）. http://www.sina.com.cn.

IT服务管理是ITIL的核心，它是一套协同流程，并通过服务级别协议（SLA）来保证 IT 服务的质量。ITIL 把 IT 服务管理活动分为一项管理功能和十个核心流程，包括：

（1）服务台。

服务台有时也称帮助台，即通常人们所指的呼叫中心或客户服务中心。它经常与事件管理紧密结合，用来连接其他的服务管理流程。

（2）事件管理。

事件管理指的是突发事件管理或意外事件管理，它处理 IT 危机并恢复运转。在出现事故的时候，它能够尽可能地恢复服务的正常运作，避免业务中断，以确保最佳的服务可用性级别。

（3）问题管理。

问题管理是指负责解决 IT 服务运营过程中遇到的所有问题的流程。问题管理的主要活动实质上就是分析已被列出问题的事件的根本原因，找出解决方案，把事件的影响最小化，并通过找到已发生事件或潜在事故的根本原因来减少事件的数量或消除事件的再次发生。

（4）配置管理。

配置管理是将一个系统中软件和硬件等配置项资源进行识别和定义，并记录和报告配置状态、变更请求以及检验配置项的正确性和完整性等活动构成的过程。

（5）变更管理。

变更管理是要确保在 IT 服务变动的过程中能够有标准的方法，以有效地监控这些变动，降低或消除变动所造成的问题。它的目的并不是控制和限制变更的发生，而是对业务中断进行有效管理，确保变更有序进行。

（6）发布管理。

发布管理是指对经测试后导入实际应用的新增或修改后的配置项进行分发和宣传的管理流程，目的是要保障所有的软件组件的安全性，以确保只有经过完整测试的正确版本才能得到授权进入正式运行环境。

（7）服务级别管理。

服务级别管理是一种严格的超前方法论和处理程序，是定义、协商、订约、检测和评审提供给客户的服务质量水准的流程。

（8）财务管理。

财务管理是在提供深入了解 IT 服务管理流程的基础上，对 IT 恢复运作的费用及成本重新分配并进行正确管理的程序，其目标是帮助 IT 部门在提供服务的同时加强成本—效益核算，以合理利用 IT 资源，提高效益及财务资源使用的有效性。

（9）可持续性管理。

可持续性管理是指发生灾难后有足够的技术、财务与管理资源来确保 IT 能持续服务的管理流程。

（10）容量管理。

容量管理是指在成本和业务需求的双重约束下，通过配置合理的服务能力来确保服务的持续提供和 IT 资源的正确管理，以发挥最大效能；以合理的成本及时提供有效的 IT 服务，以满足组织当前及将来业务的需求。

（11）可用性管理。

可用性管理是在正确使用资源、方法及技术的前提下保障 IT 服务的可用性和实践可用性。目标是确保 IT 服务的设计符合业务所需的可用性级别。

IT 服务管理的基本原理可简单地用“二次转换”来概括：第一次是“梳理”，将技术管理转换为流程管理；第二次是“打包”，将流程管理转换为服务管理。首先将纵向的各种 IT 管理工作，如网络管理、软件管理等，进行梳理，形成典型的流程，比如 ITIL 中的十个流程。这是第一次转换。流程主要是 IT 服务提供方内部使用的，仅有这些流程并不能保证服务质量或令客户满意，还需要将这些流程按需“打包”成特定的 IT 服务，然后提供给客户。这是第二次转换。

从客户角度来说，IT 只是手段而不是目的。客户没有必要，也不可能对 IT 有太多的了解，客户和 IT 部门之间的交流应使用“业务语言”而不是“技术语言”。为了灵活、及时、有效地提供 IT 服务，保证服务质量，并准确计算有关成本，IT 服务提供商就必须事先对 IT 服务进行一定程度上的分类和“固化”。

IT 服务管理给政府部门开展电子政务建设带来的好处如下：

- 确保 IT 流程支撑业务流程，整体上提高了业务运营的质量。
- 对 IT 有更合理的期望，并更加清楚为达到这些期望它们需要付出的努力。
- 使电子政务系统变得更加以用户为中心。
- 对服务质量、可用性、可靠性和服务成本进行更好的管理。
- 提高服务的灵活性和可适应性。
- 降低实施变更的成本。
- 改进业务部门与 IT 部门的沟通。
- IT 部门形成了一个更为明晰的架构，从而变得更为有效率和更为关注战略目标。
- 可以对 IT 基础架构和服务实施控制，使其更易于管理。
- 提高 IT 人员的工作效率。
- 提高用户满意度。

9.4.3 典型案例：澳大利亚维多利亚州政府 IT 治理和 IT 服务管理

澳大利亚维多利亚州政府在实施 ITIL 之前，IT 项目管理存在以下难题：

（1）项目计划难以执行。时间比预计的长，成本比预计的高，质量比预计的差。

（2）项目人员士气低落。不断延期导致人心松散、疲惫不堪、摩擦不断，项目陷入困境，项目组成员看不到希望。

（3）项目范围不断变化。客户总是要求这个、要求那个，项目需求混乱不清，项目范围不断蔓延，项目绩效无法衡量。

（4）项目经理多头受气。矛盾旋涡中的项目经理，难以拿捏客户方（软件商、实施商）、上级领导、项目成员等各方的关系，不得不左右逢源，平衡各方利益，在夹缝中辗转腾挪。

（5）在不同历史时期采购的设备，以及不同厂商提供的设备，在现有的网络系统中仍然发挥着作用。但限于管理手段落后、管理人员有限，再加上历史遗留下来的各类系统之间的协议兼容、系统兼容、数据完整性和一致性、系统安全性等问题，IT 服务管理中心感受到了越来越大的压力。维多利亚州政府相关人员好像“救火队员”一样，整天疲于奔命，解决各种各样的问题。

（6）在系统维护与管理方面，让 IT 服务技术人员最头疼的就是系统没有完整的历史文档。安装、配置、变更、维护，一旦缺少必要的文字记录，有时候故障虽小，花费的精力可不少。

（7）技术日新月异、产品花样繁多，也是维多利亚州政府 IT 应用必须面对的一个实际问题。因此，必须建立一套有效的管理、维护机制，适应这种“动态、变革”的要求。

澳大利亚政府为改善 IT 建设和 IT 服务现状，决心引入 IT 治理与 IT 服务管理。澳大利亚国家标准委员会颁布了澳大利亚的 IT 服务管理国家标准 AS80018、IT 治理国家标准 AS8015—2005。

AS8015—2005 规定了 IT 治理的基本原则：

（1）必须建立清晰的信息化建设职责分配机制：要建立信息化建设决策机制，成立 IT 治理委员会和执行管理团队，制定明确的绩效评价方法和报告监控机制。

（2）必须规划实现给组织以最好的 IT 支撑：要求组织必须明确业务战略，基于此做好 IT 规划，充分评估机会与风险。

（3）必须在成本—效益原则的基础上，进行信息化全生命周期的有效管理和控制，实现 IT 价值。

此外，为进一步规范 IT 投资建设，澳大利亚国家标准委员会又出台了两个标准：IT 项目治理（AS8016）和 IT 项目运行治理（AS8017）。

维多利亚州政府领导首先进行了组织机构重组，制定了一系列配套制度，明确了人员的角色和职责，构建了保障业务信息系统稳定、高效、安全运行的 IT 服务管理框架，并与 IT 服务管理软件结合应用，有效地改善了 IT 运维困境。

组织机构的变更是保证 IT 治理、IT 服务管理成功的关键。维多利亚州政府在实施 IT 治理和 IT 服务管理时，最先变更与调整了组织机构。组织机构变更的最大阻力来自普通 IT 工作人员，他们担心自己在变革以后所处的位置。因此，在变革时，维多利亚州政府首先请一批精通 ITSM 和 ITIL 的专家，组建顾问团（专家咨询机构），顾问团出具立项报告，制订完整的计划，制定流程，帮助选择工具，配置基本数据库，负责培训员工，给所有的员工讲解，灌输 ITSM 和 ITIL 理念、变更过程、变更结果等。事实上，变更之后，许多新的职位会产生，例如工具管理经理、配置管理经理、变更管理经理、问题管理经理等。

经过两年 IT 治理实践，维多利亚州政府成立了一个集中、独立的综合服务部门——IT 共享服务中心，为维多利亚州政府各个部门提供集中的 IT 服务。

从组织结构来看，IT 共享服务中心包括顾客联系部门、基础建设计划和管理部门、系统应用部门、服务与质量管理部门以及内部管理部门（如人事、财务等）。

IT 共享服务中心直属于州政府，由一名州长直接领导，并由接受服务的部门派员组成联席会议具体领导。服务对象有 26 个部门（约 1 万人），现已纳入服务体系的有水资源、渔业资源、公共交通、矿业等政府管理部门。

IT 共享服务中心集中提供网络不间断、桌面机、安全、业务连续性等 IT 服务，并与接受服务的部门签有服务级别协议。

维多利亚州政府内部各个党派都认可“共享服务”模式，现在加入集中化服务模式的政府部门越来越多。政府各部门与 IT 共享服务中心之间一定要签署服务级别协议。

作为州政府下属的部门，IT 共享服务中心的经费来源有两个：一是政府预算拨款；二是向接受其服务的部门收费。

通过 IT 治理和 IT 服务管理实践，澳大利亚一些组织机构提高了 IT 服务的质量，提高了处理 IT 服务问题的效率，也清晰定义了 IT 服务团队的责任，提高了用户满意度。

本章小结

本章首先介绍了电子政务外包，指出政府部门如何选择电子政务服务外包商。然后详细阐述了电子政务项目管理和项目监理方法。接着论述了电子政务硬件设备采购、软件产品采购、咨询服务采购方法。最后介绍了政府开展 IT 治理与 IT 服务管理的概念、方法、意义以及澳大利亚维多利亚州政府的 IT 治理和 IT 服务管理案例。

关键术语

外包　项目管理　项目监理　软件选型　咨询公司　IT 治理　IT 服务管理　ITIL

复习思考题

1. 政府部门应如何选择电子政务服务外包商？
2. 电子政务项目管理的一般流程包括哪些步骤？
3. 政府部门应如何购买电子政务咨询服务？
4. 开展 IT 服务管理对电子政务建设能起到哪些作用？

第10章 电子政务评估方法

《孙子·谋攻》有言：“知彼知己，百战不殆。”为了解本部门、本地区的电子政务建设水平，有必要开展电子政务评估工作，以总结电子政务方面取得的成绩，找出电子政务建设过程中存在的问题，为下一步电子政务推进工作指明发展方向。电子政务评估考核应该成为各级政府部门的一项重要制度。

重点问题

- 电子政务评估分为哪些类型、哪些层次？
- 如何开展区域级电子政务评估工作？
- 如何开展部门级电子政务评估工作？
- 如何对电子政务工程项目进行后评价？
- 如何进行系统级电子政务评估？
- 如何评估地方电子政务信息共享和业务协同程度？
- 如何评估政府门户网站？

10.1 电子政务评估概述

10.1.1 电子政务评估类型

近些年来，我国各级政府积极开展电子政务建设，但是由于缺乏电子政务评估，许多地方、许多部门进行盲目建设，电子政务建设的实际效果不理想。当前，我国电子政务开始进入深入发展阶段，开展电子政务评估显得尤其迫切。评估是推动电子政务健康发展的重要抓手，同时也是难度较大的一项工作。

开展电子政务评估，可以减少大量的建设资金浪费，可以制约有些政府官员搞“形象工程”，可以使政府部门知道一定时期内电子政务评估建设取得的成果和失误。这样，我国电子政务建设一开始就能够在一个良性的约束框架内进行。

根据评估侧重点的不同，可以把电子政务评估分为电子政务发展水平评估和电子政务绩效评估两种类型。电子政务发展水平评估侧重于评估一个地区或一个部门的电子政务发展程度，评估结果可用于判断该地区或该部门电子政务所处的发展阶段。电子政务绩效评估侧重于评估一个地区或一个部门开展电子政务建设取得的实际效果，包括政治效益、经济效益和社会效益。

从评估层次来看，电子政务评估可以划分为区域级、部门级、项目级、系统级、领域级等。区域级电子政务评估是指对一个国家、一个省（市、自治区）、一个市（盟、州）、一个区（县、旗）、一个镇（乡）的电子政务发展情况进行评估。部门级电子政务评估是指对一个政府部门（包括部、委、署、厅、局、办）的电子政务发展情况进行评估。项目级电子政务评估是指对一个电子政务项目的建设、管理、效果等进行评估。系统级电子政务评估是指对一个电子政务信息系统（包括网络系统、软件系统、数据库等）的技术水平、运行效果等进行评估。领域级电子政务评估是指对某个电子政务领域的发展水平或绩效情况进行评估。

10.1.2　电子政务评估方法

电子政务评估的一般思路是，首先确定评估目标及评估范围，收集有关文献资料；其次初步建立相应的评估指标体系，根据评估指标体系有针对性地进行调研，根据调研结果修正评估指标体系，再设计并发放调查问卷；最后对有关文献资料进行分析，对调查问卷进行统计，形成电子政务评估报告。其中，建立科学、合理的评估指标体系是整个电子政务评估工作的关键（见图 10－1）。

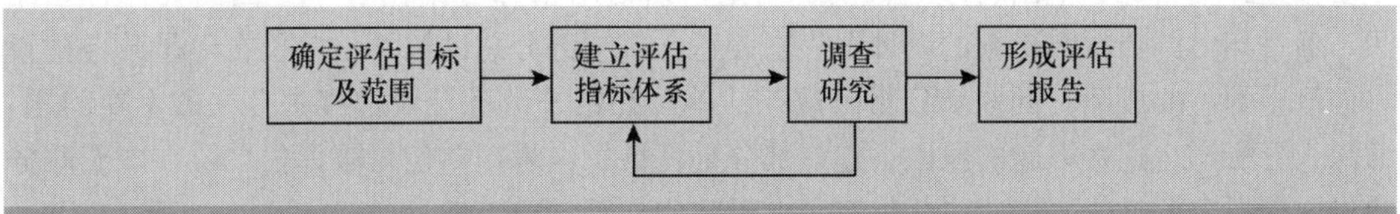

图 10－1　电子政务评估的一般思路

在确定电子政务评估指标时，要遵循以下几个原则：

（1）指标选取及权重要合理。

电子政务评估指标选取要科学、合理，以便真正反映被评估地区、部门的电子政务发展水平。评估指标要相互独立，不能交叉或重复。评估指标的权重也要合理，指标越重要，权重应该越大。

（2）评估指标具有可操作性。

电子政务评估指标的数据来源要有保证，这是开展电子政务评估工作的基础。数据来源不仅要客观、真实，而且要具有可获取性。

(3) 评估指标设计要有针对性。

不同政府部门的职能、规模差异很大，因此，部门级电子政务评估要考虑部门差异，不能搞一刀切。

政府机关在组织开展电子政务评估时，一般要先成立以主管领导为首、各业务部门领导为成员的电子政务评估工作领导小组，协调解决评估工作中可能出现的问题。然后选择实力强、经验丰富的电子政务评估机构，签订评估项目合同。接着召开项目启动会，部署评估工作。在评估机构工作过程中，还要根据实际情况召开评估指标体系审查会、评估报告审查会，以保证评估质量。评估工作全部完成后，要召开项目评审会，邀请利益相关方及专家代表参加（见图 10-2）。

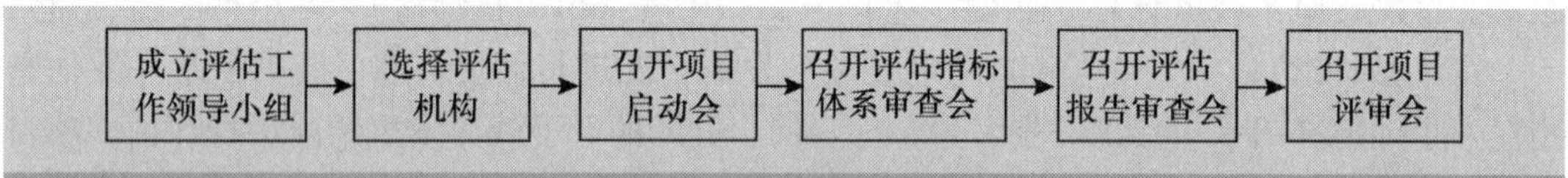

图 10-2　电子政务建设现状评估的一般流程

在选择电子政务评估机构时，可以从其行业背景、项目经验、项目建议书的合理性、工作方法的规范性、机构独立性等方面来考虑。行业背景是指评估机构是不是有电子政务评估方面的知识积累，对政府业务的了解程度如何；项目经验是指评估机构以前做过多少个电子政务评估类项目；项目建议书的合理性是指评估机构的评估指标、评估方法、报价等是不是合理；工作方法的规范性是指工作流程、评估工具、项目文档等的标准化程度；机构独立性是指评估机构不是委托单位的附属单位或部门，不与委托单位隶属于同一个系统。

在电子政务评估机构调研过程中，各有关部门的领导及业务骨干要密切配合，全面、真实地向评估机构反映电子政务建设的成绩和问题。调查问卷是得出评估结论的重要依据，被调查单位或部门一定要认真、如实地填写。

电子政务评估报告一般分为概述、评估结果、成绩、问题、建议五个部分。概述部分主要描述评估目标、范围、方法、主要结论；评估结果部分给出各个方面的具体评估结果，通过翔实的资料和形象的统计图表来表达；成绩部分总结被评估单位在电子政务建设方面取得的主要成绩；问题部分指出被评估单位在电子政务建设过程中存在的主要问题，并深入分析产生这些问题的原因；建议部分是评估工作承担单位对被评估单位在电子政务建设方面提出的具体咨询建议，供有关电子政务主管领导参考。

10.1.3　关于电子政务评估的一些思考

政府门户网站评估不等于电子政务评估。政府门户网站只是电子政务建设的一个方面。电子政务建设内容还包括政府数据库、办公自动化系统、政务内网、政务外网、各种业务应用系统等。有人也许会说，政府门户网站是直接面对企业和社会公众的，前台在很大程度上可以反映后台情况。这有点“以貌取人”之嫌。试想，目前国内有几家政府门户网站是前后台一体化的？许多政府门户网站就是单纯一个网站，与该政府的数据库、办公自动化系统、各种业务应用系统基本无关，根本无法反映其他方面的电子政务建设水平。

如果政府门户网站评估指标体系设计不合理，将误导政府门户网站建设。这种评估还容易使各级政府部门对电子政务产生认识误区，以为搞电子政务就是建政府门户网站。这将使我国电子政务建设出现“只修外表，不修内里”的局面。

电子政务评估要分层次。目前，许多电子政务评估方面的研究文献笼统地谈电子政务评估。实际上，电子政务评估对象有项目、部门、区域之分。项目、部门、区域是三个完全不同的概念，而且分别属于微观、中观、宏观三个层次。评估项目和评估部门很不一样，评估部门和评估地区又很不一样。把不同层次的东西放在一起评，肯定是有问题的。应该分别建立电子政务项目评估指标体系、电子政务部门评估指标体系、电子政务地区评估指标体系，根据项目的类型、部门的职能、地区的差异，具体指标选取和指标权重还应该适当调整。以电子政务项目评估为例，有的电子政务项目是建设政府门户网站，有的电子政务项目是建设视频监控系统，有的电子政务项目是建设数据库，有的电子政务项目是建设政府外网。不同的项目类型，内容、功能差异很大，用同一套指标体系去评估它们的绩效，显然是不合适的。

电子政务评估指标要定性和定量相结合，以定量为主。有的电子政务评估方法多采用定性指标，而且缺乏对这些定性指标做出比较客观判断的依据。有些定性指标过于模糊，不同人有不同的理解。这使电子政务评估的随意性很大，不同人可能得出完全相反的评估结果。从一些机构推出的电子政务评估指标体系来看，有些指标选取不尽合理。从电子政务评估研究文献来看，有些指标的数据根本无法得到，或即便能够得到也要付出很大的代价，这使评估缺乏可操作性。国外机构推出的评估指标中有些是根据它们自己国家情况设计的，并不适合中国，盲目照搬是不行的。有些评估方法存在指标主次不分的现象，有的简单地对每项指标给予相同的权重，有的甚至出现不重要指标的累计权重比重要指标的累计权重还大，这显然是不合理的。

电子政务评估指标选取要根据具体的评估对象而定，既要考虑合理性，又要考虑评估工作的可操作性。指标尽量用相对指标（如比例、××率），少用绝对指标（如数量、总量）。例如用“行政审批项目上网比例”，而不用“行政审批项目上网数”。实际上，指标并不是越多越好，而是要选出关键指标。动则几十个、上百个指标，不但会增加评估工作量，而且很可能掩盖了主要指标，使评估结果出现偏差。指标权重应根据评估目标、价值取向而定，力求反映主要问题。

电子政务绩效评估结果要考虑投资回报率，即考虑取得这样结果所付出的代价。例如，政府门户网站 A 投入 1 000 万元，评估结果得分是 8 分；政府门户网站 B 投入 500 万元，评估结果得分是 7 分。显然，政府门户网站 B 的投资回报率要比政府门户网站 A 好一些。

10.2　电子政务评估现状

10.2.1　国外电子政务评估现状

目前，联合国对全球主要国家开展了电子政务评估，欧盟对欧盟成员国开展了电子政务评估，美国、加拿大、澳大利亚等国家都建立了电子政务评估指标体系。IBM、埃森哲、Gartner 等公司以及美国布朗大学、日本早稻田大学也开展了针对全球主要国家的电子政务评估。

1. 联合国电子政务评估方法

电子政务发展指数是联合国经济和社会事务部衡量世界各国电子政务发展水平的综合指数，从在线服务的可用性、通信基础设施和人力资本三个方面进行评估。

在线服务指数从政府一体化、多渠道服务提供、弥合数字鸿沟、使用逐渐增加、开放式政府、电子参与等方面进行评估。

通信基础设施指数是每百位居民中的预计网络用户数，每百位居民中的固定电话用户数，每百位居民中的移动电话用户数，每百位居民中无线宽带用户以及每百位居民中使用固定宽带用户五项指标的综合平均值，测算数据主要来源于国际电信联盟。

人力资本指数评估指标包括成人识字率、毛入学率、预期受教育年限、平均受教育年限，成人识字率的权重为 1/3，其他三个指标的权重为 2/9。

2. 美国电子政务评估方法

根据美国 FEA 的绩效参考模型，美国联邦政府电子政务评估指标体系由测量域、测量类、测量组和测量指标 4 个层次构成。

绩效参考模型包括 3 个测量域：用户结果测量域、过程和活动测量域与技术测量域。用户结果测量域包括用户收益、及时性和响应性、服务可获得性、服务覆盖面和服务质量 5 个测量类。过程和活动测量域包括财政、成果、周期和及时性、质量、安全和隐私、管理和创新 6 个测量类。技术测量域包括技术成本、质量保证、效率、信息和数据、可靠性和可用性、效果 6 个测量类（见表 10－1）。

表 10－1　　美国 FEA 绩效参考模型

测量域	测量类	测量组
用户结果测量域	用户收益	客户满意
		客户保留
		客户抱怨
		客户影响或负担
		客户培训
	及时性和响应性	响应时间
		分发时间
	服务可获得性	访问
		服务可用性
		自动化
		集成
	服务覆盖面	新客户和市场渗透
		频率和深度
		服务效率
	服务质量	提供的服务或产品的准确性

续前表

测量域	测量类	测量组
过程和活动测量域	财政	财务管理
		成本
		规划
		节省或成本避免
	成果	成果
		有效性
	周期和及时性	周期
		及时性
	质量	错误
		抱怨
	安全和隐私	安全
		隐私
	管理和创新	参与
		政策
		服从
		风险
		知识管理
		创新和改进
技术测量域	技术成本	总成本
		许可证成本
		支持成本
		运行和维护成本
		培训和用户成本
	质量保证	功能
		IT 组成
		标准兼容和偏差
	效率	系统响应时间
		互操作性
		可访问性
		负载等级
		技术改进
	信息和数据	外部数据共享
		数据标准化
		内部数据共享
		数据可靠性和质量
		数据存储
	可靠性和可用性	可靠性
		可用性
	效果	用户满意
		用户需求
		IT 对过程、客户或任务的贡献

3. 加拿大电子政务评估方法

加拿大政府选取了便利性、可访问性、可信程度、服务成熟度、用户接受度、服务转型、用户满意度、安全性、个人隐私保护、效益/回报、创新 11 个指标来评估该国的电子政务绩效水平。

4. 埃森哲电子政务评估方法

埃森哲咨询公司从 2000 年开始，用其独有的评估指标体系对发达国家的电子政务进行评分，并发布年度报告。埃森哲公司的电子政务评估指标体系侧重于对政府服务水平的评估。

埃森哲公司的电子政务评估结果用总体成熟度表示。总体成熟度是服务成熟度和服务精细度两个指标的得分进行加权平均后的分数。这两个指标的权重分别为 70%和 30%。

服务成熟度包括服务成熟广度和服务成熟深度两个方面。服务成熟广度是指在线服务数量占政府部门全部服务数量的比例；服务成熟深度是指政府部门在线服务水平，从信息发布、政民互动和网上办事三个方面来衡量。

服务精细度是指政府部门提供在线服务的精细程度，从洞察力、互动、组织性能、客户建议和网络五个方面进行评估，具体指标包括“一网式”程度、以客户为中心程度、客户关系管理水平、网站链接能力、增值服务水平等。

10.2.2 国内电子政务评估现状

2007 年 11 月，广州市信息化办公室印发了《广州市电子政务绩效评估管理办法》。该办法规定，电子政务绩效评估的主要内容包括应用绩效、资源整合绩效、管理与安全绩效等方面。采取各部门和各区、县级市内部自评和协调工作组组织的外部评估相结合的方式，综合日常工作、年中检查、年底各项任务目标实现情况和各项评估结果，全面评估整体水平。电子政务绩效评估工作程序包括年初部署、年中部门自查和自评、年底工作组检查及综合评议等四个主要环节。电子政务绩效评估结果将作为各部门下一年度信息化建设资金预算审核和新增项目立项审核的参考依据。

2008 年 6 月，福建省数字办和福建省效能办联合开展了电子政务绩效考核，主要从电子政务服务与应用、信息资源开发利用、标准化与安全保障三个方面进行评估。电子政务服务与应用绩效评估主要包括依托互联网门户网站开展的信息公开、在线服务、公众参与的情况，以及业务系统应用效果；信息资源开发利用绩效评估主要包括政务信息资源分工采集、处理、编目、展现、共享，以及社会化开发利用方面的情况；标准化与安全保障绩效评估主要包括政务流程重组优化、信息系统集约建设、信息能力建设、法规标准建设与执行，以及安全保障等方面的情况。采取单位自查自评、日常监测和检查评议相结合的方法，结合日常工作开展情况和年度任务完成情况，进行绩效综合评估。

2008 年 9 月，景德镇市政府发布的《景德镇市电子政务建设管理办法》把电子政务效果评估分为事前评估、事后评估和应用评估。事前评估是电子政务项目在立项前进行的效果评估。行政机关在申请电子政务项目立项时，应同时将建设规划或建设方案提交信息化主管部门进行评估。信息化主管部门应当对拟立项项目组织事前评估，评估意见作为投资主管部门审批立项的参考依据。

事后评估是电子政务项目在建设完成后进行的效果评估。行政机关在电子政务项目建设完成后，应将建设情况报送信息化主管部门。根据电子政务项目建设情况、信息化主管部门视实际需要，会同有关部门对电子政务项目组织事后评估，评估结果作为项目验收的参考依据和财政资金投入的参考依据。

应用评估是电子政务项目在运行、应用过程中进行的效果评估。根据电子政务发展与建设情况，信息化主管部门视实际需要，会同有关部门定期或不定期对电子政务项目组织应用评估。评估结果作为检查、考核和改进电子政务应用系统建设，以及安排财政资金投入的参考依据。

《景德镇市电子政务建设管理办法》规定，电子政务效果评估遵循“科学、公正、客观、实用”的原则，一般由第三方机构执行。评估内容包括电子政务项目建设的可行性、实效性，是否符合资源整合、信息共享的要求，是否符合政务公开和行政审批制度改革的要求等。评估标准与实施方案由市信息化主管部门会同市投资主管部门、财政部门、审计部门、监察部门等有关部门另行制定。

2009年8月，工业和信息化部正式批复江苏省开展地方电子政务发展水平评估试点。2011年4月，江苏省经济和信息化委员会制定了《2011年全省地方电子政务发展水平评估实施方案》，采用的评估指标体系如表10-2所示。

表10-2　2011年江苏省地方电子政务发展水平评估指标体系

指标	评估要点
主要职能领域信息化应用覆盖率	有政务信息系统支撑的部门数占本地区参评部门总数的比例
核心业务信息化覆盖广度	有政务信息系统支撑的核心业务数占本地区主要职能领域核心业务总数的比例
核心业务信息化覆盖深度	各环节均有政务信息系统支撑并实现全流程办理的核心业务数占本地区有政务信息系统支撑的核心业务数的比例
主要职能领域信息共享覆盖率	主要职能领域政务信息系统提供或获得共享信息服务的部门数占本地区参评部门总数的比例
重要政务信息系统业务协同覆盖率	实现跨部门业务协同的核心业务数占本地区有信息系统支撑的核心业务数的比例
行政权力事项网站办理率	能够通过政府网站办理的行政权力事项数占本地区主要职能领域行政权力事项总数的比例
公共服务事项网站办理率	能够通过政府网站办理的便民服务事项数占本地区主要便民服务事项总数的比例
基层政务服务信息化覆盖率	已经实现政务信息系统延伸应用的城乡社区（村）占本地区城乡社区（村）总数的比例
管理制度完备度	本地区电子政务发展各项规章制度的健全完备程度

10.3 电子政务评估层次

10.3.1 区域级电子政务评估

开展区域级电子政务评估的目的是规范电子政务建设与管理，提高电子政务的管理水平和综合效能。通过开展区域级电子政务评估，电子政务主管部门可以及时掌握本地区电子政务已经发展到什么程度，取得了哪些成绩，还存在哪些不足，以便调整电子政务工作思路和方法。

区域级电子政务发展水平评估是一种宏观层面的评估，可采用关键绩效指标（key process indication，KPI）法。关键绩效指标是通过对组织内部流程的输入端、输出端的关键参数进行设置、取样、计算、分析，衡量流程绩效的一种目标式量化管理指标，是把企业的战略目标分解为可操作的目标的工具。该方法主要通过从上而下，逐级确定企业级关键绩效指标、部门级关键绩效指标以及个人关键绩效指标，从而保证每个职位都按照企业要求的方向去努力。建立关键绩效指标的要点在于流程性、计划性和系统性。

可以选取如下一些指标作为区域级电子政务评估的关键绩效指标：电子政务对经济调节的支撑程度、电子政务对市场监管的支撑程度、电子政务对社会管理的支撑程度、电子政务对公共服务的支撑程度、电子政务对提高行政效率的贡献程度、电子政务对降低行政成本的贡献程度、地区政府门户网站名次、信息化进入集成应用阶段的政府部门比例、移动执法系统在执法部门的应用比例等。

10.3.2 部门级电子政务评估

部门级电子政务发展水平评估可采用平衡计分卡法。平衡计分卡（balanced score card，BSC）由罗伯特·卡普兰（Robert Kaplan）和戴维·诺顿（David Norton）在《哈佛商业评论》上提出。平衡计分卡克服了单纯利用财务手段进行绩效管理的滞后性，而是从财务、客户满意度、内部流程以及学习与成长这四个不同的视角来考察价值创造。在保持对财务业绩关注的同时，平衡计分卡清楚地列出了长期的价值和竞争业绩的驱动因素，从而使企业了解未来业绩的推动要素，以及如何通过对客户、供应商、员工和技术革新等方面的投资来创造新的价值。平衡计分卡是一套能使高层经理快速而全面地考察企业经营状况的综合评估指标体系，对所有问题的考虑都是动态的，并且每年都要不断进行检查和修正。

可以从信息化对业务的支撑程度、信息资源与技术应用水平、信息化绩效水平、可持续发展能力、信息化管理水平五个方面对部门级电子政务发展水平进行评估（见图10-3）。

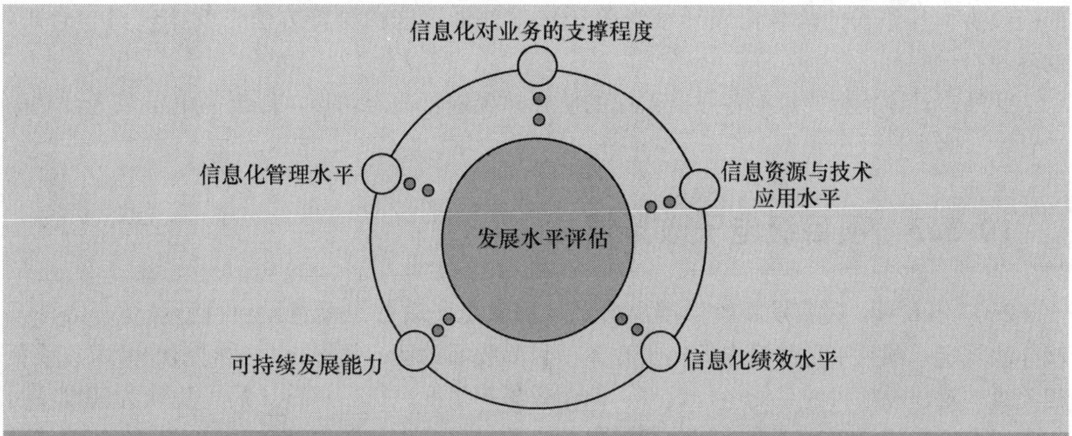

图10-3 部门级电子政务发展水平评估的五个方面

(1) 信息化对业务的支撑程度。

评估内容包括信息化对日常办公、行政审批、信息公开、部门协作、领导决策、召开会议的支撑程度。

(2) 信息资源与技术应用水平。

评估内容包括网络及硬件条件、应用系统、信息资源三个方面，例如，是否已接入互联网，是否有局域网，能否保障信息安全，是否实施了OA系统，建设了哪些业务应用系统，数据质量水平如何，信息共享和业务协同程度如何，等等。

(3) 信息化绩效水平。

评估内容包括效率提升程度、成本降低程度等，例如，信息化之后的办事周期缩短率、行政管理成本降低率、人均事务处理能力提高率、社会满意度提高率等。

(4) 可持续发展能力。

评估内容包括信息化认识水平、资金投入、人才队伍三个方面，例如，部门负责人和中高层领导干部对信息化的认识水平，有无信息化建设资金预算制度，信息化工作人员规模和能力是否足够，等等。

(5) 信息化管理水平。

评估内容包括信息化机构、信息化制度两个方面，例如，有无专门的信息化部门，有无信息化建设项目管理制度、信息系统使用配套规章制度、信息化规划制度，现有制度是否适用信息化条件，等等。

在测算时，有的定性指标可以在一定程度上转化为定量指标。例如，支撑程度可以划分为“很好”“较好”“一般”“较差”“很差”五级。根据指标权重把选项结果转化为指标得分。

可以针对每个指标设计一个打分方案。对指标进行解释，并进一步细分选项，如“部门协作”包括政府单位内各部门之间的协作、与外部机构的协作、与上级部门的协作、与下级部门的协作。如果各类协作都支撑得好，那么指标得分要比只对其中几类协作支撑得好时得分高。又如，对“部门负责人对信息化的认识水平”，可以进一步列出信息化是否已上升为部门发展战略、部门负责人是否过问信息化重大项目、有没有成立部门负责人任组长的信息化领导小组等子选项。采用这种测算方法，就比较科学合理，也容易打分。

此外，具体指标要根据各政府部门的实际情况进行适当调整，以提高电子政务评估的针对性、客观性及公正性。

10.3.3 项目级电子政务评估

2007年8月，国家发展改革委出台了《国家电子政务工程建设项目管理暂行办法》。该办法规定，项目审批部门根据电子政务项目验收后的运行情况，可适时组织专家或委托相关机构对建设项目的系统运行效率、使用效果等情况进行后评价。后评价认为建设项目未实现批复的建设目标或未达到预期效果的，项目建设单位要限期整改；对拒不整改或整改后仍不符合要求的，项目审批部门可对其进行通报批评。

电子政务项目后评价是指政府财政投资的电子政务工程建设项目建成并投入运行一段时间后，对该项目的工程设计、项目实施以及运行效果等情况进行系统的评估。电子政务项目后评价应当遵守客观、公正原则，按照科学规范的方法进行。

通过项目后评价，将项目投资决策前分析、预测、估算的指标与项目投入运营后实际达到的水平进行比较分析，真实、全面地总结评价项目决策工作的质量，检查项目实施情况，判别项目预期目标的实现程度，分析偏差情况及产生偏差的原因，总结经验教训，为正在投入运营的项目管理和以后相关项目的科学决策提供借鉴和反馈信息。

2015年1月底，国家发展改革委、中编办和财政部联合印发了《关于开展国家电子政务工程项目绩效评价工作的意见》。该意见适用于国家发展改革委审批可行性研究报告的中央政府投资项目，主要范围包括：国家统一电子政务网络、国家基础信息资源库、国家网络与信息安全基础设施、重点业务信息系统、政府数据中心以及电子政务相关支撑体系等政务信息化工程建设项目。

电子政务项目绩效评价采用定量分析与定性分析相结合的方法进行，主要是采用综合指标体系评价法。对于可以采集数据的评价指标，原则上尽量采用定量分析方法。对于无法采集数据、无法直接计量效益的评价指标，可通过资料审查、专家评估、公众问卷、抽样调查等方法进行评价，并转换为可量化的指标进行评价。

电子政务项目绩效评价指标体系由基本指标和扩展指标组成。其中基本指标包括政务效能贡献指标、业务信息化推动指标、业务应用持续发展指标、信息系统能力适配性指标等4个一级指标、12个二级指标和32个三级指标。

政务效能贡献指标是指通过项目建设和运用，反映项目政务目标的实现程度，即对政府管理成效的贡献度，包括对经济社会秩序、公共服务普惠、制度设计安排等方面的改善程度。

业务信息化推动指标是指通过项目建设和运用，反映项目业务目标的实现程度，包括业务协同机制、信息共享机制、业务应用模式等方面的发展水平。

业务应用可持续发展指标是指通过项目建设和运用，反映项目的可持续发展目标的实现程度，包括业务功能复用率发展水平、信息资源复用水平等。

信息系统能力适配性指标是指通过项目建设和运用，反映信息系统综合能力目标的实现程度，包括计算处理能力等信息系统技术能力利用水平，以及信息安全保障能力、项目组织保障能力等。

表10-3　　国家电子政务工程项目绩效评价基本指标

一级指标	二级指标	三级指标
政务效能贡献指标	经济社会秩序改善程度	经济秩序改善程度
		社会秩序改善程度
	公共服务普惠改善程度	公共服务公平普惠程度
		公共服务多样化程度
	制度设计安排改善程度	制度设计改善程度
		宏观决策支持程度
业务信息化推动指标	业务协同机制发展水平	领域内部业务协同水平
		工程相关业务协同水平
	信息共享机制发展水平	国家基础信息利用水平
		国家网络与安全设施利用水平
		领域内部信息共享水平
		工程相关信息共享水平
		领域信息资源标准水平
	业务应用模式发展水平	公众参与模式应用水平
		业务应用和管理模式应用水平
		决策支持智能化应用水平
		信息系统集约化开发程度
		信息系统集约化部署程度
业务应用可持续发展指标	业务功能复用率发展水平	业务功能的系统复用度
		业务功能的领域部署复用度
	信息资源复用水平	原有信息资源利用率
信息系统能力适配性指标	信息系统技术能力利用水平	数据存储能力利用率
		交易处理能力利用率
		计算处理能力利用率
		会话处理能力利用率
		请求响应能力利用率
		通信传输能力利用率
	信息安全保障能力	信息安全技术保障能力
		信息安全管理保障能力
	项目组织保障能力	项目资金保障能力
		项目管理保障能力
		项目队伍保障能力

不同类型的政务信息化工程项目，可根据项目特点和实际，在基本指标基础上选择或扩展相应指标，确定具体绩效评价指标，开展绩效评价工作。

10.3.4 系统级电子政务评估

信息系统的评估角度，主要包括用户满意度、信息化收益、信息系统质量、信息技术应用、信息化投资等。

(1) 从用户满意度的角度进行评估。

基于用户满意度的出发点是：把信息系统看作一个服务提供者，从服务使用者的角度来对 IT 成功要素进行归纳，主要关注系统的反应速度、便捷性、可靠性、个性化服务。

戴维斯（Davis）等认为可以从易用性、实用性、用户接受度等方面对信息系统的应用效果进行评估。萨里嫩（Saarinen）将信息系统成功归纳为四个方面，即系统开发过程的满意度、系统使用的满意度、系统质量的满意度和信息系统对组织的影响。

德克洛尼（Declone）和麦克莱恩（Mclean）创建了一个信息系统成功模型，该模型定义了六个相互关联和相互依赖的组成要素，如图 10-4 所示。

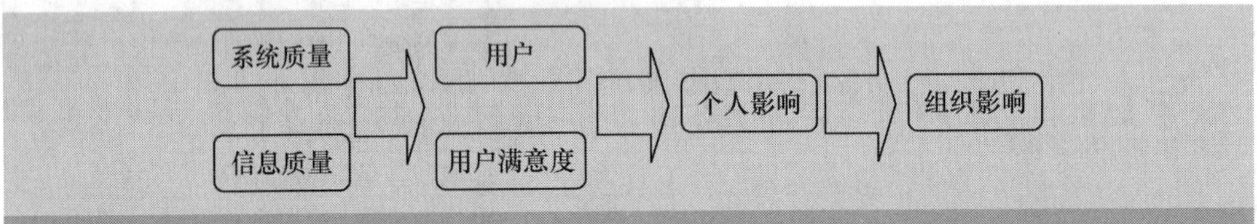

图 10-4 信息系统成功模型

其他研究者对该模型进行了改造。L. F. 皮特（L. F. Pitt）等人在六要素的基础上加入信息部门与用户关系要素，形成七要素模型。塞登（Seddon）等人论述了这些要素相互之间的影响。1999 年，罗恩·A. 韦伯（Ron A. Weber）综合了戴维斯、德克洛尼、麦克莱恩、塞登等人的研究成果，创建了信息系统综合评估模型（见图 10-5）。

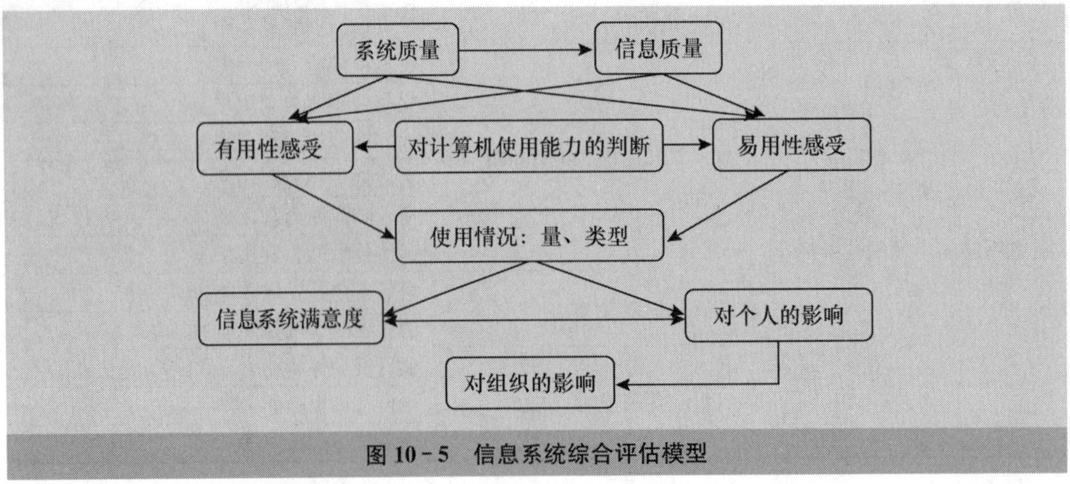

图 10-5 信息系统综合评估模型

该模型表示了对信息系统整体效能有最终影响的各因素的相关集合。首先，系统质量和信息质量直接影响用户对系统有用性和易用性的感受。用户对自己使用计算机能力的判断也影响到他们对这两方面的感受。用户的感受又决定了他们将怎样使用系统，如使用频率和使用方式，而使用情况又反映在信息系统的用户满意度以及用户的工作表现上，并最终影响组织的整体业绩。

（2）从信息化收益的角度进行评估。

这种观点认为企业把信息技术作为一种资本投入品而进行选择。信息技术作为资本投入品，其使用与企业生产经营过程紧密相连，既要考虑信息技术产品对生产经营的有用性，又要考虑信息技术使用的方便性，还要考虑成本与收益的关系。

2003 年，法比（Farbey）等人提出了信息系统收益来源于五个方面，即战略收益、管理收益、操作效率与有效性收益、功能收益、支持收益。

里卡多·瓦勒德（Ricardo Valerd）认为衡量信息系统收益的方法可以划分为两类：对信息系统本身性能的评估和信息系统对企业绩效的影响以及效果的评估。他将 IT 绩效划分成以下四类，即战略绩效、经济绩效、运行绩效、组织绩效。

桑德斯（Saunders）及卡罗尔·斯托克（Carol Stoak）等人采用了三轮德尔菲调查法，识别出影响信息系统绩效的重要因素，并调查现在采用的衡量信息系统功能绩效的方法。被调查的 20 个 CEO 一致认为，最重要的影响因素包括战略方向的影响、信息系统计划与公司战略过程的集成、信息输出的质量（准确性、及时性和有用性）。研究发现，用于评估信息系统绩效的关键指标包括用户投诉、成本/预算绩效、操作效率/可靠性。

（3）从信息系统质量的角度进行评估。

质量主要分为目标质量、过程质量和结果质量三类。目标质量主要分析信息系统设计目标与企业目标的整合程度，过程质量主要分析系统的开发、运行和维护的管理质量，结果质量主要分析系统输出（包括中间输出）信息的质量、信息服务质量和最终的决策支持质量。

辛格尔顿（Singleton）等人认为信息系统绩效的三个方面包括：操作（吞吐量、可用性、平均失败时间）、交易（处理的任务数、重运行数）、预算/进度。这些指标需要联合使用来衡量实际和预期的绩效。

丹·詹姆斯（Dan James）认为，多数终端用户主要通过效率与有效性来描述信息系统的成功与否。信息系统效率是指信息系统成本与收入的比例，以及信息系统与预算相比的项目管理绩效；信息系统有效性是指对于每个核心业务过程而言，信息系统应用的可用性、功能、利用率，主要围绕三个核心过程：产品开发、核心管理和管理服务。

卡拉奥斯（Callaos）等人提出系统质量矩阵，如图 10－6 所示。

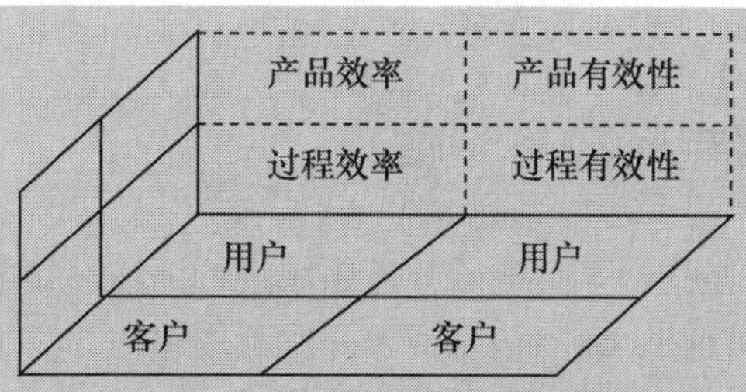

图 10－6　卡拉奥斯的系统质量矩阵

该矩阵认为，系统质量被看作集成了过程和产品质量的一个全面质量系统，在客户以及用户的准则下，平衡效率和有效性。通过识别产品效率、产品有效性、过程效率、过程有效性四种质量类型，建立它们之间的关系，作为软件工程的基础。该矩阵的贡献在于它使系统质量的过程维与结果维之间能够平衡。

（4）从信息技术应用的角度进行评估。

对信息系统而言，应用价值是绩效的最重要的体现。杰亚拉姆（Jayanth Jayaram）探讨了信息基础设施和过程改进之间的相互关系，以及信息基础设施和过程改进之间相互作用对供应链绩效产生的影响。

蔡塔姆（Zeitaml）总结了衡量整个系统有效性的关键绩效指标，包括集成性、服务质量、交付、效率、经济性、扩展性、影响、用途和适应性。

麦克·肯纳利（Mike Kennerley）研究发现，信息系统实施与高端绩效，如利润和用户满意度之间在短期内并无直接关系。然而，信息系统对低端绩效影响较大，信息系统实施对提高数据准确性、运算速度具有直接短期的影响，主要通过改善决策过程与操作控制等方面，促进组织绩效长期改进。因此，高层、低层影响的评估不应该在一个时间段上。

著名咨询公司麦肯锡的研究表明，信息系统的应用水平与企业的经营绩效正相关，即那些能够正确应用信息系统的企业，能够产生竞争优势；善于利用和管理信息系统的企业经常引进功能更好、更快、更系统化和更高效的信息系统，提高信息系统的有效性和效率，获得更大的回报，因而得以保持它们的竞争地位，甚至能获得新的优势。

（5）从信息化投资的角度进行评估。

该方法将信息系统看作一种投资。鲍威尔（Powel）、萨索尼（Sassone）、肖瓦尔（Shoval）和卢格斯（Lugasi）等人从成本的量化、以货币形式呈现出的收益等角度对信息系统进行评估，并力图预测货币的时间价值，以支持决策。

培根（Bacon）提出75%的组织在选用信息系统时使用了某种形式的“折现现金流”（discounted cash flow，DCF）法。对于非DCF法，绝大多数组织使用投资回收（PBK）方法作为判断的财务准则。

佩文（Pavone）提出了“投资盈利率”（ROI）。这是一种完全基于成本和收益的量化评估方法。ROI是指公司资产总额中平均每百元所能获得的纯利润，可用以衡量投资信息系统所获得的经营成效。

从实践来看，可以从用户需求满足程度、方案合理性、技术先进性、系统易用性、系统可靠性、系统可扩展性、系统可移植性、系统可维护性、系统应用效果对电子政务业务应用系统进行评估。

10.3.5 领域级电子政务评估

领域级电子政务评估是指对某个电子政务领域进行评估，如电子政务信息共享与业务协同评估、政府门户网站评估、政府信息资源开发利用评估等。下面以地方电子政务信息共享与业务协同评估为例说明领域级电子政务评估。

2011年2月，工业和信息化部在海南召开部分地方电子政务推进工作研讨会，会上研究讨论了《地方电子政务信息共享与业务协同发展评估指标（试行）》和《地方电子政务信息共享与业务协同发展评估指南（试行）》。

下面介绍几种地方电子政务信息共享和业务协同评估方法。

1. *表解法*

地方电子政务信息共享和业务协同程度可以用表解法进行评估，如表 10－4 所示。可以在表中标注出政府部门之间需要共享哪些信息，列出信息共享清单；标注出政府部门之间哪些业务需要协同，列出业务协同清单。

表 10－4　地方电子政务信息共享和业务协同矩阵

	公安部门	民政部门	社保部门	计生部门	工商部门	……
公安部门	—	—	—	—	—	
民政部门		—	—	—	—	
社保部门			—	—	—	
计生部门						
工商部门						
⋮						

例如，民政部门在办理婚姻登记、儿童收养登记时，需要核实登记人的身份信息，而身份信息来自公安部门。民政部门在办理城乡居民最低生活保障申请时，需要核实申请人的就业信息，而就业信息来自人力资源和社会保障部门。人力资源和社会保障部门在发放养老金时，要核实发放对象是否已死亡，而居民死亡信息来自民政部门。

计算需要信息共享和业务协同的部门总对数，并统计目前已进行信息共享和业务协同的部门对数，已进行信息共享和业务协同的部门对数除以总对数就是地方电子政务信息共享和业务协同率。信息共享和业务协同率越大，说明该地方电子政务信息共享和业务协同程度越高。

如果要更精确地反映地方电子政务信息共享和业务协同程度，还可以根据这两个部门进行信息共享和业务协同的重要性、迫切性等给每个空格赋予一定分值（权重）。根据目前已实现信息共享清单和业务协同清单中的项数对空格进行打分。累计所有空格的得分即为该地方电子政务信息共享和业务协同指数。

2. *关键领域法*

在评估地方电子政务信息共享和业务协同程度时，还可以列出本地电子政务信息共享和业务协同最迫切的几大领域，如防震救灾、食品安全、流动人口管理、企业信用监管等。每个领域赋予一定分值（权重），根据每个领域实际情况进行打分。对所有领域的得分进行累计，即为该地方电子政务信息共享和业务协同指数（见表 10－5）。

表 10－5　地方电子政务信息共享和业务协同领域打分表

信息共享和业务协同领域	分值	得分
食品安全		
流动人口管理		
企业信用监管		
⋮		
合计	100	

10.4 政府门户网站评估方法

10.4.1 国外政府门户网站评估方法

1. 联合国政府网站评估方法

对世界各国政府网站的评估，联合国梳理出社会公众和企业用户在教育、医疗、就业、社会保障等领域需求最迫切的300余项服务，按照起步、提高、交互、在线事务处理、联网五个层次进行评估，以政府门户网站的综合表现能力来衡量电子政务服务水平。其中，起步层次和提高层次主要评估网站的基础信息发布和深度信息公开能力，交互层次主要评估网站满足用户下载表格、提交申请的能力，在线事务处理层次主要评估网站受理、办理用户申请的能力，联网层次则评估网站整合各部门信息和服务资源、提供一站式服务的能力。

联合国政府网站评估具有以下特点：一是坚持以客户为中心的服务理念。联合国把客户的需求作为评估的导向，引导世界各国政府网站围绕客户需求提供电子化公共服务。二是注重面向社会公众和企业的基本服务。联合国把教育、医疗、就业、社保等客户需求最迫切的服务领域作为重点评估内容，引导世界各国政府网站加强整合面向企业和社会公众的公共服务。三是注重对不同阶段的引导。联合国把政府网站分为“起步、提高、交互、服务、整合”五个阶段，引导世界各国政府网站在不同发展时期注重不同的建设重点，既要具有前瞻性和引导性，又不能偏离基础。四是注重对各类行政资源和公共服务资源进行整合。联合国评估重点考察世界各国政府网站对各项服务的综合能力，主张要实现这些服务，光整合行政资源是远远不够的，还必须整合公共服务资源。

2. 欧盟政府网站评估方法

欧盟信息社会和媒体总司从2002年开始组织针对欧盟成员国的政府网站评估，有力地引导和推动了欧盟各成员国的政府网站建设。

欧盟政府网站评估围绕用户需求，以用户为中心，以需求为导向，着重考察各成员国政府网站的公共服务能力。由于欧盟各国的公共服务数量众多、纷繁复杂，为此，欧盟信息社会和媒体总司选取了20项最具代表性、比较常用的基本公共服务作为评估内容，重点评估其可用性、实用性、易用性。

在20项基本公共服务中，面向社会公众的基本公共服务有12项，包括个人纳税、就业安置、社会保障、证件办理、车辆注册、建筑许可、社会治安、图书馆、个人证明、入学、搬迁、医疗卫生服务。面向企业的基本公共服务有8项，包括人力资源、企业纳税、税收减免、企业开办、统计数据、关税申报、环境许可、政府采购服务。

10.4.2 国内政府门户网站评估方法

2009年4月，工业和信息化部印发了《政府网站发展评估核心指标体系（试行）》。该指标体系从政府信息公开、网上办事、政民互动 3 个方面，采用 9 个关键指标，对政府网站发展水平进行评估，如表 10－6 所示。

表 10－6　　政府网站发展评估核心指标体系（试行）

一级指标	二级指标	评估要点
政府信息公开	主动公开信息量	政府网站实际主动公开政府信息的总数量
	依申请公开量	全年公众通过政府网站申请公开信息的数量
	年度新增量	全年政府网站实际主动公开政府信息的新增数量
网上办事	网上办事量	政府网站实际提供的各类网上办事服务事项的数量
	网上办事度	公众通过政府网站办理相关服务事项中，政府网站提供网上办事服务的办理程度
	网上办事率	全年通过网站办理的服务事项的件数占该事项全年通过各类办事渠道办理的总件数的比例
政民互动	公众参与量	全年公众通过政府网站参与各类互动活动的总事件（人次）数
	参与答复量	全年对公众通过政府网站参与建议的各类互动活动给予答复的总件（条）数
	参与便捷度	政府网站为公众提供参与互动的渠道种类和数目，对互动服务便捷程度满意的人数占使用政民互动服务总人数的比例

自 2009 年起，工业和信息化部不再委托评估机构开展全国性政府网站综合评估工作，按照“谁评估、谁公布、谁解释”的原则，鼓励有经验、有实力、有信用的评估机构开展政府网站发展评估工作，向社会公开发布评估结果，并负责对发布结果的解释。

吉林、广东、山东、四川、贵州等省和淮南、廊坊等一些地方电子政务主管部门也自行设计了政府门户网站评估指标体系，对当地政府门户网站进行了评估。例如，吉林省政府从网站内容、网站设计、网站技术、网站管理、安全保障五个方面对吉林省政府各部门、各地市的政府门户网站进行了评估。

10.4.3　政府门户网站评估指标体系

可以从网站设计、网站功能、网站建设和网站管理四个方面对政府门户网站发展水平进行评估。政府门户网站发展水平评估的关键指标建议如下：

（1）内容丰富度。反映网站信息的覆盖面。地区信息应包含地理位置、辖区面积、行政区划、人口规模、发展历史；单位信息应包含三定方案、联系方式、政策法规、通知公告、工作动态、统计数据、财务公开等。

（2）内容新鲜度。反映网站内容更新情况。

（3）内容形象度。网站应提供音频、视频点播等多媒体功能。

（4）内容检索。提供站内搜索功能，可按标题、关键词、发布单位、发布日期等进行检索。检索结果可按时间、相关性等排序。

（5）用户入口。网站首页设置各类用户的入口。

（6）在线办事率。行政审批事项可在线办理的比例。网站应提供办事指南，包括办事地址、办事时间、办事流程、递交的材料清单、表格下载，使用户可查询办事进度。

(7) 服务覆盖率。网站服务应包括婚姻、生育、户籍、教育、文化、居住、出行、旅游、健康、安全、就业、社保、企业开办、纳税、项目申报、投资、外贸、三农、气象、生活提示等方面。

(8) 个性化服务。网站可以根据注册用户的年龄、户籍、职业、爱好以及是否拥有房产或车辆等提供个性化服务。

(9) 场景式服务。网站应提供场景式服务。

(10) 政民互动。包括在线访谈、在线调查、在线听证、在线咨询、在线投诉举报、在线意见征集等内容，网站应提供微博、短信互动功能，提升答复率。

(11) 网页响应速度。反映网站的性能。根据用户打开网页所需时间打分。

(12) 网站管理制度。包括组织管理制度、信息报送制度、运维管理制度、内容审核制度、内容更新制度、安全保密制度、考核奖惩制度。根据有无单独的文件或有关文件中相应的条款、制度执行情况等打分。

发生以下情况网站将被扣分：网站无法登录、存在错误信息、存在无效链接等。

本章小结

本章首先阐述了开展电子政务评估的意义、思路和流程，然后分析了国内外电子政务评估现状，接着从区域、部门、项目、系统、领域五个层次论述了电子政务评估方法，最后介绍了国内外政府门户网站评估方法，提出了一套新的政府门户网站评估指标体系。

关键术语

发展水平评估　　绩效评估　　关键绩效指标　　平衡计分卡

复习思考题

1. 开展电子政务评估有何重要意义？
2. 电子政务评估的一般流程包括哪些步骤？
3. 如何针对一个区域开展电子政务评估？
4. 如何针对某个政府部门开展电子政务评估？
5. 如何针对某个电子政务工程项目开展后评价？
6. 如何评估一个电子政务系统？
7. 如何评估地方电子政务信息共享和业务协同程度？
8. 如何评估一个政府门户网站？

第11章 电子政务保障措施

为了保证电子政务建设顺利进行，需要设置电子政务相关组织机构，出台电子政务政策法规和管理制度，持续投入电子政务建设资金，壮大电子政务人才队伍，完善电子政务标准规范体系。电子政务不只是技术问题，也不只是信息技术部门的事情。实际上，电子政务在很大程度上是管理问题。建立系统、全面、完善的电子政务保障体系，是电子政务建设不可或缺的重要方面。

重点问题

- 电子政务组织机构应如何设置？
- 政府CIO的职责有哪些？
- 电子政务项目融资有哪些方法？
- 公务员电子政务培训内容有哪些？
- 电子政务标准规范体系包括哪些部分？

11.1 组织机构

11.1.1 国外电子政务组织机构

西方发达国家电子政务管理体制不尽相同，但主要包括两大类型：一类是由总统或内阁办公室负责，如美国电子政务由总统执行办公室下属的管理和预算办公室负责管理，英国电子政务由内阁办公室的效能和改革组负责管理。另外一类是电子政务由某个国家部委负责管理。例如，澳大利亚电子政务由财政部下属的政务和资源管理组负责管理，德国信息化工作由德国联邦经济和技术部负责，日本电子政务由总务省负责管理，新加坡电子政务由信息、通信和艺术部下属的资讯通信发展管理局负责管理。

1. 美国

美国联邦政府下面共有10个监管政府信息化的组织机构，包括政府信息化促进协会联盟、IT产业顾问协会、政府信息技术服务小组、州级信息主管联盟、国家电信信息管理办公室、政府评估组及首席信息化小组等，这些机构统称为“政府技术推动组”。电子政务所涉及的各种日常事务，如技术推进、法规政策建议、管理投资、服务改善、业绩评估等工作，均由政府技术推动组担当。另外，国会也有一个信息化委员会，监督电子政务的执行情况，例如它每半年对国家重大信息化项目评估一次。

美国管理和预算办公室是总统执行办公室下属的最大一个部门，内设了电子政务和信息技术办公室（Office of E-Government and Information Technology），负责在使用基于互联网的技术方面发展和提供方向，使公民和企业与联邦政府打交道更容易，节省纳税人的钱，公民有序参政。该办公室由美国联邦政府首席信息官领导。联邦政府首席信息官由总统任命。

美国还以立法的形式明确了电子政务和信息技术办公室的职能。2002年底，小布什总统签署《电子政府法案》。按照该法，电子政务和信息技术办公室的职能包括管理电子政府专项基金，指导政府CIO委员会开展工作，监督跨部门的电子政府项目和特定的电子政府项目。

2. 英国

在英国，由首相任命电子大臣（E-Minister），全面领导和协调国家信息化工作，并由内阁办公室大臣协助其分管电子政务。内阁各部门都相应地设立了电子大臣一职，并由内阁核心部门的电子大臣组成电子大臣委员会，该委员会为电子大臣提供决策支持。同时，将原设在贸易工业部的电子特使（E-Envoy）职位调整到内阁办公室，并在内阁办公室下设电子特使办公室，专职负责国家信息化工作，电子特使办公室又下设若干工作组。内阁各部门也成立了信息化领导小组，并指定一名专门负责信息化工作的高级官员。

1999年，英国政府成立了国家信息化协调委员会（E-Champions），下设政府模式组（GSG）、政府流程组（GPG）、互操作工作组（IWG）和元数据工作组（MWG）。该委员会委员由内阁各部门、授权的行政机构和地方政府指定的高级官员组成，负责协助电子大臣和电子专员推进国家信息化工作。该委员会负责推动电子政务建设、促进电子商务发展，全面支持电子特使办公室的工作，帮助电子特使拟订和推行政策，并在各自部门的电子化战略中发挥关键作用，统筹管理电子政府建设项目，保证不同部门之间的互操作性以及电子政务建设中的标准化。

目前，英国内阁办公室设立了效能和改革组（Efficiency and Reform Group，ERG），通过与财政部以及其他政府部门合作，利用电子政务提高英国政府办事效率，节省财政开支，转变公共服务方式，支持英国经济增长。

英国内阁办公室效能和改革组的任务包括通过信息化转变公共服务（transforming public services by being digital），聚焦用户需求，为政府持续节省资金；改革政府管理信息，根据政府优先事项推动一个明确的、有根据的效能改革方案。

3. 澳大利亚

澳大利亚财政部下设政务和资源管理组（the Governance and Resource Management

Group)，负责开发和建议适用于公共机构的资源管理框架，在政府信息协调和宣传活动中提供建议，在信息通信技术有效应用方面为政府管理部门提供政策引导、信息和服务。

澳大利亚财政部政务和资源管理组设有效率、保障和数字政府（Efficiency，Assurance and Digital Government），数字政府、投资和保障（Digital Government，Investment and Assurance）以及数字政府战略三个小组。

效率、保障和数字政府小组通过政策、框架和更互联的工作方式帮助澳大利亚政府机构提高服务效率。

数字政府、投资和保障小组负责实施许多智慧政府 ICT 投资计划（Government's Smarter ICT Investment initiatives），包括 ICT 审计、ICT 仪表盘和 ICT 投资框架的再开发。

数字政府战略小组负责提供政府部门电子政务和数字经济政策的核心部分。在数字化服务提供方面与其他部门开展合作，制定服务标准和设计指南，评估大数据战略和云计算政策执行情况。制定一体化政府 ICT 政策，为整体政府 ICT 委员会（Whole-of-government ICT Committees）提供秘书服务，支持政府分享合作平台（GovShare Collaboration Platform）、跨部门的议会工作流解决方案，制定和协调认证标准和框架。

澳大利亚财政部政务和资源管理组设立了澳大利亚政府信息管理办公室（Australian Government Information Management Office），开展跨部门工作以确保澳大利亚在信息通信技术应用方面的全球领先地位，负责制定一体化政府 ICT 政策、战略和标准，促进政府部门使用信息通信技术的效率和效能，提高公共部门和国家的生存力。

为达到这些目标，澳大利亚政府信息管理办公室制定一体化政府 ICT 政策以满足不断涌现的新技术和新事务，在政府 ICT 重大提案方面进行分析并提供建议，为政府部门提供实际指导，在发展 ICT 技能方面提供计划，支持跨部门的 ICT 治理。

4. 奥地利

2003 年以来，奥地利政府实施了一系列旨在推动公共管理改革的措施，其中一个主要的措施就是撤销了原负责电子政府建设的公共服务和体育部，由联邦总理府亲自负责国家电子政府建设的政策制定，总理府下设首席信息官办公室，负责国家电子政府建设的具体实施。奥地利政府同时还建立了联合电子合作委员会（Joint E-Cooperation Board），负责电子政府建设项目中的协调。值得注意的是，奥地利政府还于 2003 年 7 月 1 日正式设立了电子政府平台小组，由总理亲自担任小组组长，组员包括各部部长、地方政府要员、社会安全组织和商会成员以及外部专家等。

5. 新加坡

目前，新加坡形成了由"一部、一局、四委"组成的电子政务管理体系。"一部"是指财政部，"一局"是指资讯通信发展管理局（Info-communications Development Authority，IDA），"四委"是指公共服务 21 系统委员会、ICT 委员会、公共领域 ICT 指导委员会和公共领域 ICT 审查委员会。财政部负责为电子政务计划和项目提供资金，解决机构之间妨碍服务和程序整合的跨界问题。四个委员会则保障了电子政府推进工作按照"分层管理、分类处理、分权执行"的模式进行。此外，新加坡还成立了整合政府理事会，由财政部常任秘书长担任主席。

新加坡资讯通信发展管理局（IDA）成立于1999年，隶属于新加坡信息、通信和艺术部。IDA的主要职责包括：(1) 就涉及国家政策和跨部门整合程序等提供专业意见和建议；(2) 负责信息基础设施的规划与管理；(3) 负责全局性的应用项目管理；(4) 首席信息官和计划管理；等等。IDA在新加坡电子政务建设过程中起到了非常重要的作用。

IDA主要是依托公共服务21系统委员会、ICT委员会、公共领域ICT指导委员会、公共领域ICT审查委员会四个委员会的治理程序形成集中指导意见，并通过财政和工作评估两根杠杆树立集中指导的权威。目前，新加坡各级政府部门及法定机构均有CIO，且都有IDA派驻的业务人员，有些CIO直接由IDA派驻人员担任，CIO和派驻在各部门的IDA官员，业务上直接向提供服务的部门领导负责，技术上向IDA报告。

新加坡政府专门组织成立了由各大委、局等机构共同参与的、跨部门的“国家电子政务行动委员会”，统一负责协调和推动实现电子政府。这一机构的设立对克服电子政务发展中的各自为政、单打独斗的现象起到了重要的作用，使得新加坡各级政府的电子政务发展更加有序、协调一致。

11.1.2 国内电子政务组织机构

1. 国家层面的电子政务管理机构

国务院办公厅内设电子政务办公室，负责国务院领导同志办公室和机关的政务信息化规划、建设、技术与安全保障，以及中南海北区有关会议、活动的多媒体技术服务；组织开展中央政府门户网站的建设、运行管理和内容保障工作；负责国务院办公厅连接各省、自治区、直辖市人民政府和国务院各部门计算机网络的建设和管理工作。

2014年初，中央成立网络安全和信息化领导小组及其办公室。中央网络安全和信息化领导小组办公室（简称“中央网信办”）设立了信息化发展局，把原工业和信息化部信息化推进司电子政务处划归中央网信办信息化发展局。

国家发展和改革委员会内设高技术产业司，负责统筹信息化的发展规划与国民经济和社会发展规划、计划的衔接平衡，会同有关部门研究拟订国民经济和社会信息化发展战略和规划，研究信息化发展的重大问题，衔接平衡信息化发展的相关政策，指导企业信息化，参与推动信息化与工业化的融合，推进重点领域的信息化建设。国家发展和改革委员会高技术产业司下设信息化处。

其他国家部委也基本都有信息化管理机构，如环境保护部信息化办公室、国家质检总局网络安全与信息化领导小组办公室、商务部电子商务和信息化司、交通运输部科技司信息化管理处、教育部科技司信息化处、农业部市场与经济信息司信息化推进处、国家知识产权局信息化管理处等。

2. 地方层面的电子政务管理机构

目前，地方电子政务职能归属情况不太一样。有的在办公厅或办公室，如新疆维吾尔自治区人民政府办公厅电子政务办公室、青岛市电子政务和信息资源管理办公室、成都市人民政府行政效能建设办公室。有的在工业和信息化部门，如天津市工业和信息化委员会、广东省经济和信息化委员会和湖北省经济和信息化委员会设立了电子政务处，山东省经济和信息化委员会设立了电子政务与信息资源处，江西省工业和信息化委员会设立了电子政务与信息资源处，济南市经济和信息化委员会设立了电子政务与信息资源处。有的在发展改革部门，如福建省数字福建建设领导小组办公室。有的在科技部门，如南安市科技局。有的还专门成立了智慧城市领导小组办公室（简称“智慧办”）。其中有的智慧办设在工业和信息化部门，如宁波、青岛、辽源；有的智慧办设在市政府办公室，如宜昌。有的专门成立了政务办，如广州市政务办。

11.2　政策法规

11.2.1　国外电子政务政策法规

20 世纪 90 年代以来，美国、加拿大、英国、法国、德国、丹麦、瑞典、澳大利亚和日本等许多发达国家都制定了电子政务方面的政策法规，如表 11－1 所示。

表 11－1　　国外电子政务相关政策法规一览表

国家	电子政务相关政策法规
美国	《信息技术管理改革法》(1996)、《政府纸质文书消除法》(1998)、《电子政府法案》(2002)、《开放政府指令》(2009)、《美国开放数据行动计划》(2014)
加拿大	《运用信息科技改造政府服务之蓝图》(1994)、《政府在线框架》(2000)
英国	“政府信息服务”计划（1994)、“直通政府”计划（1996)、《政府现代化白皮书》(1999)、《电子政务行动方案》(2000)《以技术推动政府变革》(2005)、《政府 ICT 战略》(2011)
法国	“信息社会政府行动”计划（1999)、《电子行政方案》(2004)
德国	“联邦在线 2005”计划（2000)、“E-Government 2.0”计划（2006)
丹麦	《走向电子政务：丹麦公共部门的设想和战略》(2002)
瑞典	《电子政务行动计划》(2008)
澳大利亚	“政府在线”战略（2000)、《2006—2010 年澳大利亚电子政务发展战略：建设一个反应灵敏的政府》(2006)、《澳大利亚公共服务大数据战略》(2013)
日本	《行政资讯推进共同事项行动计划》(1993)、e-Japan 战略（2001)、u-Japan 战略（2004)、《IT 新改革战略》(2006)、《i-Japan 2015 战略》(2009)、《面向 2020 年的 ICT 综合战略》(2012)、“创建最尖端 IT 国家”(2013)、社会 5.0 战略（2016)

11.2.2　国内电子政务政策法规

2002 年以来，中共中央、国务院、中央网信办、国家发展改革委等出台了一系列与电子政务相关的政策法规，如表 11－2 所示。

表 11－2　　2002—2016 年中央出台的与电子政务相关的政策文件

发布时间	文件名称	文号
2002 年 8 月 5 日	国家信息化领导小组关于我国电子政务建设指导意见	中办发〔2002〕17 号
2004 年 12 月 13 日	关于加强信息资源开发利用工作的若干意见	中办发〔2004〕34 号
2006 年 3 月 19 日	2006—2020 年国家信息化发展战略	中办发〔2006〕11 号
2006 年 5 月 18 日	关于推进国家电子政务网络建设的意见	中办发〔2006〕18 号
2007 年 8 月 13 日	国家电子政务工程建设项目管理暂行办法	发展改革委令第 55 号
2008 年 9 月 24 日	关于进一步加强国家电子政务工程建设项目管理工作的通知	发改高技〔2008〕2544 号
2011 年 9 月 13 日	关于开展依托电子政务平台加强县级政府政务公开和政务服务试点工作的意见	国办函〔2011〕99 号
2012 年 5 月 5 日	“十二五”国家政务信息化工程建设规划	发改高技〔2012〕1202 号
2012 年 6 月 28 日	关于大力推进信息化发展和切实保障信息安全的若干意见	国发〔2012〕23 号
2012 年 7 月 6 日	关于进一步加强国家电子政务网络建设和应用工作的通知	发改高技〔2012〕1986 号
2013 年 2 月 16 日	关于加强和完善国家电子政务工程建设管理的意见	发改高技〔2013〕266 号
2013 年 4 月 12 日	关于进一步加强政务部门信息共享建设管理的指导意见	发改高技〔2013〕733 号
2014 年 11 月 17 日	关于加强政府网站信息内容建设的意见	国办发〔2014〕57 号
2014 年 11 月 26 日	关于促进电子政务协调发展的指导意见	国办发〔2014〕66 号
2014 年 12 月 30 日	关于加强党政部门云计算服务网络安全管理的意见	中网办发文〔2014〕14 号
2015 年 1 月 30 日	关于开展国家电子政务工程项目绩效评价工作的意见	发改高技〔2015〕200 号
2015 年 3 月 11 日	关于开展第一次全国政府网站普查的通知	国办发〔2015〕15 号
2015 年 6 月 24 日	关于运用大数据加强对市场主体服务和监管的若干意见	国办发〔2015〕51 号
2015 年 7 月 1 日	关于积极推进“互联网＋”行动的指导意见	国发〔2015〕40 号
2015 年 8 月 31 日	促进大数据发展行动纲要	国发〔2015〕50 号
2016 年 4 月 14 日	推进“互联网＋政务服务”开展信息惠民试点实施方案	国办发〔2016〕23 号
2016 年 6 月 21 日	关于促进和规范健康医疗大数据应用发展的指导意见	国办发〔2016〕47 号
2016 年 7 月 27 日	国家信息化发展战略纲要	中办发〔2016〕48 号
2016 年 9 月 5 日	政务信息资源共享管理暂行办法	国发〔2016〕51 号
2016 年 9 月 25 日	关于加快推进“互联网＋政务服务”工作的指导意见	国发〔2016〕55 号
2016 年 12 月 15 日	“十三五”国家信息化规划	国发〔2016〕73 号
2016 年 12 月 20 日	“互联网＋政务服务”技术体系建设指南	国办函〔2016〕108 号

2004 年以来，北京、河北、江苏、广东、海南、贵州、湖南、河南、山西、新疆等省份相继制定了信息化条例等地方性法规，对信息化规划与建设、信息资源开发利用、信

息技术推广应用、信息产业发展、信息安全保障等做出了规定。但由于没有国家层面的信息化条例，缺乏上位法，地方信息化工作难以改变“九龙治水”的局面。

许多地方政府出台了电子政务方面的政策法规和管理制度。例如，天津、广东、云南、衡阳、湘潭、景德镇等省市出台了电子政务建设管理办法。宁波、三亚等地出台了电子政务工程项目建设管理办法。苏州、常德等地出台了本级电子政务建设资金管理办法。南宁、洛阳等地出台了电子政务网络建设管理办法。

为了促进电子政务健康发展，各级政府必须建立健全电子政务管理制度。电子政务项目立项要由信息化主管部门审核通过，再报有关部门立项，未经立项的电子政务项目不准开工建设。信息化主管部门要对电子政务工程项目立项审核、采购招标、工程监理、系统测评、验收评估、财务审计、资质等各环节进行全程管理。

11.3 资金投入

11.3.1 电子政务建设资金及其管理

各级、各部门要根据当地实际和工作需要，不断加大电子政务建设资金投入力度，探索建立电子政务项目多元化投融资机制。

将电子政务建设经费纳入财政预算。按照“分级负担、共同建设”的原则，各级政府分别负担本级电子政务建设和运维所需资金，重点保障部门基础性业务、跨部门核心系统、公共信息基础设施和信息资源建设。

加大电子政务建设的投资力度，有条件的地方政府可以设立电子政务建设专项资金。把电子政务建设和运维所需经费列入同级财政年度预算，专款专用。财政部门负责电子政务项目建设资金和运维资金的保障工作。信息化主管部门会同财政部门制定政务信息系统运行维护费用标准。

积极向上级部门争取经费。要紧紧抓住各种契机，围绕上级部门相关政策谋划项目，做好项目前期准备工作，勤汇报，多沟通。对于向上争取信息化建设资金成绩突出的单位或个人，要进行表彰和奖励。

建立多元化的投融资机制。注重发挥市场机制的作用，鼓励企业和民间资本以多种方式参与电子政务建设。加强政企合作，积极探索电子政务建设的政企双赢模式。

一般来说，市一级电子政务建设资金包括市本级财政安排的电子政务建设专项资金、国家或省（自治区）纵向业务系统建设需本级财政配套的资金、财政安排的部门业务专项资金中包含的电子政务建设项目资金和部门用于电子政务建设的自筹资金。市一级电子政务建设资金主要用于市本级电子政务项目建设和公共信息基础设施、应用平台的运维以及全市电子政务项目建设的推动和引导。

根据本地区经济社会发展需求和财力可能，市本级财政每年安排一定数额的电子政务建设专项资金用于基础性、综合性和跨部门电子政务项目以及对电子政务项目的推动和引导。电子政务主管部门负责本级电子政务建设项目的审核和可行性论证，并会同财政部门提出资金安排意见。各部门业务信息系统开发和维护所需资金原则上应在本部门业务专项资金中安排，电子政务建设专项资金视情况给予适当的资金补助和引导。电子政务建设专项资金必须坚持专款专用、专项核算的原则，并严格执行财政拨款项目资金管理制度。

市本级财政安排的电子政务建设专项资金的审理及拨付程序一般如下：

（1）申报单位在组织实施下一年度电子政务建设项目前期准备时，应在规定时间前向电子政务主管部门报送《电子政务建设项目申报表》，并附项目可行性研究报告。

（2）电子政务主管部门会同财政部门组织专家或委托中介机构对项目进行评审，评审合格后列入电子政务建设年度计划。对列入计划的建设项目，电子政务主管部门和财政部门联合向项目建设单位下达项目任务书。未列入计划的建设项目，选择部分作为备选项目。

（3）凡未列入年度计划的项目，原则上不再安排专项资金。对个别特殊或紧急的项目，经电子政务主管部门和财政部门联合审核后，报市政府审批，并按有关规定办理预算追加手续。

（4）凡取得项目任务书的单位，要与电子政务主管部门和财政部门签订项目责任书。财政部门根据项目责任书下达经费支出指标并根据实施进度拨付至项目建设单位。需要政府采购的项目要严格按照政府采购有关规定执行，实行集中支付的单位按照国库集中支付有关规章执行。

（5）电子政务主管部门会同财政部门根据项目建设的实际需求，及时调整经费分配计划。

国家或省（自治区）纵向业务系统建设需本级财政配套资金的审理及拨付程序一般如下：

（1）申报单位向电子政务主管部门报送《电子政务建设项目申报表》，并附有关文件、项目实施方案和配套资金使用明细。

（2）电子政务主管部门会同财政部门组织专家或委托中介机构对项目实施方案和配套资金使用明细进行审核，审核合格后，由财政部门根据年初预算安排的资金，下达经费支出指标。

财政安排的部门业务专项资金中包含的电子政务建设项目资金和部门用于电子政务建设的自筹资金的审理及拨付程序一般如下：

（1）在资金规定数额以上的电子政务建设项目须报送电子政务主管部门审核。

（2）申报单位向电子政务主管部门报送《电子政务建设项目申报表》，如是技术开发项目，则提供项目可行性报告，如是设备或软件采购，则附采购明细。

（3）电子政务主管部门对各单位提交的申报材料进行审核并提出意见，防止盲目建设和重复建设。

（4）财政部门根据电子政务主管部门的审核意见下达部门业务专项资金经费支出指标。

电子政务主管部门和财政部门要组织跟踪检查，及时了解项目实施情况，认真把好项目资金使用关。有挪用、骗取资金行为的，按相关法律法规进行处罚、处分。

11.3.2 电子政务项目融资

项目融资是指政府投资公司（项目公司）通过银行贷款或者发行股票或企业债券、资产证券化、股权信托、融资租赁等方式为政府投资的公益性项目筹集资金的融资行为。下面介绍电子政务项目融资的 BOT、BOO 和 PPP 模式。

1. BOT 模式

“建设—运营—转让”（build-operate-transfer，BOT）模式是 20 世纪 80 年代以后在国际工程承包市场上出现的一种带资承包方式。它是一种债务与股权相混合的产权，由项目构成有关单位，包括承建商、经营商及用户组成一个股份组织，对工程项目的设计、咨询、供货和施工实行一揽子承包。项目竣工后，在特许权规定期限内经营，向用户收取费用，以回收投资、偿还债务、赚取利润；特许权期满后，无偿将项目交由政府接管。

青海省原劳动和社会保障厅的青海劳动保障信息网项目就采用了 BOT 模式，由清华同方股份有限公司一揽子承包。这个项目由青海省原劳动和社会保障厅提供信息资源、政策指导和政策保障，清华同方股份有限公司负责投资建设、运营和维护信息系统，并拥有投资部分所形成的资产所有权。清华同方股份有限公司的这部分投资将通过发售社会保障卡、发卡广告及收取使用费等方式回收，回收部分的产权将相应移交给青海省劳动与社会保障厅。该项目投资规模为 8 000 万元左右，建设周期为 3 年，项目完工后，青海省参加养老保险、医疗保险、失业保险的上百万人能在省劳动保障信息网上查询各自的档案资料，以及全省各地区的社保联网信息、优惠政策等。这对于加快建立和完善青海的劳动社会保障体系、优化和规范管理体系发挥了重要作用。

对于欠发达地区来说，采用 BOT 模式是解决电子政务项目建设资金问题的有效途径之一。因为 BOT 模式的最大优势是不需要政府部门直接进行资金投入。

2. BOO 模式

“建设—拥有—运营”（build-own-operate，BOO）模式是指由企业投资并承担工程的设计、建设、运行、维护、培训等工作，硬件设备及软件系统的产权归属企业，政府部门负责宏观协调、创建环境、提出需求，政府部门每年只需向企业支付系统使用费即可拥有硬件设备和软件系统的使用权。

北京市政府以“统筹负责制”的方式委托首都信息发展股份有限公司（简称“首信公司”）来建设首都公共平台网络。首信公司负责网络运营及一些应用系统开发，北京市政府负责一些基础建设投入。这样做，政府的负担小了，而首信公司也因越来越多委办局的接入而获得利润，形成一种双赢的局面。

2002 年 7 月，首信公司与辽宁省营口市政府签订《营口市重大信息化工程总体统筹负责制合作协议》。依据协议，首信公司被授予营口市重大信息应用工程特许经营权，总体统筹工程的设计、建设、运营、维护和管理以及关键项目的建设资金筹集等。2003 年 6 月，“营口市城市信息化发展规划、电子政务总体设计方案”专家论证网络视频会议在首信公司和营口市政府两地同时举行。这是首信公司提出的信息化工程 BOO 模式的首次推广应用。另外，首信公司还在当地参与组建一家公司来具体实施营口市的信息化建设及维护运营。

3. PPP 模式

政府和社会资本合作（public-private partnership，PPP）模式是指政府采取竞争性方式择优选择具有投资、运营管理能力的社会资本，双方按照平等协商原则订立合同，明确责权利关系，由社会资本提供公共服务，政府依据公共服务绩效评价结果向社会资本支付相应对价，保证社会资本获得合理收益。2015 年 5 月，国务院办公厅转发了财政部、国家发展改革委和中国人民银行《关于在公共服务领域推广政府和社会资本合作模式的指导意见》。在电子政务领域推行 PPP 模式，有利于充分发挥市场机制作用，提升电子政务建设效率和建设水平，一定程度上弥补政府部门在电子政务建设和运维方面的资金短缺问题。

11.4 人才队伍

人才培养是电子政务建设极其重要的问题之一。毋庸置疑，电子政务系统建设得再好，没有合格的管理人员、运营人员和使用人员，还是无法达到电子政务的目标。目前，中国电子政务人才极其缺乏，已经在很大程度上影响了电子政务事业的发展。因此，必须尽快建立和完善电子政务人才体系，加强政府 CIO 的培养，提高广大公务员的信息技术应用技能。

11.4.1 政府 CIO 制度

政府首席信息官（chief information officer，CIO）是一个在政府部门中负责信息系统战略策划、规划、协调和实施的官员，通过谋划和指导信息资源的最佳利用来支持政府部门的目标。

在联合国成员国中，有 42%的国家设立了政府 CIO，其中设有政府 CIO 的欧洲国家占 56%，亚洲国家占 51%，美洲国家占 40%。

推进电子政务，关键在应用，重点在落实，成败在领导。在电子政务建设中，除了政府部门“一把手”的重视之外，还要有分管信息化的政府 CIO。要建立政府 CIO 制度，形成强有力的电子政务组织领导体系，以加大对电子政务的协调力度。

发达国家的经验表明，政府 CIO 在推行电子政务的过程中起到了举足轻重的作用。近年来，中国一些企业建立了企业 CIO 制度。在企业 CIO 的领导下，这些企业信息化建设取得了显著成效。许多电子政务专家学者都呼吁建立适合我国国情的政府 CIO 制度。

在中央层面，国家 CIO 是分管国家信息化建设的副总理，各部委 CIO 是分管本部门信息化建设的副部长、副主任、副署长、副局长。

在地方层面，地方政府 CIO 可分为区域性政府 CIO 和部门性政府 CIO。区域性政府 CIO 是分管本地区信息化建设的副省长、自治区副主席、副市长、自治州副州长、副县长、副区长、副旗长等。部门性政府 CIO 是分管本部门信息化建设的副厅长、副局长、副主任等。

总的来说，政府 CIO 的职责就是领导本地区、本部门的信息化建设，以支撑本地区、本部门的发展战略。具体来说，政府 CIO 有如下职责：

（1）组织制定本地区、本部门的信息化政策文件、发展规划、实施方案、工作计划等，并组织实施。

（2）提出本地区、本部门的信息化建设财政资金预算建议，制订信息化建设财政资金使用计划。

（3）组织审定重大信息化项目方案并组织实施，审批申报的信息化项目。

（4）组织召开信息化工作会议，组织开展信息化培训、交流与合作。

（5）完成本地区、本部门行政负责人交办的其他事项。

各级党校、行政学院应加强政府 CIO 的培养，各地方、各部门可以与国内电子政务研究和教学实力强的大学联合培养政府 CIO，如对政府 CIO 的在职培训。

政府 CIO 应熟悉本地区情况或本部门业务，了解现代信息技术，精通公共管理和公共政策，并且善于以系统工程的思想方法，将信息化与实际业务结合起来。因此，政府 CIO 要具备电子政务、信息科学技术、公共管理和公共政策等方面的知识。

阅读材料

首席数据官

美国奥巴马政府将政府数据视为重要的国家资源以及联邦政府、美国合作伙伴和公众的战略资产，并进一步声明各行政部门和机构必须将信息作为一项资产进行妥善管理，来提高透明度、互通性，并对系统和信息进行恰当的保护。

美国联邦通信委员会在每一个主要单位（包括消费者与政府事务处、执法与公共安全管理处、国家安全局）都指定了首席数据官（chief data officer，CDO），以此来强调这项工作的重要性。在旧金山新颁布的关于数据公开的法律中也设立了首席数据官，以此来与各部门协作共同实施数据公开政策。

11.4.2　政府 CIO 培养

现有政府信息化主管的知识结构千差万别，专业水平和管理能力参差不齐，与电子政务建设实际要求有一定差距。因此，必须尽快建立一套政府 CIO 教育、培训、认证体系。

（1）政府 CIO 的学历教育。

广大高校，特别是有公共管理硕士学位授予权的高校，应该承担起输送政府 CIO 的责任。2007 年 9 月，国务院学位委员会办公室同意全国公共管理硕士专业学位指导委员会将 MPA 原核心课程“信息技术及应用”调整为“电子政务”。现在许多高院已经开设了“电子政务”课程，一些高校在公共管理、政治学等研究生专业设置了电子政务研究方向。政府 CIO 学历教育的基础已经初步形成。

（2）政府CIO的在职培训。

目前，一批信息化方面的行业协会、商业化机构、大学研究机构都开展了政府CIO在职培训工作。政府CIO的在职培训形式通常包括政府CIO培训班、研讨班、研修班等。一般采用集中授课、案例分析与考察学习相结合的方式进行。

（3）政府CIO的资格认证。

目前，人力资源和社会保障部、工业和信息化部还没有对政府CIO进行资格认证。一般情况下是信息化培训机构在培训结束之后发给学员一个结业证书。

政府CIO应该是一个既懂技术，又懂业务，还懂管理的高级复合型人才。从政府CIO应该具备的知识结构来说，政府CIO要学习公共管理、项目管理、信息技术等方面的知识，特别要掌握电子政务的理论和方法，包括电子政务基本概念、国内外电子政务进展、政府信息基础设施、电子政务重大工程项目、政府门户网站建设与运营、电子政务顶层设计与战略规划、电子政务信息共享和业务协同、电子政务建设与运维方法、电子政务评估方法、电子政务保障措施、城市管理信息化、电子政务与服务型政府建设、企业管理技术在电子政务中的应用、“智慧政府”等。

虽然说政府CIO既要懂技术，又要懂业务，还要懂管理，但这并不是说要把政府CIO培养成一个全才，这是不可能，也是没有必要的。政府CIO可以根据自己的岗位职责、知识结构、在工作中遇到的具体问题有选择性、有针对性地学习、了解、熟悉或掌握有关知识。

值得指出的是，复合型人才的知识结构是不同领域的交，而不是并。这样不仅可以减少学习的内容，减轻学习的压力，提高学习的针对性，还有利于快速培养复合型人才。例如，培养电子政务方面的复合型人才，并不是让他们分别去学习“行政管理”和“计算机基础”这两门课程，而是要学这两门课程的交叉部分，即电子政务。在电子政务人才培养方面，一些高校还停留在“行政管理”或“公共管理”“专业课程”“信息技术”课程的简单堆砌上，学生学了这一大堆课程之后还是不清楚电子政务的理论和方法。建议把“电子政务”课程作为研究生政治学、公共管理等专业的必修课，选用电子政务专家编写的优秀教材。

11.4.3 公务员的电子政务培训

电子政务能否取得成效的关键是人，尤其是广大公务员。必须通过培训，使他们真正认识到电子政务对于履行政府职能的现实价值。

2016年12月，国务院办公厅转发了人力资源和社会保障部、国家公务员局制定的《“十三五”行政机关公务员培训纲要》。该纲要提出要加强政府治理与服务、大数据思维、网络安全与信息技术等方面的培训。围绕提高行政机关公务员综合素质，帮助其加快知识更新、优化知识结构、拓宽眼界视野，广泛开展政务公开、电子政务等方面的培训。

在政府机构中，电子政务人才培养对象包括三种：一是管理人才，即政府机构中负责电子政务建设的领导决策人员和高级管理人员；二是技术人才，即政府机构中负责电子政务系统建设、运行和维护的信息技术人员；三是应用人才，即政府机构中所有使用电子政务信息系统的各级工作人员及作为政府服务对象的相关人员。对于上述三个层次的电子政务人才，培训内容建议如表11-3所示。

表 11-3　不同层次电子政务人才培训内容建议

层次类型	培训内容建议	备注
管理人才	电子政务基本概念、电子政务发展战略、电子政务发展趋势、计算机及网络操作的基本技能等	针对单位领导
	电子政务基本概念、信息技术在业务管理中的应用、信息技术在公共服务中的应用、计算机及网络操作的基本技能等	针对业务部门领导
	电子政务发展规划、电子政务项目管理、电子政务产品选型等	针对信息化部门领导
技术人才	系统分析、系统设计、软件开发、数据库技术、网络技术、信息安全技术、信息系统运行维护等	根据岗位要求选取
应用人才	计算机及网络操作的基本技能、电子信息产品应用、办公软件操作、业务应用系统操作、需求分析等	根据岗位要求选取

近年来，中国公务员录用、考试、考核制度在一定程度上提高了公务员的素质，但中国公务员学习信息化知识和运用信息技术的水平仍然较低，特别是部分基层单位的公务员，难以适应电子政务发展的要求。

因此，要建立公务员信息化培训制度，加大公务员信息化培训力度。例如，将电子政务知识纳入任职培训内容，将信息技术应用技能纳入公务员考评体系，采取必要的奖惩措施。组织编制公务员电子政务培训大纲，出版一批高质量、实用的电子政务培训教材。充分利用各级党校、行政学院、普通高校的教学资源开展电子政务培训。举办各种形式的电子政务培训班、讲座、论坛等。

电子政务实质上是信息技术在政府工作中的应用，这就要求公务员必须掌握一定的信息技术应用技能。一般来说，公务员应掌握上网、收发电子邮件、日常办公、英文翻译、地图查询、搜索引擎、网络安全、提高计算机性能、多媒体播放、使用 App 等信息技术应用技能。各项技能及辅助工具建议如表 11-4 所示。

表 11-4　公务员应掌握的信息技术应用技能及辅助工具建议

技能名称	辅助工具建议
上网	浏览器：Internet Explorer 即时通信软件：QQ、微博、微信 下载工具：迅雷
收发电子邮件	邮箱申请：网易、新浪、搜狐等免费邮箱 邮箱客户端软件：Foxmail
日常办公	文字处理：Microsoft Office 系列（包括 Word、PowerPoint、Excel） 阅读软件：Adobe Reader
外文翻译	金山词霸、百度翻译、谷歌翻译
地图查询	百度地图、谷歌地图
搜索引擎	百度、谷歌、雅虎
网络安全	杀毒软件：卡巴斯基、瑞星、360 安全卫士
提高电脑性能	超级兔子，Windows 自带的磁盘清理、磁盘碎片整理工具
多媒体播放	Windows Media Player、Realplayer
手机 App	国务院网站 App、《人民日报》App

各级政府官员应掌握电子政务的基础知识，了解电子政务方面的政策法规、发展趋势，了解国内外与本部门、本地区发展相关的电子政务建设的好经验、好做法。

11.5 标准规范

近年来，中国电子政务已经取得巨大成就，但仍存在一个不容忽视的问题：标准化工作严重滞后。统一标准是互联互通、信息共享、业务协同的基础。国内外信息化的实践证明，信息化建设必须有标准化的支持，尤其要发挥标准化的导向作用，以确保其技术上的协调一致和整体效能的实现。因此，建立电子政务标准规范体系是电子政务建设和发展的基础性工作。

电子政务标准规范体系包括总体标准、业务标准、应用支撑标准、信息安全标准、网络基础设施标准、管理标准等。

（1）总体标准。

包括电子政务总体性、框架性、基础性的标准和规范。它又可分为电子政务总体框架、电子政务术语、电子政务中文信息处理和其他电子政务综合标准。

（2）业务标准。

包括各种电子政务应用标准，主要有数据元、代码、电子公文格式和流程控制等标准。它又可分为电子政务基础数据、电子政务文件与单证格式和电子政务业务流程，其中电子政务基础数据包含了电子政务数据元和电子政务代码标准。

（3）应用支撑标准。

包括为各种电子政务应用提供支撑和服务的标准，主要有信息交换平台、电子公文交换、电子记录管理、日志管理和数据库等方面的标准。

（4）信息安全标准。

包括电子政务信息安全基础标准、电子政务物理安全标准、电子政务物理环境和保障、电子政务信息安全产品、电子政务系统与网络标准、电子政务应用与工程标准和电子政务管理标准。具体包括为电子政务提供安全服务所需的各类标准，主要有安全级别管理、身份鉴别、访问控制管理、加密算法、数字签名和公钥基础设施等标准。

（5）网络基础设施标准。

包括电子政务建设规范和电子政务网络管理规范。具体包括为电子政务提供基础通信平台的标准，主要有基础通信平台工程建设、网络互联互通等标准。

（6）管理标准。

包括电子政务软件工程、电子政务验收与监理、电子政务系统测试和评估，以及电子政务信息资源评价体系。具体包括为确保电子政务工程建设质量所需的有关标准，主要有电子政务工程验收和信息化工程监理等工程建设管理方面的标准。

目前，我国已经出台的电子政务国家标准包括《电子政务主题词表编制规则》（GB/T 19486—2004）、《电子政务业务流程设计方法　通用规范》（GB/T 19487—2004）、《电子政务数据元》(GB/T 19488.1—2004、GB/T 19488.2—2008)、《XML在电子政务中的应用指南》(GB/Z 19669—2005)、《国家电子政务网络技术和运行管理规范》(GB/T 21061—2007)、《电子政务系统总体设计要求》(GB/T 21064—2007)、《信息安全技术 基于互联网电子政务信息安全实施指南》(GB/Z 24294—2009)、《电子政务术语》(GB/T 25647—2010)、《电子政务标准化指南》(GB/T 30850.1—2014、GB/T 30850.2—2014、GB/T 30850.3—2014、GB/T 30850.5—2014)。

电子政务标准的制定应遵循“急用先行、成熟先上、科学先进、切实可行”的原则。标准的研究制定要采取开放的方式进行，积极调动IT厂商的积极性，充分发挥各方面的优势，有效利用现有标准化研究和实践的成果。要重点制定电子政务信息共享和业务协同、网站群、“智慧政府”等方面的标准规范，逐步建立标准符合性测试环境。

本章小结

本章介绍了国内外电子政务的组织机构，对如何完善电子政务组织机构体系提出了一些建议；阐述了国内外电子政务政策法规；分析了电子政务资金及其管理制度，论述了几种电子政务项目融资模式；提出了政府CIO制度建设、政府CIO培养方法和针对公务员开展电子政务培训的方法；研究了电子政务标准体系，介绍了电子政务标准规范情况，提出了一些建立和完善电子政务标准规范体系的建议。

关键术语

OMB　电子大臣　电子特使　IDA　《电子政府法案》　项目融资　CIO　CDO　BOT　BOO　PPP

复习思考题

1. 如何建立适应中国政治制度的电子政务组织管理机构？
2. 如何建立有效的电子政务投融资体系？
3. 如何建立适合中国国情的政府CIO制度？
4. 如何针对公务员开展电子政务培训？
5. 如何建立和完善电子政务标准规范体系？

第12章

城市管理信息化

21世纪中国的城镇化是世界城市发展的焦点之一。中国城镇化率由1978年的17.9%提高到2016年的57.35%。截至2015年底，全国建制市达到656个，其中全国地级及以上城市295个。党的十八大提出要“促进工业化、信息化、城镇化、农业现代化同步发展”。在城镇化快速发展的今天，利用信息化手段加强城市管理显得非常重要。

重点问题

- 什么是城市管理？
- 空间信息技术在城市管理中有哪些应用？
- 如何利用信息化手段进行城市应急管理？
- 数字城管系统包括哪些内容？
- 如何利用信息化手段进行城市地下空间管理？
- 如何利用信息化手段进行城市流动人口管理？

12.1 城市管理概述

城市管理思想源远流长。可以说，城市开始产生和出现之时，城市管理思想就已萌发。美国城市管理学发展得比较早，根据统计资料，美国2007年时已有4%的高级官员拥有城市管理学位（MUA），他们都担任很重要的城市管理职务。

改革开放以来，随着市场经济体制的逐步确立和开放水平的不断提高，中国城市管理实践日益深入，城市管理思想不断突破计划经济思想的窠臼，在各个方面都取得了很大进展。1987 年 7 月，全国首届城市管理学术研讨会在南京市举行，会后出版了论文集《城市管理初探》。2002 年 10 月，以“中国城市管理与经营”为主题的中国城市经济学会学科建设专业委员会年会在北京召开。会上，饶会林教授提出了城市管理五大职能：导引、规范、治理、服务、经营。

从管理范围来看，城市管理有广义和狭义之分。广义的城市管理是指城市政府对城市行政辖区内一切人、事、物的管理。狭义的城市管理是指对城市基础性功能设施和公共空间的管理，以维护城市的健康正常运转和良好秩序，也就是通常所说的“城管”。本书采用的是广义的城市管理概念。

从管理状态来看，城市管理分为常态管理和应急管理。常态管理是指城市各项基础功能设施正常运转，城市公共空间秩序良好，城市各项政治、经济、文化活动正常开展状态下的管理。应急管理是指当城市遇到突发性公共事件（如自然灾害、疫情、群体性事件等）时需要的管理。

城市管理涉及的范围很广，内容庞杂，凡涉及城市生活的内容都应当包含其中，主要有城市基础设施的运营、城市环境的改善、城市秩序的维护、城市风貌的展现等。可见，城市管理是既管物件，又管事件，还管人的行为及其活动。把城市管理局限于物件的管理是片面的，离开了物件管理的城市管理也是不行的，前者犯了见物不见人的错误，后者又使城市管理成为空中楼阁。以物件管理为基础，以事件管理为中心，也就涵盖了人们的公共生活行为管理，这样才能囊括城市管理的全部内容和全部活动（张曙光，2008）。

随着影响现代城市发展的因素趋向综合性，城市运行中各种因素互相制约和综合影响，使得现代城市管理的内容将突破“小城管”的内容，不仅涉及市容环境、园林绿化、市政道路、公共交通、供水供气供热、路灯，还必须协调和管理城市规划、城市建设、国土资源、房地产开发、城市交通、林业水利、民政、环保、电力等许多部门。随着城市化进程的加快，未来城市管理内容的外延也将进一步扩大，凡是为经营城市或保证城市正常运行而提供服务或可能影响城市运行的部门和行业，比如公安、消防、工商、旅游、经济、商贸、文化、宣传、电信、邮政、无线通信等都可以看成是城市管理的范围和内容之一。

随着城市中的政治、经济、文化、社会、教育、服务等功能的不断增强，城市规划、建设、管理和服务要求的不断提高将引领现代信息技术在未来城市管理中更为广泛和深入地应用。从社会发展的角度来看，城市管理信息化是信息社会一种新的城市管理形态。

12.2　空间信息技术及其在城市管理中的应用

空间信息技术主要包括遥感技术、全球定位系统技术和地理信息系统技术，简称 3S 技术。与其他信息技术相比，空间信息技术的一个显著特点就是空间可视化，即能够把经济、社会等领域的非空间信息与地理位置等空间信息叠加显示，使人们非常直观地认识事物。

12.2.1 遥感技术及其在城市管理中的应用

遥感就是通过探测地表物体对电磁波的反射及其发射的电磁波提取这些物体的信息，完成远距离识别物体。随着传感器技术、航空航天技术和数据通信技术的不断发展，遥感已进入一个能动态、快速、多平台、多时相、高分辨率地提供对地观测数据的新阶段。例如，可用6颗小卫星在2～3天内完成一次对地重复观测，可获得高于1米分辨率的成像光谱仪数据。

高分辨率的卫星影像通常是指像素的空间分辨率在10米以内的遥感影像。2016年11月，美国Digital Globe公司发射了名为WorldView-4的高分辨率遥感卫星，分辨率达0.31米，是目前全球最高分辨率的商业卫星。2013年4月，中国发射了“高分一号”卫星，最高空间分辨率为两米。2015年9月，中国发射了“高分九号”卫星，最高空间分辨率为1米。

目前，遥感技术在城市土地利用、环境污染监测、城市绿化管理、城市规划管理等许多领域得到广泛的应用。

（1）城市土地利用。

目前，我国城市土地利用情况变化很快，传统的土地利用调查资料不能及时准确地指导土地资源管理和应用。遥感技术既可在最短时间内得到新的地面现势性数据，又可长期获取稳定的地表覆盖数据流，为土地利用基础图件的更新提供了一条新途径。利用遥感技术，可以及时掌握城市土地利用的真实情况，强化城市土地管理。

国土资源部每年都会利用卫星遥感影像技术，拍下土地利用情况的影像图片。每一块面积超过0.3亩的新增建设用地，都可以清晰地显示在卫星图片上。国土执法人员通过核查每宗用地的报批手续，便可以认定该地区违法用地的宗数和规模。例如，1999年，国土资源部首次大范围运用卫星高分辨率遥感数据，并辅以航空摄影等其他手段，对66个50万以上人口城市该年度土地利用变化情况进行了监测，涉及土地面积10.71亿亩，其中耕地3.76亿亩。结果发现有8个城市土地多占少报，19宗土地未批先用，非法占用土地达2 800多亩。可见，遥感技术不仅能及时查处、制止土地违法行为，更重要的是对土地违法者和弄虚作假者起到了强大的震慑作用。图12－1为苏州西北郊高分辨率遥感影像。

图12－1 苏州西北郊高分辨率遥感影像

（2）环境污染监测。

遥感技术在环境污染监测方面的应用，具有监测范围广、速度快、成本低、便于长期动态监测等优点，是实现宏观、快速、连续、动态地监测城市环境污染的有效高新技术手段。遥感监测视野开阔，对大面积发生的水体扩散过程容易通览全貌，能观察出污染物的排放源、扩散方向、影响范围以及与清洁水混合稀释等信息，从而查明污染物的来龙去脉，为研究人员水样监测的布点提供依据。

清洁水体反射率比较低，水体对光有较强的吸收性能，而较强的分子散射性仅存在于光谱区较短的波段上。故在一般遥感影像上，水体表现为深色调，在红外波段上尤其明显。水中悬浮物微粒会对入射进水里的光发生散射和反射，增大了水体的反射率。悬浮物含量增加，水体反射率也变大。水体里浮游植物大量繁殖是水体富营养化的显著标志。由于浮游植物体内含的叶绿素对可见光和近红外光波段具有特殊的“陡坡效应”，因此那些浮游植物含量大的水体，兼有水体和植物的反射光谱特征。随着浮游植物含量的增高，其光谱曲线与绿色植物的反射光谱越来越相似。水体里污油浓度越高，散射光就越强。城市大量排放的工业废水和生活污水中带有许多有机物，它们在分解时耗去大量溶解氧，造成水体发黑发臭。在遥感影像上，这些水体的反射率都很低，呈现为深黑色条带状。研究表明，应用彩色红外影像监测水体污染状况效果最为理想。

水中的泥沙微粒是许多污染物强有力的吸附物。例如，重金属离子、农药和杀虫剂排放进入水体后大部分依附在悬浮泥沙上，所以在彩色红外图像上通过对悬浮泥沙的判读分析，可以追踪重金属等污染物的行迹。对于堆放在池塘边的垃圾对水环境的影响，可在彩色红外影像上看到因受到水浸泡而向水中扩散的黑色羽流。图 12－2 为太湖北部排污口高分辨率遥感影像。

图 12－2　太湖北部排污口高分辨率遥感影像

热红外扫描图像主要反映目标的热辐射信息，对监测工厂的热水排放造成的污染很有效。无论白天、黑夜，在热红外影像上，热水排放口的位置、排放热水的分布范围和扩散状态都十分明显，水温的差异在影像上也能识别出来。因而利用热红外遥感影像能有效地探测到水污染的排放源。

（3）城市绿化管理。

城市绿化的布局和结构如何？绿化的变迁情况如何？现有的绿化植物能产生多少环境

效益？此外，要改善城市的生态环境质量，需要种多少树？以怎样的结构来种？种在哪？当我们新建了许多绿地时，环境质量的改善程度如何？这些有关城市绿化管理和生态环境研究的问题都可以通过遥感技术及其相关研究来解决。

在彩红外遥感影像中，处于成长期的健康植物呈现出红色，植物越嫩，红色越鲜艳，枯萎和衰老的植物则呈现黄偏红的颜色。这样，处于不同生长期的植物就能被明显地区分出来。同时，城市中的植物和城市的水面、路面、建筑物顶面之间也有很明显的区别。水面主要呈现蓝色或绿色，路面多为灰色、青灰色或蓝黑色，建筑物的顶面多呈现青色、暗黄色或蓝黑色等，即便平时肉眼所见的红色屋顶，在彩红外影像中也呈现出黄绿色或暗黄色，很容易与植物区分开。有些平时肉眼所见的非植被绿色地面或屋顶，由于在近红外波段所反射的能量很小，所以在彩红外影像中不会呈现红色，而是紫色或其他颜色。

利用数字化航空遥感影像进行城市绿化调查，与人工实地量算相比，效率大为提高。根据实际经验，采用数字化影像进行绿化解译，单人单机即可独立负责一片区域，每天大约可完成 0.5 平方公里区域内的绿化解译和面积量算工作；而人工实地量算，一般 3 人为一个工作小组，要完成上述面积区域内的绿化量算工作，至少需要 3～4 个小组。调查区域内的绿化遥感信息经矢量化成图后，各个绿化单元的边界就被确定下来。将来绿化如果有增加和改造，只要在矢量图上将相应的部分进行修改，变化信息就会实时地在矢量图上反映出来，并能很快获得新的统计结果，从而实现绿化信息的快速更新。

（4）城市规划管理。

高分辨率遥感影像为城市规划提供了丰富的地表信息，采用分辨率为 1 米的卫星遥感数据可以清晰分辨地面城市规划布局的变化，与规划红线配合，可以很清晰地对违法建筑进行监控。

12.2.2 全球定位系统技术及其在城市管理中的应用

全球定位系统（GPS）是 20 世纪 70 年代由美国陆海空三军联合研制的新一代卫星定位系统，由地面控制、空间星座、用户装置三个部分构成，其主要目的是为陆、海、空三大领域提供实时、全天候和全球性的导航、定位、授时服务。目前，GPS 已广泛应用于工程测量、车辆导航、车辆监控、精确打击等领域。图 12－3 即反映了 GPS 应用于车辆导航的状态。

图 12－3　GPS 应用于车辆导航

由于 GPS 控制网具有高精度、全天候、控制点之间无须通视和数据处理简便的优点，布设高精度大型控制网十分方便和高效，因此，全国各大城市逐渐布设城市 GPS 控制网。北京、上海、天津、深圳、成都、郑州等大城市以及一些中小城市都布设了城市 GPS 控制网。以北京市为例，在市区布设了由 59 个主要控制点构成的 GPS 主控网（二等），在每个控制点附近又布设了一个方向点，由此构成 GPS 方向网（四等）以满足城市测绘的需要。在工程测量控制方面，城市轻轨 GPS 控制网、高速公路 GPS 控制网，还有一些工程的施工放样、放线、拨地、钉桩等工程的控制都是 GPS 控制点。

与 GPS 类似的有俄罗斯的卫星导航系统 GLONASS、欧盟的伽利略（Galileo）新一代卫星导航系统、中国的北斗卫星导航系统。俄罗斯的 GLONASS 正经历复兴计划，预计 2020 年部署完成。欧洲的 Galileo 正在部署验证系统，预计 2018 年部署完成。

阅读材料

北斗卫星导航系统

北斗卫星导航系统是中国着眼于国家安全和经济社会发展需要，自主建设、独立运行的卫星导航系统，是为全球用户提供全天候、全天时、高精度的定位、导航和授时服务的国家重要空间基础设施。2000 年，我国北斗卫星导航试验系统建成，使我国成为继美国、俄罗斯之后世界上第三个拥有自主卫星导航系统的国家。目前，我国建成了由 14 颗组网卫星和 32 个地面站天地协同组网运行的北斗二号系统，计划到 2020 年前后建成由 5 颗地球静止轨道卫星和 30 颗非地球静止轨道卫星组成的北斗三号系统，实现卫星组网从区域走向全球。在 2008 年北京奥运会、汶川抗震救灾、舟曲抗击泥石流灾害中，北斗系统发挥了重要作用。与目前市场上民用比较普遍的 GPS 相比，北斗系统不但有定位导航功能，还具备通信的功能。随着北斗系统建设和服务能力的发展，相关产品已广泛应用于交通运输、海洋渔业、水文监测、气象预报、测绘地理信息、森林防火、通信时统、电力调度、救灾减灾、应急搜救等领域。

资料来源：郭萌．北斗开启全球系统建设，点亮我们的生活．中国国防报，2017-09-27.

12.2.3　地理信息系统技术及其在城市管理中的应用

地理信息系统（GIS）与传统意义上的管理信息系统（MIS）的根本差异在于它不仅能够存储、分析和表达现实世界中各类对象的属性信息，而且能处理、表达事物之间地理空间分布状况的空间关系，从空间特征和属性特征两个方面对现实世界进行综合、分析、管理，方便地获取信息，满足应用和研究的需要，并将结果以图形或数字等各种手段直观地表达出来。图 12－4 为北京市中关村地区电子地图。

由于人类活动始终离不开其赖以生存的自然环境和人文环境，许多政治、经济、社会现象都与地理位置有关。因此，在政府事务中，一些部门，特别是管理和服务对象与地理分布密切相关的那些政府部门，如国土、建设、交通等，不可避免要涉及大量地理空间信息。

图 12-4 北京市中关村地区电子地图

2004 年 1 月，世界著名学术刊物《自然》刊登的文章“Map Opportunities”提出，地学技术（geotechnology）、纳米技术和生物技术是当今最为重要的、最具发展前景的三大技术。鉴于地理空间信息的重要性，美国专门成立了国家地理空间情报局（National Geospatial-Intelligence Agency，NGA），为美国政府和军队收集、分析、传递地理空间情报，以达到保护美国国家安全、维护美国全球利益的目的。美国还专门设立了地理信息主管（GIO）一职。

阅读材料

地理信息主管（GIO）

地理信息主管（geospatial information officer，GIO）是指负责地理信息相关事务的高级官员。2000 年，美国地质勘探局设立地理信息办公室及 GIO，直接对局长负责。之后，美国一些州也开始设立 GIO 职位，如 2005 年威斯康星州政府任命第一任 GIO。2006 年，美国管理和预算办公室要求国防部等 27 个联邦政府部门建立 GIO 制度，由 GIO 负责本部门的地理信息相关事务。

资料来源：王坤，刘耀林，刘艳芳，等. 浅谈地理信息主管（GIO）及其人才培养. 测绘通报，2008（4）.

归纳起来，GIS 融入电子政务有如下几种方式：

（1）独立应用。GIS 是个独立的专业应用系统，与其他电子政务系统分离。由于 GIS 专业性太强，因此它往往被限制在具体业务部门。

（2）松耦合。这种类型利用 GIS 的空间可视化优点和一定的空间分析功能，使政府管理和服务工作更加形象、直观。虽然从软件角度来说只有一个，但是地理空间信息平台与其他电子政务模块是分离的，空间数据与属性数据分开存储。例如，用电子地图展示城市某个区域宏观经济空间布局、某个地方的环境污染程度等。

（3）紧耦合。空间数据与属性数据存储在一起，GIS 与其他电子政务模块关联比较紧密。系统不只是具有距离量算、土方计算等通用的空间分析功能，更与专业数学模型结合起来提供非常专业的空间分析功能。例如，系统能够根据模型计算拆迁过程中涉及多少栋建筑、多少居民，需要赔偿多少钱，要准备多少辆推土机或货车，能够在多少天内完成，等等。

（4）无缝集成。GIS 不再是一个功能模块，而是完全融入电子政务系统。这种方式改变了以图层为基础的数据组织方式，把地理空间信息直接嵌入电子政务系统当中。

GIS 在城市地下管网管理、城市建设管理和城市水资源管理方面得到了广泛应用。

（1）城市地下管网管理。

地下管网是城市建设的重要内容和城市生存与发展的生命线，加强管网资料的管理对城市的安全和发展具有重大意义。当前我国城市化水平不断提高，基础建设发展迅速，在城市区域内已初步形成大规模的错综复杂的地下管网，有大量管网资料需要处理，但传统的手工制图，靠人工记忆和人工统计、分析的手工管理方式，效率低下。近年来，GIS 技术的发展和成熟为城市地下管网管理提供了有效手段。目前，一些城市已建立地下管网信息系统（见图 12－5）。

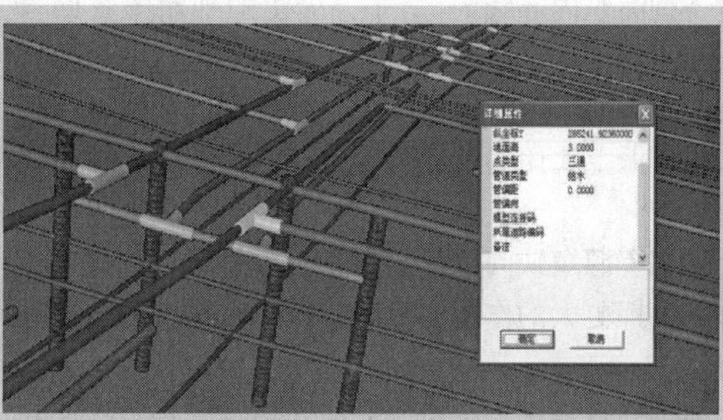

图 12－5　基于 GIS 的城市地下管网信息系统

阅读材料

石家庄市地下管网信息系统

2004 年 3 月，石家庄市地下管网信息系统建成。该系统将给排水、煤气、热力、电力、有线电视、电信、工业管道及市政公用管线和铁路、部队等专用管线的平面位置、埋深（高程）、走向等清楚地标示出来，同时将管道性质、规格、材质、建设时间和权属单位等管网信息资料储存起来，便于查询和调阅。系统还能根据用户需要，进行各种分析和统计，如按建设年代或建设单位对管线进行数量统计，对一段管线的横断面、纵断面进行放大分析、管线事故分析、管线水平垂直净距分析等。该系统还实现了对地下管网的动态管理，可随时将新采集的数据整理入库并成图，从而保证了信息的实时更新，彻底改变了以往管线每隔几年就需要花大量人力、物力、财力进行探查的状况。

资料来源：牟冬星，栾大奎．石家庄地下管网信息系统的建立和应用．城市勘测，2004（5）．

（2）城市建设管理。

2002 年 10 月，浦东新区建设管理地理信息系统建成，浦东新区的土地利用现状、规划设计和景观设计等资料尽在其中。该系统收录了浦东新区建设管理、工程监督、建材管理等大量信息数据，可以检索、查询、统计、分析浦东新区建筑工程的分布、项目报建、工程监督、建材管理和招投标等信息数据，如果需要进行交流汇报介绍，随时都能拿出最新最全面的资料。

该系统配合航拍图片、现状照片、录像等，可查询到详细的动拆迁量数据，用地情况，地形图，公交线路和建筑物分布，人口结构和各项人口数据，该地段及周边的学校、医院、银行、邮政、商场、酒店宾馆等社会公共设施的分布，等等。通过规划的三维动态模拟，某一地块的开发成本、升值潜力、配套情况等一目了然。

该系统可以浏览、查询、统计、分析和输出市与新区两级政府在浦东新区新建、续建的重大工程的分布情况、施工单位的资质情况、项目建设的进度情况、投资情况等详细信息，详细到可以查出各个项目的工程性质、占地面积、动迁信息、项目进度、项目投资以及项目设计、建设、监理、施工单位等信息。

此外，可以随时查询浦东内环线内 32 平方公里的地籍图数据，了解土地的出卖、转让、性质变更、界限变更等信息，还能将任意比例尺的地籍图打印输出。房产管理地理信息系统收录了内环线内所有的小区、房产物业和建筑物等数据，在进行房地产权籍的调查与数据规范整理工作中可派上大用场。

(3) 城市水资源管理。

当前许多城市面临水资源短缺问题，这对水资源管理工作提出了新的要求。水资源管理工作必须在新形势下发挥更大的作用，为防汛抗旱和水资源合理利用提供更加及时、准确的水资源现状信息。

城市水资源管理地理信息系统是一个以实时水资源管理数据库和历史水资源管理数据库为基础的，具有水资源管理信息采集、处理、检索、分析、发布等功能的水资源管理综合业务服务系统。它通过直观的方式为用户提供各种信息查询、空间分析、报表输出等服务，增强水资源管理分析和预测能力，提高城市水资源管理水平。

12.3 城市应急管理信息化

目前，中国城市化正处于加速阶段，城市化率越来越高。然而，中国城市安全形势依然十分严峻。中国是自然灾害多发国家，据统计，位于地震烈度大于或等于 7 度地区的城市占 45%，大江大河中下游地区有 800 多个市县处于洪水水位以下，每年过境台风对东南沿海经济发达城市造成了巨大损失。报纸上披露的工业事故、交通事故、水污染事件，以及 SARS、禽流感等传染病疫情，对人们的健康构成了严重威胁。中国正处于转型时期，社会矛盾突出，群体性事件时有发生。城市人口集中、财富集中，一旦发生自然灾害、工业事故、重大疫情、群体性事件等，后果将不堪设想。据调查，城市安全是最让市长们睡不好觉的事情。

城市安全管理是城市管理的重要内容。在信息时代，保障城市安全离不开信息化手段。大力开展应急信息化建设，提高政府应对突发性公共事件的能力，减少人民生命和财产损失，维护社会稳定，是构建“和谐城市”的必然要求。

12.3.1　城市应急联动系统

城市应急联动系统是通过将公安、交通、通信、急救、电力、水利、地震、人民防空、市政管理等政府部门纳入一个统一的指挥调度系统，处理城市特殊、突发、紧急事件和向公众提供社会紧急救助服务的信息系统，从而实现跨地区、跨部门、跨警种之间的统一指挥、快速反应、统一应急、联合行动，为城市安全提供强有力的保障。

城市应急联动系统使得市民的任何报警、求助只需拨打同一个号码，不再需要记忆诸多特服号码，缩短了报警时间，大大方便了市民报警，并有利于使市民得到及时的救助和相应的服务。城市应急联动系统可使接警和处警都更加准确和快速，为警力的快速反应提供有力的保障，从而大大提高城市对突发、应急、特殊和灾难性事件的快速反应能力，在加大对犯罪的打击力度、维持社会秩序、缩短对市民求助的反应时间、保护生命财产等方面都将起到十分重要的作用。城市应急联动系统也打破了现有多个指挥中心间的数字鸿沟，使离散的数据库和信息资源得以互联和共享，发挥更大的作用；由于采用了统一的指挥调度系统，不同部门、不同警区和不同警种之间得以互通、配合，使统一指挥、协调作战成为可能，真正实现了社会服务联合行动。

国内城市应急联动系统可以划分为集权模式、授权模式、代理模式、协同模式四种类型（文卫东，2004）。

集权模式是指整合政府和社会所有的应急资源，成立专门的应急联动中心，由该部门代表政府全权行使应急联动指挥大权。例如，南宁市城市应急联动指挥中心系统采用了统一的管理体制和专门的部门，有利于统一指挥、信息共享、资源共享，有利于实现快速反应、精确指挥。这种模式采用一级接警，统一了所有的报警信息入口，减少了指挥层次，使指挥效率大大提高。但由于该模式几乎重构了城市应急体制，因而建设难度大，投资也大。

授权模式是指政府利用现有的应急指挥基础，根据城市应急联动的要求，通过局部的体制调整，授权应急基础比较好的某一部门，在该部门的牵头下，政府相关应急部门联动办公、联合行动，从而快速构建城市应急联动系统。广州、上海等大城市都采取了这种模式。一般来说，牵头部门通常是公安 110 指挥中心，即政府将应急联动的指挥权授予公安，以公安处警为核心，协同其他联动部门共同处警。

代理模式是指政府成立统一的接警中心或呼叫中心，负责接听城市的应急呼叫，根据呼叫的性质，将接警记录分配给一个或多个部门去处理，并根据各部门处理情况反馈报警人。北京就采取这种模式。这是一种过渡模式，还不是真正意义上的应急联动，但向城市提供了统一的紧急呼叫入口，方便了紧急情况下市民进行呼救。

协同模式是指多个不同类型、不同层次的指挥中心和执行机构通过网络组合在一起，按照约定的流程，分工协作、联合指挥、联合行动，如扬州城市应急联动系统。一般由一个政府指挥中心、多个部门指挥中心和更多个基层远程协同终端构成。在现有的政府行政联动基础上增加网络化电子协作与指挥平台，从而将应急指挥融入政府运作体系之中，体现了群策群力的指挥理念。协同模式不需要触动现有行政体制，不需要额外编制，建设难度小、投资少、见效快。

上述四种模式的比较见表 12-1。

表 12-1　国内城市应急联动系统四大模式

模式	含义	优点	缺点	实例
集权模式	整合政府和社会所有的应急资源，成立专门的应急联动中心，由该部门代表政府全权行使应急联动指挥大权	专业化程度高、效率高	需要进行管理体制调整，指挥中心负荷重	南宁
授权模式	授权应急基础比较好的某一部门（如公安）牵头相关应急部门联动办公、联合行动	比较经济	其他部门积极性不高，难以应对专业性强的突发事件	广州、上海
代理模式	成立统一的接警中心或呼叫中心，负责接听城市的应急呼叫，根据呼叫的性质，将接警记录分配给一个或多个部门去处理，并根据各部门处理情况反馈报警人	统一接听	在处理跨部门突发事件时难以形成统一的指挥核心	北京
协同模式	多个不同类型、不同层次的指挥中心和执行机构通过网络组合在一起，按照约定的流程，分工协作、联合指挥、联合行动	不触动现有行政体制，不需要额外编制，建设难度小、投资少、见效快	协同效率较低	扬州

12.3.2　典型案例：南宁城市应急联动系统

2001 年 11 月，总投资约 1.7 亿元的南宁城市应急联动系统投入试运行。该系统应用 C4I（指挥、控制、通信、计算机、信息）集成技术，将公安 110、消防 119、医疗急救 120、交警 122 等接处警调度系统，12345 市长公开电话，防洪、护林防火、防震、防空以及水、电、气等公共事业的应急救助纳入统一的指挥调度系统，共享各种资源，实现跨部门、跨警区以及不同警种之间的统一指挥协调，向公众提供便捷的紧急救助服务。南宁城市应急联动中心工作场景如图 12-6 所示。

图 12-6　南宁城市应急联动中心工作场景

南宁城市应急联动系统由计算机骨干网络系统、数据库、计算机辅助调度系统、地理信息系统、无线调度通信系统、无线移动数据传输系统及应用软件、有线通信系统、车辆定位系统、图像监控及大屏幕显示系统、语音记录子系统、卫星现场图像实时传送子系统、联动中心安全系统、无人值守机房集中监控系统、其他相关配套系统和市长公开电话网络系统共 15 个子系统构成。

南宁城市应急联动系统覆盖南宁市区和所辖两县共 10 029 平方公里范围，日接警量在 2 000 次以上，在计算机辅助下，24 小时受理市民的报警与求助电话。系统可对现场的公安、交警、消防和救护等资源进行指挥控制，帮助处警调度员选择最佳的资源，对事件做出最快速的反应；可在重大紧急事件发生期间由市领导在应急中心召集政府各部门领导人对事件的处理进行特别调度指挥；通过无线调度通信系统可与现场人员进行语音、资料、图像的双向传送；可观察、记录或干预南宁市重要路口车辆交通情况；车载无线集群通信移动基站可以作为临时的现场指挥中心，并为个别无线集群通信的盲区提供现场应急指挥通信，由卫星现场图像实时传送系统（VSAT）将紧急重大事件现场图像实时传送到应急联动中心；强大的数据库查询功能和无线数据传输终端使现场操作人员和中心指挥调度人员既可在联动中心又可在执行任务的车辆中调用各种资料信息；车辆定位系统（全球卫星定位系统 GPS）具有在电子地图上直接查看公安、交警、消防、急救等执行任务车辆精确位置的能力；在接警和处警时，与报警、处警事件相关的全部语音及资料信息都被记录存储，供未来检索查询。

南宁城市应急联动系统的建成大大提高了南宁市接警和处警的快速反应能力，为市民排忧解难，是保护和减少国家及人民生命财产损失的一项重大举措。

在系统建立之前，南宁市 4 个应急电话（110、119、120、122）的接警处警能力相当低，每天接听报警求助电话不到 1 000 个；电话难拨打，群众无法得到及时救助。应急系统启动后，每天接听报警求助电话高达 6 000 多个，最多时达 7 000 多个，系统处理能力提高 6 倍以上，最大限度地满足了百姓的报警求助需要。

然而，基于模拟集群技术的南宁城市应急联动系统，经过十年发展，面对新时期的应急联动需求，已经显现出力不从心的问题。2010 年底，南宁市政府正式开始应急联动系统升级工作，主要内容是扩大数字集群网络覆盖范围。

阅读材料

美国 911 紧急救助系统

在 911 电话开通前，警察、消防和医疗急救部门有不同的特服电话号码和独立的指挥、通信系统，公众在报警或求助时，须拨打不同电话。1967 年，美国国会立法规定 911 作为国家报警和求助特服电话，改变了多个特服号码共存的状况，911 中心也成为紧急事件的接警单位和指挥部门。

美国现有 2.2 万个 911 中心，多数设在警察局，少数是独立政府部门。911 中心以警方接处警平台为主，配备消防、医疗及公用事业处理平台，各部门派员 24 小时值班。

接到报警、求助电话后，按照刑事案件、火灾、交通事故、医疗急救等性质分别转到相关部门处理。目前，911 中心已经形成比较完善的工作运行机制，拥有科技含量很高的装备设施和经过严格培训素质较高的接处警队伍，在处置紧急事件、救助群众、打击犯罪乃至维护社会稳定等方面发挥了十分重要的作用。

每个 911 中心接处警工作都配有先进的信息系统，可以指导接警人员如何接受报警，为接警人员设计具体、规范的询问内容提供向导，还可对报警情况的紧急程度自动分类，然后转到相关部门处理。属于警方管辖范围的，可按地区自动转到相对应的处警平台，并提供处警程序和相关信息以及电子地图。许多大城市的 911 中心还有自动翻译系统，芝加哥市 911 接警平台能自动翻译 144 种语言。

12.3.3 大数据时代的城市应急管理

为了使城市应急管理系统更好地发挥效用，应加强如下几个方面的工作：一是做好城市应急管理系统的数据支撑。数据是信息系统的“血液”，许多政府信息系统花巨资建成后成为摆设，其中很大一个原因是缺数据或数据更新不及时。“灭火找不到消防栓”屡见报端，就是消防人员没有掌握消防栓的地理位置数据。今后应进一步完善城市应急管理相关数据库，整合相关部门的数据资源。

二是理顺应急管理体制机制，实现应急管理 O2O。许多地方设立了应急办，但应急办与相关部门之间的协调机制还不完善，城市应急管理工作没有实现线上和线下的联动，使城市应急管理系统在实战中表现较差。今后每个城市都应确立一个适合自己的应急管理模式，加强部门联动，实现线上线下一体化。

三是物联网、云计算、移动互联网、大数据技术的集成应用。近年来，物联网、云计算、移动互联网、大数据等新一代信息技术快速发展，在城市应急管理领域具有广阔的应用前景。例如，物联网可以用于灾害监测，为城市应急管理系统采集实时数据；城市应急管理系统可以部署在云平台上；灾害预警信息可以短信群发，人们可以使用应急类 App 实时掌握突发公共安全事件进展；通过大数据分析，可以掌握突发公共安全事件发生和发展的规律，以便采取有效的防范措施。

目前城市应急管理主要存在如下几个误区：一是“重事后，轻事前”。许多城市都是在发生灾害或突发性公共事件之后才仓促应战，临时抱佛脚。实际上，如果做好前期准备工作，许多损失完全可以避免。例如，下雨前要充分利用天气预报信息，及早采取防范洪涝的措施；下雨时，要实时监测雨量数据，结合城市地形、经济社会数据、防洪设施种类和分布数据等，采取针对性的应急措施。

二是“重建设，轻运行”。城市应急管理系统建设往往需要大量的财政资金投入。一些城市应急管理系统花费巨资建成后，由于缺数据、缺运维经费、运行机制没有理顺等原因，过不了多长时间就闲置了。在面对灾害或突发性公共事件时，城市应急管理系统基本上发挥不了作用。

三是应急管理和信息化“两张皮”。目前许多城市都制定了针对各类灾害或突发性公共事件的应急预案，也建成了城市应急管理系统。但为何灾害或突发性公共事件一来，应急管理工作还是手忙脚乱、没有章法呢？其中很大一个原因是应急管理和信息化“两张皮”，没有实现线上和线下的联动。应急管理不是纯技术的工作，也不是纯管理的工作，而是“管理＋技术”，用信息流调配工作流、物资流、人员流。

要想提升城市应急联动的协同能力，首先是要“订规矩”，理顺应急管理体制机制。要明确市应急办、市政府相关部门的应急职责以及在每一类灾害或突发性公共事件应急工作中的具体任务。通过建立有效的部门之间沟通和协调机制，形成合力。现在我国虽然已经出台了《防震减灾法》《防洪法》《突发事件应对法》等，但这些法律都是粗线条的。每个城市需要根据实际情况，研究制定每类应急联动的具体方案和实施细则。

其次是要加强相关信息资源整合和共享。对于每一类灾害或突发性公共事件，在应急时都涉及不同的部门。市应急办需要掌握全市相关部门应急力量的情况，地震局、水利局、消防局等具体应急管理单位需要掌握其他相关部门的应急力量情况，包括社会上的应急力量，如自愿组织、慈善组织、专家、拥有应急装备的企业等。通过信息资源的整合和共享，以信息流来调配应急工作中的资金、物资、人员等。

在没有应急事件的时候，要做好基础性、准备性工作，防患于未然。例如，进一步采集和完善与应急有关的数据，使数据覆盖全面、更新及时、质量更好、精度更高。针对每一类自然灾害、事故或突发性公共事件，研究制订线上和线下联动方案，并进行必要的演练。

要对城市应急管理系统进行升级改造，增强功能，提高性能，提高用户界面的友好性。例如，增加数据挖掘、数据可视化等功能，组织开发相关 App。提高系统的可靠性，防止关键时候“掉链子”。采用云计算等技术，提高系统的数据处理能力，做到“争分夺秒”。

12.4　数字城管系统

12.4.1　数字城管系统建设现状

随着经济的快速发展和城市建设步伐的不断加快，社会各界对城市管理的期望越来越高，要求城市管理工作在运用常规管理方法和手段的基础上，不断适应新形势发展的需要，“数字城管”应运而生。

数字城管系统是指用信息化手段来采集、处理、分析和管理整个城市的所有城管部件和城管事件信息的信息系统。通过数字城管执法系统，城管执法人员可以对城管重点单位信息、销售摊点信息、非法建筑信息、违规人员信息和法律法规等进行迅速查询，随时随地获得城管业务信息的支持，特别是照片和相关图片的传输应用，这不但可以解决协查、堵截、搜查等一线城管人员现场执法问题，而且可以通过 GIS 为一线提供区域向导图，使执法人员能迅速地对区域内的现状做出判断，减少失误，提高工作效率。

2005—2008年，建设部在全国分三批共51个城市（城区）开展数字化城市管理新模式试点工作。北京市东城区建立了全国第一个数字城管系统。2005年7月，建设部印发了《关于推广北京市东城区数字化城市管理模式的意见》，提出搭建城市管理信息平台，采用“万米单元网格管理法”和“城市部件管理法”相结合的方式，实现城市管理的信息化、标准化、精细化、动态化，保证城市运行中出现的问题能够及时发现、及时处理、及时解决，逐步建立沟通快捷、分工明确、责任到位、反应快速、处置及时、运转高效的城市管理和监督长效机制。2007年1月，建设部印发了《关于加快推进数字化城市管理试点工作的通知》，发布了第一、第二批数字化城市管理试点城市（区）名单。2007年4月，建设部发布了第三批数字化城市管理试点城市（区）名单（见表12-2）。

表12-2　建设部公布的三批数字化城市管理试点城市（区）名单

序号	省、自治区、直辖市	试点城市（区）		
		第一批	第二批	第三批
1	北京市	朝阳区		
2	天津市		河西区、大港区	
3	河北省		石家庄、邯郸	
4	山西省		长治、晋城	
5	黑龙江省			哈尔滨
6	辽宁省			沈阳市铁西区
7	吉林省			松原、白山、珲春
8	山东省	烟台	即墨	青岛、临沂
9	江苏省	扬州、南京鼓楼区	常州、无锡	昆山、张家港、吴江
10	上海市	长宁区、卢湾区		
11	安徽省			合肥、黄山、淮北、芜湖、铜陵
12	浙江省	杭州	嘉兴、台州、诸暨	
13	福建省			厦门
14	河南省		郑州	
15	湖北省	武汉		
16	湖南省			长沙
17	广东省	深圳		广州
18	广西壮族自治区		南宁	
19	海南省			海口
20	云南省		昆明、安宁	
21	四川省	成都		
22	重庆市		高新区	万州区
23	陕西省			宝鸡、兴平
24	甘肃省			白银市白银区
25	新疆维吾尔自治区			乌鲁木齐

阅读材料

杭州市城管委的“贴心城管”App

2014年4月，杭州市城管委推出了“贴心城管”App，具有“我来爆料”“找找车位”“机构分布”“城管动态”“便民公告”“便民服务”“找找公厕”“每日一题”等功能。如果市民发现路面塌陷、墙体坍塌、井盖丢失、渣土乱倒、水管爆裂等问题，都可以通过上传照片向城管委反映有关问题。工作人员会进行核实并落实解决。“贴心城管”App涵盖了杭州主城区1 000多个公共泊位、收费停车点，提供目的地搜索、泊位路径引导、泊位状态变动提示、泊位收藏等服务。为了提高市民参与积极性，市民首次注册、爆料、参与“每日一题”都有积分，这些积分可以兑换手机充值卡、电影券等礼品。

12.4.2　典型案例：珠海数字城管系统

2007年7月，珠海等五市被确定为广东省“数字城管”试点城市；2013年7月，珠海数字城管被市委市政府列为建设“智慧城市”的核心项目之一。

珠海市城市管理指挥中心于2014年1月完成重组，隶属于珠海市城市管理委员会，下设办公室、指挥室、监察室、建设技术室、财务装备室、政策法规室和巡查支队，现有192人，对六个区级指挥中心实行双重管理，负责珠海数字城管的建设、运行和管理，负责全市城市治理的指挥协调、应急处置和综合评价。

珠海“数字城管”是珠海唯一的全市性的、综合性的信息化平台，主要由一个中心、三大主轴、五支队伍构成。一个中心是指挥中心，三大主轴是指案件巡查、任务派遣和监督考核，五支队伍是指案件巡查、案件受理、案件派遣、监督检查、综合评价等五种岗位。

珠海“数字城管”项目由市城市管理指挥中心负责建设和运行，按“大城管”模式进行规划设计，总投资8 000多万元。目前已完成数字城管陆地全覆盖，每天受理案件量达到1 000宗左右，每月达3万宗以上。

珠海数字城管系统包括如下17个子系统：

（1）业务受理系统：把城市管理问题登记生成系统案件并派遣至城市管理责任单位处理，责任单位将处理情况以文字和图片的形式迅速反馈，经巡查员核实后自动记录存档。

（2）综合评价系统：对城市管理涉及的各个责任主体进行综合评价，并生成图形、报表等可视化的评价结果。

（3）车辆监控系统：对城市管理业务相关的执法车辆、养护车辆、泥头车辆等进行实时在线监测和管控。

（4）路灯监控系统：对路灯运行的情况（电力、电压、时段、位置等）进行实时监测和管控。

（5）视频监控系统：对公共场所、景区、主干道等关键节点进行多角度、全天候的可视化监测和管控。

（6）地下管网系统：对地下各种管线分布情况进行动态的监测和管控。

（7）全方位实时应急指挥系统：对城市“三防”及特殊、突发、紧急事件进行应急指挥。

（8）审批查询系统：对城市管理事项的审批结果进行实时查询。

（9）全民参与系统：市民通过该系统参与城市管理，提出问题和建议。

（10）掌上办公系统：各城市管理责任单位通过掌上办公系统接收数字城管案件指令，处理案件并反馈处理结果。

（11）决策分析系统：对数字城管案件数据进行分析、提出问题和建议，提供决策参考。

（12）移动督办系统：通过无线网络全面了解城市管理运行情况，并随时对重大问题下达督办指令。

（13）数据共享系统：用于部门之间城市管理数据资源共享与交换。

（14）CA 系统：用于在网络通信中识别通信各方的身份信息。

（15）巡查员管理系统：对巡查员进行实时监测和管控的系统。

（16）后台管理系统：用于数字城管系统的后台管理。

（17）办公自动化系统：用于数字城管内部无纸化办公。

珠海数字城管具有以下八大亮点：

（1）在全国率先构建了“大城管”格局。珠海数字城管组建了一个相对独立的城市管理指挥中枢，打造了先进的数字城管系统，实现了城市管理业务全覆盖，开通了权威刚性的综合评价。在全国地级以上城市中，只有珠海具备了以上构建大城管的四个必要条件。截至 2014 年 12 月，数字城管业务已延伸到全市 68 家城市管理相关责任单位。

（2）在全国率先实行“三三制”的科学运行模式。珠海数字城管在运行机制上实行了三个统一和三个分级的运行模式。三个统一是指市一级指挥中心对数字城管案件实行“统一巡查、统一受理、统一核实”的工作方式；三个分级是指“分级管理、分级派遣和分级评价”，区一级指挥中心负责辖区案件派遣，并对区级城市管理责任单位和镇（街）进行综合评价。通过实行“三三制”管理模式，市区两级指挥平台分工明晰，运转顺畅，工作高效。

（3）数字城管独立运行，成为专业的裁判员。珠海数字城管重组后，市城市管理指挥中心由职能部门内设的一个科室升格为具有独立法人资格的部门，利用信息通信技术手段对传统工作方式、方法进行改革创新，将城市管理的运动员和裁判员分离，改变了城市管理部门既是运动员又是裁判员两位一体的畸形体制。

（4）“城市管家”打通了“全民城管”的通道。珠海数字城管打造了“城市管家”系统，变“大家说城管”为“全民当城管”，把城市的管理权、监督权交还给广大市民，实现“你的城市你做主，我为市民当管家”。市民反映城市管治的任何问题和提出建议，都可以通过下载的终端软件上传到数字城管进行处理，并可查询到问题和建议处理的过程及结果，通过信息化提高广大市民参与城市管治的积极性。2014 年，“城市管家”共举报案件 21 178 宗，占全部受理案件的 15.34%，结案率 87.26%。

(5) 在全国率先实现最广泛的数字城管功能全覆盖。珠海数字城管功能全覆盖包括以下四个领域：一是将数字城管业务终端覆盖到建设（规划）、国土、环保、市政园林、水务、交通、公路、交警和城管等审批、养护、执法三类 9 个城市管理主要职能部门；二是覆盖到工商、消防、三防、人防、公安、民政、文体、旅游等 8 家城市管理相关部门，且历史性地扩展到了珠海警备区；三是覆盖到城建、交通、公交、水务、市场、燃气等 6 家市属企业和南方电力、有线电视、电信、移动、联通、邮政等 6 家城市管理相关央企；四是覆盖到全市 6 个区 21 个镇（街道），主要负责兜底管理那些一时找不到主的“城市家具”。这样，数字城管业务实现了“纵向到底、横向到边”的全覆盖目标，确保所有城市管理方面的案件都能找到责任单位，确保所有任务都能派得出。

(6) 在全国率先开展权威刚性的综合评价。珠海数字城管通过制度性安排在全国率先开展权威刚性的综合评价，确保所有问题都能及时解决。珠海数字城管综合评价系统与珠海市纪委（监察局）效能监察联网，对各区（经济功能区）和城市管理责任单位开展量化、客观和科学的月度、年度绩效评价，并将结果通过媒体定期向社会公布，科学履行城市管理裁判员的职责。

(7) 在全省率先建成了地下管网系统。珠海数字城管在全省率先建成了主城区地下管网子系统，包括了通信、电力、燃气、供水、排水、电视等六大类管线。该系统能根据现有地下管网数据，结合 GIS 地图显示地下管网的属性信息，如管道的类别、长度、材质、坡度、深度、坐标定位，各类管线泵站、检查井、阀门等附件设施，还有管线的保养状况和预警提醒等情况。

(8) 在全国率先实现全方位实时应急指挥。以往遇到突发事件时，指挥中心无法实时了解案发现场的实际情况，难以做出准确的分析判断、实时监控和有效指挥，只能被动地等待事后补救。针对以上问题，珠海数字城管利用先进的高新技术，开通了先进的全方位实时应急指挥系统，性能优越。

12.5　城市地下空间管理信息化

城市地下空间是指在城市地面以下修建的各类地下建筑物构成的空间。城市地下空间类型繁多、形态错综复杂，包括地下室、地下街、地下人行道、地下停车场、地下仓库、地铁、隧道、人民防空工程、地下管网等。每种类型又可以细分为多种子类型，例如，地下管网就包括自来水管道、燃气管道、雨水管道、污水管道、电缆、光缆等十多种。

利用地下空间是国际上城市发展的一个重要方向。国际大都市历来十分重视城市地下空间的开发利用。东京、纽约、巴黎等城市用几十年甚至上百年的时间构筑了一个以地铁、隧道为重要组成部分的地下空间网络，不仅缓解了人口增长带来的交通压力，保护了城市的历史文化景观，也带动了沿线经济活动的繁荣。日本是地下空间开发最发达的国家，其开发模式已从单体、浅层、零散式开发地下建筑阶段进入城市基础设施全面系统向地下化、深度化发展的阶段。欧美发达国家从城市地铁建设到大型地下综合体的开发，地下空间的开发利用在不断深入。

随着城市人口的不断膨胀、城区用地规模的不断扩大、地面交通流量的大幅增加，不少城市面临人口拥挤、土地紧张、交通拥堵、房屋价格飞涨等影响城市可持续发展的难题。实践证明，通过城市地下空间的有序开发，走“地表地下一体化”的城市化道路，是解决上述问题的有效途径。

在我国城市建设过程中，因对地下空间信息掌握不充分而造成地下空间建设工程预算大幅超标，工程施工中出现塌方、地下管线断裂等事故屡见不鲜。许多城市早期建设的地下管网已经出现老化、超负荷运行等现象，周围环境条件改变很容易导致管线破裂。据统计，全国每年因施工发生的地下管线事故造成的直接经济损失约 50 亿元，间接经济损失约 400 亿元。2005 年 1—11 月，北京全市共发生了 77 起由于市政施工不当而造成的水管爆裂事故，其中损失水量在数百吨以上的重大事故就有 13 起。例如，2005 年 11 月 29 日上午 8 点钟左右，在北京市朝阳区石佛营西里小区附近的十里堡路，几名工人在路边铺设燃气管道时，钻探杆不慎将深埋在地下约两米处的一根自来水主管道钻破，十里堡路被淹没了近 1 里路，路面水深达 40 厘米。

地下空间不是直观可见的，不是平面的，而是立体的。要管理城市地下空间，传统手工方式显然难以胜任。采用手工查找地下空间资料，效率太低。一旦遇到突发性公共事件（如火灾、恐怖袭击），现场有关地下空间的信息无法及时获取，必然给应急管理带来诸多不便。在应对突发性公共事件过程中，时间就是生命，时间就是金钱。高效率的应急处置工作，可以最大限度地挽回人民生命和财产损失。因此，必须利用信息化手段对城市地下空间进行管理。

北京超维创想信息技术有限公司（简称“超维创想”）是一家依托北京大学科研力量创办的高新技术企业。超维创想研发的城市地下空间三维规划管理信息系统及城市地质信息管理与服务系统技术先进、功能强大，在北京、天津和杭州等许多城市得到了应用。

12.5.1 城市地下空间三维规划管理信息系统

超维创想研制的城市地下空间三维规划管理信息系统集成了地质环境、地下综合管网、地下交通和地下构筑物等多元信息，兼容 AutoCAD、ArcGIS、MapGIS、3DMax 等多种数据格式，可以实现地上规划和地下空间规划业务的综合管理。该系统具有丰富的专业分析功能，如三维开挖模拟、三维缓冲区分析、三维切割等，适用于城市地下空间规划编制、地下空间规划业务管理、地下空间建设业务管理等领域，可以很好地满足规划、建设、市政、人防、国土、水务、电力、通信、燃气等多个部门对地下空间开发利用的实际需求。它充分考虑了地质环境因素，采用真三维地理信息系统（3D GIS）技术，集成了基础地质、工程地质、水文地质、环境地质等城市地质信息，使城市地下空间规划建立在科学的基础上。该系统具有如下功能：

（1）地下空间数据管理。

对系统所有使用的原始数据、中间过程数据及成果数据进行统一管理，实现数据入库、数据浏览、数据查询、数据更新、数据维护等功能。该系统将数据分为基础数据、现状数据、规划数据、纹理模型、政策法规资料、社会经济数据等 6 类。数据管理人员可以进行增、删、改、查等操作，普通用户只能进行查询、浏览操作。

（2）地质环境管理。

包括城市地质环境基本信息查看、三维模型构建、三维可视化展示、空间分析以及地质环境专业分析与评价等功能。

（3）地下管网规划管理。

包括城市供水、排水、电力、电信、燃气等地下综合管网现状和规划状况的信息查询、三维模型构建、三维可视化展示与空间分析和综合管网专业分析等功能。

（4）地下交通规划管理。

包括地铁、通道、隧道、地下停车场等地下交通设施的三维模型建构、三维可视化展示与空间分析，以及地下交通设施专业分析等功能。

（5）地下建筑规划管理。

包括地下室、地下商场、地下厂房、地下仓库等地下构（建）筑物的三维模型构建、三维可视化与空间分析，以及地下构建物专业分析等功能。

（6）综合管理。

包括地下空间建设项目信息查询、规划方案对比、辅助规划审批等。

超维创想开发的天津市滨海新区三维城市地下空间规划与管理信息系统紧密结合规划审批管理、规划设计编制、规划信息管理及城建档案管理等业务，满足了天津市滨海新区规划和国土资源管理局的地下空间规划管理需求，满足了渤海规划设计院的地下空间规划设计需求，满足了滨海新区规划地理信息中心的地下空间信息管理需求，满足了滨海新区城建档案馆的地下空间建设档案管理需求。

（1）辅助地下空间规划审批。

系统具有三维建模和可视化功能，能够辅助规划审批条件的审核。该系统实现了地质环境、地下管网、地下交通、地下建筑物三维模型的构建，并对模型进行三维可视化展现，业务人员可以更加直观、方便、深刻地理解自己所关注的审核对象，从而辅助规划指标和规划条件的审核。

系统具有强大的三维空间分析功能，能够辅助规划条件指标的比对分析规划和选址选线审批。该系统提供的三维缓冲区分析可用于分析周边的影响情况及空间位置情况，三维剖切、栅栏图功能可用于了解具体位置地质环境条件，地下隧道、地下通道、地下室等地下空间物体的剖面处的内部结构。

系统具有专业分析功能，并可以与相关标准规范比对，用于实际的审批工作。该系统紧密结合各业务提供各种专业分析功能，包括地质环境业务中的工程地质评价、水文地质评价和地球物理评价，综合管网业务中的交叉分析、净距分析、覆土分析、埋设顺序分析，地下建筑业务的计容分析、退线分析、承载力计算等，使业务人员能更科学地依据相应标准及规范开展审批工作，提高了其准确性、科学性。

（2）辅助地下空间规划设计编制。

系统具有多专题一体可视化功能，使规划设计人员方便、直观地了解设计区域整体情况。该系统可快捷、方便地查询工作区域多专题数据并以三维可视化的方式进行直观显示，方便规划设计人员直观了解设计区地质环境、地下管网、地下交通、地下建筑、地表及周边情况，让设计人员犹如身临其境，以更逼真地进行规划设计。

系统提供多种设计手段，可以辅助各类设计人员进行各阶段设计。该系统提供在三维场景中动态路由和建筑设计、CAD设计方案导入、3DS设计模型导入等多重方式进行规划设计，辅助规划编制和设计人员开展总规、控规、专项规划编制以及市政工程和建筑工程设计。

系统具有强大的空间分析和专业评价功能，可以辅助业务人员分析方案的合理性，为设计提供依据。该系统的空间分析包括空间位置冲突分析、三维影响范围分析、开挖剖切等；专业评价功能涉及各业务的专业分析，包括工程地质评价、水文地质评价、环境地质评价、地下管网专业分析、建筑土方量经济评价以及地下空间开发适宜性评价等功能，为业务人员分析规划编制和设计方案的合理性提供可靠依据。

（3）城市地下空间信息管理。

系统拓展了规划地理信息中心所管理数据的专业范围，不仅管理了规划业务相关的数据，还管理了地质环境、政策法规及其他数据，丰富了管理信息的内容，更加体现了规划地理信息中心信息服务的价值。

系统将天津市滨海新区城市地下空间三维规划管理信息系统所有使用的原始数据、中间过程数据及成果数据进行统一管理，提供了基础数据与专题业务数据的综合展示功能，与CAD、ArcGIS、MapGIS等多种格式的数据兼容。对于信息中心管理的数据更加直接，在出图业务中能查看相关的基础数据范围、专题数据与基础数据的关系；在数据整理、信息管理业务上，能利用多种渠道的数据。

系统实现了对业务应用系统的信息管理和维护，系统的体系结构既保证数据的安全不泄密，又实现了规划国土局内网信息的共享与服务，方便地下空间信息统一管理、统一服务、统一维护。

（4）地下空间城建档案管理。

系统将地质环境、综合管网、地下交通、地下建筑等相关的地下空间规划信息和建设信息成功入库、有效管理，丰富了城建档案资料库的内容。同时，随着地下空间资料入库的种类和内容的增多，该系统进一步拓展了城建档案馆的业务。

随着该系统在滨海新区城建档案馆的推广应用，滨海新区城建档案管理的工作更加方便、有效，该系统成为城建档案数据管理必不可少的工具。

系统数据分类合理、业务性强，方便档案馆业务人员进行档案检索和查阅。该系统将基础地理空间数据与地质环境、综合管网、地下交通和地下建筑等专题数据紧密结合、叠加展示，利用滨海新区地下空间“一张图”，使档案管理员能方便、有效地查询到所要档案与其他相关数据的空间位置及业务关系。

超维创想城市地下空间三维规划管理信息系统在天津市滨海新区地下空间选址评价、规划条件检查、规划方案三维展示、辅助审核、辅助验线等方面发挥了重要作用。通过该项目的实施，滨海新区规划和国土资源管理局建立了多重信息支持的城市地下空间规划管理系统，实现了地表空间与地下空间统一规划、统一管理，促进了城市地下空间开发利用。

12.5.2 城市地质信息管理与服务系统

超维创想城市地质信息管理与服务系统具有如下特点：

(1) 功能实用：紧扣城市地质立体调查实际需要，实现城市地质调查数据的采集、存储、管理与分析应用，能满足二维、二点五维和三维各种需求。

(2) 操作方便：面向地质行业应用，功能设置及操作流程均符合地质工程师的工作习惯。

(3) 技术先进：提供多种三维复杂地质模型生成方法；矢量/栅格一体化真三维数据结构，可更好地表达三维地质对象和地质现象（见图 12-7）；具备海量空间数据处理能力（大于 20GB）。

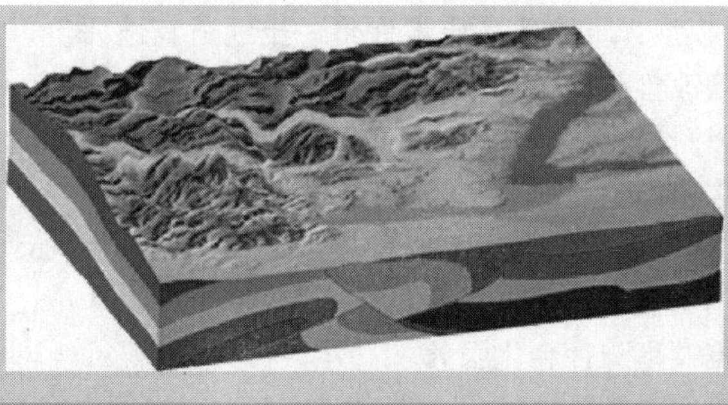

图 12-7 用计算机生成的含有断层、褶皱等复杂构造的地质体

超维创想城市地质信息管理与服务系统具有如下功能：

(1) 城市地质数据录入与管理。

超维创想城市地质信息管理与服务系统支持钻孔、剖面、物探、化探、地理数据、工程地质、水文地质等城市地质调查相关数据的管理；提供对 Excel、Access 存储格式属性数据的导入；支持多源矢量数据的导入与导出，包括 SHP、MIF、DXF、DWG 以及 MapGIS 的明码文件等格式文件；支持对属性数据、图形数据、图像数据的录入、编辑、汇总转换与更新维护；根据原始数据自动/半自动生成剖面；支持专业柱状图的自动生成；支持基于报表的数据统计、查询与输出。

(2) 城市地质数据分析与评价。

超维创想城市地质信息管理与服务系统主要包括以下两种数据模型：

1) 城市规划模型：包括地貌信息、地物信息、主要自然资源和环境信息、主要社会经济信息等，既包括城市规划专业模型，如垃圾掩埋场规划选址模型，又包括三维景观模型。

2) 三维地质模型：包括基岩地质、新生界地质、第四纪地质、工程地质、水文地质（见图 12-8）等分析评价模型。

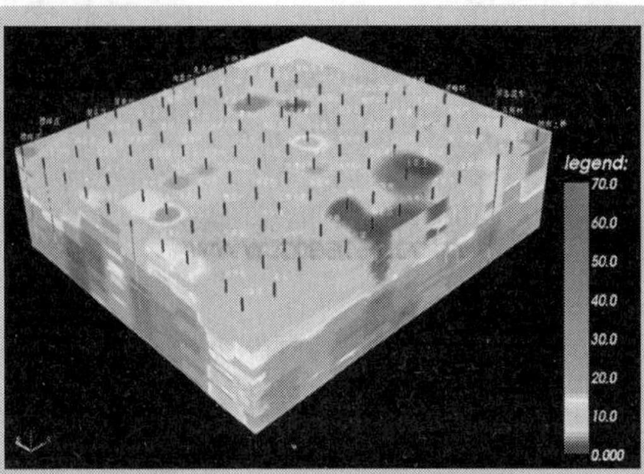

图 12-8　城市水文地质模型

超维创想城市地质信息管理与服务系统拥有以下四种城市地质数据分析评价模型：

1）地质灾害分析评价模型：对地质灾害危险性、发育强度、发展趋势、危险程度进行预测，评价分析国土重要程度、地下空间开发利用等。

2）土地分析评价模型：土壤环境质量评价，土地适宜性评价，城市不同用地类型的质量评述和区划，土壤改善与农作物分区，土地开发利用决策分析。

3）生态环境分析评价模型：城市生态环境评价，城市地质环境质量综合评价，城市环境指标分布，地下水质评价，地表水环境分析评价。

4）资源分析评价模型：包括地下水资源模型、地热资源量的计算模型、热流体储量计算模型、地表沉降损失土方量评价模型。

（3）城市地质数据共享与社会化服务。

根据不同用户要求实时生成柱状图、时序图、专项表格等内容，根据关键字、时间等条件对成果资料进行查询，客户端支持 HTMLViewer 类型的 GIS 浏览器，支持选点、圈闭范围的空间信息查询（见图 12-9），根据权限实现政府机构与社会公众的信息共享。

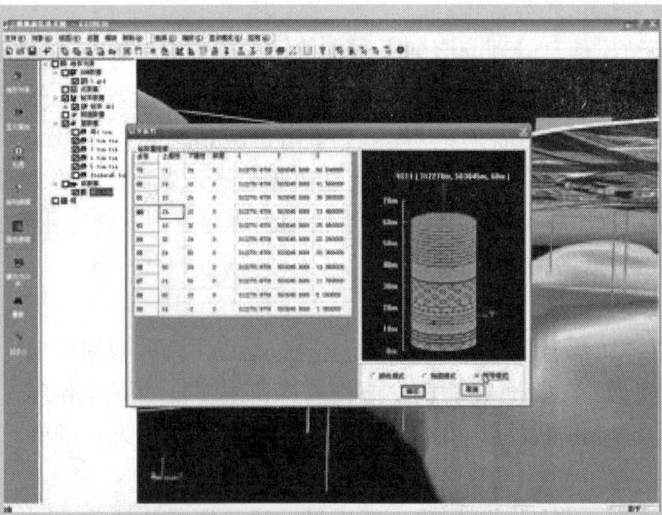

图 12-9　三维地质体空间信息查询

（4）系统管理与维护。

包括用户管理、用户权限管理、系统运行监控、系统使用情况统计分析等功能。

超维创想城市地质信息管理与服务系统可广泛用于城市建设规划与管理、城市水资源调查、城市地质灾害调查、城市地质旅游资源和地下古迹调查、城市生态环境地球化学调查、城市工程地质数据库建设、城市地质调查成果综合研究等城市地质工作领域。目前，该系统已在北京、天津、杭州、广州等城市得到成功应用。

12.6　城市流动人口管理信息化

从 1984 年国务院颁布《关于农民进入集镇落户问题的通知》开始，外来流动人口在城市的存量逐年上升。1997 年首次突破 1 亿人大关。根据国家卫生计生委发布的《中国流动人口发展报告（2015）》，2014 年末，我国流动人口达 2.53 亿。流动人口在为城市经济带来繁荣的同时，也带来了大量社会问题。加强流动人口管理，必须采用信息化手段。

深圳是全国流动人口最为集中的城市之一。常住人口和外来人口比例严重倒挂、各类新型刑事案件不断出现是深圳社会管理的难题。为有效破解这些难题，深圳市积极探索以“证、房、卡”管人的有效途径，不断创新流动人口服务管理工作。

1. 以证管人，服务促进管理

深圳市以居住证为抓手，建设了“1＋3＋N”信息化应用系统，把流动人口的就业登记、居住证申办、居住登记三个信息采集入口合为一体，使流动人口信息与劳动就业和房屋租赁信息挂钩，突出服务功能，构建了落地化、动态化、精细化的流动人口服务管理体系。

“1＋3＋N”信息化应用系统中的“1”是指市政府的电子政务信息交换平台；“3”是指居住证信息系统、就业登记信息系统和出租屋综管系统，分别由市公安局、市人力资源和社会保障局以及市流动人口和出租屋综管办管理；“N”是指拓展信息源和应用系统，包括公安机关重点人员管控、违法犯罪信息、网络矩阵社会信息、出入境信息等系统以及计生、教育、市场监督等部门的信息资源。通过“1”的平台，实现联网共享，系统掌握了办证人居住、就业、社保、计生、教育等 38 项基础信息，形成了“三合一”闭环式管理机制，流动人口信息与劳动就业和房屋租赁信息双挂钩，用工必须录入系统，就业才能长期租房，还设置了“休眠”和“激活”方式，确保信息动态准确。

2. 以房管人，创新管理模式

深圳市采取多种手段实现“以房管人”：一是实行房屋编码制度，按照一户一码、统一编号的原则，对全市所有房屋设定了唯一的房屋编码，共采集房屋信息、设定房屋编码 67 万栋 887 万个，完成率达 98%以上，并制作成电子地图，为“人屋对应”打实基础。二是实行出租屋分类管理制度，根据房屋用途、设施状况和人员居住情况，将出租屋划分为多种类型，明确监管主体和管理责任。由社区民警牵头组织，定期上门核查被划分为重点管理对象的出租屋。三是推行“旅业式”“物业式”“单位自管式”“散居包片式”“院区围合式”五种出租屋管理模式。目前，深圳市已建立“旅业式”管理小区1 087个、“物业式”小区2 278个、“单位自管式”小区2 292个，参与流动人口管理的社会辅助力量达4.6万余人；五种管理模式推广普及率高达80%以上，覆盖了千万流动人口，取得了较好效果，出租屋发案率持续下降，由2004年的3万多宗下降到2010年的2.06万宗。

3. 以卡管人，填补治安漏洞

为加强治安防范工作，深圳市在积极推进物业管理进社区的基础上，结合社会治安电子防控工程建设，实施了出租屋电子门禁卡管理措施，为每栋楼房分别安装一套门禁卡和视频监控系统，对出租屋和流动人口实行智能化管理，社区出租屋管理服务中心通过对租住人员实行“核准制”，严格控制居住人数和人员身份，一人一卡，凭卡出入，真正做到“来有登记、走有注销”。这种“单元”防控，在楼宇各单元入口安装“门禁卡＋视频监控”技防系统，有效地填补了治安管理漏洞。深圳市罗湖区已成功试点，在30个“城中村”的出租楼门口安装4 750套“视频门禁”系统，基本实现了零发案。面对“城中村”沉重的治安工作压力，深圳市治安部门把目光放在21万“电子眼”上。到2011年，深圳共有视频监控探头21万余个、监控室9 600余个、专职监控员1 600余人。2009年，深圳市警方利用“电子眼”发现线索5 880条，破获刑事案件3 112起，抓获嫌疑人4 223名。

阅读材料

广州市白云区出租屋管理系统

随着城市流动人口的增加，房屋租赁已成为城市的一种新兴产业，同时也带来了社会治安问题。广州市白云区通过建立出租屋管理系统对城市流动人口进行管理，取得了明显的成效。该系统具有以下三大功能：

一是信息管理。该模块实现出租屋、屋主和租户（外来人员）的信息录入及日常更新管理等功能。内容涵盖房屋基本信息、消防安全信息、产权信息、屋主信息、租户个人信息、租赁记录、纳税记录等各方面的信息。

二是查询报表。通过该模块，区、街镇、居委会在各自的权限范围内，可对已录入的各类信息进行综合查询。管理人员只要点击鼠标，“不符合消防安全出租屋”“未办理计生证人员”“未办理暂住证人员”等信息就会显示在计算机屏幕上。

三是信息发布与信息共享。各街镇外管中心能把出租屋管理中存在的问题通过平台公布给各有关职能部门处理。例如，将不符合消防安全规定的出租屋信息资料公布给区公安分局处理，将未办理计生证的外来人员信息资料公布给区计生局处理，等等。相应职能部门处理后，通过平台反馈给有关街镇。

2004年末，广州市白云区出租屋管理系统正式投入运行。随着出租屋流动人口基础数据的不断充实，该系统一方面有效地降低了社区治安管理人员对外来可疑人员的排查难度；另一方面提高了社区治安管理的效率，有利于促进形成平安和谐的社区治安环境。

本章小结

本章首先介绍了城市管理的内涵、范围以及城市管理学进展情况，分析了遥感技术、全球定位系统技术、地理信息系统技术等空间信息技术及其在城市管理中的应用。然后分析了城市安全问题，论述了城市应急联动系统，介绍了美国 911 紧急救助系统和南宁城市应急联动系统，提出了大数据时代开展城市应急管理的方法。接着介绍了数字城管系统建设现状和典型案例，指出了城市地下空间开发利用的迫切性，阐述了城市地下空间三维规划管理信息系统、城市地质信息管理与服务系统。最后介绍了城市流动人口问题，介绍了深圳市的流动人口管理和服务工作，剖析了广州市白云区出租屋管理系统。

关键术语

城市管理　城市管理学　应急管理　城市应急联动系统　大数据　数字城管　地下空间开发利用　流动人口

复习思考题

1. 什么是狭义的城市管理？什么是广义的城市管理？广义的城市管理包括哪些内容？
2. 遥感技术、全球定位系统技术、地理信息系统技术在城市管理中各有哪些应用？
3. 什么是城市应急联动系统？它有哪些建设模式？
4. 数字城管系统包括哪些建设内容？
5. 信息技术在城市地下空间开发利用中有哪些应用？
6. 如何利用信息化手段管理好城市流动人口？

第13章

电子政务与服务型政府建设

服务型政府是在国际上电子政务建设大潮出现之后才成为公共行政管理的理论热点和实践重点的。政府利用信息化手段整合公共服务资源，为企业和社会公众提供“一站式”服务，使政府对社会服务的质量和效率大幅提升。推行电子政务是中国政府建设服务型政府的必然要求，是保障和改善民生的重要手段。

重点问题

- 新公共服务理论的主要观点有哪些？
- 为什么说推行电子政务是打造服务型政府的重要手段？
- 如何开展行政服务中心信息化建设？
- 如何整合政府热线资源，建立政府呼叫中心？
- 如何利用信息化手段直通民意？
- 如何通过手机短信、微博、微信、电子邮件和自助终端机提供公共服务？

13.1 新公共服务理论

进入21世纪后，新公共管理理论在其风靡欧美等西方国家之际也遭到了来自多方面的质疑，有不少学者对作为其思想精髓的企业家政府理论提出了尖锐的批评。例如，福克斯在《作为后现代符号政治的政府再造》一文中就提出了新公共管理理论内在地存在着矛盾，沙赫特在《再造政府还是再造我们自己》一书中也对新公共管理理论所倡导的价值观提出异议，还有人提出新公共管理理论所倡导的公共企业家精神以及特里所谓的“新管理主义”很可能会损害诸如公平、正义、代表制和参与等民主价值。这些批评和意见从不同的侧面揭示了包括企业家政府理论在内的新公共管理理论的局限性。

新公共服务理论是美国著名公共行政学者登哈特夫妇基于对新公共管理理论的反思，特别是针对“企业家政府”缺陷的批判，提出的关于公共行政在以公民为中心的治理系统中所扮演的角色的一套理念：公共行政官员在其管理公共组织和执行公共政策时应该集中于承担为公民服务和向公民放权的职责，他们的工作重点既不应该是为政府航船“掌舵”，也不应该是为其“划桨”，而是应该建立一些明显具有完善整合力和回应力的公共机构。

由于新公共服务理论是在对新公共管理理论进行反思和批判的基础上提出与建立的，所以它更加关注民主价值和公共利益，更加适应现代公民社会的发展和公共管理实践的需要。与传统行政理论将政府置于中心位置而致力于改革完善政府本身不同，新公共服务理论将公民置于整个治理体系的中心，强调政府治理角色的转变，即服务而非掌舵。它推崇公共服务精神，旨在提升公共服务的尊严与价值，重视公民社会与公民身份，重视政府与社区、公民之间的对话沟通及合作共治。

阅读材料

新公共服务理论的七个基本观点

（1）服务于公民，而不是服务于顾客。公共利益是就共同利益进行对话的结果，而不是个人自身利益的聚集。因此，公务员不仅仅是要关注“顾客”的需求，更要着重关注公民并且在公民之间建立信任和合作关系。

（2）追求公共利益。公共行政官员必须促进建立一种集体的、共同的公共利益观念。这个目标不是要找到由个人选择驱动的快速解决问题的方案，而是要创立共同的利益和共同的责任。

（3）重视公民权胜过重视企业家精神。致力于为社会做出有益贡献的公务员和公民要比具有企业家精神的治理者能够更好地促进公共利益，因为后一种治理者的行为似乎表明公共资金就是他们自己的财产。

（4）思考要具有战略性，行动要具有民主性。满足公共需要的政策和项目可以通过集体努力和合作过程得到最有效并且最负责的实施。

（5）承认责任并不简单。公务员应该关注的不仅仅是市场，他们还应该关注法令和宪法、社区价值观、政治规范、职业标准以及公民利益。

（6）服务，而不是掌舵。对于公务员来说，越来越重要的是利用基于价值的共同领导来帮助公民明确表达和使他们的共同利益需求得到满足，而不是试图掌控社会新的发展方向。

（7）重视人，而不只是重视生产率。如果公共组织及其参与其中的网络是基于对所有人的尊重且通过合作和共同领导来运作的话，那么，从长远来看，它们就更有可能取得成功。

资料来源：登哈特，登哈特. 新公共服务：服务，而不是掌舵. 北京：中国人民大学出版社，2004：40-41.

新公共服务理论的第一个价值取向就是公民和公共利益导向。服务于公民，而不是顾客：公共利益是就共同利益进行对话的结果，而不是个人自身利益的聚集。因此，公务员不仅仅是要关心“顾客”的需求，更要着重关注公民并且在公民之间建立信任和合作关系。追求公共利益：公共行政官员必须促进建立一种集体的、共同的公共利益观念。新公共服务理论的第二个价值取向是公民权和民主导向。重视公民权胜过重视企业家精神：致力于为社会做出有益贡献的公务员和公民比具有企业家精神的管理者能够更好地促进公共利益。新公共服务理论的第三个价值取向是服务和以人为本导向。服务，而不是掌舵；重视人，而不只是重视生产效率。

可见，新公共服务理论是一种超越新公共管理的全新理念。第一，新公共服务理论纠正了新公共管理理论中的“经济人”假设，用“社会人”的假设来看待公民，认为公民都是具有良好品德的“社会人”。第二，新公共服务理论对新公共管理理论中的市场价值取向提出质疑，把公平、公正、民主和正义看作公共行政的重要价值取向。第三，新公共服务理论纠正了把公民当成“顾客”的倾向，认为应该对公民和社区团体之间的利益进行协商和协调，进而创建共同的价值观。第四，新公共服务理论认为新公共管理理论中的“管理主义”不能完全套用于公共部门，因为这样会对公共行政的“公共性”进而对公共管理本身造成极大的冲击。

新公共服务理论是公共行政研究从政府善治转向公共治理的标志。新公共服务理论对公共治理中的社会关系产生了深远的影响，为我国建设服务型政府提供了理论基础。

13.2 电子政务与服务型政府

13.2.1 服务型政府概述

刘熙瑞教授认为，服务型政府是在公民本位、社会本位理念指导下，在整个社会民主秩序的框架下，通过法定程序，按照公民意志组建起来的以为公民服务为宗旨并承担服务责任的政府。

2005年国务院《政府工作报告》首次明确提出“努力建设服务型政府”。《中共中央关于全面深化改革若干重大问题的决定》提出建设法治政府和服务型政府。

建设服务型政府，首先要创新行政管理体制。要优化政府组织结构，加强公共服务部门建设，推进以公共服务为主要内容的政府绩效评估和行政问责制度，完善公共服务监管体系，加快法治政府建设，全面推进依法行政，依法规范政府职能和行政行为。要按照全体人民学有所教、劳有所得、病有所医、老有所养、住有所居的要求，围绕逐步实现基本公共服务均等化的目标，创新公共服务体制，改进公共服务方式，加强公共服务设施建设，逐步形成惠及全民的基本公共服务体系。要加强对建设服务型政府的实践探索和理论研究，深入分析新情况新问题，及时总结实践经验，认真借鉴国外有益做法，促进服务型政府建设。

建设服务型政府，核心是转变政府职能，重点是提高办事效率，难点和突破口是行政审批制度改革。行政审批制度改革能否成功是衡量建设服务型政府工作成效的关键。建设服务型政府，提高办事效率，首先必须在深化行政审批制度改革上求突破。应根据完善社会主义市场经济体制的要求，按照适应市场经济发展原则、职权法定原则、简政放权原则，把应由企业决策的事情交给企业，能够通过市场解决的问题交给市场。对那些必须保留的行政审批事项，应界定审批内容，简化审批程序，健全审批制度，强化监督约束。

建设服务型政府，主要途径是以转变政府职能为核心，简化办事程序，提高办事效率，提供优质服务，实现管理型政府向服务型政府的转变。当前，政府在为社会提供各种服务的同时，要特别注意为企业提供优质服务，维护正常的、良好的市场秩序，实现优胜劣汰的市场机制。

建设服务型政府，一项重要内容就是强化政府的公共服务职能，向公众提供公共产品和服务，包括加强城乡公共设施建设，发展社会就业、社会保障服务和教育、科技、文化、卫生、体育等公共事业，发布公共信息等，为公众生活和参与社会经济、政治、文化活动提供保障和创造条件。

随着服务型政府建设的不断推进，中国共产党为人民服务的宗旨将更加职能化、制度化，“门难进、脸难看、事难办”的现象将越来越少，政府与老百姓的距离将越来越近，中国社会将越来越和谐。

13. 2. 2 电子政务在建设服务型政府中的重要作用

电子政务对于服务型政府构建的作用，集中表现在政府公共服务能力的提高上。电子政务使公众通过电子化的渠道，迅速获取政府信息与服务，使政府部门内部、政府部门之间以及政府与社会公众之间，通过电子化渠道进行沟通与互动，为政府满足公众需求提供服务管理平台。

电子政务提供了新的政府理念。以服务为目的、以公民为中心的电子政务的有效实施，可以为政府提供新的理念，即确立“以民为本”“社会为本”“权利为本”的政府理念，并积极引导政府组织机构的变革、权力分配的调整，把政府的组织形态，从传统的金字塔形的垂直结构，转变为权力分散的扁平网状结构，实现政府职能由控制型向服务型转变。

电子政务提供了全新的政府服务模式。随着电子政务技术的运用，要求政府创新服务模式，使政府的公共服务更快捷、更公平、更直接。同时，电子政务为政府服务模式的创新提供了技术与安全支撑，从而逐步形成了行为规范、运转协调、公正透明的政府服务模式。

电子政务提高了公共服务的质量和效益。通过电子政务来提高政府公共服务质量和效益，是世界各国加速推进电子政务的主要目的。电子政务通过采用网络化、数字化等技术手段，向全社会提供准确、全面、权威的信息资源，通过协同政务、一站式服务等，改造政府业务流程，通过建立和培育政府与社会公众之间的交流机制，有效实现信息资源的共享，减少公众与企业组织的办事程序，减少政府办公成本，促进社会的民主化，使公众获得及时满意的各种服务，大大提高政府公共服务的质量和效益（王艳，2009）。

13.3 行政服务中心与政府呼叫中心

13.3.1 行政服务中心

自1999年起，随着行政管理体制改革的逐步深入，许多地方设立了行政服务中心，将本地具有行政审批事项的政府部门的办事窗口全部集中于行政服务中心。通过行政服务中心，办事人员不再需要从一个政府部门跑到另外一个政府部门，在一个地方就可以跑完所有部门。在有的行政服务中心，不但可以办事、查询信息，还可以交费，极大地方便了市民。

行政服务中心建设是提高政府行政效率的必然要求。在很多情况下，一件政府事务的处理涉及多个部门。以前人们要挨个部门地去办理，光盖章就要盖几十个甚至上百个，人们办理一件普通的事务就要等上几天、几十天甚至几个月，有时由于错过时机而造成重大经济损失。例如注册一个企业，其经营范围是“加工卫生筷子”，则工商局核发其“工商营业执照”之前必须看到该企业的“卫生许可证”和“木材经营加工许可证”，前者由卫生局发放，后者则由农村经济发展局核发。按传统审批流程，该企业办事人员首先要到工商局登记注册，然后在工商局工作人员的指导下分别到卫生局和农村经济发展局办理相关审批项目，哪一天项目能审批、审批过程中是否需要补充材料等，企业都不知道，只好由专人负责与相关审批部门联系，如果审批人员不在或领导出差在外，则审批流程就会因此搁浅，而一个部门的拖后也会影响其他部门的办事效率。即使按照正常的流程审批，办事人员也需要多次穿梭于各审批部门之间，填表、送材料、改材料再送材料、交费、取证书、取批文等。前置部门审批后还要将相关证书、批文送到后置部门，然后，后置部门才开始进行项目的办理。如果政府能够提供“一站式服务”，多个政府部门进行协同办公，开展“协同政务”，就可以显著提高办事效率。

总的来说，行政服务中心建设要做好如下工作：

(1) 协调好各个业务主体的相互关系，使之形成良性互动。

行政审批业务涉及用户、受理门户服务人员、审批人员及监察部门和各级领导四个业务主体。其中，用户是项目的申请者和受益人，既是项目的起点，又是项目的终点，是对项目最关心的载体，也是政府服务的对象；受理门户服务人员是用户和审批人员的桥梁，肩负着上传下达、解惑答疑、政府门面的作用；审批人员在一定意义上是政府的代言人，是阳光行政的执行者；监察部门和各级领导是行政审批的监督人和决策者，审批的效率、公正性在这里体现。上述四个主体是相互关联、相互制约的，只有这四个节点都处于良性循环，才能说整个行政审批业务是规范的、合理的与良性的。

(2) 合理设计行政服务程序。

要运用管理科学，总结多年来在业务办文的实践中出现的问题和积累的经验，以合乎法律、法规、政策规定为前提，以提高办事效率为依归，对现行办事程序进行必要的调整，能省则省，能前移的程序要尽可能前移，能“并联”的就不要“串联”，并将可行的、有效的做法大胆推广，变成一种制度安排。其中并联办文是一种适应网络时代、打破部门界限的工作组环境，同时办理一份文件的经办人员通过网络形成一个工作组，工作组成员之间可以相互讨论问题，交流与该办文有关的信息，甚至可以相互监督。纸质文件在窗口收文后变成了电子文件，使并联办文在操作上变得简单易行。办事组要在办文案中确定可以并联的办文事项、并联启动的条件和时间、办理结果转交的科室等。要大幅削减协办事项，将一般的基于内部信息的查询性质的协办事项砍掉，最大限度地减少转文；对必须保留的协办事项，要将其使用的条件、要求、时限规定清楚。

(3) 制定行政服务标准，规范办事行为。

要对每一审批事项的主办事项与协办事项、相应的主办单位与协办单位等做出明确规定，例如，哪类审批事项、什么审批条件有哪些协办事项，要求是什么，时限规定等，对主办、协办办理情况分开考核。在此基础上，要对每个审批事项涉及的每一环节、每一岗位的具体行政行为做出清晰的规定，例如工作内容、深度要求、主要的政策法规依据指引、参考案例指引、通常需要协调的事项等。要对公文格式进行规范，经办意见里要清楚地陈述申请条件、经办意见、政策法规依据，经办人要调查并核实申请条件，对其全面性、准确性负责，经办意见必须清楚，政策法规依据必须指明具体的法规名称、条文内容等，审批人和核准人对后两项把关。要对提交申请材料进行标准化，将各类申请报告表格化，简化现有的各审批事项须提交材料的清单，列明须提交的每一种材料的用途、内容、要求、规格和份数。还要对公文的流转进行标准化，在确保安全的前提下加快流转速度，不涉及业务审批内容的，在部门内部要更多地点对点流转。要建立办文事项代码，实行行政审批表格化，在办文表格中详细罗列法定的审查及审核内容，规定审查的方式和分类表述的规范意见，从而避免行政随意性。

(4) 完善行政服务功能，建立“全程服务”的理念。

行政审批一般要经过材料预审、项目受理和项目审批三个阶段。审批人员首先要做的工作就是预审材料，需要了解用户提交的材料是否短缺、是否合适、有无错误等，发现问题应及时反馈给客户，以便客户按要求修改。然后根据行政审批的特点和实际工作情况创建一个审批状态，确定审批初始时间，满足网上审批的实际需要。项目受理之后就进入了项目审批的实质阶段，审批人员可能要进一步审核材料、组织实地考察、研究材料内容和考察情况，最终做出同意或不同意该项目的审批。对于需要前置部门配合的项目，可以通过抄告单的形式抄告相关部门，并通过系统随时了解前置部门审批的进展情况。监察部门一方面负责检查监督各部门项目办理的情况，另一方面要对未能按时办理项目审批的部门进行催办。要使各级领导可以通过网络直接浏览当日、当月或给定时间段内审批事项的申报、预审、受理、审批的情况。还可以按注册资金、企业类型及项目状态等分别统计各类数据，为合理决策提供科学依据。

(5) 实行行政服务分级分类制度。

当前，部分项目等会时间过长，各级会议的审批范围不明，个别部门和个别人该报的不报，不该报的却一个劲地往上送。还有一种现象，就是同一种审批事项，不管具体个案的繁简，都适用同一种程序，规定相同的办文时限，这对申请方有失公允。针对这些现象，要合理划分各级业务会的权限，最大限度地减少项目等会时间。在窗口受理时对申请按管理权限和办文事项的复杂程度、敏感程度进行分类，要对各类办文事项的申请须提交的材料按"确认、使用、产生"进行划分。

（6）建立科学合理的行政服务绩效评估制度。

现行以按时办结率为核心的评估指标不能准确反映实际办文情况，必须建立一套科学合理的办文实绩评估体系。要全面审计确定每一主办、协办事项的办文时限，建议政府部门组织专门力量根据每一审批事项的工作量、历年来各类申请的数量和组成情况、人员编制核定。协办事项由主办单位提出，在同一办文中同一协办事项只允许提出一次，需要多科室协办或多协办事项的应同时提出，协办单位因未达到主办单位提出的协办要求而导致二次协办的，协办单位按延误处理，主办单位的办文时限相应增加一个该协办事项的办文时限。由于主办单位所提要求不清或主办单位其他原因导致二次协办的，二次协办时间由主办单位负责。主、协办单位因此发生异议的由窗口协调。要严格控制挂起文件数量，挂起文件的主办单位应积极主动为解除挂起创造条件，挂起时间一般不要超过 3 个月。审批结果要求重新做工作的，办文时限在解除挂起后相应增加，增加量一般不超过原办文时限的 30%。缺件待补事项一般由主办单位在第一次接到文件后 2 个工作日内提出，超时由主办单位负责。

（7）加强行政服务窗口建设。

按照"大窗口、小部门"的指导思想，设立咨询组、收发文组、办事组、督查组，将业务精、作风好、懂管理的精兵强将充实到窗口，将窗口办成对外咨询服务、对内综合协调的中枢机构，实现前台、后台分离。窗口的任务是受理申请、接受咨询，拟订办文方案，报领导审批后转部门办理，即核查材料是否齐备，对申请进行分类，决定审批事项，程序及相应的办文时限，拟订主办事项、协办事项、主办单位、协办单位及主要任务、要求等，使申请方对整个审批过程心中有数，主动配合。必要时，可应申请单位要求，组织申请前小型会议，着重了解申请所具备的条件、申请方的想法和计划，并向申请方就政策、程序、需要补充的条件和配合的事情提出咨询意见。还要受理投诉，安排回访。此外，窗口要为申请人要办的事情量身定制办事计划，并且要有人专门为计划的执行进行跟踪、协调、监督，使申请人对办文时间、办文事项有一个比较准确、完整的心理预期，也基本知道哪一阶段自己需要做什么。

虽然物理集中的行政服务中心在一定程度上解决了目前急需解决的政府服务流程不透明、效率低下、办事人员要跑部门的弊端，但由于其没有解决各个部门之间信息共享和业务协同问题，因此，它已经不能满足日益深化的行政审批服务体制改革的需要。如果政府通过信息化手段提供"一站式服务"，多个政府部门进行协同办公，开展"协同政务"，就可以显著提高办事效率。

图 13－1 是信息化前后的公共服务流程比较。信息化之后，服务流程由串联转化为并联，极大地提高了办事效率。

广大 IT 厂商要积极投身行政服务中心信息化建设，为其提供优秀的信息化解决方案，特别是提供合理的协同办公软件。有关部门要做好行政服务中心信息化规划，做好相应信

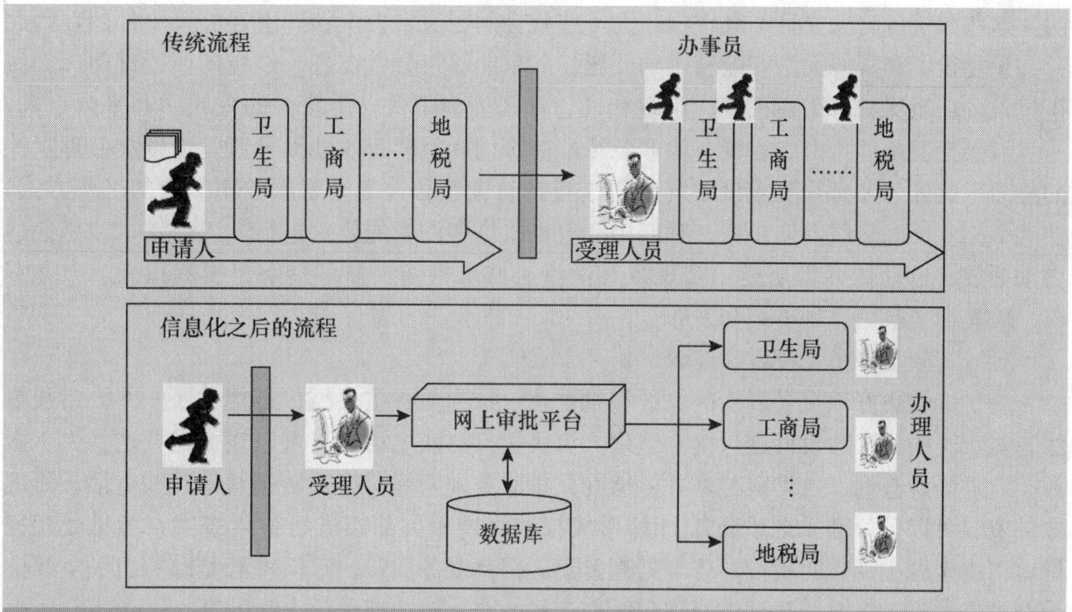

图 13-1 信息化前后的公共服务流程比较

息系统的需求分析工作，在实施过程中与 IT 厂商密切合作；要做好行政服务中心信息基础设施建设、数据库建设、业务系统建设和网站建设，并建立良好的维护、管理、升级以及信息安全等工作，保证整个信息系统持续、健康、安全、可靠地运行。

13.3.2 政府呼叫中心

建立统一的政府呼叫中心是体现“电子包容”的重要内容。虽然政府网站的信息量大，市民可以随时浏览，但就中国现实情况而言，互联网普及率比电话（包括固定电话和手机）普及率要低很多。根据《第 39 次中国互联网络发展状况统计报告》，截至 2016 年 12 月，中国网民规模达 7.31 亿，互联网普及率为 53.2%，而电话普及率几乎是 100%。另外，很多低收入家庭没有电脑，很多低学历的人不会使用电脑，而电话几乎人人会用。

建立统一的政府呼叫中心是整合热线电话资源的有效途径。以前，一些政府部门为紧急求助开通了特殊服务号码，如公安的 110、消防的 119、急救的 120。还有一些政府部门开通了热线电话，如工商部门热线电话 12315、税务部门热线电话 12366、环保部门热线电话 12369。不少城市还开通了市长热线电话 12345。由于号码过多，市民很难记住。政府呼叫中心系统是可以将传统通信媒介和计算机技术相结合的综合信息服务平台。传统电话和互联网是当前常见的通信手段，将其与政府部门现有的信息资源相结合就可以实现 7×24 小时的热线服务，在解答市民关心的热点问题、电子化业务申请处理、政府信息发布和决策信息收集、提升政府形象、提高工作效率等方面发挥重要作用。

通过建立面向大众的多媒体政府呼叫中心，大致可以实现以下主要职能：

(1) 成为政府部门面向社会的服务窗口。

目前部分省区市已经有若干小规模的呼叫中心服务于工商、税务、城管、社区等部门。这些系统各自独立且不具规模，而一些社会问题通常会牵涉到上述好几个部门，因此存在重复投资和资源无法有效利用的问题。如果能够将分散在各个领域的职能部门，如城市建设、环境保护、工商税务、市政交通、社区等集中到一个统一的呼叫中心平台上来，一旦遇到突发事件，由中心统一协调各个职能部门，就能有效地提升监管力度和处理事件的能力。此外，还必须要求该系统采用语音自动应答和人工坐席服务相结合的工作方式，实现 7×24 小时热线咨询服务。呼叫中心可以根据咨询者的要求进行人工解答，或是通过自动播放、自动传真等功能，实现政策法规、城市指南、办事指南、投资指南、申办资料、收费标准等信息的查询和发布。

(2) 有效受理市民投诉和建议。

为了能够更好地接受群众的监督和批评建议，当前各主要城市都建立了 12345 市长热线，对市民的请求和投诉进行统一管理。市民拨打热线电话后，可以根据需要选择人工服务、自动语音查询、自动留言，并能够在几种服务中来回切换或转接其他热线电话；所记录的资料可以分门别类地进行统计并形成报表，供相关部门进行检索查阅；意见处理完毕，可由坐席主动呼叫用户，告知处理意见，提高服务质量。呼叫中心是政府机关对社会大众的有效沟通渠道，帮助政府部门听取市民心声，解决市民的实际困难。

(3) 提高服务自动化水平和办事效率，节省人力成本。

在生活中我们通常会遇到诸如个人证件的办理、企业表格的申报、资格审查等问题，这些工作如果交给呼叫中心来做，将大大提高办事效率，政府机关只需负责最后的审查批准。由于该类性质的服务通常需要申请人填写相关的表格，所以我们可以充分利用互联网的优势，通过网页的方式发布申请表格。市民可以在网上填写个人或企业的相关信息，自动传送给相关的职能部门。结合多媒体呼叫中心的技术，市民在填写过程中遇到困难时，还可以向坐席人员请求帮助。坐席人员则通过文本交谈、网页同步和推送等方式来帮助市民完成表格的填写或进行相关问题的解答。采用人工受理和网上申请相结合的方式，可以有效地改变政府部门以往“门难进、脸难看、事难办”的形象。

(4) 实现信息的科学传递和事件的闭环处理，对问题实行跟踪督促。

以往遇到市民投诉，常常会存在职能部门间相互推诿的现象。政府呼叫中心可以利用事先设定好的工作流程，将市民的请求用各种方式如电话、电子邮件、传真、短信息等，及时传递到相关部门处理。同时，在系统中通过对不同部门之间的协调，有效地解决部门之间的推诿和周转的问题。对未处理完毕或超过处理时限的事件设置警戒提示，有效地跟踪事件处理的结果。

(5) 有效进行信息和数据收集，提供分析结果和决策依据。

一方面，可以通过对市民提出的信息查询、问题投诉等现有的统计数据进行分析，得出各类调查报告；另一方面，可以将呼叫中心作为一种信息收集的手段，通过各类通信途径，主动地回访及询问事件处理的结果和效果，及时有效地获得市民的反馈信息，通过数据的挖掘和比对，给决策者提供更真实有效的数据结果和决策分析支持。

考虑到政府呼叫中心是基于政府各个职能部门的服务平台，当遇到某些紧急的情况时，中心点的人工坐席无法直接答复，因此须将某些部门的领导和工作人员纳入整个系统中来。通过设立单个或一定数量的同一性质的远端坐席，各个政府职能部门的工作人员将不必集中到一起，他们还是在自己的部门上班，同时在办公地点安置若干远程坐席终端，当需要该部门提供服务时，呼叫将自动被转接到位于各个部门的远程坐席终端上，从而保证了业务流程的连续性和服务质量的统一。

阅读材料

美国巴尔的摩市 CitiStat 系统

美国巴尔的摩市通过 311 非紧急救助热线电话收集城市运行的问题信息，同时要求各部门提交绩效数据。在每两周召开一次的市政绩效会议上，市长与各部门负责人一起参会。市长通过绩效数据识别哪些领域处于低效状态，并寻求改进对策。CitiStat 系统实施第一年就节约了 1 300 多万美元，其中减少加班费 600 万美元，减少项目行动费 102 万美元，减少事故损失费 123 万美元，减少运行费用 131 万美元，增加财政收入 364 万美元。2000—2007 年，CitiStat 系统为巴尔的摩市政府节约了 3.5 亿美元财政支出。

2015 年 5 月，天津市政府整合了全市 53 个政府热线电话，依托原“8890 家庭服务网络”平台，建立 8890 便民服务专线，将服务范围从原先的家政服务延伸到受理投诉、解决诉求等政务服务领域，实现了“一个号码管服务”。天津市政府成立便民服务专线工作领导小组和便民专线服务中心，设立统一的呼叫中心，承办单位不再直接接听群众电话。今后不再新设政府服务电话，承办单位新增服务资源全部纳入统一平台。天津 8890 便民服务专线采用了智能预排班软件，通过历史数据分析、拟合度分析，根据话务量曲线、峰值进行智能化排班，确保话务员和话务呼入量协调一致，保证接通率。

贵阳市网格化服务管理指挥调度中心把原贵阳市城管局的 12319 公共服务指挥中心调整到贵阳市群工委，建立了“受理—立案—派遣—追踪—回复—核查—反馈—结案—评价”流程。群工委书记由中共贵阳市委专职副书记兼任。撤销了 49 个街道办，成立了 94 个社区服务中心。贵阳市委和市政府办公厅、信访局的网络舆情监测工作整合到贵阳市网格化服务管理指挥调度中心。2014 年热线接听量达 28.7 万个，处置率从 78.6%上升到 98%。

乌海市城市管理监督指挥中心主要承担数字化城市管理和非紧急求助服务，集 12345 市民服务热线、社会化便民服务和数字城管等的功能于一体。12345 市民服务热线整合了 30 多个政府部门的热线电话。社会化便民服务吸纳超市、餐馆等社会资源，为市民提供各类生活服务。

阅读材料

美国 311 非紧急求助系统

911 中心成立后，日常接到的报警电话中的 60%～80%为非紧急事件。一旦遇有紧急事件，占线率高，不利于实现对事件的快速反应。为便于快速处置，美国一些城市警察局在政府支持下开通了 311 非紧急事件报警求助电话。1996 年，美国马里兰州巴尔的摩市率先开通了 311 非紧急事件求助系统。开通第一年，911 报警电话即减少 20%，占线率减少68%。

311非紧急事件求助电话免费为市民服务的内容，包括水、电、煤气、交通、道路、卫生等公共事业方面，市民还可以向政府反映意见、提出建议、投诉控告等。

美国的311和911专线都在警察局。311不仅负责受理911中心转接过来的非紧急事件，还承担着911系统的备份、辅助支持和提供信息服务的职能。311还是非紧急情况下的犯罪举报电话，此种情况由接警员转给专门的人员接听记录并保密。

311电话台工作的操作和程序都是规范化和电子数据化的，在电脑程序和工作规范中，规定必须追踪信息和反馈处理结果，保证有求必应。由于大部分来电都是咨询问题时，311专门提供了一套信息词典。当市民拨打电话咨询问题时，311接线员都可以从容应对。

社区用户服务求助系统（CSR）是311的神经系统。CSR利用一套计算机系统来处理报警接入，并将市民要求指派给主管的市政部门和机构，确保其得到及时满意的答复。

13.4 直通民意与网络问政

13.4.1 概述

改革开放30多年来的经验以及世界各国正反两方面的经验和教训都表明，减少低收入群体，扩大中等收入群体，在鼓励人们通过合法合理的方式富裕起来的同时，利用财政、税收、保障、福利和救助等工具进行社会整合和社会调节，正确处理各种社会矛盾，是加强社会团结和实现社会稳定的重要保证。这就要求国家有关部门拓宽渠道，加强公共权力与民众之间的联系，建立健全多样化的、畅通便捷的民意表达与反馈机制，使公众的声音能够真实、有效地传送到决策机构，从而使公共政策切实体现广大群众的利益和要求。

与传统手段相比，信息化手段在民意调查方面具有如下优势：

(1) 成本低、效率高。

通过实地考察深入基层，了解老百姓的生产、生活情况，是政府官员掌握民意的重要手段，也是必要手段。但这种方法需要一定的财政支出，而且受时间、空间限制比较大。上级领导来视察，下级单位免不了要支付招待费。上级视察频率越高，招待费支出就越多。而上级领导公务繁忙，去某地实地考察时间往往很有限，行程仓促，所了解的情况也不很详尽。领导不能施展“分身术”，不能同时考察几个地方。这些都是实地考察的缺陷。

如果采用电子政务手段，全国各地的老百姓都可以通过网络向中央政府部门反映民情，当地群众也可以通过网络向地方政府部门反映当地民情。各级信访部门可对这些民情进行整理、分析，送交领导们参阅。领导们也可以直接上网了解全国各地老百姓反映的情况，使政府决策贴近老百姓。通过电子政务，领导们可以方便地掌握民意，下级单位也不必多花招待费。这样，不但降低了行政成本，还可以快速掌握民意。

(2) 民意保真度好。

在上级领导来视察时，有的下级干部会从自身利益考虑，特意安排上级领导到能够反映工作成绩的地点，而不安排上级领导去那些工作做得不足的地点。这种“报喜不报忧”的现象使领导只看到好的一面，看不到存在问题的一面，影响领导做出正确的决策。极少数下级干部还会威胁群众，不让他们在上级领导面前说真话。这种做法不但无法真正做到密切联系群众，还会影响党和政府的形象。

如果采用电子政务手段，群众在网上可以匿名发表文章，当面难以反映的问题也可以反映了，说真心话也不必担心了。网络能够促使广大人民群众详细反映问题，敢于揭露贪污腐败等丑恶现象。这样，上层领导就可以听到来自广大人民群众的肺腑之言，避免被一些下级干部蒙蔽。

(3) 公众参与程度高。

由于时间、空间、精力等限制，上级领导任期内能够接见或接待老百姓的数目非常有限。各级信访部门工作人员数量有限、工作时间有限，因此接待老百姓的数目也非常有限。我国每年召开“两会”，通过人大代表、政协委员的提案，高层领导和有关部门能够倾听广大人民群众的声音。但由于会议时间有限，提案数量也有限，能够向上反映的问题也有限。可见，传统的接见、接待、信访、开会等手段难以满足越来越多的社会公众参政议政的需求。

如果采用电子政务手段，各级信访部门可以开通专门用于了解民意的网站、电子邮箱系统、BBS、博客、微信等，让更多的老百姓反映问题、发表意见或建议、举报违法犯罪事件等。有关领导还可以建立个人博客、微信，与老百姓互动；开设电子邮箱，接收群众来信。这样，不仅拉近了政府官员与社会公众的距离，而且极大地提高了社会公众的参与度。

阅读材料

新加坡政府通过 REACH 与民众沟通

新加坡人民行动党在执政过程中十分注重民意的征集，希望借此改善政府决策水平，提高民众支持度。1984 年，新加坡人民行动党设立了反馈单元（Feedback Unit）。为了更好地采集公众反馈信息，2006 年 10 月，反馈单元改为“民情联系组”（Reaching Everyone for Active Citizenry@ Home，REACH），成为新加坡政府致力于联系公众的领军部门。2009 年 1 月，REACH 被新加坡政府指定为电子参政平台。

REACH 是一个新加坡政府与新加坡民众联系、互动，听取反馈意见的网站。REACH 网站由“您的呼声”“热烈讨论”“保持连接”“您的反馈”“热点快照”“公共咨询”“公共讨论”等栏目组成。不同于以往单一的反馈表形式，REACH 借助 Web2.0 技术，创建了一个全新的民意反馈平台。市民可以用博客、网上聊天、短消息或线上聚会等形式参与政府规划的各类项目，提出自己的意见和看法。

REACH扮演着三个关键角色：一是采集民意，掌握民众脉搏，使政府了解新加坡人的关注点。二是与社区、草根组织、志愿者组织、专业群体和特殊需要或爱好群体保持紧密联系，为有兴趣参政的公民提供多种传统和新媒体渠道，包括公共论坛、对话、短信、电话、电子邮件、Facebook和Twitter。三是为那些给政府提出咨询建议的工作组提供便利，通过公众参与提升公民感。今后，REACH将继续在形成公共政策方面鼓励和提升公众参与。

资料来源：张键，吕元礼．新加坡政府民意吸纳与反馈机制研究——以民情联系组为例．学习月刊，2010（29）．

尽管与传统民意沟通手段相比，信息化手段有上述优势，但用信息化手段沟通民意还是一个新兴事物，存在如下不足：

（1）不同群体的上网情况不一样，表达民意的机会不均等。

近年来，由于各级领导的重视及电信部门的积极努力，我国网络基础设施建设取得了令人瞩目的成绩，上网人数和上网计算机数持续增加。但总的来说，我国电子政务建设还处于起步阶段，网络普及率还比较低，特别是欠发达地区。

上网情况受区域、年龄、文化程度、职业等多种因素影响：东部地区上网人数多，中西部地区上网人数少；城市上网人数多，农村上网人数少；15～40岁之间上网人数多，其他年龄区间上网人数少；文化程度高的人群上网人数多，文化程度低的人群上网人数少；高收入职业群体上网人数多，低收入职业群体上网人数少。这些“数字鸿沟”的客观存在使电子政务不能普惠群众，不同群体表达民意的机会不均等。

（2）一些官员对电子政务在沟通民意方面的作用缺乏认识。

由于计算机和互联网在我国兴起还是20世纪90年代中期的事情，许多政府官员没有接受计算机和网络方面的专业教育。虽然一些政府官员通过培训或自学了解了计算机和网络的基本知识，掌握了上网技能，但还是有一些政府官员不会操作计算机，不会上网，不会收发电子邮件，不会申请开通博客。

我国电子政务是近年来才逐渐兴起的，自身发展还不成熟。电子政务在沟通民意方面，还存在许多值得探索的问题。受专业背景、知识结构等影响，一些政府官员缺乏电子政务方面的知识。对于电子政务在沟通民意方面的作用，由于没有亲身体验，他们的认识往往比较模糊。

（3）短期行为比较普遍，有关政策法规不完善。

尽管国内出现了市长信箱、“两会”博客、官员博客等网上沟通民意方式，但持续性差、更新率低、回复率低。有的城市门户网站刚开通时或市长刚上任时会热闹一阵，市民发给市长信箱的信件回复率比较高，但时间一长，回复率就逐渐下降，市民的信件往往石沉大海，挫伤了市民提建议的积极性，形成恶性循环：回复率越低，市民信件就越少；信件越少，回复率就更低。久而久之，市长信箱形同虚设。每年“两会”期间，“两会”博客非常热闹，许多人大代表和政协委员都开通了博客，老百姓可以向他们反映问题，他们再向高层领导反映民意。不过，“两会”一结束，“两会”博客就马上冷清下来，直到下年

“两会”。有的官员开了博客，刚开始时还会认真对待，但时间长了，能够坚持下来的不多。

出现上述情况，是由于我国还没有网上沟通民意方面的法律法规，没有形成一套长效机制。例如，领导干部可以网上沟通民意，也可以不在网上沟通民意，对此没有硬性规定，自由度很大。对于政府官员是否必须答复老百姓的意见和建议、在多少个工作日内答复、以什么样的形式答复，也没有相关的法律法规做出明确的规定。有的群众反映的问题比较复杂，牵涉到多个部门，那么应该由哪个部门受理、哪个部门出面答复群众，也没有相应规定。这样，网上沟通有时候就会演变成“官员作秀”，表面上很亲民，但不解决任何实际问题。时间一久，老百姓也就失去了对网上沟通民意的兴趣。

自2005年5月1日起施行的《国务院信访条例》对通过电子邮件方式进行信访做出了明确规定，但对通过市长信箱、BBS、博客等方式进行民意沟通是否按照《国务院信访条例》有关规定执行，没有明确规定。此外，对于网上举报及如何防止举报人受到报复、是否要采取实名制、是否可以作为法庭证据等问题，也无明确规定。

(4) 网上民意内容庞杂，分析、整理工作不足。

由于目前我国很少有用于网上直通民意的专门网站，网上民意内容分散于许多网站、博客、BBS，内容凌乱、庞杂，涉及政治、经济、社会等多个领域，难以进行归类、统计、分析。各级信访部门虽然开通了网站，但网站互动性差。在新浪、搜狐等网站的每条新闻下面，读者都可以发表评论。这些网友的评论就是一种民意，但新闻的评论次数太多，网友的意见也很不一致。可以说，现在不是民意太少，而是民意太多，使政府部门难以适从。

一些政府网站设立了“网上调查”栏目，老百姓可以选择一个或若干个选项，然后网站自动统计各个选项的选择情况，以此了解针对某个问题或事件的民意。但这种做法有很大的随机性，只是反映参与了网上调查的群众的意见，未能反映那些没有参与调查和上不了网的群众的意见。

针对上述问题，在用信息化手段沟通民意方面，建议各级政府部门采取如下措施：

(1) 缩小“数字鸿沟”，尽量做到机会均等。

一方面，国家要继续开展网络基础设施建设，进一步降低电信资费，改善上网条件，提高网络普及率，使更多的老百姓能够上网反映民意。对于偏远地区，可采用卫星通信手段上网；对于经济欠发达的小城镇和农村地区，通过政府财政拨款、市场化手段等方式，建立网吧、信息站等。另一方面，通过计算机网络与口授、广播、电视、报纸、手机等相结合，进一步降低上网门槛，消除“网络最后一公里”。例如，建立农村信息员制度，让有一定文化的农民负责把村民的意见和建议上传网上；把反映地方实际情况的广播、电视节目的文字、图片甚至音频、视频上传到有关网站；把各地报纸涉及民意部分摘录到网上；大力开展手机上网业务，方便群众上网。

(2) 提高官员的信息素养。

一方面，要在领导干部中普及电子政务知识，通过培训使他们掌握一些基本的计算机操作和上网技能。对于一些老同志，可以只表达意图，而让身边的工作人员具体操作。另一方面，各级领导干部要常体验网上沟通民意，及时处理一些问题，这样慢慢就有了感觉。例如，市长每周抽一两个小时的时间，与市民进行网络聊天，回答市民的提问。实际上，市长不必亲自敲键盘，让工作人员输入即可。市长可以通过屏幕看市民提出的问题，然后口头回答问题，工作人员录入文字。这种互动方法将极大拉近市长与普通市民的距离，是市长了解民意的重要途径。

（3）建立网上沟通民意的长效机制。

有必要安排一些研究课题，组织专家学者开展网上沟通民意长效机制研究，帮助有关政府部门出台相应政策，对网上沟通民意的方式方法、权利义务、奖惩措施等做出明确规定。

（4）完善直通民意的电子政务体系。

要建立专门的让群众反映民意的网站，引导广大人民群众在网上合法、有序地表达民意。鼓励民间成立民意调查公司，收集、整理、分析网上民意，政府部门可以向这些公司采购民意调查报告。遵照《国务院信访条例》的有关规定，各级政府要充分利用现有政务网络，建立或完善信访信息系统，并与上级政府、相关部门、下级政府的信访信息系统实现互联互通。

网络问政是指政府通过互联网了解民情、汇聚民智，以达到科学决策、民主决策的一种执政方式。一方面，它是指政府主动上网回应网民咨询，对网民提出的问题做出积极回应；另一方面，它也包含网民对政府的质问、应答和评议（赵红卫，2010）。

阅读材料

社交网络

耶鲁大学社会心理学家米尔格兰姆通过一系列实验提出了“六度分割”理论：“你和任何一个陌生人之间所间隔的人不会超过六个。”社交网络（social network service，SNS）源自网络社交，是电子邮件、BBS、即时通信工具（如QQ）和博客（Blog）的升级版本。典型的社交网络包括Facebook、Twitter、YouTube等。在2008年美国总统竞选中，奥巴马和他的团队就通过这些社交网络与选民沟通，赢得选票。通过社交网络，政府官员与社会公众可以进行直接沟通。这样有利于消除彼此的隔阂和误解，有利于领导干部为人民群众排忧解难。

13.4.2 微博

微博是微型博客（MicroBlog）的简称，是一种通过关注机制分享简短实时信息（一条微博的字数控制在140以内）的广播式社交网络平台，如美国的Twitter、中国的新浪微博。

政务微博是指党政部门推出的官方微博，是党政领导干部走群众路线的新渠道。政务微博在创新社会管理、促进政务公开、引导社会舆论、倾听民众呼声、树立政府形象等方面都可以起到积极的作用。例如，通过微博信息平台，政府部门可以及时发布政策信息，传播正能量，通过查看网民评论了解社会公众的诉求。

根据中国互联网络信息中心发布的《第 39 次中国互联网络发展状况统计报告》，截至 2016 年 12 月，经过新浪平台认证的政务微博达到 164 522 个，其中政府机构微博 125 098 个，公职人员微博 39 424 个。

政府充分利用微博信息平台，以民众喜闻乐见的机会和形式，随时随地、无处不在地倾听民间声音，分析百姓诉求，主动解决问题，是开通政务微博的价值和目的所在。

阅读材料

党政领导干部如何与网络媒体打交道

2009 年，习近平在中共中央党校春季学期开学典礼上强调，要提高同媒体打交道的能力。党政领导干部与网络媒体打交道，要注意如下事项：

(1) 速度快：无论掌握舆情，还是引导网络舆论，都要快。特别在突发事件中，抢在第一时间、第一现场、在一线主动对话。

(2) 角度平：要平视网民，不要高高在上。要拉近与网民的距离，给人一种亲和感。

(3) 心意诚：尊重网民的意见，与网民坦诚交流、沟通，消除误解，化解矛盾。

(4) 语言新：适当使用一些网络语言和“淘宝体”等语言表达方式，避免说话刻板、生硬。

(5) 学习勤：学网、懂网、用网是互联网时代党政领导干部的基本素养。要通过学习，提高网络智商、网络情商，克服“怕、躲、堵、懒、拖、抓、推”等错误做法，避免成为互联网时代的“弱势群体”。

13.4.3 微信

微信是腾讯公司于 2011 年 1 月推出的一个为智能终端提供即时通信服务的免费应用程序。微信用户可以通过“摇一摇”“搜索号码”“附近的人”以及扫描二维码方式添加好友和关注公众平台，将用户看到的精彩内容分享到朋友圈或分享给好友。截至 2015 年 7 月，微信注册用户超过了 5 亿人，是用户数量最多的移动即时通信软件。

微信城市服务的接入于 2014 年 12 月率先在广州实现。微信用户可以在“城市服务”下得到包含医疗、交管、交通、公安户政、出入境、缴费、教育、公积金等 16 项民生公共服务。截至 2015 年 9 月，腾讯在北京、上海、广州、深圳、成都、武汉、杭州等 68 个城市开通了微信城市服务，覆盖全国 2 亿多用户，累计提供 21 类、762 项便民服务（见图 13 - 2）。

微信城市服务入口将微信上分散的城市生活服务功能集合到一起，成为手机里一站式、全天候的民生服务大厅。市民可从“微信—我—钱包”中找到“城市服务”入口，只需要动动手指即可随时随地获得公共服务。

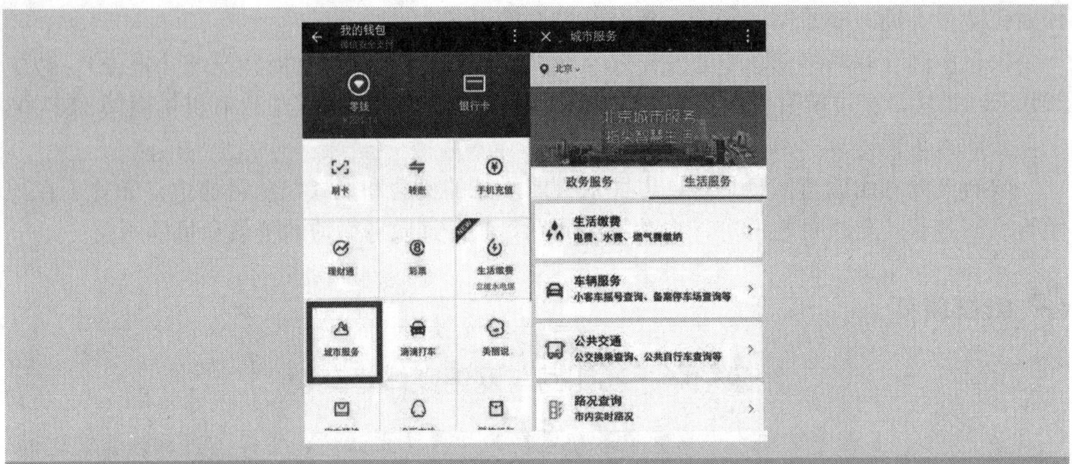

图 13－2　腾讯推出的微信城市服务

微信城市服务推出后，市民通过该平台，可直达政府各委办局的服务项目，实现“一个入口，多种服务”。城市服务将政府部门线下的、桌面端的办事流程升级到移动端，通过位置服务、预约预检、业务办理、线上支付、进度查询、评价投诉等功能，实现全流程、闭环式的移动端办事服务，使公众足不出户、随时随地就能获得政府提供的服务，为公众的生活工作带来切切实实的便利。

从已上线城市服务的城市来看，此前，医院挂号、违章办理、港澳再次签注、户政业务预约、长途汽车购票，是使用频次最高、最受用户欢迎的服务。

此外，阿里巴巴通过支付宝向用户提供城市公共服务。截至 2015 年 7 月，阿里巴巴与 10 多个城市合作开展“城市公共服务”，通过支付宝提供违章缴费、证件办理、社保查询、小客车摇号、签证续签、医院挂号、信用担保等服务。

13.4.4　电子邮箱

2012 年，丹麦政府通过一项法律保证，2014 年前所有公民都会拥有一个安全的数字信箱（“数字邮政”），他们可以由此获取公共机构发送的所有邮件。所有公民也能代表其家庭成员访问“数字邮政”。

2013 年，新加坡推出了“One In Box”电子邮箱，个人和企业都能收到与政府相关的电子邮件，而不是纸质信件。这项服务是基于研究报告和民意调查而设立的，因为大多数个人和企业更倾向于接收电子邮件而不是纸质信件。新加坡的“One In Box”旨在以一种互信可靠的方式提供电子邮件，让个人和企业更易于从统一整合的平台上发送和跟踪信件。

13.4.5　自助终端机

为了方便不能上网或不会上网的群众（如老年人、残疾人等），许多地方政府的政务服务部门把自助终端机放到城市居民社区或农村，成为政务服务的“ATM”机。例如，珠海市政务服务管理局在全市投放了 200 多台政务服务自助终端机，提供 20 项网上办事服务和 7 项便民服务，基本实现了“大事不出镇、小事不出村”。

珠海市金湾区的政务服务自助终端机有“走进金湾”“办事指南”“网上办事”“便民查询”“便民缴费”“行政缴费”六个板块。“走进金湾”介绍的是金湾区最新信息；“办事指南”按区域、个人主题、企业主题、部门、公共事业分类，还有事项搜索功能，可通过虚拟键盘查找办事指南；“网上办事”主要是事项网上办理，包括资料打印、资料高清上传；“便民查询”有办件查询、燃气账单查询、水电费账单查询、有线电视账单查询；“便民缴费”有水电费缴费、燃气费缴费、汽车购票；“行政缴费”涉及公安、人防、环保、刻章四项及其他行政缴费，如社保缴费、路桥缴费等。

本章小结

本章首先介绍了新公共服务理论，包括该理论出现的背景、主要观点等。然后论述了服务型政府的核心理念，并阐述了电子政务在建设服务型政府中的重要作用。接着阐述了行政服务中心及其信息化建设，指出应整合政府热线资源，建立政府呼叫中心。最后分析了利用信息化手段直通民意的优势、问题与对策，论述了社交网络、微博、微信等在沟通民意方面的作用。

关键术语

新公共服务理论　服务型政府　行政服务中心　“一站式”服务　呼叫中心　直通民意　网络问政　微博　微信　电子邮箱　自助终端机

复习思考题

1. 新公共服务理论的主要观点有哪些？
2. 如何理解服务型政府？为什么说推行电子政务是打造服务型政府的重要手段？
3. 如何开展行政服务中心信息化建设？
4. 如何整合政府热线资源，建立政府呼叫中心？
5. 如何利用信息化手段直通民意？

第14章 企业管理理论方法在电子政务中的应用

虽然政府不是以营利为目的的组织，而企业则是以营利为目的的组织，但政府管理和企业管理存在很多相通之处，可以相互借鉴。从人类社会的发展史来看，政府管理的先进做法往往为企业所学习、应用，而企业管理的现代科学管理方法也常被政府所学习、应用，并使政府管理得到极大的改进。

重点问题

- 什么是新公共管理理论？
- 什么是企业家政府？
- 什么是政府资源规划？
- 什么是政务流程再造？
- 什么是政府客户关系管理？
- 什么是政府供应链管理？

14.1 新公共管理理论与企业家政府

14.1.1 新公共管理理论

第二次世界大战后，西方国家的发展经历了一个黄金期，然而到了20世纪60年代末，经济从发展的高峰跌入危机的深谷，面临一系列困境：政府角色膨胀和规模扩大引起民众的不满，经济衰退和财政压力加剧，社会问题与政府不可治理性增加。

信息技术革命和经济全球化是公共管理学产生和发展的重要推动力。随着全球化、信息化、市场化浪潮的冲击，人类社会发展的形态出现了巨大的变化。以韦伯官僚制思想为基础的传统行政体制难以适应时代的要求，而西方国家民主的现状也难以满足民众的“民主需求”。在 20 世纪 80 年代和 90 年代，针对许多人所指称的传统行政模式缺陷，一种新的管理主义方法在公共部门中崭露头角。这种方法可以缓解早期模式的某些问题，但它确实意味着公共部门的运作发生了相当引人注目的变化。于是，西方各国纷纷进行公共管理改革，新公共管理运动风靡全球。

新公共管理理论的突出代表是美国学者戴维·奥斯本和特德·盖布勒，他们在《改革政府：企业家精神如何改革着公共部门》一书中将新公共管理改革的原则概括为十个方面：

（1）起催化作用的政府——掌舵而不是划桨。

（2）社区拥有的政府——授权而不是服务。

（3）竞争性政府——把竞争机制注入服务提供中去。

（4）有使命感的政府——改变照章办事的组织。

（5）讲究效果的政府——按效果而不是按投入拨款。

（6）受顾客驱使的政府——满足顾客的需要，而不是官僚政治的需要。

（7）有事业心的政府——有收益而不浪费。

（8）有预见的政府——预防而不是治疗。

（9）分权的政府——从等级制到参与和协作。

（10）以市场为导向的政府——通过市场力量进行变革。

作为一种试图超越传统公共行政理论的现代公共行政理论，新公共管理理论因其在一定程度上反映了公共行政发展的规律和趋势，对西方国家的行政改革起到了十分重要的推动和指导作用。

新公共管理理论认为，私营部门的管理实践和技术优越于公共部门并可应用于公共部门，公私管理之间的区别是一种假象。私营部门的许多管理方式和手段都可为公共部门所借用。例如，私营部门的组织形式能灵活地适应环境，而不是韦伯所说的僵化的科层制；人事管理上能实现灵活的合同雇佣制和绩效工资制，而不是一经录用即永久任职。新公共管理理论认为，那些已经和正在为私营部门所成功地运用着的管理方法，如绩效管理、目标管理等并非为私营部门所独有，它们完全可以被应用到公共管理中。

新公共管理理论的价值取向是结果导向、顾客导向、市场导向。结果导向的政府，关注的是结果，而不是投入。政府应致力于实现实质性的公共目标或结果，而不应该致力于严格控制完成该项工作所花费的公共资源。顾客导向的政府，满足顾客的需要，而不是满足官僚机构的需要。如果政府不把关注的焦点放在顾客身上，那么公民就不会幸福和快乐。市场导向的政府，通过市场的杠杆作用来调控变化，不是运用传统的方法来改变环境，而是运用旨在塑造允许市场力量发挥作用的环境的创新性战略。

从新公共管理理论，我们可以得到如下启示：（1）必须加大政府体制创新的力度，切实转变政府职能，尽快改变政府垄断公共物品供给的局面；（2）充分认识市场机制是改善政府绩效的一个有效手段；（3）必须增强公务员的管理和服务意识，重塑服务与社会的关系；（4）注意研究借鉴当代企业管理领域发展起来的管理经验、原则、方法和技术（谭静等，2009）。

14.1.2 企业家政府

企业家政府（entrepreneurial government）是指用企业在经营中所追求的讲效率、重质量、善待消费者和力求完美服务的精神，以及企业中广泛运用的科学管理方法，来改革和创新政府管理方式，使政府更有效率和活力。它并不是要把政府作为企业来运作。

“企业家”一词是由法国经济学家萨伊于1800年提出的。他认为，企业家把经济资源从生产率和产出较低的地方转移到较高的地方，同时他还认为企业家是运用新的形势创造最大限度的生产率和实效，企业家不是追求风险，而是追求机会。于是，美国学者戴维·奥斯本等人于20世纪90年代提出了企业家政府理论，他们主张把讲效率、重质量、善待消费者、力求完美的服务以及注意运用科学管理方法的企业家精神引入政府组织中，来实现政府企业化，通过对政府的改革和创新，使政府更有效率和活力。

珍妮特·V. 登哈特和罗伯特·B. 登哈特提出了企业家政府的十项基本原则。

（1）政府的职责是“掌好舵”而非“划好桨”。“政府”这个词的词根来自希腊文，意思是“操舵”。政府发挥的作用应该是政策引导，以应对变化着的环境。

（2）政府官员不要事必躬亲，而要善于授权，鼓励公众参与管理。通过参与式民主的方式，授权于公民，让他们自己解决自己的问题。

（3）政府应通过各种形式引入竞争机制，增强成本意识，提供优质服务，改善行政管理。

（4）政府应摆脱繁文缛节的束缚，只做指导，做必要的规章和预算，而不要事无巨细。通过这样的方式，就可以放手让其成员以他们所能找到的最有效的方法实现该组织的使命，从而更有效率、革命精神、灵活性。

（5）政府应讲究效果，对各个部门业绩的衡量重在成果而不是投入项目的多少。政府应设法用三种方法来有效地进行业绩测量：按业绩付酬、按业绩管理、按效果预算。

（6）政府是受顾客驱使的，其宗旨是满足顾客的需求，而不是官僚政治的需求，故政府应像企业一样具备“顾客意识”，建立“顾客驱使”的制度。

（7）政府应具有一种投资观点，应把利润动机引入为公共服务的活动中，变管理者为企业家。也就是以市场为导向，通过市场力量来进行变革。

（8）政府应着眼于以预防为主，而不是通过事后服务来挽回损失，在做出决定时，应尽一切努力考虑到未来，以防患于未然。

（9）政府应善于下放权力，实行参与式管理，通过参与及合作，分散公共行政机构的权力，简化其内部结构上的等级。

（10）政府在行政管理工作中应采取市场取向的思维，引进市场机制，改善公共服务，政府的管理政策应以市场为依托，组织市场，规范市场，通过市场的力量推进变革。

14.2 从企业资源规划到政府资源规划

14.2.1 企业资源规划

企业资源规划（enterprise resources planning，ERP）的概念最早是由著名咨询公司Gartner于1990年提出来的，其核心管理思想如下：

（1）体现对整个供应链资源进行管理的思想。

在知识经济时代，仅靠企业自身的资源不可能有效地参与市场竞争，还必须把经营过程中的有关各方如供应商、制造工厂、分销网络、客户等纳入一个紧密的供应链中，才能有效地安排企业的产、供、销活动，满足企业利用全社会一切市场资源快速高效地进行生产经营的需求，以期进一步提高效率和在市场上获得竞争优势。换句话说，现代企业竞争不是单一企业与单一企业间的竞争，而是一个企业供应链与另一个企业供应链之间的竞争。ERP系统实现了对整个企业供应链的管理，适应了企业在知识经济时代市场竞争的需要。

（2）体现精益生产、敏捷制造和同步工程的思想。

ERP系统支持对混合型生产方式的管理，其管理思想表现在精益生产（lean production）和敏捷制造（agile manufacturing）两个方面。

精益生产是由美国麻省理工学院提出的一种企业经营战略体系。企业按大批量生产方式组织生产时，把客户、销售代理商、供应商、协作单位纳入生产体系，企业同其客户、销售代理、供应商和协作单位的关系，已不再是简单的业务往来关系，而是利益共享的合作伙伴关系，这种合作伙伴关系组成了一个企业的供应链，这就是精益生产的核心思想。

当市场发生变化，企业遇有特定的市场和产品需求时，企业的基本合作伙伴不一定能满足新产品开发生产的要求，这时，企业会组织一个由特定的供应商和销售渠道组成的短期或一次性供应链，形成“虚拟工厂”，把供应和协作单位看作企业的一个组成部分，运用“同步工程”（SE）组织生产，用最短的时间将新产品打入市场，时刻保持产品的高质量、多样化和灵活性，这就是敏捷制造的核心思想。

（3）体现事先计划与事中控制的思想。

ERP系统中的计划体系主要包括主生产计划、物料需求计划、能力计划、采购计划、销售执行计划、利润计划、财务预算和人力资源计划等，而且这些计划功能与价值控制功能已完全集成到整个供应链系统中。

ERP系统通过定义与事务处理（transaction）相关的会计核算科目和核算方式，以便在事务处理发生的同时自动生成会计核算分录，保证了资金流与物流的同步记录和数据的一致性，从而实现了根据财务资金现状追溯资金的来龙去脉，并进一步追溯所发生的相关业务活动，也改变了资金信息滞后于物料信息的状况，便于实现事中控制和实时决策。

ERP的真正价值在于它解决了企业内不同角色之间的信息不对称。决策者需要掌控企业经营管理的重要信息，职能部门之间需要掌握上下游的信息，通过对信息的掌握，不同角色就能够把握机会，做出决策，从而提高业务链的整体运作效率，降低运作成本。例如，对于企业经营决策者来说，ERP 的价值在于掌握各个部门的经营和管理信息，预测、监控和指导各个部门的经营和管理，有效进行企业的战略决策。对于企业中层管理者来说，ERP 的价值在于掌握部门内业务运作信息，预测、监控和指导部门工作，了解相关业务部门的业务信息，实现业务协同。对于企业业务人员来说，ERP 的价值在于及时、快捷地记录、整理和获取业务信息，保证业务协同，实现业务运作的高效。

根据 EPR 系统开发的 ERP 软件可以实现企业生产经营过程中人、财、物的一体化管理。此软件曾经历一个"上 ERP 找死，不上 ERP 等死"的时期，但随着软件开发和实施方法的成熟，其在大中型企业中得到了普遍应用。一般来说，产值规模在 800 万元以上的企业就应使用 ERP 系统。

14.2.2 政府资源规划

企业为了提高市场竞争力，要求对企业内部和外部所有的可用资源进行优化配置，以加快对市场的反应，这就是企业资源规划。同样，政府为了更好地进行行政管理，也要考虑如何对政府的资源进行优化配置。

政府资源一般包括政治资源（行政权力）、人力资源（公务员）、客户资源（包括企业、事业单位、公民）、财政资源、资产资源（房产、车辆、办公设备等）、信息资源（公文、申报材料、统计数据）等。

政府资源规划（governmental resource planning，GRP）是一种以客户（包括法人单位和社会公众）为中心，以实行政府部门内部和外部的资源优化配置，消除公共行政过程中一切无效的劳动和资源，实现信息流、物流、资金流和业务流的有机集成，提高行政效能为目的，以政府职能为主线，以信息系统为平台的现代公共管理思想和方法。

政府资源规划的目的是提高政府部门的办事效率，提高政府部门的监管水平，提高政府部门的公共服务能力，提高政府部门的科学决策能力，降低政府部门的行政成本。通过政府资源规划，可以规范行政管理流程，提高公共行政水平，有利于推进行政管理体制改革，促进政府职能转变。

政府资源规划的一般步骤如下：首先通过调查研究，梳理政府部门掌握的内部资源和外部资源，通过对政府资源进行分类，建立政府资源分层分类体系；其次建立政府资源描述标准，对所有政府资源进行规范化描述，建立政府资源编码体系，对所有政府资源进行编码；最后开发政府资源规划信息平台（GRP 系统），通过该平台对政府资源进行有效管理和配置。

14.3 从商务流程再造到政务流程再造

14.3.1 商务流程再造

1993 年，美国麻省理工学院的汉默和钱皮在《企业再造》（*Reengineering the Corporation*）

一书中正式对商务流程再造（business process reengineering，BPR）做了如下定义：BPR是对企业的业务流程做根本性的思考和彻底重建，其目的是在成本、质量、服务和速度等方面取得显著的改善，使得企业能最大限度地适应以顾客（customer）、竞争（competition）、变化（change）为特征的现代企业经营环境。

BPR 的核心思想就是要不断地对企业原有的业务流程进行根本性的思考和全面的重组，从而使时间、成本、质量、服务、速度、环境等反映供应链管理和企业竞争力的要素得以明显地改善和提高，以适应市场竞争的需要。

根据流程范围和重组特征，可以将商务流程再造分为以下三类：

（1）企业部门内部的商务流程再造。

企业部门内部的商务流程再造是指对职能部门内部的流程进行重组。在旧体制下，各职能管理机构重叠、中间层次多，而这些中间管理层一般只执行一些非创造性的统计、汇总、填表等工作，计算机完全可以取代中间层完成这些业务，使每项职能从头至尾只有一个职能机构管理，做到机构不重叠、业务不重复。

（2）企业部门之间的商务流程再造。

企业部门之间的商务流程再造是指在企业范围内跨越多个职能部门边界的业务流程重组。例如，以开发某一新产品为目标，组织集设计、工艺、生产、供应、检验人员为一体的承包组，打破部门的界限，实行团队管理以及将设计、工艺、生产制造并行交叉的作业管理等。这种组织结构灵活机动，适应性强，将各部门人员组织在一起，使许多工作可平行处理，从而大幅缩短新产品的开发周期。

（3）企业之间的商务流程再造。

企业之间的商务流程再造是指发生在两个以上企业之间的业务重组。例如，通用汽车公司采用共享数据库、电子数据交换等信息技术将公司的经营活动与配件供应商的经营活动连接起来。配件供应商通过通用汽车公司的数据库了解其生产进度，拟订自己的生产计划、采购计划和发货计划，同时通过计算机将发货信息传给通用汽车公司。通用汽车公司的收货员在扫描条形码确认收到货物的同时自动向供应商付款。这样就使通用汽车公司与其配件供应商的运转像一个公司似的，实现了对整个供应链的有效管理，缩短了生产周期、销售周期和订货周期，减少了非生产性成本，简化了工作流程。

14.3.2　政务流程再造

传统的政务流程复杂且分散。由于以前的技术不能实现整个业务条块的联网，整个业务数据流程不得不按地理位置和人力分配被分割在多个部门，业务数据从一个部门转到另一个部门增加了交接环节和复杂程度。在传统的业务流程中，相同的信息往往在不同的部门都要进行收集、存储、加工和管理，造成了大量重复劳动。

目前，虽然不少政府部门已经开展了电子申报和网上审批，但其中大多停留在用计算机系统去模仿传统的手工处理过程的阶段。随着电子政务的深入开展，不能简单地将现有政府事务原封不动地移到计算机上处理，必须对政府传统工作方式、方法、程序等进行重新审视，进行必要的清理、简化、优化、整合和改造。

政务流程再造（government process reengineering，GPR）运用现代公共行政学理论和信息技术手段，对政府部门的业务流程做根本性的思考和彻底重建，其目的是在办事效率、行政效能、行政成本、行政能力和公共服务等方面取得显著的进步，使得政府部门能最大限度地适应行政管理体制改革的要求。

政务流程再造要把传统的以政府职能为中心的行政模式转变为以政府客户为中心的行政模式，要以新公共管理理论和新公共服务理论倡导的价值体系为核心。

通过政务流程再造，可以确定每个政务流程应该采集的信息，并通过应用系统实现信息在整个流程上的共享使用。可以充分授予办事人员权限，发挥每个公务员在业务流程中的作用。可以将传统业务流程的串联模式变成并联模式，提高办事效率。可以在变革中不断整合政府职能，不断提升政府绩效水平。根据国外实践经验，实施政务流程再造以后，政府部门的绩效水平可以提高40%～60%。

政务流程再造的一个典型案例是美国印第安纳州玻利斯市个人防盗报警系统的安装许可申请。美国印第安纳州玻利斯市原来准备把个人防盗报警系统的安装许可申请流程原封不动地搬到网上去，但在该电子政务系统设计和认证过程中，有专家指出这套申请程序本身存在低效、耗时等问题，建议由负责安装的公司向市政府注册。经过修改，整个个人防盗报警系统的安装许可申请流程环节减少了很多，公众的满意程度也得到了很大的提高。

政务流程再造的一般步骤如下：首先梳理政府部门的业务，对业务进行分类并划分层次，建立业务描述标准和业务流程图绘制标准，对每个业务进行描述并绘制相应的业务流程图。然后对办事人员和政府客户（企事业单位和个人）进行调查研究，征求他们对现有业务流程的意见，根据调研结果对业务流程进行分类，针对不同情况选择再造方法（如废除、简化、优化、合并等），绘制新的业务流程图。最后发布新的业务流程规范，对原工作流程、机构设置和人员编制进行调整，并建立配套的监督管理制度。

由于商务流程再造起步早，理论和方法相对成熟，政务流程再造可以借鉴商务流程再造的有关成果，制定政务流程再造相关标准规范，研制政务流程再造工具。

值得指出的是，政务流程再造必然会引起行政权力和部门利益的再分配，权力和部门利益之争将成为政务流程再造的强大阻力。各级政府部门负责人一定要下定决心，坚持不懈地推进政务流程再造工作。

14.4 客户关系管理

14.4.1 企业客户关系管理

客户关系管理（customer relationship management，CRM）的概念最早是由著名咨询公司Gartner于1999年提出来的。客户关系管理是一个不断加强与顾客交流，不断了解顾客需求，并不断对产品及服务进行改进和提高以满足顾客需求的连续的过程。

在市场营销过程中，CRM 系统可有效帮助市场人员分析现有的目标客户群体，如主要客户群体集中在哪个行业、哪个职业、哪个年龄层次、哪个地域等，从而帮助市场人员进行精确的市场投放。客户关系管理也可以有效分析每一次市场活动的投入产出比，根据与市场活动相关联的回款记录及举行市场活动的报销单据进行计算，就可以统计出所有市场活动的效果报表。

在销售过程中，销售人员可以用 CRM 系统记录沟通内容、建立日程安排、查询预约提醒、快速浏览客户数据有效缩短了工作时间，而大额业务提醒、销售漏斗分析、业绩指标统计、业务阶段划分等功能又可以有效帮助管理人员提高整个公司的成单率，缩短销售周期，从而实现最大效益的业务增长。

在客户服务过程中，CRM 系统主要用于快速及时地获得问题客户的信息及客户历史问题记录等，有针对性并且高效地为客户解决问题，提高客户满意度。主要功能包括客户反馈、解决方案、满意度调查等。客户反馈中的自动升级功能可让管理者第一时间了解超期未解决的客户请求，解决方案功能使全公司所有员工都可以立刻提交给客户最为满意的答案，而满意度调查功能又可以使最高层的管理者随时获知本公司客户服务的真实水平。有些 CRM 系统还会集成呼叫中心系统，这样可以缩短客户服务人员的响应时间，对提高客户服务水平也起到了很好的作用。

企业应用 CRM 系统有利于提高客户满意度、增强客户忠诚度、促进客户保留度、增加客户贡献度。美国 ISM 公司持续 13 年跟踪研究了 CRM 对企业的影响，通过对大量样本企业的跟踪调查，发现 CRM 可以给企业带来可观的收益。在实施系统的前三年内，每个销售代表的年销售总额至少增长 10%，一般的市场销售费用和管理费用至少减少 5%，而销售成功率至少提升 5%，每笔交易至少增加 1%的边际利润，客户满意率至少增加 5%。

14.4.2　政府客户关系管理

公共服务是政府四大职能之一，为了通过信息化手段增强政府的公共服务能力，提高客户满意度，需要将客户关系管理引入政府部门。也就是说，政府对社会公众的服务要像企业对待客户一样。

客户关系管理理论方法源于企业管理，其所有应用自然不能完全照搬到政府服务领域。这是因为企业和政府的经营目标有着本质的不同。对企业而言，应用客户关系管理系统有助于发现、维系并扩大忠诚客户群，从而使企业在激烈的竞争中立于不败之地。但政府不是以营利为目的的，而且其服务对象没有高低贵贱之分，对任何种族、社会阶层、经济背景的公众都平等对待，提供同样优质的服务。然而，客户关系管理的许多管理思想和理念都可以应用到电子政务中，如客户细分。政府门户网站按照客户类型（如企业、投资者、旅游者等）组织内容，可以提高客户获取信息或办理事务的便利性。

客户关系管理系统在商业领域已得到成熟的应用，而在政府领域的应用潜力正在得到普遍认可。客户关系管理系统为政府提供了分析公众行为、了解公众需求的工具，有助于公众与政府之间个性化关系的培养，使政府根据不同的情况设计和选择提供服务的具体方式和服务内容，为公众创造独特的服务经历。客户关系管理思想在电子政务中的具体应用体现在如下方面：

（1）为创新与整合服务提供渠道。

无论公众采用电话、电子邮件、网站还是面对面的交流，都能保证企事业单位和社会公众得到一致、标准的服务，从而提高政府部门的公共服务质量，降低公共服务成本，同时也可以使政府工作人员从繁忙的接待任务中解脱出来。

（2）整合政府服务内容。

从服务公众的角度出发，政府能够为企事业单位和社会公众提供个性化的服务和一体化的服务（无缝集成服务）。通过关注服务种类与提供服务流程，而非职能部门，以客户为中心来组织公共服务，实现从职能型组织到流程型组织的过渡，使企事业单位和社会公众觉得政府各部门是一个整体。

（3）提供个性化服务。

政府部门根据企事业单位和社会公众的不同情况提供定制服务，将企事业单位和社会公众的各种数据集中到数据仓库中，采用数据采掘技术从大量数据中发现一些规律性东西，把数据转化为对企事业单位和社会公众的知识，增进政府部门对企事业单位和社会公众的了解，从而提高公共服务的针对性。

要真正把客户关系管理思想贯彻到电子政务中，必须做好如下工作：第一，强化“以客户为中心”的服务理念；第二，提供多种服务手段，如互联网、呼叫中心、短信、信息屏等，以满足不同客户群体的要求；第三，不同的政府部门实现信息共享，无论企事业单位和社会公众选择何种方式与政府机关接触，对其需求的把握应别无二致。

例如，美国联邦政府联络中心不断拓宽包括免费电话、电子邮件以及联络中心网站在内的与企业和公众联络的渠道。该中心采用合同外包方式，由专业化公司承担运行维护工作。

美国加利福尼亚州为了解决低收入家庭孩子的入学问题，启动了一个被称为“健康家庭”的项目，并成功地应用了 CRM 系统。“健康家庭”计划的申请表长达 20 页，在上交这些表格并修改完所有错误之前，申请者需要等待两个多月的时间，才能完成入学手续。实施 CRM 系统之后，申请人可以去当地的政府办公室，在专业人员的帮助下在线填写申请表，并在几分钟内就能得到返回信息。只要他们的申请表正确无误，他们的信息就会被记录到数据库中，工作人员就可以工作了。

14.5 政府供应链管理

14.5.1 企业供应链管理

供应链管理（supply chain management，SCM）最早是在 20 世纪 80 年代末由美国企业提出来的，其基本思想是以市场和客户需求为导向，由核心企业牵头，以提高竞争力、市场占有率、客户满意度和获取最大利润为目标，以协同商务、协同竞争和双赢原则为商业运作模式，通过运用现代企业管理技术和信息技术，达到对整个供应链上的信息流、物流、资金流、业务流和价值流的有效规划和控制，从而将客户、研究开发中心、供应商、制造商、销售商和中介服务商等合作伙伴连成一个完整的网络，形成一个极具竞争力的战略联盟。

市场竞争不仅仅是企业之间的竞争，还包括供应链之间的竞争。供应链管理的意义主要体现在以下三个方面：

第一，实现供求的良好结合。当前中国的流通领域中，存在众多的供应商、生产商、分销商、零售商，而他们之间的联系千丝万缕、错综复杂。如此冗长复杂的流通渠道使得对消费者信息的反馈缓慢而凌乱，甚至产生信息失真，使供求无法协调。供应链把供应商、生产商、分销商、零售商紧密联结在一起，并对其进行协调、优化管理，使企业之间形成良好的相互关系，使产品、信息的流通渠道达到最短，从而可以使消费者需求信息沿供应链逆向地、准确地、迅速地反馈到生产厂商。生产厂商据此对产品的增加、减少、改进、质量提高、原料的选择等做出正确的决策，保证供求良好地结合。

第二，降低库存成本，减少流通费用。供应链的形成要求对组成供应链的各个环节做出优化，建立良好的相互关系，采用先进的设备，从而促进产品、需求信息的快速流通，减少社会库存量，避免库存浪费，减少资金占用，降低库存成本。供应链通过各企业的优化组合，成为最快捷、最简便的流通渠道，是供应网络中的最优化网络。它的实现，去除了中间不必要的流通环节，大大地缩短了流通路线，从而有效地减少了流通费用。

第三，提高客户服务水平。现代企业均把消费者奉为上帝，而消费者要求提供消费品的前置时间越短越好。为此，供应链通过生产企业内部、外部及流通企业的整体协作，大大缩短了产品的流通周期，加快了物流配送的速度，并将产品按消费者的需求生产出来，快速送到消费者手中。供应链还可以使物流服务功能系列化。它在传统的储存、运输、流通加工服务台的基础上，增加了市场调查与预测、采购及订单处理、配送、物流咨询、物流解决方案的选择与规划、库存控制的策略建议、货款的回收与结算、教育培训等增值服务。这种快速、高质量的服务，必然会塑造企业的良好形象，提高企业的信誉，提高消费者的满意程度，使产品的市场占有率提高，消费者数量增加。

14.5.2　政府供应链管理

政府部门作为一个实体单位，必然要求采购办公物资、设备以满足其正常运转的需要，并对物资采购进行信息化管理，这就是政府供应链管理。根据财政部的统计数据，我国政府采购的规模和范围正在不断扩大。2000 年，我国政府采购规模只有 328 亿元，而到 2016 年，我国政府采购规模突破 3 万亿元。

政府采购是电子政务的一个重要组成部分。实践证明，许多国家的电子政务恰恰也是把政府采购网络化作为突破口。依托于电子政务框架中的政府采购网络化是对传统政府采购方式的重要补充。政府供应链管理的优势体现在如下方面：

（1）政府供应链管理实现了政府采购信息披露的网络化。通过浏览定点政府采购网站发布的政府采购信息，包括有关的政策法规、招标信息、询价信息、中标信息等内容，物资供应商可以适时地获取所需信息，掌握政府采购动态。而且这种方式可以使尽可能多的符合条件的供应商有机会参与竞标，增加了政府机关的选择机会。

（2）政府供应链管理使投标资料填写实现了无纸化。物资供应商在参加政府采购的投标活动中可以直接在网上根据要求制作项目标书，符合政府无纸化办公的理念。

（3）政府供应链管理实现了支付结算的网上运作。随着网络银行的发展和国库集中支付方法的成熟，政府采购机构、物资供应商、用户之间的结算可以实现网络化，缩短了购买周期。

（4）政府供应链管理有利于建立有效的政府采购评估体系。在政府采购信息系统中使用数据分析模型，对已搜集的政府采购数据进行比较，以此对供应商的资质和信用进行评判。同时通过对政府采购实施跟踪反馈，政府部门在较短的时间内就能比较准确地掌握标讯发布的真实性、标底设置的合理性等，发现政府采购工作中待改进的地方并加以完善，为以后的采购工作提供有效的借鉴。

（5）政府供应链的建设扩大了政府采购的内容。作为一项庞杂的系统工程，电子政务的实施需要大量的软硬件产品，这些都需要政府采购来完成。由于电子政务涉及各级政府部门，对 IT 产品的需求具有层次多、规模大、频率高等特点，政府部门日益成为 IT 企业的大客户。此外，政府部门还要购买培训、咨询、评测、运行维护等服务。

（6）政府供应链的建设提升了政府采购的公共认可度。政府采购被喻为"阳光采购"，是公共财政支出改革的组成部分，对于贯彻政府政策意图、节约采购资金和规范采购行为的意义已为理论界和实际操作部门所认可。同时，政府采购作为一项公共政策，也需要得到社会的关注和支持以及采购有关方的信任。电子政务在其中发挥着特殊的作用。例如，保护民族产业的"国货优先"原则在电子政务自身建设中最能得到充分体现。电子政务建设使得除了必要的内部设置，政府采购机关可以保持最低的工作人员人数，政府采购很多步骤也可以利用计算机快速完成，减少了大量不必要的环节和由人工操作带来的麻烦，高效与便捷将大大激发供应商参与政府采购的积极性，提高政府采购的信誉，还有利于保证政府采购的公开、透明。政府采购不仅应满足经济指标，也应兼顾信息安全。

政府供应链管理系统的核心由以下四部分组成：

（1）采购项目管理信息系统。对需要进行政府采购的项目进行管理，包括项目信息、采购信息、规格要求等。对于分期进行采购的项目，要加强管理采购进度及采购完成情况。对每一个项目，都要全面记录当前采购的进展情况及完成的采购额。对于完成采购的项目，记入相应的固定资产总分类账，作为固定资产进行管理。

（2）政府采购信息发布系统。对于需要公开招标的部分，通过该系统能够将招投标信息发布到相应的政府采购信息公告网站，使相关单位可在网上查询采购物品和劳务的有关情况。政府可在网上发布政府采购有关政策、法规及采购成功案例，开辟供应商园地，供应商可在网上自主发布主要产品相关信息及货物供应链，方便采购单位网上询价，选择供应商。

（3）政府采购订单管理系统。对政府采购支付过程中需要的各种文档资料进行管理，包括采购申请、合同文档资料、验收报告、生成支付申请等。与预算编审系统实现数据共享，为跨年度采购预算提供审核依据。管理一揽子采购协议相关的分期付款情况，完整记录采购订单已付资金和待付资金。

(4) 政府采购审计监督系统。对政府采购过程中的各个环节进行审计，保证政府采购的公平、公正、公开，并把审计数据集成到审计数据库中。

政府采购中心最关心的是如何利用网络最大限度地提高采购工作的效率，节省采购过程中的开支，扩大招标工作的影响范围，并拥有庞大的供应商队伍和专家队伍；商家最关心的是如何从浩如烟海的求购信息中快速选择符合自己要求的项目，让更多的潜在用户了解自己的产品；专家则希望被更多的采购中心所知，成为它们专家库中的一员，参与更多的评标工作。这些在传统工作中并不容易被满足、实现成本较大的要求都可以借助网络信息传播特有的受众面广、实时性强、成本低廉的优势，通过网站提供的各项服务功能很好地实现。

此外，如果把公文看作政府的原料，那么公文流转管理、公文处理管理、公文档案管理等就是政府供应链管理的主要内容。

由于企业供应链管理在理论和技术方面都比较成熟，因此，政府供应链管理可以充分利用企业供应链管理的实施手段和实施方法，吸取企业供应链管理建设中的经验教训。

本章小结 »

本章首先介绍了新公共管理理论与企业家政府，然后从企业资源规划、商务流程再造引申出政府资源规划、政务流程再造，最后将企业管理领域的客户关系管理、供应链管理引入电子政务领域。

关键术语 »

新公共管理理论　企业家政府　企业资源规划　政府资源规划　商务流程再造　政务流程再造　客户关系管理　供应链管理

复习思考题 »

1. 新公共管理理论的主要观点有哪些？什么是企业家政府？
2. 什么是政府资源规划？
3. 什么是政务流程再造？
4. 政府与企业的客户关系管理有什么不同？
5. 政府与企业的供应链管理有什么不同？

第 15 章

从电子政府到“智慧政府”

随着物联网、云计算、移动互联网、Web2.0 等新一代信息技术的飞速发展，电子政务正由电子政府向“智慧政府”转变。现代政府事务日益复杂，传统政府的智能水平已经难以应付这种新的形势，必须建立“智慧政府”。“智慧政府”是电子政务发展的高级阶段，是提高政府行政效率、效能、效果的重要手段。在我国，政府的四大职能是经济调节、市场监管、社会管理和公共服务。“智慧政府”就是要实现经济调节、市场监管、社会管理和公共服务的数字化、网络化、智能化、精细化。

重点问题

- 什么是“智慧政府”?
- 如何建设“智慧政府”?
- 物联网在电子政务中有哪些应用?
- 云计算在电子政务中有哪些应用?
- 移动互联网在电子政务中有哪些应用?
- 大数据在电子政务中有哪些应用?
- 政府部门如何开展知识管理?
- 如何发展政务智能?

15.1　“智慧政府”的由来与内涵

15.1.1　从“智慧地球”到“智慧城市”

2009 年 1 月 28 日，奥巴马就任美国总统后，与美国工商业领袖举行了一次圆桌会议。IBM 首席执行官彭明盛在会上首次提出“智慧地球”这一概念，建议奥巴马政府投资新一代的智慧型信息基础设施。“智慧地球”概念一经提出，立即得到美国各界的高度关注，并在世界范围内引起轰动。

“智慧地球”是指把新一代信息技术充分运用在各行各业之中，即把传感器嵌入电网、供水设施等系统中，形成所谓“物联网”，并通过云计算技术把物联网整合起来，实现人类社会与自然系统的有机集成，使地球看起来有“智慧”。

“智慧地球”传到国内，就出现了“智慧城市”的概念。“智慧城市”是指通过广泛采用物联网、云计算、人工智能、数据挖掘、知识管理等技术，提高城市规划、建设、管理、服务的智能化水平，使城市运转更高效、更敏捷、更低碳。智慧城市是继数字城市、信息城市之后城市信息化的高级阶段，是中国城市转型发展的重要方向。

智慧城市包括新一代信息基础设施、智慧政府、智慧经济、智慧社会、智慧城市发展环境五大部分，如图 15-1 所示。众所周知，城市发展体现在政治、经济、社会三个主要方面。相应地，智慧政府、智慧经济、智慧社会是智慧城市的三大领域。

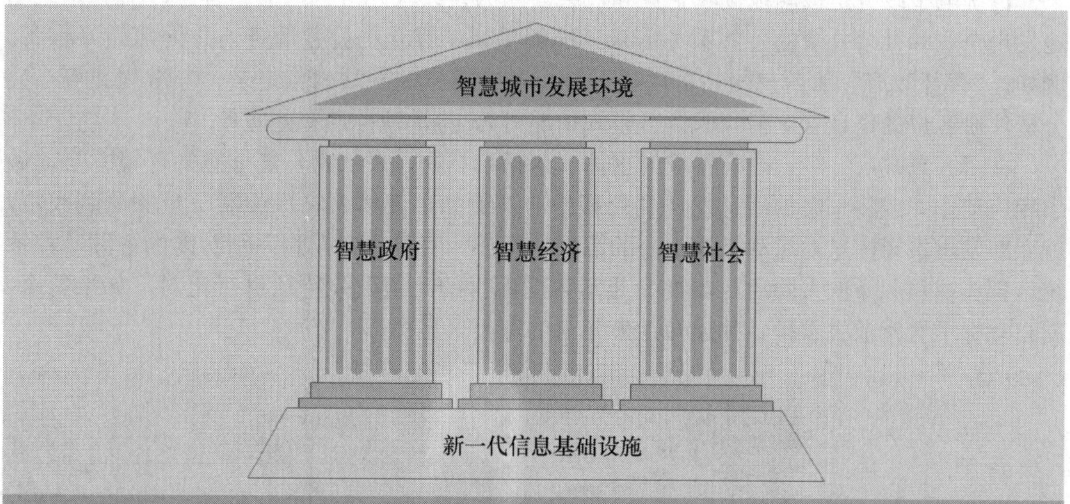

图 15-1　智慧城市的五大组成部分

一些人对“智慧城市”这一概念存在顾虑，而改用“智能城市”“感知城市”等词语。实际上，从“数字城市”到“智慧城市”，就像从数字、信息到知识，是一脉相承的。即使 IBM 不提出“智慧地球”这样的概念，城市信息化建设也会发展到“智慧城市”阶段。因此，各市在当地国民经济和社会信息化规划中，可以大胆地使用“智慧城市”这一词汇。从字面意思来看，“智慧城市”比“感知城市”更能体现城市信息化发展方向，因为信息化不能停留在“感知”层面，感知之后还要进行数据处理，要采取相应的行动。

实际上，在“智慧城市”概念出现以前，已经出现了一些类似的概念，如韩国 u-City（泛在城市）。韩国 u-City 是一个可以把市民及其周围环境与泛在技术（ubiquitous technology）集成起来的新的城市发展模式。u-City 把 IT 包含在所有的城市元素中，使市民可以在任何时间、任何地点、从任何设备访问和应用城市元素。u-City 发展可以分为互联（connect）阶段、丰富（enrich）阶段、启发（inspire）阶段。互联阶段偏重信息基础设施建设，如布设无线网络、安装传感器；丰富阶段偏重于提供泛在的服务；启发阶段偏重于智能化应用，即利用泛在技术，特别是无线传感器网络，达到对城市设施、安全、交通、环境等的智能化管理和控制。

15.1.2 “智慧政府”体系框架

随着物联网、云计算、移动互联网、大数据等新一代信息技术飞速发展，电子政务正由电子政府向“智慧政府”转变。

“智慧政府”是指利用物联网、云计算、移动互联网、人工智能、数据挖掘、知识管理等技术，提高政府办公、监管、服务、决策的智能化水平，形成高效、敏捷、便民的新型政府。“智慧政府”是电子政务发展的高级阶段，是提高党的执政能力的重要手段。

与传统电子政务相比，“智慧政府”具有透彻感知、快速反应、主动服务、科学决策等特征。

传统电子政务是被动地接收企业和社会公众的公共服务请求，而“智慧政府”是主动地发现企业和社会公众的公共服务需求，能够提供个性化的公共服务，并提前做好准备。例如，“智慧政府”的门户网站可以通过分析某个客户的网站浏览记录、办事规律等，或分析注册客户的信息（年龄、职业、收入情况等），主动地推送一些服务。

在“智慧政府”中，政府管理的物体（包括自然物、人工物）能够感知环境并自动做出相应动作，或将采集的信息发送到处理中心。例如，森林火灾探测器一旦探测到火情，就立即发出报警信息，启动指挥中心的警报。又如，安置具有人脸识别功能的视频监控系统，探头捕获儿童的人脸后，与走失儿童数据库中的儿童人脸特征进行比对，如果符合，就自动提示警察前去看护，并通知走失儿童的家长（见图 15－2）。

图 15－2　走失儿童人脸识别系统

“智慧政府”拥有强大的数据处理能力，并将数据转化为信息、知识。利用云计算平台强大的数据处理能力，“智慧政府”每天可以处理海量数据，发现政府职能范围内的一些事情。例如，通过土地利用规划图与遥感现状图的比对，自动标出违法占地，进行统计分析，并调取有关资料；通过城市规划图与遥感现状图的比对，自动标出违法建筑，进行统计分析，并调取有关资料。

众所周知，政府的四大职能是经济调节、市场监管、社会管理和公共服务。“智慧政府”就是要实现上述职能的数字化、网络化、智能化、精细化。从政府工作内容来看，“智慧政府”包括智能办公、智能监管、智能服务、智能决策四大领域（见图 15-3）。

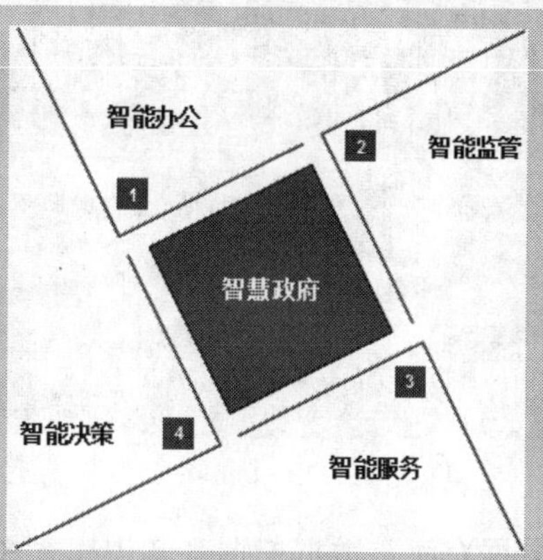

图 15-3 “智慧政府”的四大领域

（1）智能办公。

在智能办公方面，采用人工智能、知识管理、移动互联网等手段，将传统办公自动化系统改造成为智能办公系统。智能办公系统对公务员的办公行为有记忆功能，能够根据公务员的职责、偏好、使用频率等，对用户界面、系统功能等进行自动优化。智能办公系统有自动提醒功能，如代办件提醒、邮件提醒、会议通知提醒等，公务员不需要去查询就知道哪些事情需要处理。智能办公系统可以对代办事项根据重要程度、紧急程度等进行排序。智能办公系统具有移动办公功能，公务员可以随时随地进行办公。智能办公系统集成了政府知识库，方便公务员查询政策法规、办事流程等，分享他人的工作经验。

（2）智能监管。

在智能监管方面，智能化的监管系统可以对监管对象自动感知、自动识别、自动跟踪。例如，在主要路口安装具有人脸识别功能的监视器，就能够自动识别在逃犯等；在服刑人员、嫌疑犯等身上植入生物芯片，就可以对他们进行追踪。智能化的监管系统可以对突发性事件进行自动报警、自动处置等。例如，利用物联网技术对山体形变进行监测，可以对滑坡进行预警。一旦探测到火情，建筑立即自动切断电源。智能化的监管系统可以自动比对企业数据，发现企业偷逃税等行为。智能化的移动执法系统可以根据执法人员需求自动调取有关材料，生成罚单，方便执法人员执行公务。

（3）智能服务。

在智能服务方面，能够自动感知、预测民众所需的服务，为民众提供个性化的服务。例如，某个市民想去某地，智能交通系统可以根据交通情况选择一条最优线路，并给市民实时导航。在斑马线上安装传感器，当老人、残疾人或小孩过马路时，智能交通系统就能感知，并适当延长红灯时间，保证这些人顺利通过（见图 15-4）。智能服务还包括政府网站为民众提供场景式服务，引导民众办理有关事项。

图 15-4　针对特殊人群的智能交通系统

（4）智能决策。

在智能决策方面，采用数据仓库、数据挖掘、知识库系统等技术手段建立智能决策系统，该系统能够根据领导需要自动生成统计报表；开发用于辅助政府领导干部决策的“仪表盘”系统，把经济运行情况、社会管理情况等形象地呈现在政府领导干部面前，使他们可以像开汽车一样驾驭所承担的本地区、本部门职责。

在“智慧政府”中，政府信息化建设模式将从“以政府部门为中心”向“以企业和居民为中心”转变，整合有关部门的信息资源，开展面向企业和居民的全生命周期管理和服务。

15.1.3　“智慧政府”关键技术

物联网技术、云计算技术、移动互联网技术、大数据技术、空间信息技术和人工智能技术是“智慧政府”的六大关键技术，如图 15-5 所示。

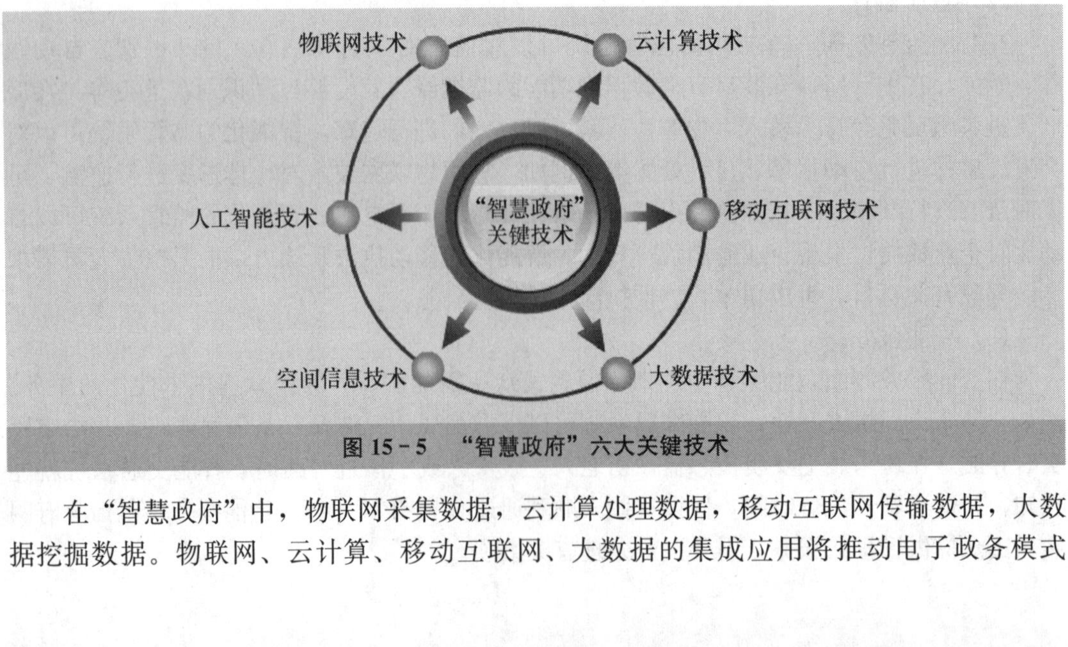

图 15-5　“智慧政府”六大关键技术

在“智慧政府”中，物联网采集数据，云计算处理数据，移动互联网传输数据，大数据挖掘数据。物联网、云计算、移动互联网、大数据的集成应用将推动电子政务模式创新。

1. 物联网技术

物联网（Internet of things）是不同传感器之间按约定的协议进行信息交换和通信，以实现物品的智能化识别、定位、跟踪、监控和管理的一种网络。简单来说，物联网就是通过传感器联网以实现物与物之间的通信。物联网将人与人之间的通信连接扩展到人与物、物与物之间的通信。

物联网技术在交通管理、环境监测、灾害预警、重要场所安防等领域具有广阔的应用前景，可以提高有关政府部门的监管水平和快速反应能力，减少人民生命和财产损失，方便人民群众生产生活。

2. 云计算技术

云计算（cloud computing）是一种可以随时随地方便地、按需地通过网络访问可配置计算资源的共享池的模式，共享池可以通过最低成本的管理或与服务提供商交互来快速配置和释放资源。按部署方式，云计算分为公共云、私有云和混合云三类。按服务内容，云计算分为架构即服务、平台即服务、软件即服务、数据即服务等类型。

云计算行业可以比喻成电力行业，与“发电—输电—用电”过程类似，软硬件集中部署在云计算中心/平台（就像“发电站”），用户使用云计算中心/平台的资源（就像“用电”），而互联网就是“输电线”。对于许多硬件设备和软件，就像不需要每家每户配备发电机而直接买电一样，用户也不需要这些硬件设备和软件而直接使用云计算中心/平台的资源。

云计算技术正好切合我国当前一些城市电子政务集中化趋势。例如，建设基于云计算技术的数据中心或超算中心，推进政府各部门的机房大集中，实现统一运维；建设基于云计算技术的政府网站群，形成以政府门户网站为主网站、部门网站为子网站的政府网站群；建设基于云计算技术的综合信息服务平台，推进业务应用信息系统互联互通，促进信息共享和业务协同。

3. 移动互联网技术

移动互联网就是移动通信与互联网的结合。近年来，随着中国移动、中国电信、中国联通三大电信运营商第四代移动通信（4G）业务的开展，全国各地无线城市建设的兴起，苹果公司 iPhone 等移动智能终端的普及，中国移动互联网进入飞速发展阶段。

随着移动互联网技术的发展，移动电子政务（M-Government）将快速发展。与传统电子政务相比，移动电子政务可以使公务员通过手机随时随地处理公务，通过微博与企业和社会公众进行互动。企业和社会公众可以通过手机随时随地获取政府信息或电子化服务，即时得知办事结果。

4. 大数据技术

近年来，随着信息化建设的深入，数据量呈爆炸性增长态势。大数据是指无法在一定时间内用常规软件工具对其内容进行抓取、管理和处理的数据集合。大数据的核心内容是数据挖掘和数据可视化，使人们从数据中获取有价值的信息和知识。

随着电子政务建设的深入，许多政府部门积累了海量数据，迫切需要进行处理、分析和数据挖掘。利用大数据技术对海量数据进行管理和挖掘，是提高政府管理和公共服务智能化水平的重要手段。新一代信息技术及其在“智慧政府”中的作用如表 15－1 所示。

表 15-1 新一代信息技术及其在“智慧政府”中的作用

技术名称	含义	角色	适用领域示例
物联网	物与物的通信网络	采集数据	自动监测、监控
云计算	由可伸缩的“池”统一提供计算资源	处理数据，提供应用服务	数据中心、软件和信息服务平台
移动互联网	无线通信网络	传输数据，提供移动应用服务	移动应用（如移动办公、移动执法等）
大数据	数据量超大，结构不同，可以从中发掘有价值信息的数据	数据挖掘，数据可视化	商业智能、政务智能

5. 空间信息技术

空间信息技术主要包括遥感、卫星导航系统和地理信息系统。与一般信息系统相比，地理信息系统的最大优势是空间可视化，即可以直观地看到事物的地理空间分布情况。对于管理对象是地理空间分布的部门，如规划、国土、环境、交通、农业、水利、铁道、地震、气象、海洋等，地理信息系统是信息化必建项目。目前，地理信息系统已经进入网络化、三维化发展阶段，出现了 Web GIS、3D GIS。

云计算、移动互联网、大数据的出现将催生新一代地理信息系统（NGG），如云 GIS（Cloud GIS）、空间信息云、移动 GIS（Mobile GIS）、智慧 GIS（Smart GIS）、嵌入式 GIS 等。与传统地理信息系统相比，NGG 的特点是智能化、移动化、海量化、嵌入化。NGG 的空间分析能力更强，基于位置的服务水平更高；NGG 可以处理海量空间数据，实时展现城市地下空间和地表建筑，在计算机中再现整个城市；NGG 能够按需嵌入其他信息系统，使之具有地理可视化功能。NGG 在智慧国土、智慧环境、智慧交通等领域具有广阔的应用前景。

6. 人工智能技术

人工智能是研究、开发用于模拟、延伸和扩展人的智能的理论、方法、技术及应用系统的一门新的技术科学。人工智能是计算机科学的一个分支，它试图了解智能的实质，并生产出一种新的能以与人类智能相似的方式做出反应的智能机器。

1950 年，阿兰·图灵提出了著名的“图灵测试”理论，能够通过测试的就是具有人工智能的机器人。2014 年 6 月 7 日是图灵逝世 60 周年纪念日，在英国皇家学会举行的“2014 图灵测试”大会上，聊天程序“尤金·古斯特曼”（Eugene Goostman）通过了“图灵测试”，标志着人工智能进入一个新时代（见图 15-6）。

图 15-6 聊天程序“尤金·古斯特曼”

15.1.4　“智慧政府”发展对策

(1) 把“智慧政府”作为“智慧城市”建设重点。

政府是一个城市的“大脑”，建设“智慧城市”的首要任务是建设“智慧政府”。“智慧政府”先行，可以带动经济、社会领域的智慧化建设，如智慧企业、智慧学校、智慧医院、智慧社区等。为此，一方面，各地在编制“智慧城市”规划时，要把“智慧政府”作为重要内容；另一方面，“智慧政府”代表着电子政务新的发展方向，各地在编制电子政务发展规划时，也要把“智慧政府”作为重要内容。各地区、各部门可以根据自身业务特点，开展“智慧政府”试点示范。

(2) 选好“智慧政府”建设的切入点。

各地区、各部门要根据实际需求选取“智慧政府”建设的切入点。例如，对于行政办公部门，可以选取智能办公系统、政府知识管理系统、政务智能系统、场景式服务网站等作为“智慧政府”的切入点。对于行政执法部门，可以选取智能视频监控系统、智能执法系统等作为“智慧政府”的切入点。对于信息化主管部门，可以选取智能市民卡、智能应急联动系统、智能食品安全监管系统等跨部门应用系统作为“智慧政府”的切入点。对于其他专业管理部门，可以根据自身职能建设智能系统，如智慧交通、智慧国土、智慧民政、智慧农业、智慧旅游等。

(3) 推广应用物联网和云计算技术。

在车辆管理、食品安全监管、口岸监管、灾害预警、环境监测、大型活动管理、重要场所安防等领域推广应用物联网技术，提高有关政府部门监管水平和快速反应能力，减少人民生命和财产损失，方便人民群众生产生活。

云计算技术正好切合我国当前一些城市政府的“数据大集中”“信息系统平台化”等实际需求。目前，许多城市的各个部门在电子政务建设方面各自为政，分别建有自己的机房，资源闲置的现象特别普遍。OA、人事管理软件、财务管理软件、后勤管理软件、网站管理软件等通用软件也是自行采购，造成标准不统一和不必要浪费。建议各市加快建设基于云计算的政府数据中心，推进政府部门机房大集中，实现软硬件统一采购、统一运维。建设基于云计算技术的以政府门户网站为主网站、各政府部门网站为子网站的政府网站群。推进政府 OA 系统等通用软件的软件即服务化，建设政府云服务平台，进一步促进信息共享和业务协同。值得指出的是，政府云是推进电子政务集约化建设的重要手段，需要建立与之配套的电子政务管理体制机制。

(4) 大力发展移动电子政务。

目前，手机已超越台式计算机成为我国第一大上网终端，中国移动互联网正进入井喷发展阶段。与传统电子政务相比，移动电子政务使公务员摆脱了网线的束缚，实现随时随地处理公务。人们通过移动智能终端随时随地获取政府信息或电子化公共服务。为此，各市政府部门应对现有政务信息系统进行改造，增加移动数据通信接口；组织开发政府 App，把一些公共服务事项打包成 App，供企业或居民用户下载、使用。香港政府信息科技总监办公室新推出了“香港政府通知你”和“政府 App 站通”两个 App，值得大陆各个城市学习。通过“香港政府通知你”App，香港政府在第一时间向香港市民的智能手机发送重要或紧急的信息。“政府App站通”类似App Store，供香港市民搜寻和下载政府部门发布的App。

(5) 开放公共数据资源。

随着信息化建设的深入，许多城市的政府部门积累了海量数据，迫切需要进行处理、分析和数据挖掘。利用大数据技术对政府海量数据进行管理和挖掘，是提高公共管理和公共服务智能化水平的重要手段。政府信息公开的范畴，不应只局限于政府工作动态、政策文件、办事指南等，还应公开政府部门掌握的数据（涉密的除外）。政府数据网站是一种新的政府信息公开方式，美国、英国、澳大利亚都开通了政府数据网站。因此建议有条件的城市建设政府数据网站，进一步推进政府信息公开，促进社会各界对政府数据的开发利用。为了实现政府数据的规范、有序、开放利用，建议全国人大制定一部旨在强化公民个人隐私和企业商业秘密保护的国家法，以避免政府、企业、公民数据被滥用。各政府部门应采取有效的信息安全保障措施，以避免发生涉密数据泄密事件。

15.2 物联网技术及其在电子政务中的应用

15.2.1 物联网技术及其发展

1995年，比尔·盖茨在《未来之路》一书中曾提及物联网（Internet of things）的概念。2005年11月，在突尼斯举行的信息社会世界峰会（WSIS）上，国际电信联盟（ITU）对物联网概念进行了扩展，即物联网能在任何时刻、任何地点实现任意物体之间的互联（any time，any place，any things connection）。

物联网是通过射频识别（RFID）、红外感应器、全球定位系统、激光扫描器等信息传感设备，按约定的协议，把任意物品与互联网连接起来，进行信息交换和通信，以实现智能化识别、定位、跟踪、监控和管理的一种网络。

物联网为人类社会增加了新的沟通维度，即从任何时间、任何地点的人与人之间的沟通连接扩展到人与物、物与物之间的沟通。许多专家学者认为，“物联网”是继计算机、互联网之后的第三次信息技术革命。

物联网具备三个特征：一是全面感知，即利用RFID、传感器等随时随地获取物体的信息；二是可靠传输，通过各种电信网络与互联网的融合，将物体的信息实时准确地传输出去；三是智能处理，利用云计算、模糊识别等各种智能计算技术，对海量数据和信息进行分析与处理，对物体实施智能化的控制。

物联网的技术架构由感知层、网络层、应用层组成（见图15-7）。感知层包括二维码标签和识读器、RFID标签和读写器、摄像头、GPS、传感器、终端、传感器网络等，主要是识别物体、采集信息，与人体结构中皮肤和五官的作用相似。网络层将感知层获取的信息进行传递和处理，类似于人体结构中的神经中枢和大脑。应用层是物联网技术在各个行业的应用，实现行业智能化，这类似于社会分工，最终构成人类社会。

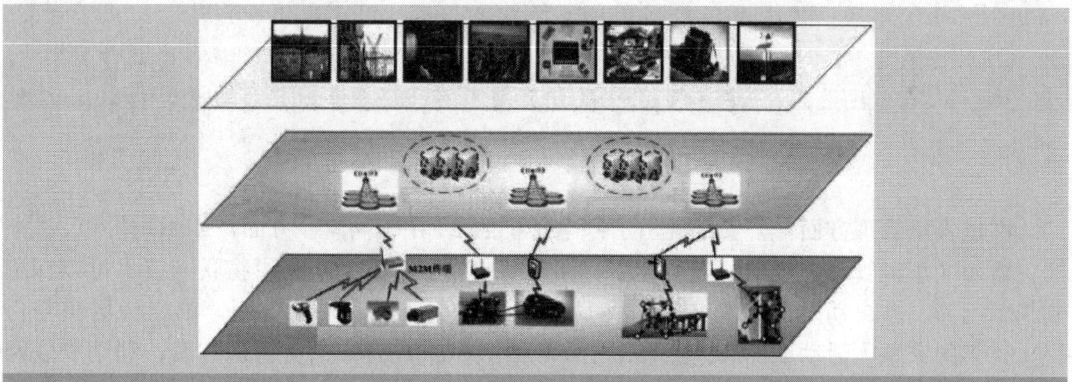

图 15-7 物联网技术架构示意图

15.2.2 物联网技术在电子政务中的应用

目前，物联网技术在公安、国土、环保、交通、海关、质检、安监、林业等政府主管部门得到初步应用，取得了良好的效果。

1. 物联网技术在公安部门的应用

对于公安部门，物联网技术可以应用于罪犯识别和追踪、出入境管理、车辆监控、监狱周界安防、公民身份认证、重大活动安保、公务枪支管理、消防器材管理等方面。

在罪犯识别和追踪方面，把视频监控和图像识别结合起来，根据犯罪嫌疑人的体貌特征，智能探头可以在人群中识别出犯罪嫌疑人，锁定之后可以对其进行持续跟踪。2012 年 4 月，京沪高铁段的上海虹桥站、天津西站、济南西站启动建设人脸识别系统，以协助公安部门抓捕在逃罪犯。今后，应逐步把传统探头升级改造为具有对人脸、人体特征、车牌号等自动识别功能的智能探头，实现联网监控和自动报警，提高对嫌疑人员和嫌疑车辆的跟踪水平，快速抓捕犯罪嫌疑人、在逃犯和暴恐分子等。

阅读材料

人脸识别技术

人脸识别技术是一种远距离、用户非配合状态下的快速身份识别技术，可以从监控视频图像中实时查找人脸，并与人脸数据库进行实时比对，完成快速的身份识别，实现智能预警的目的。2006 年，北京站和北京西站就曾引进了静态取相的人脸比对识别系统。该系统正式投入使用一个多月后，就有 100 多名犯罪嫌疑人因为该系统落入了法网。

2008年北京奥运会开幕式应用了人脸识别系统，证明实名制的开幕式入场券的确是其本人所有，这是奥运历史上第一次使用人脸识别技术。2009年，首都机场的工作人员通道就启用了人脸识别门禁系统，对进出此通道的工作人员进行检查，以防止他人冒用员工证进入机场控制区。2010年，广州高考考场首次全面启用人脸识别系统，防止替考现象，同时也为忘带准考证的考生提供了方便。2011年，北京天坛医院在各个挂号窗口也都安装了人脸监控设备。如果识别系统监控到某人在一周内多次反复挂号，那么医院就会把他列入黑名单。

在出入境管理方面，公安部推出了“电子护照”。在车辆监控方面，RFID技术已在上海世博园区车辆管理领域得到成功应用。在监狱周界安防方面，利用物联网技术可以探测到越狱行为，并自动发出报警。在公民身份认证和重大活动安保方面，第二代居民身份证、许多国家重大活动证件都已经采用了RFID技术。在公务枪支管理方面，利用物联网技术建立“智能枪柜”，可以实现对公务枪支的有效管理。

2. 物联网技术在国土部门的应用

对于国土资源管理部门，物联网技术可以应用于国土监察、滑坡灾害监测预警、地下水质自动监测等方面。

《国土资源信息化“十二五”规划》提出积极推进物联网在国土资源领域的应用，探索建立智能化实时动态监测网络系统。

徐州市国土资源局在2009年就开始采用物联网、地理空间信息技术等来建立矿产资源与矿区土地一体化管理系统，实现了地表数据和地下规划数据、现状数据的“一张图”管理，为矿产储量动态监测、土地塌陷分析、村庄搬迁分析等提供了科学依据。

太原市国土资源局于2010年开始尝试用物联网来开发基本农田保护系统、地政和矿政管理等，将每块基本农田、每个私挖滥采点联网，从而实现全天候监控。

深圳市规划和国土资源委员会于2011年开通了基于物联网的土地监察数字平台，集违法判定智能化、监察过程透明化、应急反应快速化于一体，真正做到了“看得见、办得了、管得住”。

3. 物联网技术在环保部门的应用

对于环保部门，物联网技术可以应用于工业污染源自动监测、核辐射自动监测、空气污染自动监测、江河湖泊水质自动监测等方面。

“国控重点污染源自动监控能力建设项目”是环保部2005年启动的一项全国性的节能减排、提高环境质量的重大举措。该项目总投资超过80亿元。目前已建成省、市级污染源监控中心306个，共对12 665家工业企业的排污情况实施了自动监控。

2011年10月以来，北京等城市接连出现雾霾天，许多市民呼吁将雾霾元凶细颗粒物（PM2.5）纳入国标强制监测。通过建立PM2.5自动监测网，可以实时地采集城市各监测点的PM2.5值。自2012年2月2日起，北京市民登录市环境保护中心网站，除了能看到每个小时的PM2.5数值浓度，还可以看到24小时平均浓度。

4. 物联网技术在交通部门的应用

对于公路运输管理部门，物联网技术可以应用于汽车超速监测、货车超载检测、疲劳驾驶监测等方面。2011年7月，交通运输部交通运输重大科技专项项目之一“基于物联网的公路网运行状态监测与效率提升技术研究”项目启动。2012年7月，国家重大科技专项课题“面向公路智能交通系统的无线物联网总体技术研究”正式获科技部批准并启动。

对于海事部门，物联网技术可以应用于船舶识别、水上交通管制、海事设施运行监测、船员身份自动认证、船联网等方面。例如，Marine Traffic网站通过各国海事部门采集了全球船舶动态信息，以便人们登录网站查看。

目前，我国各级海事部门已经建立了一批船舶交通服务系统（VTS）和船舶自动识别系统（AIS）。2015年4月，中国交通通信信息中心发布了宝船网2.0，可为海事、搜救、渔业、边防、航运、船舶租赁、港口等提供综合信息服务。宝船网以船舶位置为基础，是融合了全球电子海图、卫星通信系统、全球AIS数据资源、全球船舶数据资料和全球专业气象数据的综合信息服务平台，具有AIS船舶位置查询、船舶历史轨迹查询、全球海图操作、船队船舶管理、关注船舶管理、关注区域管理、实时台风预报信息发布、AWT海洋气象预报信息发布等功能。截至2015年10月，宝船网在线船舶数量达到30万。

对于民航部门，物联网技术可以应用于机场周界安防、空中交通管制、航班位置发布等方面。目前，上海浦东国际机场、重庆江北国际机场、无锡硕放机场等许多机场都建立了基于物联网的机场周界防入侵系统。在空中交通管制方面，利用雷达、飞行传感器等，实现了飞机位置、速度、姿态等的自动监测，以便空中交通管制人员引导飞机进行起降。

近年来，国内外出现了Flight Track、Flightradar 24、航旅纵横等一批可以让用户查看航班实时位置信息的App，如图15－8所示。

图15－8　Flightradar 24显示2014年国庆节虹桥机场繁忙的航班起降

对于铁道部门，物联网技术可以应用于列车运行状态监测、铁道设备运行情况监测、电子客票、货物追踪等方面。为了保障列车行车安全，全路网都建立了铁路综合视频监控系统、铁路通信监控系统、列车防碰撞系统（ATP系统），其中铁路通信监控系统对铁路通信设备、线路（光纤）等进行远程控制和设备安全运行状态监控。如果列车超速，ATP系统就会自动提醒列车司机。如果列车司机没有采取减速措施，该系统则会自动刹车。该系统在发出警告和采取刹车时，会考虑到前方列车的速度和位置，以防止列车相互碰撞。广深铁路采用带有 RFID 的火车票，乘客可以刷票进出站。由于可以自动监测到货运列车位置，货运管理系统就可以知道某件货物在当前的位置。

5. 物联网技术在海关部门的应用

对于海关部门，物联网技术可以应用于车辆通关自动核放、电子关锁、电子围网、海关物流监控等方面。

2002 年，深圳海关建立了公路口岸车辆自动核放系统。该系统主要应用 RFID 技术，集成了电子车牌、司机识别卡、电子地磅、电子栏杆、地感线圈、红绿信号灯、声音报警、LED 显示、防闯关路障、红外感应、GPS 和电子关锁通信设备等多项数据采集传感器和末端设备。车辆自动核放系统把以前每辆车的通关时间由 2 分钟缩减到了 5～6 秒钟，避免了堵车现象。2009 年 6 月底，深圳海关辖下的盐田港与黄埔海关辖下的车检场在广东省内率先正式启用电子关锁卡口联网，两地卡口联网试点车辆逐步推广使用电子关锁。深圳海关还通过综合运用电子关锁、GPS 等技术手段实现了区域间的物流严密监控，建立起了电子围网。

6. 物联网技术在质检部门的应用

对于质检部门，物联网技术可以应用于特种设备运行监测和安全监管、计量装置自动监测、进出口食品安全溯源等方面。

2012 年 8 月，国家质检总局与无锡市政府合作开展特种设备物联网应用示范项目。该项目是利用物联网技术对电梯、起重机、锅炉、压力容器、压力管道、厂车、大型游乐设施、客运索道八大类特种设备的运转情况进行实时监视，对安全隐患进行预警，对特种设备的运行维护情况进行监督。

杭州等一些地方在电梯安全方面采用了物联网技术。一旦电梯发生故障而有人员被困的情况发生时，不再需要被困人员按报警键向外界求救，物联网可自动将故障信息发至维保人员，及时展开营救工作。

7. 物联网技术在安监部门的应用

对于安监部门，物联网技术可以应用于重大危险源自动监控、危险化学品运输车辆监控、非煤矿山安全生产监控、烟花爆竹销售监管等方面。

2012 年 5 月底，北京市安全监管局印发了《北京市安全生产监管系统物联网应用示范工程建设工作方案》。目前，北京市安全生产监管系统物联网应用示范项目已进入实施阶段。2011 年 6 月，温州经济技术开发区安监局利用物联网技术对第一批危化企业实现了危险源气体监测。2015 年 8 月 12 日晚 11 点半左右，位于天津滨海新区的瑞海国际物流有限公司危险品仓库发生火灾爆炸事故，造成 165 人死亡。如果瑞海国际物流有限公司采用物联网技术对危险品仓库的温度、挥发气体浓度等进行实时在线监测，一旦超过警戒值就自动报警，或许悲剧就可以避免。

8. 物联网技术在林业部门的应用

对于林业部门，物联网技术可以应用于森林火灾、林业病虫害自动监测、受保护野生动物活动监测、湿地水位监测等方面。

2012 年 1 月，智能林业物联网应用示范项目启动。该项目建设期为 2011—2013 年，主要建设内容是基于下一代互联网、智能传感、宽带无线、卫星导航等领域的先进技术和产品，构造天网、地网、人网和林网一体化感知体系，对接智慧森林平台，形成国际领先、性价比高、具有重大实用价值的“感知生态智慧森林”四网一平台大系统，实现对森林火灾、乱砍滥伐和不合理开发利用等的全面、实时和系统的监控，提高森林资源安全监管与开发利用的整体水平，为实现林业“双增”目标提供有力支撑。吉林森工集团、江西省林业厅作为我国林业物联网首批应用示范单位，将分别开展森林资源安全监管与服务物联网应用示范工程和森林旅游安全监管与服务物联网应用示范工程。

9. 物联网技术在其他政府部门的应用

物联网技术还可以应用于水利、地震、气象、海洋、邮政、食品药品安全监管、煤矿安全监察等政府部门。对于水利部门，物联网技术可以应用于水利工程水位自动监测等方面。对于地震部门，物联网技术可以应用于地壳形变自动监测等方面。对于气象部门，物联网技术可以应用于温度、湿度等的自动监测。对于海洋管理部门，物联网技术可以应用于海洋水温、鱼群等自动监测。对于邮政部门，物联网技术可以应用于信件追踪、包裹追踪等方面。对于食品药品安全监管部门，物联网技术可以应用于食品药品安全溯源等方面。对于煤矿安全监察部门，物联网技术可以应用于煤矿瓦斯浓度自动监测、井下人员定位等方面。

物联网技术在一些政府部门的应用总结如表 15-2 所示。从技术特点来看，物联网技术的主要作用是“感知”。因此物联网技术比较适用于政府部门的监测类业务，特别是对自然环境和人造物品的自动监测。可见，物联网技术在国土、环境、林业、地震、气象、海洋等与自然环境关系密切的政府部门以及公安、海关、交通、质检、安监、药监等与人造物品关系密切的政府部门的应用前景非常广阔。

表 15-2　一些政府部门的物联网应用领域

政府部门		物联网应用领域
公安部门		罪犯识别和追踪、出入境管理、车辆监控、监狱周界安防、公民身份认证、重大活动安保、公务枪支管理、消防器材管理等
国土部门		国土监察、滑坡灾害监测预警、地下水质自动监测等
环保部门		工业污染源自动监测、核辐射自动监测、空气污染自动监测、江河湖泊水质自动监测等
交通部门	公路	汽车超速监测、货车超载检测、疲劳驾驶监测等
	海事	船舶识别、水上交通管制、海事设施运行监测、船员身份自动认证等
	民航	机场周界安防、空中交通管制等
	铁道	列车运行状态监测、铁道设备运行情况监测、电子客票、货物追踪等
海关部门		车辆通关自动核放、电子关锁、电子围网、海关物流监控等
质检部门		特种设备运行监测和安全监管、计量装置自动监测、进出口食品安全溯源等
安监部门		重大危险源自动监控、危险化学品运输车辆监控、非煤矿山安全生产监控、烟花爆竹销售监管等
林业部门		森林火灾和林业病虫害自动监测、受保护野生动物活动监测、湿地水位监测等

续前表

政府部门	物联网应用领域
水利部门	水利工程水位自动监测等
地震部门	地壳形变的自动监测等
气象部门	温度、湿度等的自动监测
海洋部门	海洋水温、鱼群等的自动监测
邮政部门	信件追踪、包裹追踪等
食品药品安全监管部门	食品药品安全溯源等
煤矿安全监察部门	煤矿瓦斯浓度自动监测、井下人员定位等

目前，许多政府部门对物联网技术有应用需求。有关政府部门应把物联网技术应用作为构建“智慧政府”的重要内容，推进物联网技术在电子政务领域的深度应用，加强对物联网产业的引导和扶持。

15.3 移动互联网及其在政府部门的应用

15.3.1 移动互联网

移动互联网指由蜂窝移动通信系统通过终端接入互联网，它和3G、4G等构成一个统一的无线、移动、互联网系统，使用户在任何地点、任何时间都能方便接入，以获得互联网上丰富的信息资源和服务。

第三代移动通信技术（3G）是指支持高速数据传输的蜂窝移动通信技术。目前3G有四种标准：CDMA2000、WCDMA、TD-SCDMA和WiMAX。第四代移动通信技术（4G）是一种能够传输高清视频的高带宽移动通信技术，用户能以100 Mbps的速度下载，比拨号上网快2 000倍。目前4G标准有TD-LTE和FDD-LTE两种。

Wi-Fi（wireless fidelity）是一种可以将个人电脑、手持设备（如PDA、手机）等终端以无线方式互相连接或帮助用户访问互联网的技术。目前，在国内许多机场、星级宾馆、咖啡厅等都可以免费接入Wi-Fi。

15.3.2 移动电子政务

移动电子政务是指用户可以通过移动终端和无线通信网络获取政府部门提供的信息和服务，包括移动办公、移动执法（见图15－9）等。

与传统电子政务相比，移动电子政务有很多优势，如可以随时随地处理公文，可以随时随地查阅信息。领导干部即使出差在外也可以处理公文，避免等待，提高办事效率。办公人员可以摆脱网线的束缚，进行移动办公。执法人员可以开展移动执法，利用无线网络调阅后台数据，进行现场处理，而不必再回办公室调阅信息。

2013 年 6 月，阿联酋政府决定将其电子政务改为移动政务，标志着阿联酋政府在提供公共服务时优先考虑手机渠道。

图 15－9　移动执法

近年来，全国各地掀起了“无线城市”建设热潮，为移动电子政务的发展奠定了很好的基础。手机的功能不断扩大，智能手机将逐渐普及。移动通信技术也在不断进步，移动互联网在快速发展。今后，移动 OA 系统、移动执法系统、手机版的政府门户网站、基于无线网络的政府业务应用系统等移动电子政务应用将快速发展。

移动电子政务具有以下三大优势：

(1) 扩大电子政务用户规模。

传统基于“固网＋电脑”的电子政务应用模式，要求用户必须有电脑，该电脑还要接入国际互联网。根据中国互联网络信息中心发布的《第 39 次中国互联网络发展状况统计报告》，截至 2016 年 12 月，中国手机网民规模达 6.95 亿，网民中使用手机上网的人群占比达 95.1%，移动电话用户数和手机网民数增长非常迅猛。目前，中国公民个人手机拥有率远高于电脑。大力发展基于“无线网络＋3G/4G 手机”的电子政务应用模式，将使电子政务建设惠及更多的人群。

(2) 降低电子政务用户门槛。

目前，总的来说，与电脑价格相比，手机价格相对较低，人们买手机的经济承受能力比买电脑的经济承受能力更强。与电脑操作相比，手机操作相对简单易学，运行维护难度低。随着智能手机价格和电信资费进一步下降，功能进一步增强，越来越多的人用得起 3G/4G 手机，越来越多的人会用 3G/4G 手机。以 3G/4G 手机作为上网终端，可以降低电子政务应用门槛。

(3) 降低电子政务建设成本。

以光纤为媒介的固定网络建设成本受地理环境、传输距离、用户集聚程度等影响很大。许多政府基层单位远离都市、地处山区、人口分散，如果通过建设固定网络普及电子政务应用，则成本高、周期长。建设无线宽带网络，不仅可以低成本地解决政府基层单位的“最后一公里”问题，而且可以快速实现区域网络覆盖，不受网络接口位置和数量限制等问题困扰。

移动电子政务发展趋势如下：

（1）移动电子政务将引领电子政务的发展。

所谓移动电子政务，是指基于无线网络和移动终端的电子政务模式。在传统电子政务模式下，公务员（特别是行政执法人员）在履行政府职能、执行具体公务的过程中，位置总是在变的，而相关政府文件、行政相对人的信息、自然环境的信息等总是在办公室的计算机里，公务员不可能拿着一大捆材料去现场执法。而在移动电子政务模式下，执法人员可以手持终端，现场在线查询对象信息、法律依据信息等，进行现场执法。移动电子政务可以极大地提高行政效率，降低行政成本，减轻公务员的工作负担。目前，在公安、工商、税务、环保、国土、城管等执法部门，移动执法系统被越来越多地应用。移动执法往往需要传输图片、视频、音频文件，而移动互联网正好支持大容量的图片、视频、音频传输，信息传输方便、快捷。可以预见，随着 3G 的发展，移动电子政务系统将引领电子政务的发展。

（2）移动电子政务应用创新将大量出现。

3G/4G 可以使公务员随时随地地采集、获取、传输、处理信息，将深刻改变电子政务应用模式，促进电子政务应用创新。例如，在安全生产监督、环境污染监控、水上交通管理、森林火情监控等领域，由于现场不方便布线，传统基于固定网络的视频监控应用受到很大的限制。在这些领域，无线视频监控就可以发挥作用了。又如，传统政府会议采用纸质文件、电话、电子邮件等方式通知参会人，这些会议通知方式工作量大、效率较低。如果用短信群发的方式进行会议通知，可以快速、准确地通知参会人。利用移动互联网，可以直接把会议通知电子文件群发给参会人。

（3）移动电子政务将促进政府信息公开和政府信息资源开发利用。

目前，政府门户网站和政府单位网站是政府信息公开的主要渠道。但是由于中国家庭电脑普及率低，家庭网络接入率低。中国各级政府建设了大量网站，这些网站虽然信息都比较丰富，但实际受益的群体很小，大量没有条件上网、不会上网的人并没有享受政府网站建设带来的好处。在这种现实条件下，以网站方式推进政府信息公开的效果就比较差。可以在线获取政府信息的社会公众数量有限，必然影响政府信息资源的开发利用。推进手机版政府网站建设，就可以使更多的社会公众在线获取政府信息，促进政府信息资源转变为社会财富。

移动电子政务发展对策如下：

（1）加强与通信运营商的合作。

在电子政务建设领域，各大通信运营商都具有资金优势、技术优势、人才优势和观念优势。在资金方面，通信运营商们拥有雄厚的资金实力，在电子政务建设领域都有规模可观的投资计划。在技术方面，通信运营商们都拥有雄厚的技术力量，在电子政务建设领域开发出了不少产品和解决方案，积累了很多成功案例。在人才方面，通信运营商们都拥有一支高素质的信息化专业人才。在观念方面，通信运营商们都拥有优秀的企业文化，在电子政务建设方面有很好的理念。随着全业务竞争局面的形成，通信运营商们都把移动信息化作为业务发展重点领域，纷纷进军电子政务建设领域。

目前，政府部门与通信运营商的合作已有不少成功案例。今后，重点要解决好通信运营商赢利模式、政府部门费用支付模式、合作的持续性等问题。通信运营商属于企业，而非公益机构，如何在电子政务建设领域赢利非常重要。建议通信运营商积极探索、创新赢利模式。为了减轻政府部门的财政负担，可以采用分期付款、以租用代替购买、优惠政策抵扣、协助产品推介抵扣等方式。要建立长效合作机制，不要因为政府部门人事变动而影响合作的可持续性。有关政府部门应在移动通信设施建设用地审批、拆迁等方面给予支持，加大移动通信设施保护力度。

（2）积极应对新问题。

目前，传统电子政务的法律法规尚不健全，移动电子政务领域更是有许多空白。例如，短信、无线传输文件、无线传输数据的法律效力问题。传统的行政法律、法规不能完全适用移动电子政务，应尽快建立并完善移动电子政务相关法律法规。

随着 3G/4G 时代智能手机的普及，手机上网将习以为常，泛滥于传统网络和 PC 的病毒感染现象将在 3G/4G 时代的手机终端上重现。目前不少用户还不清楚手机病毒的危害，市面上可供下载的上万种手机软件里面，针对手机的防火墙和杀毒软件还很少。因此，要高度重视移动电子政务的信息安全问题，加快相关信息安全技术攻关和制度建设。

移动电子政务终端（移动终端）的丢失意味着捡到移动终端的人可以进行非法操作、访问政府内部信息系统。如何减少移动终端丢失的概率，减低移动终端丢失后带来的风险，是发展移动电子政务必须考虑的问题。

（3）选好切入点。

发展移动电子政务，可以先从以下方面入手：增加现有政府网站的无线接入功能，使企业和社会公众可以通过移动终端访问政府网站；推行政府会议短信通知，通知相关人员准时参会；增加业务信息系统的无线网络接口，使企业和社会公众可以通过移动终端查询业务办理状态，政府工作人员办理完毕后通过短信通知他们；对现有视频监控系统进行升级改造，使执法人员可以进行远程视频监控，提高政府监管水平；建立政民微博、微信互动平台，拓宽人民群众参政议政的渠道，人民群众可以通过微博、微信反映合理诉求，使政府部门及时了解社情民意。

15.3.3 政府 App

App 是应用程序（Application）的简称，主要安装在智能移动终端（如智能手机、平板电脑）上。2008 年 7 月，美国苹果公司的应用商店（App Store）正式上线，销售与 iPhone、iPad 等产品配套的 App，用户可以通过 iTunes 从 App Store 下载自己喜欢的 App。之后，三星、谷歌、百度等也推出了自己的应用商店，供用户下载 App。

目前，美国、中国香港等一些发达国家和地区在政府 App 方面走在全球前列。美国联邦政府专门建立了政府应用网站，网址为 http://apps. usa. gov/。截至 2013 年 2 月，美国政府提供了 272 个 App，其中参考类 108 个，教育类 40 个，利用（utilities）类 36

个，卫生和健康类 28 个，医疗类 25 个，新闻类 15 个，旅游类 13 个，商务类 7 个。

截至 2012 年 11 月底，中国香港特区政府 24 个公共机构开发了 56 个 App，主要涉及新闻、教育、卫生、旅游、文化、环境、就业、出行、气象等民生领域，如表 15－3 所示。例如，香港特区政府一站通提供了“香港政府通知你”App，香港民政事务局提供了“亲子十八式”App，香港教育局提供了“应用学习”App，香港运输署提供了“香港乘车易”App。

表 15－3　香港特区政府有关部门的 App 情况

机构名称	开发的 App
香港特区政府一站通	政府 App 站通，香港政府通知你
1823 电话中心	Tell me@1823
民政事务局	亲子十八式
社会福利署	长者咭计划
财政司司长办公室	营商咨询电子平台
政制及内地事务局	基本法攻略
政府新闻处	香港特区政府新闻网，香港年报 2011，见识香港
食物环境卫生署	营计宝，食物安全“诚”诺
香港天文台	我的天文台，My World Weather
香港旅游发展局	AR 旅游导览，古迹漫步游，都会漫步游，720°，粥粉面饭，中菜美酒配，长洲太平清醮，端午节，中秋节
香港贸易发展局	HKTDC Mobile，HKTDC Product Magazines
香港邮政	香港邮政
香港电台	香港电台，RTHK Prime，铿锵集，城市论坛，我要做议员，猫作动，RTHK Lens
香港警务处	香港警队
康乐及文化事务署	中国戏曲节 2012，香港艺术馆户外雕塑，文化在线，新视野艺术节 2012，一统天下
教育局	应用学习，e 导航
通信事务管理局办公室	宽带表现测试
创新科技署	春田花花科学盛会
劳工处	互动就业服务，职安警示
发展局	Build 升 Hero，树木园境地图
运输署	香港乘车易
渔农自然护理署	郊野公园树木研习径，郊野乐行，香港地质公园，香港湿地公园，香港珊瑚礁普查
证监会	证监会〈学・投资〉
卫生署	戒烟达人，小食营养分类精灵

在中国大陆地区，许多国家部委和地方政府都推出了 App。例如，浙江省政府推出的“浙江政务服务”App（见图 15－10）。

图 15－10 浙江政务服务 App

目前，政府 App 在美国、中国香港等一些发达国家和地区逐渐兴起。相比之下，中国大陆地区的移动电子政务发展还比较缓慢，企业或居民可以下载、使用的政府 App 还很少。为此，笔者对政府 App 发展模式提出如下一些对策，供有关部门参考：

第一，进一步改善公务员和广大人民群众的无线上网条件。在国家层面，加快推进“中国宽带”计划，提高移动通信容量；在区域层面，各级地方政府和电信运营商应加快推进“无线城市”建设；在现场层面，提高政府办公区、公共场所、商业区、住宅区的无线网络覆盖率。通过政府采购，为公务员配备智能移动终端，作为日常办公设备。电信运营商应进一步降低资费标准，更好地满足广大人民群众的无线上网需求。通过政府投资等方式，公园、图书馆、繁华商业街等公共场所应提供免费 Wi-Fi 服务。

第二，推进政府信息系统 App 化。以前政府部门开发的信息系统都是基于固网的，公务员都要在自己的办公桌前登录。只有进到系统里面，才能看到需要自己办理的事项。一旦领导出差，办理的事项就要搁置到领导回单位，这限制了行政效率的提高。此外，政府网站上可以让企业或居民在线办理的事项少，手机版的政府网站少，企业或居民办事很不方便。为此，各级政府部门应对现有信息系统进行改造，增加移动数据接口，开发政府 App，供企业或居民用户下载使用，提高政府办事效率。

第三，以保障和改善民生为重点，推广 App 模式。从美国、中国香港等国家或地区的政府 App 发展特点来看，这些地区普遍重视开发与人民生活密切相关的 App，如教育、医疗卫生、旅游、交通、文化、就业、环境、灾害等领域的 App。党的十八大提出，“要多谋民生之利，多解民生之忧……努力让人民过上更好生活”。中国移动电子政务应在保障和改善民生方面多下功夫，教育、卫生、民政、文化、旅游、环保等部门要开发实用的 App，使人民生活更便捷、更幸福。

随着 3G/4G 网络覆盖率、智能移动终端普及率的提高，移动电子政务成为电子政务的发展趋势。政府 App 是移动电子政务的重要内容，将在今后一定时期内引领全球电子化公共服务创新。中国各级政府部门、有关信息化服务商应关注政府 App 模式，推动中国移动电子政务的发展。

15.4 大数据技术及其在政府部门的应用

15.4.1 大数据概述

大数据概念最早是由美国 EMC 公司于 2011 年 5 月提出的，是指无法在一定时间内用常规软件工具对其内容进行抓取、管理和处理的数据集合。2011 年 6 月，由 EMC 赞助、IDC 编制的年度数字宇宙研究报告《从混沌中汲取价值》（Extracting Value from Chaos）发布。IDC 根据过去 5 年的研究发现，全球数据量大约每两年翻一番；2010 年，全球数据量跨入 ZB 时代，预计到 2020 年全球数据量将达到 35ZB。

为了有效应对大数据带来的挑战，同时充分利用大数据带来的机遇，美国、欧盟等都制订了大数据研究和发展计划。

2012 年 3 月，美国政府发布了“大数据研发动议”（Big Data Research and Development Initiative），其目的是通过对采集来的庞大而复杂的数据进行分析，从中获得新的知识和洞见，加速科学发现，强化本土安全。国防部、能源部、国家科学基金会、国家卫生研究所和联邦地质调查局等部门纷纷投入资金，用于研发有关方法和软件工具，提高从海量数据中获取信息、知识等的能力。

数据是行政管理的基础，是政府的重要资产。发展政府大数据，有利于改变“拍脑袋”式决策，促进领导决策科学化；有利于推进行政管理从“粗放管理”向“精细管理”转变，从“人海战术”向“精确管理”转变；有利于实现基本公共服务资源、配套设施、执法力量等公共资源配置科学化、合理化；有利于促进公共服务人性化，为企事业单位和社会公众提供个性化服务；有利于实现政府运行整体化，破除行政碎片化，构建“整体政府”；有利于提高行政管理自动化、智能化水平。在大数据时代，各级政府官员要学会用数据说话，用数据管理，用数据决策，用数据创新。

15.4.2 政府大数据发展现状

2015 年 6 月，国务院办公厅出台了《关于运用大数据加强对市场主体服务和监管的若干意见》，提出运用大数据提高为市场主体服务水平，运用大数据加强和改进市场监管，推进政府和社会信息资源开放共享，提高政府运用大数据的能力，积极培育和发展社会化征信服务。

2015 年 8 月底，国务院印发了《促进大数据发展行动纲要》，提出加快政府数据开放共享，推动资源整合，提升治理能力。大力推动政府部门数据共享，稳步推动公共数据资源开放，统筹规划大数据基础设施建设，支持宏观调控科学化，推动政府治理精准化，推进商事服务便捷化，促进安全保障高效化，加快民生服务普惠化。

目前，大数据在公安、工商、税务等政府部门得到应用。

（1）大数据在公安部门的应用。

对于公安部门，大数据技术可应用于犯罪活动分析和预警、踩踏事故预警、人口管理和服务等方面。

纽约市的警察部门启用治安管理系统 CompStat 之后，凶杀案从 1994 年的 1 561 宗下降到 2009 年的 466 宗。

“犯罪数据分析和趋势预测系统”是北京市公安局近年来全力推进大数据警务建设的成果之一。2013 年 4 月，犯罪数据分析和趋势预测系统在北京市公安局怀柔分局正式上线运行。该系统共收录了怀柔近 9 年来 1.6 万余件犯罪案件数据，通过标准化分类后导入系统数据库，同时采用地图标注，将警务辖区实施空间网格编号，通过由数学专家建立的多种预测模型，自动预测未来某段时间、某个区域可能发生犯罪的概率以及犯罪的种类，为打击防范可防性案件提供前瞻性指导。

2014 年 5 月，北京市公安局怀柔分局“犯罪数据分析和趋势预测系统”预测提示，近期泉河派出所辖区北斜街发生盗窃案的可能性较高。怀柔公安情报信息中心根据提示，指导泉河派出所对该区域加大巡逻防控。5 月 7 日 1 时许，泉河派出所民警巡逻至北斜街南口时，当场抓获一名盗窃汽车内财物嫌疑人。经讯问，嫌疑人李某交代了他伙同他人窜至怀柔区，撬机动车锁并盗窃车内财物作案 3 起的犯罪事实。

2014 年 1—5 月，怀柔全区接报 110 刑事和秩序类警情同比下降 27.9%，立现案同比下降 14.7%，其中立抢劫案下降了近 55%。

2015 年元旦，上海外滩发生踩踏事件，造成 36 人死亡。目前大城市几乎人人都有手机，电信运营商根据手机信号能够知道机主的实时位置。如果活动组织方和有关政府部门通过电信运营商分析一个地区的人口密度，判断该地区的拥挤程度，超过一定阈值就自动报警，采取疏散措施，或许上海外滩踩踏事件就可以避免。

在 2015 年 5 月 6 日召开的国务院常务会议上，在讨论确定进一步简政放权、取消非行政许可审批类别时，李克强总理一连讲了三个故事，其中第一个故事如下：我看到有家媒体报道，一个公民要出国旅游，需要填写“紧急联系人”，他写了他母亲的名字，结果有关部门要求他提供材料，证明“你妈是你妈”。李克强总理话音刚落，会场顿时笑声一片。李克强总理说：“这怎么证明呢？简直是天大的笑话！人家本来是想出去旅游，放松放松，结果呢？这些办事机构到底是出于对老百姓负责的态度，还是在故意给老百姓设置障碍？”

乌海市公安局正在把以前的所有纸质户籍资料全部数字化，建立乌海户籍数据库，开展公安大数据应用。在户籍数据库中，建立每个人的社会关系图。一个人的父亲是谁、母亲是谁、儿子或女儿是谁，一目了然，证明“你妈是你妈”的问题迎刃而解。

（2）大数据在工商部门的应用。

2015 年 7 月，湖北工商大数据分析系统正式上线运行。工商部门可以对一个地区或者一个时间段被投诉举报最多的商品或服务进行分析，据此做到精准整治。可以对已注销市场主体的数据进行挖掘，分析出哪类主体消亡快、哪类主体生命力强、哪类主体属于高成长、哪类主体属于高衰退，为产业结构调整提供科学依据。可以准确地发现经营异常企业的分布及其原因，为有针对性地加强市场监管提供数据支撑。可以直观地了解全省市场主体的类型、结构及分布情况，各类关键指标的同比、环比分析一目了然。

（3）大数据在税务部门的应用。

对于税务部门，采用大数据技术对涉税数据进行比对，可以有效发现税收征管漏洞，促进财税增收。

天津市国税局积极探索利用互联网平台和大数据分析开展股权转让管理工作，寻找非居民股权转让税收突破点，摸索出一条以征管系统为依托，通过互联网广泛收集第三方信息，集中开展大数据分析的新征管手段。截至 2015 年 5 月，天津保税区国税局共受理非居民股权转让申报 23 例，征收非居民企业股权转让预提所得税 1.3 亿元。天津某非居民企业间接转让境内一家企业，天津保税区国税局在调查核实中，发现转让价格明显偏低且无合理解释理由，怀疑是关联交易行为。为了印证这一疑点，该局通过网络技术手段多方搜集信息，发现转让双方为同一集团控制下的不同层级的关联子公司。最终境外企业补缴预提所得税 300 万元。

江苏、湖北、北京和山东等地税务机关把大数据引入税收风险应对工作，组织开发了数据情报平台和“数字稽查”等软件，充分挖掘应用第三方信息，依照分析模型比对涉税数据，用多条数据疑点直指风险靶心，改变了“人盯户、票管税”的传统做法，提高了税收风险防范能力。

无锡市地方税务局积极引入“大数据”理念，建立了纳税人需求管理系统和具有税情采集、需求管理、服务反馈、依法维权、质效提升等功能的纳税人需求响应中心，通过大数据分析，找准纳税人需求和纳税服务中存在的痛点，进一步提升了纳税服务的针对性和有效性。

15.4.3 发展大数据要立法先行

实施国家大数据战略，目前的障碍不在于政策、技术、资金、人才，而在于法律法规不完善、大数据相关立法滞后。党的十八届四中全会提出“全面推进依法治国”，出台了《中共中央关于全面推进依法治国若干重大问题的决定》，提出“深入推进依法行政，加快建设法治政府”。在缺乏国家层面的大数据法律法规情况下，“法无授权不可为”成为各级政府部门实施国家大数据战略的主要顾虑。因此，我国亟待建立和完善大数据法律法规体系，依法依规实施国家大数据战略。

实施国家大数据战略，实现政府信息共享是前提，开放公共数据资源是动力，保护政府、商业和个人数据是保障。因此，要加快政府信息共享、公共数据资源开放和数据保护方面的立法工作。

第一，制定国家层面的“政府信息共享条例”及其实施细则。保障数据来源、保证数据质量，是实施国家大数据战略的前提。随着物联网技术这样先进的数据采集手段在政府部门的应用以及网上办事的推行，政府部门掌握的数据量越来越大。虽然全国各级政府部门都掌握着大量数据资源，但由于条块分割的行政管理体制，政府部门之间缺乏信息共享，把“大数据”割裂成许多“小数据”。政府管理的本质是信息管理。政府部门之间缺乏信息共享，是市场监管和社会管理存在漏洞、公共服务效率低下的重要原因。

对于一些政府部门来说，数据意味着部门利益，不愿意共享。我国各级政府部门的三定方案中都没有明确规定政府部门信息共享方面的职能。对政府官员来说，在缺乏法律法规依据的情况下，共享意味着风险。

“智慧城市”的核心是政府信息资源整合和共享。在不少城市，当一个政府部门需要另外一个政府部门的数据时，往往需要上级领导出面协调。同一个市长分管还好办，如果不同市长分管，则要让市长来协调。有的垂直管理部门，数据由省里统一管，则还需要协调省里，难度很大。

制定国家层面的“政府信息共享条例”及其实施细则，明确政府信息共享的内容、方式和程序，是破除部门利益、消除官员顾虑，使政府信息共享由“人治”走向“法治”的有效举措。

随着应急管理、食品安全、社会信用体系建设等跨部门、跨地区公共事务越来越多，我国亟须通过立法建立政府信息共享的长效机制，避免政府管理的碎片化，构建“整体政府”。要依法依规建立横向和纵向的政府信息共享体系，实现跨部门、跨地区的政府信息共享。

第二，制定国家层面的“公共数据资源开放条例”及其实施细则。开放公共数据资源，有利于深化政府信息公开，促进政府部门依法行政；有利于促进公共数据资源开发利用，发展信息服务业。国务院明确要求开放公共数据资源。2013年8月出台的《关于促进信息消费扩大内需的若干意见》提出“制定公共信息资源开放共享管理办法，推动市政公用企事业单位、公共服务事业单位等机构开放信息资源”；《关于积极推进“互联网+”行动的指导意见》提出“推动数据资源开放”；《促进大数据发展行动纲要》提出“稳步推动公共数据资源开放”。

关于公共数据资源开放，现在的问题不是要不要开放，而是怎么开放。这就需要立法，制定国家层面的“公共数据资源开放条例”，科学界定什么是公共数据资源，明确公共数据资源开放的范围、方式和程序，并建立监督和保障机制。在实施细则中，要明确哪些部门的哪些公共数据资源要对外开放，是全部开放还是部分开放，是面向所有人开放还是面向特定人群开放，是免费开放还是收取一定的费用，是直接开放还是依申请开放。

目前，北京、上海、浙江等省市已经通过政府网站开放部分公共数据资源，沈阳、成都等地成立了大数据局。“公共数据资源开放条例”及其实施细则，将是全国各级政府通过网站开放公共数据资源的法律依据。

第三，制定国家层面的“数据保护法”。对个人来说，数据泄露不仅会扰乱正常生活，而且可能诱发电信诈骗、入室盗窃等。对企事业单位来说，有些数据涉及商业秘密，数据也是一种重要资产。对政府来说，敏感数据泄露可能引发经济社会危机，一些机密数据泄露还会威胁到国家安全。

在我国，个人信息被非法买卖情况十分普遍，导致垃圾短信、电信诈骗等泛滥。在互联网行业，我国已经发生多起用户信息大规模泄露事件。因此，在大数据时代，除了强调“网络安全”，还要强调“数据安全”。许多欧美发达国家早在20世纪七八十年代就制定了隐私法、数据保护法，而我国还缺乏数据保护方面的法律法规，亟须制定“中华人民共和国数据保护法”，把情节严重的数据泄露、侵权等行为纳入《刑法》修正案，以加强对政府机密、企业商业秘密和个人隐私的保护，避免大数据被滥用。

15.5 从商务智能到政务智能

15.5.1 商务智能

商务智能（business intelligence，BI）的概念最早是由著名咨询公司Gartner于1996年提出来的。现代化的企业经营管理过程中通常会产生大量的数据，如订单、库存、交易账目、通话记录及客户资料等。商务智能系统通过对这些数据进行分析、挖掘，帮助企业在经营管理过程中做出及时、准确的判断，并采取明智的行动。

商务智能的关键是从许多来自不同的企业运作系统的数据中提取有用的数据并进行清理，以保证数据的准确性，然后经过抽取（extraction）、转换（transformation）和装载（load），即ETL过程，合并到一个企业级的数据仓库里，从而得到企业数据的一个全局视图，在此基础上利用合适的查询和分析工具、数据挖掘工具、联机分析处理工具等对其进行分析和处理，最后将知识呈现给管理者，为管理者的决策过程提供支持（见图15-11）。

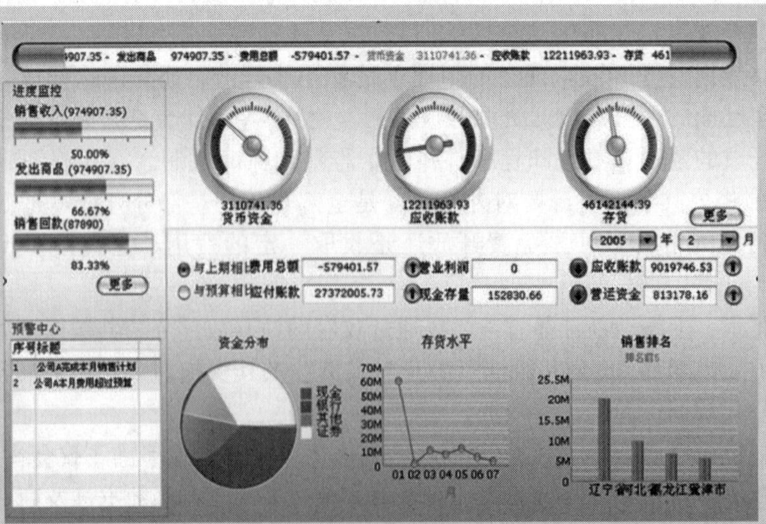

图15-11 某商务智能软件用户界面

15.5.2　政务智能

政府部门要充分发挥政府的职能，进行有效的监控和管理，同时为了增强民众和政府之间沟通的时效性，及时掌握有效的信息，就必须建立一个可以有效地收集、监测和分析所获得的大量数据的系统。

现有的数据库系统虽然可以高效地实现数据的录入、查询和部分统计等功能，但是无法发现数据中存在的关系和规则，无法根据现有的数据预测未来的发展趋势。

把“商务智能”思想引入电子政务中进行应用，就产生了“政务智能”。从技术角度来说，商务智能与政务智能没有什么区别，只不过是应用对象不同罢了。但从应用角度来说，后者还必须考虑政府部门的特殊性，如业务流程、数据权限等。

政务智能的基础是政府各种业务活动的各项绩效指标，它们来自政府各个应用系统并经提取计算而得，这些应用系统包括政府供应链管理、政府资源规划、政府客户关系管理等。政务智能及时将各种基础绩效指标及关键绩效指标提供给政府各级管理者，管理者借以快速做出决策。

政务智能可以通过大量政务信息的处理，找出经济社会运行状况存在的问题，优化政府业务流程等。基于对政府第一手资料的分析，政务智能为政府提供的决策支持效果非常明显。政务智能可以让政府所有公务员进行资料分析，从而发现问题，这是一些传统决策支持系统软件所不具备的功能。一直以来，只有信息技术人员或统计人员懂得如何在成堆的信息与数据里产生厚厚一叠的政府报告，然后通过政府公报的形式与社会分享。现在有了政务智能系统就不同了，它能让每个公务员都有能力独自进行数据分析。一般而言，政务智能软件会将海量信息进行分类，让相关信息聚集在一起，如财政的归财政、交通的归交通，等到需要特定信息时，公务员就可以用政务智能软件去搜寻所要的信息。

政务智能系统的关键技术包括数据仓库技术、联机分析处理技术、数据挖掘技术和决策支持系统（DSS）技术（见图 15-12）。

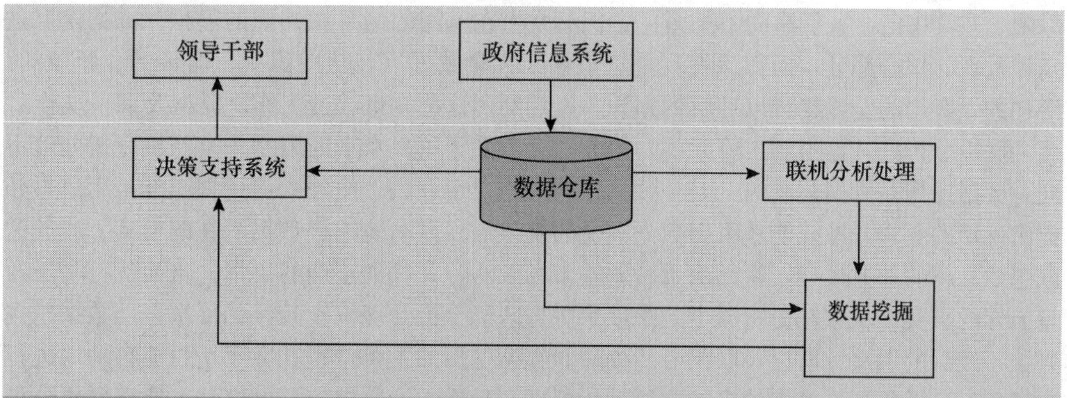

图 15-12　政务智能系统

（1）数据仓库技术。

数据仓库是支持管理决策过程的、面向主题的、集成的、随时间变化但信息本身相对稳定的数据集合。数据仓库是在数据库已经大量存在的情况下，为了进一步挖掘数据资源、满足决策需要而产生的，而不是所谓的“大型数据库”。数据仓库的体系结构分为数据提取层、数据组织层、数据挖掘层等。数据提取层把决策主题所需要的数据（当前的、历史的），从各种相关的业务数据库或数据文件等外部数据源中抽取出来，进行必要的清洗、整合和转换处理，再将这些数据集成存储到仓库中。数据提取层在数据仓库的整体系统应用中占有非常重要的地位。数据组织层以一定的组织结构存储各种主题数据。数据仓库包括多个主题，一个主题的数据通常存储在一个数据库中，包括该主题的一些综合性表格，如主题选择的事实表、维表，还有为数据挖掘生成的中间表等。数据挖掘层集成各种数据挖掘的算法，包含具有很强功能的数据挖掘工具，可以提供灵活有效的任务模型、组织形式，以支持各项决策的数据挖掘任务。

（2）联机分析处理技术。

在数据仓库的概念提出后不久，联机分析处理的理论及相应工具就被相继推出了。数据仓库侧重于存储和管理面向决策主题的数据，而联机分析处理则侧重于数据仓库中的数据分析，并将分析结果转换成辅助决策信息。联机分析处理的一个重要特点是多维数据分析，这与数据仓库的多维数据组织正好形成相互结合、相互补充的关系。

联机分析处理是针对特定问题的联机数据访问和分析，通过对信息进行快速、稳定、一致和交互式的存取，对数据进行多层次、多阶段的分析处理，以获得高度归纳的分析结果。联机分析处理是一种自上而下、不断深入的分析工具：在用户提出问题或假设之后，它负责提取关于此问题的详细信息，并以一种比较直观的方式呈现给用户。

联机分析处理技术中比较典型的应用是对多维数据的切片和切块、钻取、旋转等，它便于使用者从不同角度提取有关数据。联机分析处理技术还能够利用分析过程对数据进行深入分析和加工。例如，关键指标数据常常用代数方程进行处理，更复杂的分析则需要建立模型进行计算。

（3）数据挖掘技术。

数据挖掘是指从大量的、不完全的、有噪声的、模糊的、随机的实际应用数据中，抽取隐含在其中的、人们事先不知道的，但又是潜在有用的信息和知识的过程。数据挖掘是知识发现的核心部分，而知识发现是在积累了大量数据后，从中识别出有效的、新颖的、潜在的、有用的及最终可以理解的知识，人们利用这些知识改进工作，提高效率和效益。

联机分析处理是由用户驱动的，很大程度上受到用户水平的限制。与联机分析处理不同，数据挖掘是数据驱动的，是一种真正的知识发现方法。使用数据挖掘工具，用户不必提出确切的要求，系统能够根据数据本身的规律性，自动地挖掘数据潜在的模式，或通过联想建立新的业务模型，帮助决策者调整市场策略，并找到正确的决策。这显然有利于发现未知的事实。从数据分析深度的角度来看，联机分析处理位于较浅的层次，而数据挖掘则位于较深的层次。所以，联机分析处理和数据挖掘的主要差别就在于是否能自动地进行数据分析。近年来，越来越多的联机分析处理产品融入了数据挖掘的方法，所以联机分析处理与数据挖掘间的界限正在逐渐模糊。

（4）决策支持系统技术。

决策支持系统是一个由多种功能协调配合构成的，以支持整个决策过程为目标的集成系统，由数据库、模型库、方法库、知识库等组成。自 20 世纪 70 年代被提出以来，决策支持系统已经得到了很大发展。新一代决策支持系统是基于数据仓库、联机分析处理和数据挖掘的决策支持系统。

把电子政务平台和决策支持系统有机地结合起来，可以大大提高决策的科学性、时效性和适应性。实践表明，政府部门的决策越来越依赖于对历史数据、相关数据的科学分析。发展政府决策支持系统可以提高公共政策制定的科学性和有效性。因为公共政策的制定是通过一系列行政决策实现的，而决策的科学性、及时性、有效性，不仅是公共政策制定的基础，也是政府有效管理的前提和条件。

15.6 知识管理及其在电子政务中的应用

15.6.1 政府知识管理及其发展

所谓知识管理（knowledge management，KM），是指在组织中建构一个人文与技术兼备的知识系统，让组织中的信息与知识，通过获得、创造、分享、整合、记录、存取、更新等过程，达到不断创新的最终目的，并反馈到知识系统内，由此，个人与组织的知识得以永不间断地累积，从系统的角度进行思考，这将成为组织的智慧资本，有助于企业做出正确的决策，以适应市场变化。

知识管理的核心流程如下：获取→创造→分类→存储→分享→更新→价值。随着隐性知识和显性知识的不断转换，个人和企业的知识都将得到有效的利用和积极的发展。组织机构凭借协作和学习，由一个被动的机械体系变革为一个主动的生态体系。知识自由流淌在组织的每根血管之中，企业变成一个能自我驱动、自我调节、自行变革的生命体。个人也借助学习和交流，不断增强知识积累，成为能够自我激励、自我超越的鲜活个体。

政府知识管理是指政府在日益加剧的非连续性、高度不确定性和未来不可预测性的环境下，为适应管理和职能变化的需要，在电子政务的基础上，充分利用知识网络系统，畅通无阻地进行知识收集、组织、运用，不断地创新知识，并将新知识高效地应用于政府在各个领域的管理实践，最终提高政府的管理水平、工作效率，提高公众对政府的满意度。

政府知识管理借鉴了企业知识管理的一些理论方法，把知识和人才看作政府的重要资产和推动力，通过建立激励公务员参与知识共享的机制，运用集体的智慧，提高政府对环境的应变能力和管理创新能力。

政府知识管理具有六个基本特征：新的价值取向、新的分享机制、新的领导方式、新的精神激励、新的分配方式和新的发展观。这六个基本特征完整地表达了政府知识管理与传统管理方式的区别，为政府部门开拓新的管理方式指明了方向。

阅读材料

美国联邦政府“知识管理金字塔”工程

根据《联邦知识管理市场观察》，美国联邦政府的决策问题，尤其是在卡特里娜飓风中表现出来的问题，使美国管理和预算办公室及美国国会更加注重在政府知识共享流程和系统方面的投入。2004年，美国审计部门的一项数字表明，大约53%的联邦公务员将在近5年内达到退休年龄，且年轻公务员的流动性很大。为了使政府建立一个知识型组织，解决人力资源青黄不接的问题，美国政府实施了“知识管理金字塔”工程。该工程的总体目标是“通过正式的知识管理项目在组织成员内共享并创造知识，以支持组织战略目标的实现”。具体目标包括：通过在政府的日常行政事务中贯彻知识管理来提高行政效率；通过获取、分享和再生知识来刺激创新，实现目标使命；尽量留住人才，加强同事间的合作。

资料来源：张少锋，万春蓉．电子政务环境下政府知识管理探析．情报探索，2010（2）.

15.6.2 知识管理在电子政务中的应用

英国政府在大力发展电子政务的过程中，尤其引人注目的是建立了世界上领先的政府知识管理系统。该系统是英国各个政府部门内部知识交流的网络，使得各个部门可以在同一个平台上开展协同工作，共享知识财富。英国政府知识管理系统工程分四期进行，于2002年6月完工。该项目获得国际社会的广泛好评，多次获得英国政府最佳IT项目奖。

第一期工程主要是初步实现各个部门通过安全内网用浏览器或其他客户端工具发布、浏览、下载有关资料，包括政府研究资料、政府统计数据及其他政府数据库信息，系统还提供了用户导航、在线帮助、技术支持等功能。

第二期工程主要侧重于政府部门之间的交流和协作，包括跨部门协同工作和新的应用，建立政府资料元数据等。

第三期工程主要是加强部门之间的协同工作，并充分体现到每天的事务处理中，包括部门内部的研讨会，新思想、新理念的探讨和交流，现有知识管理系统的优点和缺点的讨论，新的交流方式的探索等。

第四期工程主要是使知识管理融入政府部门的日常事务处理中，各个部门能够熟练地应用政府知识管理系统这个平台实现自己的预期目标，开发具有部门特色的知识管理应用系统，由不同兴趣爱好者组成不同的知识社区等。

中国政府知识管理的当务之急是丰富各级政府网站的内容，提高其所提供信息的知识含量，建立政府知识库，对现有知识进行有效管理。所以，必须制定政府知识分类和标准化制度，提高政府知识的利用率。首先要对政府现有知识进行有效分类，区分可以对社会公开的应让公众知情的知识、政府内部各部门与公务员需要周知的知识以及需要严格保密的国家机密等。对于需要公开的知识，应尽快进行知识标准化的工作，将有关知识尽快在政府网站上公开，并做好知识的更新与归类检索等工作；对于政府内部知识如工作经验、技巧等，要尽量进行显性化、编码化，将其纳入政府知识库，便于相关人员共享和利用；对于国家机密应做好安全防范工作，采取物理隔离等有效措施防止外泄。此外，对政府知识还可以按照岗位、专业进行分类，便于检索和分析整合。

对政府知识进行有效分类整理以后，要制定相应知识积累与更新制度，做好相应知识的存储与定期更新工作。政府的知识积累工作由来已久，尤其是档案的管理与定期更新较为规范化，但是政府档案偏重于对工作成果、相关文献的管理，而对于各项工作和岗位的技术诀窍、最佳实践等隐性知识的挖掘与管理较为忽视，应出台有关制度，将各部门的成功经验和最佳实践整理成规范的文档、纳入政府知识库，通过有效的知识分发机制使之在更广的范围内与其他相关机构共享，从而避免由于知识共享不够、信息交流不畅引起不同分支机构重复开发、重复摸索造成的资源浪费。同时要建立知识定期更新制度，确保政府知识的有效性、精练性和一致性。

建立外部知识收集与内化制度。外部知识包括来自政府外部的研究机构、企事业单位、民间组织及其他普通群众等各个方面的知识。具体地说，就是要定期请专家来为本部门官员讲解国内外本行业的最新发展态势、新的理论与经验，发挥政府网站双向互动的作用，收集社会群众对政府工作的意见与建议，然后将外部专家所传授的知识以及群众对政府工作的意见建议进行分类整理、综合分析，建成规范的文档纳入知识库，并将其传递给相关部门和人员，将外部知识变为政府改进工作、提高服务水平、创新知识的起点。

建立公务员和部门的知识成果申报制度，要求公务员定期向其主管领导部门申报知识成果，包括知识创新成果以及知识共享和知识应用的成果，并建立知识成果审核制度，由上级领导和相应知识管理人员对所申报的知识成果进行真实性审查和有效性评定，填写考核单，送交知识管理部门作为对各业务部门及其公务员考评的依据之一。政府部门的许多工作收益不确定，知识成果较难衡量，可以借鉴美国通用电气公司的 360 度考核法，采用专家背靠背投票的方法或专家面对面协调的办法予以确定。让每个部门、每个员工都有成果申报，都能切身体会到自己的工作与知识管理有关，从而形成有利于知识创新、共享与应用的良好氛围。实际上，实施政府知识管理的最大阻力不是信息技术，而是公务员不愿与其他公务员分享自己的知识。因此，应该建设一种鼓励积极分享知识和交流知识的政府文化。

本章小结

本章首先介绍了“智慧政府”的由来，分析了“智慧政府”的内涵和特征，阐述了“智慧政府”的四大领域。然后论述了物联网技术、移动互联网和大数据技术在电子政务中的应用。最后论述了政务智能系统的结构和关键技术以及知识管理在电子政务中的应用。

关键术语

智慧地球　智慧城市　智慧政府　物联网　移动互联网　大数据
商务智能　政务智能　数据仓库　联机分析处理　数据挖掘　决策支持系统
知识管理

复习思考题

1. 什么是“智慧政府”？如何建设“智慧政府”？
2. 物联网技术在电子政务中有哪些应用？
3. 如何发展移动电子政务？
4. 如何发展政府大数据？
5. 什么是政务智能？政务智能系统的关键技术有哪些？
6. 什么是政府知识管理？如何利用电子政务提高政府知识管理水平？

附　录

“电子政务”课程教学大纲

为了帮助有关高校教师更好地开展电子政务教学工作，作者编写了一个“电子政务”课程教学大纲，供有关教师参考。

一、课程基本信息

课程编号：略

课程中文名称：电子政务

课程英文名称：Electronic Governance

课程类型：专业必修课或专业选修课

建议学时：32

建议学分：2 分或 3 分

适用的本科专业：政治学与行政学、行政管理、公共事业管理、城市管理、信息工程、计算机科学与技术、软件工程、信息管理与信息系统、土地资源管理、海关管理、交通管理、海事管理、信息资源管理等。

适用的研究生专业：公共管理，政治学，计算机科学与技术，图书馆、情报与档案管理等。

二、课程目标与任务

通过对本课程的学习，使学生对电子政务理论和方法有一个全面的了解，从而具备从事电子政务规划、建设、管理和研究等方面的能力。

三、教学基本要求

（1）对电子政务的研究内容和研究方法有一个正确的认识。

（2）明确电子政务所涉及的相关概念。
（3）了解国内外电子政务发展情况。
（4）掌握电子政务的原理和方法。
（5）学会运用电子政务的原理和方法解决实际问题。

四、课程内容与学时分配

“电子政务”课程内容及学时分配如表 1 所示。讲授顺序、教学内容和学时分配可根据各校实际情况进行适当调整。

表 1 “电子政务”课程内容及学时分配

讲授顺序	主要教学内容	学时
1	电子政务及其相关概念，电子政务的发展背景，推行电子政务的重要意义，电子政务对行政管理的影响，政府信息学的研究对象、研究内容、研究方法和研究进展	2
2	美国、加拿大、英国、法国、德国、丹麦、瑞典、澳大利亚、日本、韩国、新加坡等国家的电子政务进展与启示	1
3	国内电子政务发展历程、发展现状、主要经验、存在问题、发展对策和发展趋势	2
4	政务内网、政务外网、四大基础信息库、政务信息目录与交换体系、政府数据中心建设、电子政务网络信任体系、电子政务灾难备份、信息系统安全等级保护、信息安全风险评估、政府云	2
5	“金宏工程”、“金财工程”、“金税工程”、“金关工程”、“金审工程”、“金质工程”、“金盾工程”、“金保工程”、“金农工程”、“金水工程”、“金信工程”、“金安工程”、“金土工程”、国家环境信息与统计能力建设项目等重大电子政务工程	1
6	政府门户网站的主要功能，国内政府门户网站发展现状、存在问题和发展对策，政府网站最佳实践和典型案例，政府网站群	2
7	美国、英国、加拿大、澳大利亚、新加坡、欧盟、中国电子政务总体框架，地方电子政务总体框架设计方法，电子政务发展战略，电子政务发展规划编制内容、流程和方法	2
8	整体政府理论，全生命周期管理，协同政务，电子政务信息共享和业务协同背景和意义、现状和对策、案例和经验	2
9	答疑课（学生就第 1～8 次课的学习内容进行提问，任课老师进行答疑）	2
10	电子政务外包，电子政务项目管理与监理，电子政务产品与服务采购，政府 IT 治理与 IT 服务管理	2
11	电子政务评估类型和流程，国内外电子政务评估现状，区域级、部门级、项目级和系统级电子政务评估方法，国内外政府门户网站评估方法，政府门户网站评估指标体系	2
12	电子政务组织机构、政策法规、资金投入、人才培养、标准规范，政府 CIO 和 CDO 及其培养	2

续前表

讲授顺序	主要教学内容	学时
13	城市管理概述，空间信息技术及其在城市管理中的应用，城市应急管理信息化、数字城管系统，城市地下空间管理信息化，城市流动人口管理信息化	2
14	新公共服务理论，服务型政府，电子政务在建设服务型政府中的重要作用，行政服务中心，政府呼叫中心，微博，微信，自助终端机	2
15	新公共管理理论，企业家政府，政府资源规划，政务流程再造，政府客户关系管理、政府供应链管理	2
16	“智慧地球”，“智慧城市”，“智慧政府”的内涵与特征、体系框架、关键技术和发展对策，物联网技术及其在政府部门的应用，移动互联网及其在政府部门的应用，大数据技术及其在政府部门的应用，政务智能，政府知识管理	2
17	答疑课（学生就第 10～16 次课的学习内容进行提问，任课老师进行答疑）	2

五、教学方法及手段

在电子政务教学过程中，要将理论与实际相结合，基础知识传授与应用知识传授相结合，案例教学、启发式教学与研讨式教学相结合，积极吸取学科最新研究成果，加强与学生的互动和交流。采取教师课堂讲授，学生自由提问、分组讨论的教学模式。

六、考核方式

建议从课堂表现（占 20%）、课后作业（占 20%）、课程论文（占 30%）、期末考试（占 30%）四个方面考查学生对电子政务有关知识的掌握程度。

七、教学参考书

[1] 金江军. 电子政务理论与方法. 4 版. 北京：中国人民大学出版社，2017.
[2] 金江军. 互联网时代的新型政府. 北京：中共党史出版社，2017.
[3] 金江军，郭英楼. 智慧城市：大数据、互联网时代的城市治理. 北京：电子工业出版社，2016.
[4] 李习彬，等. 电子政务与政府管理创新. 北京：科学出版社，2004.
[5] 芳汀. 构建虚拟政府：信息技术与制度创新. 北京：中国人民大学出版社，2004.
[6] 韦斯特. 数字政府：技术与公共领域绩效. 北京：科学出版社，2011.

参考文献

朱立言，谢明．公共管理概论．北京：中国人民大学出版社，2007.

陈振明，等．竞争型政府：市场机制与工商管理技术在公共部门管理中的应用．北京：中国人民大学出版社，2006.

高小平．政府管理与服务方式创新．北京：中国建筑工业出版社，2008.

李习彬，等．电子政务与政府管理创新．北京：科学出版社，2004.

郝晓玲，孙强．信息化绩效评价框架、实施与案例分析．北京：清华大学出版社，2003.

奥斯本，盖布勒．改革政府：企业家精神如何改革着公共部门．上海：上海译文出版社，2006.

登哈特，登哈特．新公共服务：服务，而不是掌舵．北京：中国人民大学出版社，2004.

林登．无缝隙政府：公共部门再造指南．北京：中国人民大学出版社，2002.

韦斯特．数字政府：技术与公共领域绩效．北京：科学出版社，2011.

芳汀．构建虚拟政府：信息技术与制度创新．北京：中国人民大学出版社，2004.

徐继华，冯启娜，陈贞汝．智慧政府：大数据治国时代的来临．北京：中信出版社，2014.

STARK J．产品生命周期管理：21 世纪企业制胜之道．北京：机械工业出版社，2008.

高新民．信息化发展大趋势：融合、整合、渗透．信息化建设，2010（12）.

汪玉凯．电子政务需要顶层设计．信息化建设，2005（6）.

汪玉凯．中国电子政务的未来：整合、互联、共享、重构、效率．信息系统工程，2010（8）.

李建平．我国首个工商大数据分析系统正式上线．中央政府门户网站，2015-07-01.

人民网舆情监测室．2014 年上半年新浪政务微博报告．人民网，2014-07-24.

宁家骏．下一阶段我国电子政务建设规划的设想．信息系统工程，2010 (9).

曲成义．大力推进电子政务公共服务建设．信息系统工程，2010 (7).

倪光南．在电子政务中大力推广国产软硬件．信息系统工程，2010 (7).

倪光南．新技术发展环境下的电子政务建设．电子政务，2010 (11).

张曙光．转型时期城市管理如何做到数字化和人性化．学习时报，2008-03-03.

张勇进，孟庆国．国家电子政务统一网络空间：内涵、框架及建构．中国行政管理，2011 (8).

文卫东．四种城市应急联动模式分析．计算机世界网，2004-04-28.

张少锋，万春蓉．电子政务环境下政府知识管理探析．情报探索，2010 (2)：44-46.

孙宇．构建面向公共服务的电子政务体系：理论逻辑和实践指向．中国行政管理，2010 (11).

杨钢．政府部门如何进行有效的 IT 运维管理．CIO 时代网，2010-06-22.

时代，钱锋．IT 服务管理：一种可用于信息化建设的方法．国土资源信息化，2010 (3).

王丹中．从电子政务发展水平评估看发展中的误区及对“十二五”的启示．信息化建设，2010 (12).

金震宇．政府网站群建设思路分析．信息化建设，2009 (3)：36-37.

王丛霞，方洁．Web2.0 在电子政务中的应用领域及其问题研究．图书馆理论与实践，2010 (2).

赵晖．无锡市党务政务新网站群实现资源整合．无锡日报，2009-01-04.

杨飞．对“十二五”电子政务工作的若干思考．电子政务，2010 (11).

金湘军．国外电子政务与政府管理创新研究概述．国外理论动态，2010 (5).

张素芳，陈贵梧．电子政务研究的国际进展与分布格局——基于 Web of Science 论文的计量分析．图书情报知识，2011 (3).

王山琪．德国电子政务建设及特点．通信管理与技术，2010 (3).

陈士俊，柏高原．瑞典电子政务的发展对我国的启示．电子政务，2010 (9).

陈芸芸．丹麦大力发展电子政务　重视互动的界面和方式．中国经济网，2011-04-20.

房立洲，李楠．数字城管的创新实践与发展愿景——以杭州市为例．城市管理与科技，2010 (6).

韩雨彤．电子政务顶层设计必须马上开始．CIO 时代网，2010-07-05.

唐重振．国外电子政务绩效评估的发展与启示．法制与经济，2009 (12).

张伟．探析当代政府再造运动．中国党政干部论坛，2006 (10).

谢力民．解析电子政务顶层设计．国门时报 e 周刊，2005-08-22.

无锡市人口计生委．人口信息共享服务实践和探索．工业和信息化部网站，2010-03-11.

杨如年．以“两手抓”突破“共享与协同”瓶颈．信息化建设，2010 (12).

霍小军. SaaS模式在电子政务中的应用初探. 电子政务，2008（1）.

王艳. 电子政务助力公共服务型政府建设. 世纪桥：理论版，2009（7）.

广州市信息化办公室. 广州市深化电子政务信息共享和业务协同的主要做法及应用成效. 工业和信息化部网站，2009-01-16.

上海市经济和信息化委员会. 上海市深化电子政务建设应用 推进信息共享和业务协同. 工业和信息化部网站，2010-03-11.

上海市工商行政管理局. 推进法人信息共享与应用，提升政府公共管理和服务效能. 工业和信息化部网站，2010-03-11.

浙江省测绘与地理信息局. 加强地理空间信息共享与业务协同，提高测绘为电子政务建设服务能力. 工业和信息化部网站，2010-03-11.

杭州市信息办. 杭州市深化电子政务信息共享和业务协同的主要做法及应用成效. 工业和信息化部网站，2009-01-16.

张锐昕，吴江，杨国栋. 电子政务绩效评估制度建设的目标和重点. 中国行政管理，2006（4）.

张锐昕，杨国栋. 网络时代西方国家政府职能转变：动因、对策及启示. 兰州大学学报：社会科学版，2007（3）.

王亚宏. 英国电子政务：以公众为中心. 信息系统工程，2011（7）.

曾宇航. 新公共管理语境下的中美地方电子政务理念解读. 中国管理信息化，2010（16）.

李传军. "整体政府"视角下的电子政务建设. 学习论坛，2011（4）.

李传军. 领导干部亟须适应电子政务与网络民主. 领导科学，2010（12）.

黄璜. 面向知识管理的电子政务. 行政管理改革，2010（11）.

杨兴凯. 基于GRP的电子政务应用模式研究. 中国信息界，2010（11）.

刘征. 供应链管理理论引入电子政务的路径选择. 当代经济，2010（10）.

董蕙亚. 新一代政府数据中心的探索与实践. 信息化建设，2010（6）.

谭静，冯琳，郑中华. 新公共管理与新公共服务理论比较. 学习月刊，2009（4）.

王柏华. 技术创新推动电子政务管理创新. 行政管理改革，2010（9）.

赵红卫. 论"网络问政"及其良性发展的路径选择. 法制与社会，2010（15）.

顾平安. 面向公共服务的电子政务流程再造. 中国行政管理，2008（9）.

江易华. 从新公共服务理论看中国政府绩效评估. 中国党政干部论坛，2007（2）.

许青圆. 电子政务IT治理的决策机构与监控. 信息化建设，2010（3）.

王克照. 中国电子政务2.0时代的到来. 信息化建设，2011（2）.

姚国章，林萍. 加拿大电子政务发展解析. 信息系统工程，2010（4）.

韩英军，闫博，谢靖. 电子政务绩效评价的国际模式研究. 经济师，2011-01-05.

董伟俊，赵一九. 关于电子政务促进服务型政府建设的调查研究. 电子政务，2010（21）.

赵俊岚. 电子政务工程监理分析与探讨. 中国管理信息化，2010（8）.

丁芸. 电子政务在建构服务型政府中的作用和价值. 科技经济市场，2010（6）.

戴昌桥. 美国电子政务建设模式探析. 中国行政管理，2010 (6).

郭洁敏. 世界主要电子政务评估指标比较. 信息化建设，2008 (9).

合肥市政府. 关于合肥市信息资源整合共享的实施意见. 合肥市政府网站，2009-06-22.

李东，张秀杰，李素芳. 电子政务项目后评价及其指标体系建设. 经济管理，2007 (17).

胡迪迪. 我国管理学对电子政务研究主题的文献计量学分析——基于 2005—2014 年管理学核心期刊论文的分析. 经营管理者，2015 (25).

王宇，赵玉攀，杨兰蓉. 2014 年国际电子政务研究评述：基于 SSCI 数据库. 电子政务，2015 (10).

刘岩. 构建服务型政府视角下的电子政务研究. 信息化建设，2015 (10).

陈亚辉. 整体政府视野下行政服务中心与电子政务协同发展研究. 电子政务，2015 (4).

王天乐，施晓慧. 新加坡推出"智慧国家 2025"计划. 人民日报，2014-08-19 (22).

翟云. 我国电子政务发展面临问题及其症结分析——以 2014 年电子政务省部调研数据为例. 中国行政管理，2015 (8).

公安部交通管理局. 美国 911、311、511 电话信息服务系统介绍. (2008-07-08). http://www.mps.gov.cn.

骆明. 贵阳市社会治理大数据云平台启动建设. 贵阳日报，2015-06-25.

张楠，孟庆国，郭迅华. 电子政务研究回顾 1999—2009：基于 SSCI 文献的分析. 公共管理评论，2010 (1).

彭梦瑶. 法国推进电子政务便利民众将整合 200 个政府网站. 新华网，2011-03-22.

张靖. 报告：法国电子政务发展处于欧洲领先水平. 中国经济网，2014-10-14.

张立荣，曾维和. 当代西方整体政府公共服务模式及其借鉴. 中国行政管理，2008 (7).

中国行政管理学会课题组. 以电子政务创新推进行政改革和政府管理创新. 中国行政管理，2011 (11).

李宇. 电子政务信息整合与共享的制约因素及对策研究. 中国行政管理，2009 (4).

孙迎春. 现代政府治理新趋势：整体政府跨界协同治理. 中国发展观察，2014 (9).

曾维和. 当代西方"整体政府"改革：组织创新及方法. 上海交通大学学报：哲学社会科学版，2008，16 (5).

The United Nations Department of Economic and Social Affairs. United Nations e-government survey 2010: Leveraging e-government at a time of financial and economic crisis. UN Publishing Section, 2010.

HONKANEN K. E-government 2.0: new citizen-centric services. Gema lto, 2008-04-09.

ALONESO J M. Towards e-government 2.0: An assessment of where e-government 2.0 is and where it is headed. (2011-03-10). http://www.spaef.com.

The Office of Management and Budget. Improving agency performance using information and information technology. (2009-06). http://www.whitehouse.gov/omb/e-gov/eaaf.

SCHRIER B. How web 2.0 will transform local government. (2008-10-15). http://www.govtech.com.

Service Canada. Annual report 2007—2008. (2009-10). http://www.servicecanada.gc.ca.

Treasury Board of Canada Secretariat. E-government capacity check. Chief Information Officer Branch, 2000.

The Office of Management and Budget. FEA consolidated reference model version 2.3. (2007-10). http://www.whitehouse.gov/omb/e-gov/fea.

UK Cabinet Office. E-government interoperability framework version 6.1. (2004-03-18). http://www.cabinetoffice.gov.uk/govtalk.

Treasury Board of Canada Secretariat. Business transformation enablement program. (2004-02-03). http://www.tbs-sct.gc.ca/btep-pto/index_e.asp.

Federal Minister of the Interior. SAGA: Standards and architectures for e-government applications version 2.0. (2003-11). http://www.kbst.bund.de/saga.

Australian Government Information Management Office. Australian government architecture. (2010-11-29). http://www.finance.gov.au.

Info-communications Development Authority of Singapore. Singapore government enterprise architecture. (2010-07-16). http://www.ida.gov.sg/Programmes/20060419144239.aspx.

VERDEGEM P. User-centered e-government in practice: a comprehensive model for measuring user satisfaction. Government information quarterly, 2009.

CONTINI F, LANZARA G F. ICT and innovation in the public sector: European studiesin the making of e-government. Palgrave Macmillan, 2009.

MISURACA, GIANLUCA. E-government 2015: exploring m-government scenarios, between ICT-driven experiments and citizen-centric implications. Technology analysis and strategic management, 2009, 21 (3).

CORDELLAA A, IANNACCIB F. Information systems in the public sector: the e-government enactment framework. The journal of strategic information systems, 2010, 19 (1).

FEDOROWICZAB J, GOGANB J L, CULNANB M J. Barriers to interorganizational information sharing in e-government: a stakeholder analysis. The information society, 2010, 26 (5).

JAEGER P T. Designing, implementing, and evaluating user-centered and citizen-centered e-government. International journal of electronic, 2010.

ANDERSEN T B. E-government as an anticorruption strategy. Information economics and policy, 2009.

SHAREEF M A，KUMAR U，KUMAR V. Identifying critical factors for adoption of e-government. Electronic government，2009.

SEIFERT J W，CHUNG J. Using e-government to reinforce government—citizen relationships：comparing government reform in the United States and China. Social science computer review，2009，27（1）.

Executive Office of the President. Digital government：building a stcentury platform to better serve the American people. （2012-05-23）. http://www. whitehouse. gov/.

Cabinet Office. Government ICT strategy. （2011-03）. http://www. cabinetoffice. gov. uk.

DUNLEAVY P etc. New public management is dead—long live digital-era governance. Journal of public administration research and theory，2005（16）.

LIPS，MIRIAM. Governing electronically：E-government and the reconfiguration of public administration，policy and power. Information polity：the international journal of government & democracy in the information age，2011（16）.

HEEKS R，BAILUR S. Analyzing e-government research：perspectives，philosophies，theories，methods，and practice. Government information quarterly，2007，24（2）.

MEIJER A，BANNISTER F. The coming of age of e-government studies. Information polity，2011（16）.

Department of Economic and Social Affairs，United Nations. Global E-government survey 2003. http://www. un. org/en.

Department of Economic and Social Affairs，United Nations. Global E-Government readiness report 2004. http://www. un. org/en.

Department of Economic and Social Affairs，United Nations. UN Global E-government readiness report 2005. http://www. un. org/en.

Department of Economic and Social Affairs，United Nations. United Nations E-Government survey 2008. http://www. un. org/en.

Department of Economic and Social Affairs，United Nations. United Nations E-Government survey 2010. http://www. un. org/en.

Department of Economic and Social Affairs，United Nations. United Nations E-Government survey 2012. http://www. un. org/en.

Department of Economic and Social Affairs，United Nations. United Nations E-Government survey 2014. http://www. un. org/en.

GANAPATI S，REDDICK C G. Open e-government in US state governments：survey evidence from chief information officers. Government information quarterly，2012，29（2）.

人大版公共管理类教材

公共管理类专业教材——学科基础课教材

书名	作者
现代管理学原理（第三版）（“十一五”国家级规划教材）	娄成武　魏淑艳
一般管理学原理（第四版）	张康之　周　军
管理学基础（第三版）	方振邦
管理学教程	方振邦
政治学原理（第三版）	景跃进　张小劲
现代政治学原理（第四版）	石永义　刘玉萼　张　璋
政治学教程	舒　放　刘琼莲
公共管理学（第二版）	陈振明
公共管理学——一种不同于传统行政学的研究途径（第二版）	陈振明
公共管理学（第二版）（“十二五”国家级规划教材）	蔡立辉　王乐夫
公共管理学（精编版）	王乐夫　蔡立辉
公共管理学（第二版）	张康之　郑家昊
公共管理概论（第二版）	朱立言　谢　明
公共管理学概论	曹现强　王佃利
公共管理学导引与案例（第二版）	王丛虎
公共管理案例	中国人民大学公共管理学院
公共政策导论（第五版）（数字教材版）	谢　明
公共政策概论（第二版）	谢　明
公共政策学——政策分析的理论、方法和技术（“十一五”国家级规划教材）	陈振明
公共政策学	杨宏山
政策科学——公共政策分析导论（第二版）	陈振明
公共政策学导引与案例	陈季修
公共政策案例	中国人民大学公共管理学院
公共经济学（第三版）（“十二五”国家级规划教材）	高培勇
公共经济学教程	秦立建
政府经济学（第四版）（“十一五”国家级规划教材）	郭小聪
政府经济学（第四版）	潘明星　韩丽华

公共管理类专业教材——方法课教材

书名	作者
行政学研究方法与应用案例	萧鸣政
管理定量分析：方法与技术（第二版）	刘兰剑　李　玲
公共管理的方法与技术（第二版）	魏　娜
公共管理实用分析方法	汪明生　胡象明

公共管理类专业教材——行政管理、公共事业管理专业教材

书名	作者
行政法学导论	姜晓萍
行政法学	朱新立　唐明良　李春燕
公共部门人力资源管理（第四版）	孙柏瑛　祁凡骅
公共部门人力资源开发与管理（第五版）（“十二五”国家级规划教材）	孙柏瑛　祁凡骅
公共部门人力资源开发与管理（第三版）	孙柏瑛
公共部门人力资源管理（第三版）	滕玉成　于　萍
公共部门人力资源管理	方振邦

书名	作者
公共部门人力资源管理概论	方振邦
公共部门人力资源管理案例	周均旭
公共人事制度	刘俊生
行政管理学（第四版）	郭小聪
公共行政学（第五版）	彭和平
公共行政学	张康之　张乾友
行政学导论（第三版）	齐明山
行政管理学导引与案例	陈季修
管理心理学（第二版）	范逢春
公共组织行为学（第三版）（“十一五”国家级规划教材）	孙　萍　张　平
公共组织学（第三版）	李传军
行政组织学（第二版）	张　昕　李　泉
公共组织理论	陆明远
公共事业管理概论（第三版）	朱仁显
公共事业管理概论（“十一五”国家级规划教材）	娄成武　李　坚
公共组织财务管理（第三版）（“十一五”国家级规划教材）	王为民
国家公务员制度（第四版）（数字教材版）（“十二五”国家级规划教材）	舒　放　王克良
国家公务员制度概论（第二版）	刘碧强　郗永勤
公务员制度概论	李如海
公务员制度导论	孙德超
行政领导学（第三版）	朱立言　李国梁
领导学（第四版）	邱霈恩
领导学	王自亮
领导学：理念、行为与艺术	祁凡骅
领导学	孙　健
现代市政学（第四版）（数字教材版）	王佃利　张莉萍　高　原
市政管理学（第四版）（“十一五”国家级规划教材）	杨宏山
市政学导引与案例（第二版）	李燕凌
社区管理（第三版）	汪大海　魏　娜　郇建立
社区管理原理与案例	魏　娜
电子政务教程（第三版）（“十一五”国家级规划教材）	赵国俊
电子政府与电子政务（第二版）（“十一五”国家级规划教材）	张锐昕
电子政府概论（第二版）	张锐昕
管理信息系统	张维明　黄金才
行政伦理学教程（第三版）（“十二五”国家级规划教材）	张康之　李传军
公共危机管理导论（“十一五”国家级规划教材）	肖鹏军
公共危机管理概论	王宏伟
公共危机管理	唐　钧
公共危机与应急管理：原理与案例	王宏伟
行政决策学	许文惠　张成福　孙柏瑛
非营利组织管理	吴东民　等
非营利组织管理（第二版）	康晓光
非营利组织管理导引与案例	崔向华　张　婷
当代中国政府与政治	景跃进　陈明明　肖　滨
当代中国政府与行政（第三版）	魏　娜　吴爱明
当代中国政府（第二版）（“十一五”国家级规划教材）	吴爱明
地方政府学概论（第二版）	方　雷
地方政府管理（第二版）	陈瑞莲　张紧跟
管理秘书实务（第三版）	赵锁龙
行政秘书学	唐　钧
公文写作与处理	赵国俊
机关管理的原理与方法（第三版）	赵国俊　陈幽泓

书名	作者
公共部门绩效管理	方振邦
政府绩效管理	方振邦　葛蕾蕾
政府绩效评估	蔡立辉
公共关系概论（第二版）	邹正方
政府公共关系（第二版）（“十一五”国家级规划教材）	廖为建　张　宁
社会管理	汪大海
社会管理——理论、实践与案例	陈振明
西方行政学理论概要（第二版）（“十一五”国家级规划教材）	丁　煌
公共行政学史	何艳玲
公共行政学经典理论导引与案例	付小均
西方公共管理名著导读	汪大海
管理思想史教程	方振邦　葛蕾蕾
文化管理学（第三版）（“十二五”国家级规划教材）	孙　萍
文化创意产业导论	魏鹏举
卫生事业管理（第二版）（“十一五”国家级规划教材）	李　鲁
教育经济与管理（第二版）（“十一五”国家级规划教材）	娄成武　史万兵
现代公用事业管理	崔运武

公共管理类专业教材——劳动与社会保障专业教材

书名	作者
社会保障概论（第六版）（数字教材版）（教育部推荐教材）	孙光德　董克用
社会保障管理（“十一五”国家级规划教材）	邓大松　刘昌平
劳动经济学（“十一五”国家级规划教材）	董克用　刘　昕
劳动法与社会保障法	黎建飞　李　静
人力资源管理	彭剑锋
社会保险学（第三版）	孙树菡　朱丽敏
社会保障基金管理	李春根
社会保险精算原理与实务	王晓军
社会保障国际比较	仇雨临
国际社会保障制度教程	穆怀中
员工福利概论（第二版）（“十一五”国家级规划教材）	仇雨临
医疗保障	王虎峰

公共管理类专业教材——土地资源管理专业教材

书名	作者
土地经济学（第八版）（“十一五”国家级规划教材）	毕宝德
土地法学（中国人民大学“十三五”规划教材）	严金明
土地法学	王守智　吴春岐
土地科学导论	叶剑平
土地资源管理学	张正峰
土地利用规划学	张占录　张正峰
不动产估价（第二版）（“十一五”国家级规划教材）	叶剑平　曲卫东
土地信息系统	曲卫东　韩　琼
地籍管理（第五版）（“十一五”国家级规划教材）	谭　峻　林增杰

公共管理类专业教材——城市管理专业教材

书名	作者
城市管理学（第三版）	杨宏山

书名	作者
城市管理法	王丛虎
城市总体规划原理	郐艳丽　田　莉

公共管理硕士（MPA）教材——核心课教材

书名	作者
全国公共管理硕士（MPA）核心课程教学指导纲要	全国公共管理专业学位研究生教育指导委员会
社会主义建设理论与实践（第三版）	李景治　蒲国良
公共管理英语（修订版）	顾建光
公共管理学（第三版）	张成福　党秀云
公共管理学原理（修订版）	陈振明
公共管理导论	竺乾威　朱春奎　李瑞昌
公共政策分析	陈振明
公共政策分析导论	陈振明
公共政策分析概论（修订版）	谢　明
政治学：基本理论与中国视角	任剑涛
公共部门经济学（第三版）	高培勇　崔　军
公共经济学	唐任伍
行政法学（修订版）	皮纯协　张成福
行政法学概论（第三版）	胡锦光
非营利组织管理概论（修订版）	王　名
非营利组织管理	王　名　王　超
公共管理伦理学（修订版）	张康之
社会研究方法	陈振明
定量分析方法（第三版）	谭跃进
电子政务理论与方法（第四版）	金江军
电子政务	吴爱明　何　滨
公文写作概论	高永贵
信息技术及其应用（第三版）	张维明

公共管理硕士（MPA）教材——专业方向必修课、选修课教材

书名	作者
公务员制度教程（第五版）	舒　放　王克良
比较政府与政治（修订版）	卓　越
当代中国政府与政治（第三版）	吴爱明　朱国斌　林　震
公共部门人力资源管理及案例教程（第三版）	陈天祥
领导学	祁凡骅　刘　颖
领导学教程	常　健
领导理论与实践	邱霈恩
西方公共行政管理理论精要	丁　煌
社会管理概论	唐　钧
公共部门绩效评估（修订版）	卓　越
公共危机管理（修订版）	王宏伟
公共部门危机管理（第三版）	张小明
公共部门战略管理（修订版）	陈振明
城市管理理论与实务	杨宏山
公共冲突管理	常　健
MPA 学位论文写作指南	汪大海

图书在版编目（CIP）数据

电子政务理论与方法/金江军编著. —4版. —北京：中国人民大学出版社，2017.10
公共管理硕士（MPA）系列教材
ISBN 978-7-300-23896-8

Ⅰ.①电… Ⅱ.①金… Ⅲ.①电子政务-研究生-教材 Ⅳ.①D035.1-39

中国版本图书馆CIP数据核字（2017）第010290号

公共管理硕士（MPA）系列教材
电子政务理论与方法（第四版）
金江军 编著
Dianzi Zhengwu Lilun yu Fangfa

出版发行	中国人民大学出版社		
社　　址	北京中关村大街31号	**邮政编码**	100080
电　　话	010－62511242（总编室）		010－62511770（质管部）
	010－82501766（邮购部）		010－62514148（门市部）
	010－62515195（发行公司）		010－62515275（盗版举报）
网　　址	http://www.crup.com.cn		
经　　销	新华书店		
印　　刷	北京昌联印刷有限公司	**版　　次**	2005年3月第1版
规　　格	185 mm×260 mm　16开本		2017年10月第4版
印　　张	22.5	**印　　次**	2020年12月第4次印刷
字　　数	516 000	**定　　价**	45.00元

教学支持说明

（教学课件）

中国人民大学出版社政治与公共管理出版分社秉承“出教材学术精品，育人文社科英才”的出版宗旨，多年来，出版了大批高质量的公共管理、教育学、政治学、政治理论公共课教材和学术著作。

我们为本教材制作了相应的PPT教学课件，任何一位采用本书作为授课教材的教师均可免费获得该课件。为了确保该课件仅为授课教师获得，烦请您填写如下材料，并将相关信息通过E-mail发送给我们，我们将在收到相关信息后通过E-mail给您发送该课件。欢迎您加入我们的QQ群（全国政管教师交流群，群号为236159213），或登录我社官方网站（www.crup.com.cn），注册并认证成为教师会员，以获得更好的服务。

我们的联系方式：

地址：（100872）北京市中关村大街甲59号文化大厦1202室

中国人民大学出版社政治与公共管理出版分社

电话：（010）82502724　62514775（传真）

E-mail：ggglcbfs@vip.163.com

QQ群：236159213

兹证明__________大学/学院__________院/系__________专业__________学年第__________学期开设的__________课程，采用中国人民大学出版社出版的____________________（书名、作者）作为本课程教材。授课教师为__________，授课班级共______个、学生______人。授课教师需要与本书配套的教学课件。

联 系 人：____________________

通信地址：____________________

邮　　编：____________________

电　　话：____________________

E-mail：____________________

系/院主任：__________（签字）

（系/院办公室章）

______年____月____日